Modern Language Texts

MONTAIGNE

SELECTED ESSAYS

EDITED BY

ARTHUR TILLEY, M.A.

Formerly Fellow of King's College, Cambridge

AND

A. M. BOASE, Ph.D.

*Professor of French at the University
of Glasgow*

MANCHESTER UNIVERSITY PRESS

© Manchester University Press

Published by
Manchester University Press
Oxford Road, Manchester M13 9PL

ISBN 0 7190 0527 2

First published 1934
Reprinted 1948, 1954, 1962,
1967, 1972, 1981

Printed in Hong Kong
by Wing King Tong Company Limited

MONTAIGNE
SELECTED ESSAYS

MICHEL DE MONTAIGNE

*Engraved by Augustine De Saint-Aubin after the original painting
in the Château of Montaigne.*

PREFACE

On first publishing this volume twenty years ago Arthur Tilley and I were at pains to defend our enterprise. "The Essays of Montaigne," we wrote, "is one of those books which those who know it would not have a page shorter." We pleaded, however, for our selection that it might help those would-be readers who hardly know where to begin; and pointed out, in favour of our elucidation of the text, its somewhat archaic flavour, difficult at first for those "whose knowledge of French is sufficient for a modern novel or a play of Racine."

We were conscious, however, of more real shortcomings which were mentioned, and some of which the enterprise of the publishers allows me as surviving editor to make good in this third edition.

Without exception henceforward *all* the Essays reprinted here are complete, for the whole of Montaigne's *envoi* to his readers, the final chapter *De l'Expérience*, with its mixture of the profound and the apparently trivial, is now given. Moreover, it has been found possible to add the famous *De l'Institution des Enfants* (I 26) whose omission we deplored in 1934. Considerations of cost have unfortunately involved printing this at the end of the volume, where perhaps its position could be none the less defended. Written as it originally was for the Comtesse de Gurson and her unborn son, it must have assumed, as the author extended it after 1588, far more of the character of a personal testament. Louis de Gurson, his Countess and the little boy were all dead, and Michel himself never had a son. That disappointment explains no doubt his extreme detachment towards

Eléanore, his daughter, and towards those other little girls who died in infancy. The charming pages on his own youth should not disguise from us the fact that the boy of Montaigne's essay is his own imagined son, and psychologically the projection of the man he himself would have liked to have been.

Of course, there are still omissions to be regretted, but among them I would perhaps no longer include the lengthy *Apologie pour Raymond Sebond*. It is really a separate book, a treatise of nearly two hundred pages. As the essential document for that phase of *le scepticisme au service de la foi* which may be called fideism, it remains the background of much that we find elsewhere in the *Essays*. Yet it has no longer, I think—thanks to our better knowledge of the Apologetic literature of the Renaissance—the interest of appearing a puzzling and somewhat scandalising work. Its paradoxes belong to a tradition—a fact to which even an elder contemporary writer such as André Gide appears to have been oblivious.

The text of the *Essays* remains that of the Bordeaux copy of the *Essays* as reprinted in the Edition Municipale and by the Librairie Alcan, but the added chapters—III 13 and I 26 —have been collated with the Bordeaux copy itself (see Introduction, p. xxix) with interesting results. The one respect in which the editions mentioned above are unfaithful to Montaigne's intentions is in the matter of punctuation— and this in spite of the repeated solicitude of Montaigne in his instructions to the printer. While I am conscious that on occasion I have reluctantly had to agree with other editors that a slavish adherence to 16th-century punctuation would have disturbed the modern reader, there are many more in which fidelity to Montaigne's own hand reveals a stylistic intention referred to in the prefatory note to I 26, makes for clarity, and, moreover, seems to reflect in its conversational abruptness the speaking voice of the man.

The marginal signs A B C are used to distinguish the editions of 1580, 1588 and the Bordeaux copy respectively. Where any passage ends in the middle of a line and is followed by another of earlier or later date the sign ▲ has been used to mark the division.   Asterisks indicate a note at the end of the volume, where readers will also find a select bibliography and a short glossary.

ALAN M. BOASE.

Glasgow, 1954.

CONTENTS

FRONTISPIECE.

Michel de Montaigne. Engraved by Augustin de Saint-Aubin after the original painting in the château of Montaigne.

INTRODUCTION

An author's biography is seldom so closely bound up with his work as is that of Montaigne. The Essays represent the development of their author's thought. Until the last thirty years that development was unrecognized, but the best modern editions enable the reader to distinguish at a glance between the three states of the text as represented by the editions of 1580, 1588 and 1595 respectively, and thus to follow without difficulty the growth of Montaigne's mind and character. From want of such assistance nearly all the interpreters of the Essays down to the beginning of this century have made the mistake of treating the changing phases of their author's thought as if it were the final expression of a consistent philosophy. Yet we should do well not to forget Montaigne's own claim: "*En matière d'opinions universelles, dès l'enfance je me logeay au poinct où j'avois à me tenir* (v.p. 156). The Essays do reveal the development of a coherent personality. By following Montaigne's life and his thought together, step by step, we shall try to show how the essays here printed represent different moments and different aspects of his work.

In the year 1477 Ramon Eyquem, a rich merchant of Bordeaux, whose principal business was in the sale and export of wine, but who also trafficked in salt fish and woad, purchased the small *seigneurie* of Montaigne. It comprised a château built on a low hill a few miles from the Dordogne, and immediately overlooking the stream of the Lidoire [1]. Dying in the following year, he left two sons, of whom the

[1] The château is a mile and a half from the station of La Mothe-Montravel, 36 miles from Bordeaux.

elder, Grimon, succeeded to the estate, and died in 1519. Grimon's eldest son, Pierre, the Essayist's father, who was born in 1495, preferred arms to commerce, and roved for some years in Italy. On his return to France (1528) he married, added to his estate, rebuilt his château, and lived as a country gentleman. His wife was Antoinette de Louppes, of the French branch of the Jewish family of Lopes, which in pursuit of business had spread to various countries, including England.

Michel, the first of his children who survived infancy, was born on February 28, 1533. He was put out to nurse in a neighbouring village—a not infrequent proceeding in those days, but one to which the Essayist was later to attribute his affection and admiration for simple country folk. His father's next step was more unusual. Pierre, though not himself a humanist, had a great respect for humanistic learning. Before he could speak he was put under the charge of a German tutor, who knew no French and like the rest of the household always talked to him in Latin. He was sent to the flourishing College of Guyenne at Bordeaux, which had recently been founded on strictly humanistic lines. Here he spent seven years (1539–1546), chiefly in the study of Latin, years which he looked back on with considerable dissatisfaction. "I came away from the college without any manner of improvement that I can at this time recollect." Yet Montaigne admits that, thanks to one of his tutors, he acquired a love of Latin literature which spread to books in general [1]. For the next two years he seems to have followed the philosophy course of the University of Bordeaux, and, though we have no positive information on the subject, it is practically certain that he pursued at Toulouse the legal studies which were indispensable to a career as a magistrate. He began this career in 1555 or 1556, succeeding to his father's seat in the *Cour des Aides* at Périgueux, which at the close of 1557 was incorporated with the *Parlement* of Bordeaux.

A year or two later Montaigne began a memorable friend-

[1] For Montaigne's education see *Essais*, I, XXVI.

ship, which, though it lasted only four years, had a permanent effect upon his development and character. Étienne de la Boëtie, who was born at Sarlat in Périgord in 1530, had been a member of the Bordeaux *Parlement* since 1553. He was a man of sound scholarship and something of a poet, and, though he had not the genius and originality of his friend, he was superior to him in learning and strength of character. His chief title to fame, the *Contr'un* or *Discours de la Servitude volontaire*, written when he was little more than a schoolboy, but revised later, is a fine piece of declamation, inspired by classical literature. He died in August 1563, leaving to his friend his books and papers and the example of a noble life braced by self-control and a high conception of duty. His memory has been preserved for ever in the celebrated essay On Friendship (I, 27, p. 13ff), which testifies in moving language to the ideal relations between the two friends: *Par ce que c'estoit luy, par ce que c'estoit moy.*[1]

The next important events in Montaigne's life were, first, his marriage with Françoise de La Chassaigne, who brought him a considerable fortune (1565), and then the death of his father (1568), which left him master of the château and fine estate of Montaigne. He, and at least one of his brothers had already dropped the family name of Eyquem and in accordance with the usage of the period Montaigne became known henceforth solely by his territorial suffix. His first care was to complete a task which he had undertaken at his father's request, the translation of the *Theologia naturalis* of Raimond Sebond. This published, he proceeded to honour the memory of his friend La Boëtie by editing his translations from Xenophon and Plutarch and his French and Latin poems. They appeared early in 1571. In the preceding year Montaigne had resigned his seat in the *Parlement* of Bordeaux and settled down to the life of a country gentleman.

There was nothing very remarkable in this step, but Montaigne liked to record his actions with some degree of

[1] For La Boëtie's expression of these relations see his long Latin poem addressed to Montaigne (*Œuvres complètes*, ed. P. Bonnefon, 1892, pp. 225–35).

pomp and circumstance. So he put up an inscription in his *cabinet* or study proclaiming that

on February 28, 1571, his thirty-eighth birthday, Michel de Montaigne, long weary of the service of the *Parlement* and of public duties, has retired while still in full vigour to the bosom of the learned virgins, to spend there in quiet and freedom from all care what little may remain of his allotted course, now more than half run, and has dedicated to his liberty, tranquillity, and repose this pleasant ancestral retreat.

The main building of Montaigne's château was burnt down in 1885, but the tower in which he had his library and study is still standing and may be compared with Montaigne's description of it in his essay *On Three Commerces* (III, 3). The library with the adjoining cabinet is on the second story; it is nearly circular in shape and from three windows commands in three different directions a wide prospect of fertile and well-watered country. The books, which in 1586 numbered about a thousand volumes, the greater part bound in white vellum, were ranged in bookcases round the room, each case containing five shelves.

In this "pleasant retreat" Montaigne spent in summer the greater part of his day. At first he employed himself merely in reading his books and noting in their fly-leaves or margins his opinion of them. But after a time he began to try his hand at composition on his own account. In the essay "On Idleness" he says he has been so struck by the strange inconsequence of the idle reverie of a mind which has no definite occupation that he has set to work to record some of his thoughts, "hoping in time to make it ashamed of itself."

He chose as his model a class of book which ever since the beginning of the sixteenth century had been exceedingly popular. Sometimes it took the form of "Adages" (or, as they were often called, "Sentences"), sometimes of "Apophthegms" (or Adages put in the mouths of great men), sometimes of "Examples" (i.e. historical anecdotes); sometimes it bore simply the comprehensive title of "Readings"; but, whatever guise it assumed, its aim was to make known to the modern world the learning, wisdom, and experience of the ancients. It had classical models in Valerius Maximus,

Aulus Gellius and Macrobius; like these, it made comments on its compilations, and like these, more particularly like Valerius Maximus, it showed a special interest in moral questions.

The first book of the kind was Erasmus's *Adagia*, which appeared in 1500, and later (1531) came his *Apophthegmata*. Similar books written in the vernacular followed. These authors, like Montaigne, "essay" their ability to deal with some familiar topic, but, while they invite you to measure this ability by the extent of their reading and the quotation of an imposing array of authorities, Montaigne, even from the beginning, is "essaying" his judgment, that is to say, the ability of his mind to cope with this or that subject, and his authorities are merely stimulants to further thought.

At first, however, Montaigne follows his models very closely. His earliest essays consist of an anecdote or two, followed and sometimes preceded by a few remarks by way of moral. We may note the conclusion of one early essay (I, 7): Intention is the only judge of our actions. Here we have the starting-point of Montaigne's reflection on conduct.

Before long, gaining confidence, he attempted a bolder flight, and on March 15, 1572—he gives us the date himself —we find him engaged upon a chapter (I, 20) of considerably greater scope than his first modest efforts. This well-known essay, *Que philosopher c'est apprendre à mourir*, with all its eloquence, is really a piece of mosaic composed of quotations from the Latin poets, especially Lucretius, and of translations from Cicero, and above all, Seneca. It affords an excellent example of the way in which Montaigne was influenced by the Stoicism of Seneca.

Stoicism insists on the necessity for the wise man, as contrasted with the vulgar, to prepare himself to meet the misfortunes of life, and therefore to control his passions and limit his desires to those blessings such as peace of mind and consciousness of moral worth, of which no circumstances can rob him.

Religious asceticism tends to attach value to self-discipline in proportion to its difficulty—if hard, so much the more

meritorious in the eyes of God.   This aspect of self-discipline
is not absent from Montaigne's thought, but under Stoical
influence he contemplated another possible motive for self-
control, namely personal happiness.   Thus, in this essay,
Montaigne begins by saying: philosophy is a preparation for
death.   Death is simply one element in the natural order of
things.   To live "according to nature," that is, to avoid all
unnecessary friction with this natural order, involves a philosophical resignation in face of death.   Otherwise reason fails
in her office, which is *à nous faire bien vivre et à notre aise*.
These last two phrases, *bien vivre* and *à notre aise*, are synony-
mous both for the Stoics and for Montaigne.   Thus it is that
Senecan influence makes him preoccupied not only with an
answer to the question: "Why one should do this or that?"
in terms of intention, but also with an answer, in terms of
result.   Montaigne is, after his fashion, a utilitarian, if not a
hedonist, and the *result* that he mainly considers is the psychological result on the individual himself, whether it keeps him
on good terms with his own ideals; in short, whether it makes
him happy.

Death, moreover, has another aspect, as seen in the second
essay printed here (I, 19, p. 5–7).   By the manner of a man's
death ye shall know him, and judge whether he attained the
courage and self-control which the wise man calls *constance*.
Constance does not only mean courage, it also means consistency.   *Constance*, in this sense, can only be achieved in a
life directed by reason, and already in this essay Montaigne
expresses some doubts as to whether even those models whose
lives he reads in his beloved Plutarch truly achieve this
consistency.

Stoicism kindled Montaigne's imagination, it strengthened
his power of self-control, and to the end of his life he retained
something of his admiration for the ideal it proposed.   Yet
its ethical creed, even in the eclectic and mitigated form in
which Seneca presented it, was too austere, and above all
too rigid and uncompromising, to suit a man of Montaigne's
temperament.   In Plutarch, whom he read in Amyot's
delightful French—clear, redundant, picturesque—he found

a more congenial teacher.[1]   The transition is visible in the
first essay of the Second Book (*De l'Inconstance de Nos
Actions*), and in the general tone of the essay and in its very
title Montaigne definitely separates himself from his former
teacher.   It is not only, however, the inconstancy of our
actions and impulses which impresses itself on Montaigne's
mind, it is the uncertainty of our judgments themselves (see
I, 47, p. 44ff).   Men are accustomed to admit indeed the
part chance plays in the success or failure of their plans: it
seemed to him to play just as large a rôle in all our decisions
and in all our reasoning.

As a moralizing biographer Plutarch was a man after
Montaigne's own heart: he had the same interest in little
details of human conduct, the same kindly common sense in
judging of it.   The *Lives* influenced Montaigne in two
ways: they put more sap and vitality into his essays, and they
gave a more complex and subtle character to his psychology.
To the *Moral Works* he was even more indebted.   Amyot's
translation was published in August 1572 and Montaigne
made acquaintance with it towards the end of that year.   The
first six essays of the second book all show traces of its
influence.

Montaigne's retirement to "the bosom of the learned
virgins" was neither absolute nor final.   He tells us at the
beginning of II, 37 (*De la Ressemblance des Enfants aux
Pères*) that he is sometimes absent from home for several
months.   And he also says in the same place that he only
writes "ce fagotage de tant de diverses pieces . . . que lors
qu'une trop lasche oysiveté me presse, et *non ailleurs que chez
moy*."   This is important for determining the date of the
separate essays.

Unfortunately our knowledge of Montaigne during the
years 1574–1577 is limited to little more than a couple of
entries in his very scanty diary.   In 1574 he was sent by
the governor of Bordeaux on a mission to the Duke of
Montpensier, who commanded the Catholic army of Poitou,
and returned with letters to the *Parlement* of Bordeaux by

[1] The translation of the Lives was published in 1559.

whom he was received in full session, on May 11th, as he himself records. In a second entry we learn that on November 29, 1577 he was appointed gentleman of the chamber to the King of Navarre, from which we may conclude that he possessed the confidence of both parties in the struggle. In several places in the *Essays* Montaigne refers to his personal experience of war; nearly all occur in the Third Book, but in II, 17, he tells us that "it has happened to him more than once to forget the watchword, which he had given or received three hours before." The time at which Montaigne's military service took place has long been a matter of discussion, but the object of his mission to the camp of Sainte-Hermine may imply that he had joined the royalist army in Périgord, and the most likely period for his service is between February 1573, when the Fifth War broke out, to September 1577, when the Sixth War was terminated by the Peace of Bergerac. For during this period, owing to the alliance between the moderate Catholics and the Protestants of Languedoc, who, nerved to a more stubborn resistance by the Massacre of St. Bartholomew, had assumed the attitude of a quasi-independent state, a patriotic royalist like Montaigne, in spite of his leanings towards religious toleration, might well have considered it his duty to support the Catholic cause.

But from May 1576 (the Peace of Monsieur) to January 1577 there was for the moment a cessation of warfare, and Montaigne was free to return to his château and his essays. In January or February 1576 he struck a medal in honour of Pyrrhonism, and it is a fair inference that the latter part of the *Apologie de Raimond Sebond* was written about the same time. The medal, with its evenly balanced scales and its motto "Que scais-je?", may indeed have a political significance as the symbol of a certain aloofness in the religious struggle, and it certainly represents the effect on Montaigne of a literary influence which has much to do with the phase represented by the Apology. This was the *Hypotyposes* or Outlines of Sceptical Philosophy by Sextus Empiricus, the most important textbook of ancient Scepticism.

According to some modern critics the famous Apologie de Raimond Sebond has, partly owing to its exceptional length, had an influence beyond its deserts. Both the free-thinkers of the first half of the seventeenth century and their opponent, Pascal, seem to have regarded it as the capital expression of Montaigne's philosophy. In a certain sense it might be regarded as representing only a phase of his intellectual development. Yet in many ways Pascal was right. The permanent character of Montaigne's scepticism, his permanent conviction of the "emptiness, vanity and miserable condition of man" and the connexion of these themes with his view of religion can be seen in later essays, yet never so exhaustively as here.

There is much that is paradoxical and even puerile in the first part of the *Apology*, especially in the comparison between man and animals, and the credulity with which Montaigne accepts the most improbable stories about animals from Pliny or Plutarch forms an amusing contrast to the extreme scepticism which he professes in the second half. Yet there emerges from the essay a highly important thought, and one which was of considerable novelty in Montaigne's day, namely, that "we have no communication with Being"— in other words, that we cannot know the Absolute, but only perpetually changing phenomena—a proposition which is almost universally accepted at the present day. In fact, while certain French thinkers of Montaigne's day, under the influence of the Paduan school of philosophy, had questioned the accepted beliefs of the Christian religion judged by the light of reason and common sense, Montaigne in the *Apology* carried this sceptical process much further and showed that not only the Christian verities but all human knowledge fails to reach the standard of absolute truth. Thus we should endeavour to ban all dogmatism from our intellectual convictions. As for our religious convictions we must wait on God's grace to believe, but the persuasion of the 'emptiness' of man will at least make us feel the necessity of religion. Such is the nature of Montaigne's *fideism*, to use a modern theological term.

That we never know things in themselves and that we should, whenever possible, suspend judgment, such was the conclusion of Sextus, and one type of argument which he used is drawn from the diversity of the human race and hence of their opinions, the contradictoriness of their laws, customs, and religions. What more appropriate time could be imagined for the exploitation of such an argument than the age which saw the discovery of the New World! What more appropriate person than this country gentleman so acutely conscious already of the infinite variety of men, their tastes, philosophies and creeds! Its effect may be seen in such an essay as *Des Cannibales* (I, 31, p. 28ff), written about 1578. Here and in the sixth essay of the third book (p. 164ff), written eight or nine years later, Montaigne's originality is that he saw in the inhabitants of the newly discovered Americas, neither grotesque, half-human creatures, nor the race of Cain to whom Europe's only duty was their conversion to Christianity and European customs by fair means or foul, but fellow-men whose way of life by its very *diversity* from ours suggested a criticism of European civilization, nay more, suggested sometimes that they were innocent survivors of some lost Golden Age.

Montaigne's scepticism makes him more ready to declare his own opinion on other matters where he is in disagreement with the general opinion of his time—as, for instance, his attack on torture as a method of extorting legal evidence (*De la Conscience*, II, 5), his sensitiveness to all unnecessary suffering, even that inflicted on animals (see II, 11, p. 104ff), or, still more remarkable, his condemnation in a much later essay (1586) of the persecution of witches and his doubts as to their alleged powers. These are examples of the humanitarian side of the Essays. Yet his keener realization of the changeableness of human nature reinforces his conservatism on social and political questions, an attitude born of the instability of life in an age of continuous civil war, and this tendency remains and increases until his death.

The sceptical phase increased Montaigne's critical faculty, and, although it sprang from his study of a philosophical system, it led Montaigne to distrust all philosophical systems, sceptical as well as dogmatical. It had also a positive result of the greatest importance, for there is a fundamental connexion between Montaigne's scepticism and the emergence of the self-portrait as the real theme of his book. In a universe where all is relative the one apparently fixed point is the nature and identity of the individual himself. With Montaigne the result of relativism is introspection. To the period immediately following the "sceptical phase" (1577–1580), which Montaigne seems to have spent mostly in his own home, belong the famous essay *On the Education of Children* (I, 26)—where he combines with a very positive statement of his own novel ideas a destructive criticism of the humanistic education—and also the greater part of the Second Book. In most of these essays we find that Montaigne has made a considerable advance in originality of thought and method. No longer content to weave a pattern with anecdotes and comments largely drawn from the storehouse of his library, he dares to criticize his teachers, to put forward his own "fancies" and to construct his essays on artistic lines of his own devising.

In this "liberation of his personality" he was greatly helped by his beloved Plutarch. He realized that the charm of the *Moral Works* largely arose from the genial, kind-hearted, gently humorous personality behind them. He would, like Plutarch, be himself. Then there came into his mind a bolder and more original plan. Other men had made themselves known to their readers by recording their opinions; he would do so in a more intimate fashion. Biography had always greatly attracted him; especially interesting were biographical details about moralists, for this enabled you to judge whether they practised what they preached.[1] It is true that he was only an obscure and ordinary individual, whose life could have no interest for the world in general. But he might paint his portrait for a friend or relation to hang up in a corner of his library. So at the

---

[1] Next to Plutarch and Seneca the books most frequently cited by him during the period 1572–1580 are Suetonius and Horace.

outset of the eighth essay of the Second Book (*On the Affection of Fathers for Children*) [1], which was written at the earliest in 1·578, he announces that, being totally unprovided with any other subject, he has taken himself for his argument. But, though the essay is remarkable for the originality and justness of its thought, and though its instances are drawn for the most part from his personal reminiscences, and not from books, there is little in it of autobiography. There is rather more in the essay *On Cruelty* (II, 11, below, p. 90ff), which we may confidently assign to the period 1578–1580. Here Montaigne tells us of his hatred of certain vices, especially cruelty, of his compassion for suffering, of his irregularities "which, thank God, are not of the worst kind," and of the measure of self-control to which he had attained.

In connexion with this development two events of Montaigne's life must be mentioned. Stoicism had made him take thought how he, a healthy man, a little past his prime, should steel himself against the possibility of pain, disease, and death by preparation for them and meditation on them. An incident, about 1574, when he was thrown from his horse and lay for hours between life and death, convinced him that the terrors of quitting this life might easily be exaggerated (see II, 6). In 1578 he fell a victim to stone in the kidney, which often caused him acute pain. Here again it was not the Stoical method of affecting insensibility during an attack and reasoning about it in the intervals which Montaigne found useful to him. In short, a personal solution of the problems of life imposed itself, and "to know oneself" was the only means to attain to it. Thus to the notion of his book as a record of himself, a small reminder for his friends and his family when he is dead, Montaigne soon adds that of his book as an instrument of self-knowledge, as a help to himself while alive. *De l'Affection des Pères*, already mentioned, may serve with the *Au Lecteur* and *Des Livres* (I, 10, pp. 74–90), as examples of the first of these two conceptions. In the last of these two essays he notes down his judgments of his favourite authors, both ancient and modern, with complete freedom

[1] See below, pp. 51–74.

from the principal critical fetiches of his day. In *De la Présomption* (II, 17, pp. 108–145) we see already the second conception in operation. Montaigne wonders how far he is guilty of presumption himself; he examines his own conduct and explains it. Thus when he says in his preface: "C'est moy que je peins," and "Je suis moi-même la matière de mon livre," his words apply not so much to his whole book as to the design he had conceived some two years before its publication and to which he had only given intention in a very few essays.

The first two Books of the *Essays* were published early in the spring of 1580 [1]. On June 22, 1580, Montaigne left his home and did not return to it till November 1581. For the last fifteen months of his absence he was travelling in Switzerland, Germany, and Italy, spending five months at Rome and two months and a half at the Baths of Lucca. On his return he accepted the office of Mayor of Bordeaux, to which he had been elected on August 1, 1581, and having filled it to the satisfaction of the citizens he was re-elected on August 1, 1583 for a second term of two years. In July 1586 there was a terrible outbreak of the plague at Castillon and elsewhere in Guienne, and it was not till the close of the year that its cessation enabled Montaigne to return to his home and library and to the writing of his essays. By February 1588 he had completed a third book, and a new edition in three books appeared about the middle of the following June. [2]

During the five years for which Montaigne's pen had been idle—no essay of the Third Book can be shown to be earlier than 1586—much had happened to give a new direction to his work. He had travelled in foreign countries; he had mixed with men of different nationalities and religions and had envisaged various social conditions with the active curiosity of an inquiring and unprejudiced mind; he had held a responsible office, in the second term of which he had had to deal with infractions of the peace, followed by a renewal of open warfare, and finally with the terrible plague. Thus his

---

[1] The *Avis au lecteur* is dated March 1.

[2] On the plague in 1586 (not 1585) see *Revue de l'Histoire*, Litt. de la France, 1953, p. 5 ff.

outlook on the world had been widened, and his practical sense had been fortified by a renewed contact with affairs. Added to this, his book had been a marked success [1]; he had served his apprenticeship and he could now write with the confidence of a master. Finally, the painful malady, the stone and gravel, which had first attacked him early in 1578, and from which Baths had brought him only temporary relief, warned him of the approach of old age, and, stimulating his meditative faculties, had led him to examine the problems of life and character with a deeper sense of reality.

The Third Book possesses in its entirety the character of a self-portrait. Here nearly every essay is rich in details of the writer's life and character, while of the numerous additions to his earlier Books more than two-thirds relate to himself and his personal experiences. "For several years," he says in the course of three or four pages on the subject of self-portraiture which he tacked on to the end of the essay *On Practice* (II, 6), "I have had only myself as the object of my thoughts; I have only examined and studied myself, and if I study anything else, it is in order to apply it immediately to myself."

Hand in hand with the *peinture du moi* appears a great increase in the length of the essay, but with this more whole-hearted prosecution of his design there had come about also a distinct change in his conception of it. Montaigne's prime interest was in the study of human character. It was in the interests of this study that he ready history and biography and travelled in foreign countries. But he realized that our knowledge of other men, whether dead or living, rarely goes very deep. The only man that you can know thoroughly is yourself. But though on the surface each man widely differs from another, when you probe deeper and penetrate to the real essence of character, you find much that is common to all men. Therefore in "setting forth a life of low estate and without lustre" he felt he was making a valuable contribution to the study of human nature in general, for on the subject of himself "he was the most learned man alive." This

---

[1] For the success of the *Essays* see Villey, II, 244–8. Boase, *Fortunes of Montaigne*, Chapters I and II.

larger and more philosophical outlook led Montaigne to treat his subject from a different point of view. He dwells less on the features of his character which differentiate him from other men, but he confesses himself with greater boldness and sincerity, and he lays more stress on the qualities in which he resembles other men. The above development may be summed up in the much-quoted phrase: "Every man bears the complete impress of human nature." [1] Yet this very essay from which it is taken marks the full realization of what might be called a parallel truth.

This introspection, born of the sceptical phase of his thought, makes him the more acutely conscious of the element of flux in the nature of the individual—his thoughts and his impulses vary not only with the years but with the months and the days. But beneath this flux, and complementary to these traits which make all members of the race akin, is some fixed element in the individual, which Montaigne calls the *forme maîtresse*. For some men this element, which in reflection seems to elude their inward gaze, may become clear, as they consult their past and discover certain constant elements in their nature. The record of his past which Montaigne consulted was his *Essays*. That is their profoundest significance from the point of view of their author. For other men the discovery of the *forme maîtresse* comes through action; they may indeed find to their surprise that, brought face to face with the demands life makes on us for immediate decisions, they are other than they thought themselves. This, too, was at work in Montaigne's case. His life of activity and responsibility between 1580 and 1586 brought him a verification, as it were, of the existence of a certain fixity of character in himself, and of the nature of that character. But in his view this is a hard task; it involves a search, a discipline, even perhaps a technique. In the *Essay on Cruelty* Montaigne had asked himself this question. Was virtue a conflict of impulse and reason to be valued the more highly in proportion to the intensity of the struggle? Or was it a harmony to be prized in proportion to the

[1] *Essais* III, 2, p. 147.

success with which it enabled the individual to meet the demands of life? The conception of the *forme maîtresse* is his answer.

Ethics is not only concerned with what *should be*, for what should be can never be determined apart from *what is* and *what is possible*. Like most men Montaigne feels that there is really little difficulty in seeing what *should be* in general, though the crux comes when we descend to particular cases and individual decisions. Thus the important thing in the art of living rightly is to know what we are, what is constant in our nature. That is the *forme maîtresse*. Any consistency achieved at the price of ignoring this fixed element is likely to be merely superficial. That is why he says that we may repent of our acts but that we cannot repent of our selves.

Thus Montaigne evolves his ideal of consistent, harmonious, and therefore happy life. The key to it may be found in the idea of what is fitting: a man must choose what is fitting to him—not only what is fitting to his own nature, physical and mental, but fitting to his circumstances in life, to his position in society. This is what is meant by "living according to nature" and "conforming to nature." This is why his philosophy is summed up in such statements as "The true science of life is to lead it in conformity with one's natural condition." [1] "It is an absolute and as it were divine perfection, loyally to enjoy one's existence." [2] To live rightly is not so much a part of religion, or a duty to God, or a science, as it is an art—that is, something worth doing for its own sake. Here lies Montaigne's great discovery. And to achieve this happiness it is necessary to have something of the qualities of the artist, who bases himself on the natural limitations of his material to weave or mould it into a harmonious pattern. He must be the *virtuoso* of his own life: his "glorious masterpiece is to live appropriately." [3]

This respect for his own individuality helped to determine Montaigne's attitude in the Wars of Religion. "Incapable of novelty," he had no sympathy for the Reformers, and he

[1] III, 2, p. 153.   [2] III, 13, p. 226.   [3] III, 13, p. 217.

was a loyal supporter of the monarchy and the Catholic Church. But he protested against the idea that a man should fall short of his duty to himself in the service of his king. Double-dealing, he said, may sometimes be justified in public life, but let our princes choose double men for double-dealing. Thus he was never a violent partisan, and he could recognize good qualities in men of the opposite party such as La Noue and Henry of Navarre, for both of whom he had a warm admiration. As the result of this attitude, coupled with his transparent honesty, he was trusted by both parties and employed, as we have seen, on negotiations between their leaders. He did not live long enough to welcome the Edict of Nantes, but both by his writings and his actions he greatly helped to prepare the way for it.

In the concluding pages of his last essay, which are printed below (pp. 214–226), Montaigne tells us how in his declining years he carries out his philosophy of life. His aim, he frankly confesses, is to enjoy the little of life that is left to him. All are agreed, says Montaigne, that "pleasure is our aim"; and by pleasure he means the pleasure of the body and mind alike. Socrates, he says, prized the pleasures of the body, but he preferred those of the mind. So did Montaigne. His chief pleasures were the three commerces of men and women and books. He was grateful to God for the repose of his conscience, for the appeasement of his passions, and for that preservation of all his bodily faculties which it had pleased God to grant him as compensation for his painful malady. His attitude towards that malady was no longer that stoical preparation for pain by a process of reasoning with oneself which once attracted him to Seneca; it is a simple acceptance of hardship when it comes, a forgetfulness of it when it is absent, which he saw in his own peasants.[1] Just as he had once said that there were "two kinds of true believers," the peasants who "knew nothing" but accepted all things on trust, and the real philosophers, like Socrates, who knew they knew

[1] "Diversion" in place of "preparation" sums up this change. (Cf. III, 4 *De la Diversion* and below, p. 64.)

nothing, so now he sees as parallel roads to the good life, the natural virtue of the peasant and the informed virtue of the truly wise who have passed through and beyond the discipline of "life according to reason," which was already a characteristic feature of Renaissance thought only awaiting its full development in Cartesianism. It is by this triple division of humanity that Montaigne escapes the priggish attitude of the "intellectuals" of his own day with their constant harping on the contrast between the "sage" and the "vulgar." It is thus that he is saved from the aristocratic prejudice which results from their identification of intellectual with social and moral superiority. It is in this, above all, that Montaigne "wears his humanism with a difference."

The new edition of Montaigne's *Essays* appeared in June 1588, when he was at Paris. He returned home in the October or November and after this we do not hear of any absences. His general health became worse; the sufferings from his special complaint more continuous. Yet he bore his pains with wonderful courage, patience, and serenity. His chief consolations came from his books and his *Essays*. His reading was far less desultory than of yore; he read solid authors and works of considerable length.[1] He wrote no new essays, but he constantly added to the old ones, covering the margins of a copy of the 1588 edition with his beautiful handwriting, busying himself—he who had hitherto vehemently disclaimed all pretensions to be a man of letters—with minute details of style and even with orthography and punctuation.[2]

The additions differ considerably in character from those which he made before 1588. By far the largest number consist of quotations from the books he was reading, and principally from Latin prose authors. This was a new procedure. At first he had only admitted citations from the Latin poets; when he borrowed from a prose author, he

---

[1] Cicero's philosophical writings, Seneca's *Epistles*, Diogenes Laertius, Plato (notably the *Laws* and the *Republic*), Herodotus, and St. Augustine. In 1586 and 1587 his favourite authors had been Plutarch (especially the *Moral Works*), Lucretius, Virgil, Horace, Juvenal, Ovid.

[2] This revised copy is in the municipal library at Bordeaux.

translated him. Even in 1588 the number of untranslated quotations from prose authors is only twenty. Now they have reached a thousand.[1] Secondly, there are more anecdotes and greater licence in their choice. The same licence is shown in some of the personal details which figure largely in the additions. "As I grow older I grow rather more daring," he had written in 1586. Now his daring outruns his discretion.

The end came on September 13, 1592. In 1595 Marie de Gournay, Montaigne's *fille d'alliance* who had made his acquaintance at Paris in 1588, but who had been already for two or three years his enthusiastic admirer, published a new edition of the *Essays* augmented by a third more than in the preceding editions.

Montaigne's practice of inserting supplementary passages in his essays often adds considerably to the reader's difficulty in coming to close quarters with his thought. Even without the additions he demands the reader's close attention. As he himself admits, he passes from one subject to another, as in conversation, without the connecting words or ideas which are ordinarily introduced *pour le service des oreilles foibles ou nonchallantes*. Frequently too to the detriment of his thought, he indulges in those *gaillardes escapades* or discussions which he so much admires in Plutarch. But the extreme care with which more than once he revised his interpolations and the minute typographical directions which he wrote on the back of the title-page show beyond all doubt that the Bordeaux copy of his book, though it lacked his final revision, was specially prepared for the press. Mlle de Gournay was therefore perfectly right in giving to the world a new edition of his *Essays* which embodied these last fruits of Montaigne's wisdom and experience. Equally justified to-day are the professors and citizens of Bordeaux who published before the War under the care of M. Fortunat Strowski a new edition

---

[1] See Villey, II, 510. It is clear from a passage written at this time (III, 12, p. 366) that Montaigne is conscious that he is not, in his own judgment, improving the book. He is indulging the taste of his contemporaries for quotation.

of the famous Bordeaux copy of the *Essays*, which rectifies the imperfections of Mlle de Gournay's pious, and on the whole, excellent work.

In many ways Montaigne remains the most comprehensive representative of the European Renaissance just because he embodies not only the trends of that age but also a critical reflection upon them. His was *une âme nourrie à l'antique* but acutely aware of all that was new in the century in which he lived—with perhaps the single exception of art and architecture. Yet above all as we read him he seems one of ourselves—the first "modern man," it has been claimed. That is a measure of his wisdom and of the apparent artlessness of his self-portrait. It is a measure, too, of the pervasive and varied influence of the Essays on minds as different as those of Descartes, Pascal, Shaftesbury, Emerson or dramatists such as Webster and Molière. Yet it has its dangers. It is only set against his own age that we can fully understand him. It is only against the background of bitter religious strife and brutal civil war, of liberated energies turning to social chaos, of confident curiosity turning to doubt and despair that we can come to see that Montaigne's smile, his balance of moral optimism and intellectual pessimism, has a heroic quality all its own.

MONTAIGNE
SELECTED ESSAYS

LIVRE I

AU LECTEUR

In this preface Montaigne sums up once and for all the character of his book: "Je suis moy-mesmes la matière de mon livre." Yet so far as the purpose of the book is concerned, it represents an intermediate stage of his thought. The self-portrait is conceived as a memoir written for his relations and friends, that they may not wholly forget the author when he is dead (Cf. below, II, 8, p. 52). The Third Book, as also perhaps II, 17, takes on a new character. This record of himself is an instrument of self-knowledge which has helped him to learn to live, and, since each one of us "porte en lui la forme entière de l'humaine condition," the record has a psychological interest of a general kind. In other words, Montaigne realizes that his book may be of some use to a far wider circle than that of his own friends and acquaintances.

The very idea of a self-portrait is one which dawned on Montaigne after more than half the first two Books were written, so that when he says here "c'est moy que je peins," this is only strictly true of those essays written between 1578 and 1580.

C'est icy un livre de bonne foy, lecteur. Il t'advertit dés l'entrée, que je ne m'y suis proposé aucune fin, que domestique et privée. Je n'y ay eu nulle consideration de ton service, ny de ma gloire. Mes forces ne sont pas capables d'un tel dessein. Je l'ay voué à la commodité particuliere de mes parens et amis: à ce que m'ayant perdu (ce qu'ils ont à faire bien tost) ils y puissent retrouver aucuns traits de mes conditions et humeurs, et que par ce moyen ils nourrissent plus entiere et plus vifve, la connoissance qu'ils ont eu de moy. Si c'eust esté pour rechercher la faveur du monde, je me fusse mieux paré et me presanterois en une marche estudiée. Je veus qu'on m'y voie en ma façon simple, naturelle et ordinaire, sans contention [1] et artifice: car c'est moy que je peins. Mes defauts s'y liront au vif, et ma forme naïfve, autant que la reverence publique [2] me l'a permis. Que si j'eusse esté entre ces nations

[1] effort.   [2] i.e. respect for the public; a Latinism.

qu'on dict vivre encore sous la douce liberté des premieres loix de nature, je t'asseure que je m'y fusse tresvolontiers peint tout entier, et tout nud. Ainsi, lecteur, ie suis moy-mesmes la matiere de mon livre: ce n'est pas raison que tu employes ton loisir en un subject si frivole et si vain. A Dieu donq, de Montaigne, ce premier de Mars mille cinq cens quatre vingts.

CHAPITRE VII

This is one of the earliest essays and dates from about 1572. Already, however, in 1564 Montaigne had made the following note in the margin of his copy of the *Annales* of Nicole Gilles (p. 23), with reference to a promise to an uncle broken at a father's command by the Merovingian prince, Theodobert:

> Il se pourroet tirer d'ici le fondement d'un tel discours, si l'authorité du commandement paternel pouvoet desobliger [release] le fils de sa promesse. Nostre histoire nous fournist d'assez d'examples que les papes, le rois et les magistrats le font, mais les peres sont au dessous. Qui me ramenra à ceste vertu parfaite des anciens romains et grecs, je sçai bien que je trouverai que le magistrat ne l'antre-prenoet jamais, ains au rebours.

Here then we have the programme of an essay eight years before the first essays were written, and its subject is roughly that of the essay printed below. We see how far back Montaigne's interest in cases of conscience goes. The interest of his conclusion has been noted in the Introduction (pp. xv, xvi).

Notice also that more than half the essay was added after 1588.

QUE L'INTENTION JUGE NOS ACTIONS

La mort, dict-on, nous acquitte de toutes nos obliga-   A
tions. J'en sçay qui l'ont prins en diverse façon. Henry
septiesme,*[1] Roy d'Angleterre, fist composition [2] avec Dom
Philippe,* fils de l'Empereur Maximilian ou, pour le con-
fronter plus honnorablement, pere de l'Empereur Charles
cinquiesme, que ledict Philippe remettoit entre ses mains
le Duc de Suffolc de la rose blanche, son ennemy, lequel
s'en estoit fuy et retiré au pays bas, moyennant qu'il pro-
mettoit de n'attenter rien sur la vie dudict Duc: toutesfois,
venant à mourir, il commanda par son testament à son fils
de le faire mourir, soudain apres qu'il seroit decédé. Dernierement, en cette tragedie, que le Duc d'Albe nous fit
voir à Bruxelles és Comtes de Horne et d'Aiguemond,* il y
eust tout plein de choses remarquables, et entre autres que
ledict Comte d'Aiguemond, soubs la foy et asseurance
duquel le Comte de Horne s'estoit venu rendre au Duc
d'Albe, requit avec grande instance qu'on le fit mourir le

---

[1] Explanatory notes are printed on pp. 227–245 of this volume on all passages or words marked in the text with an asterisk.

[2] made a compact.

premier: affin que sa mort l'affranchist de l'obligation qu'il avoit audict Comte de Horne. Il semble que la mort n'ait point deschargé le premier de sa foy donnée, et que le second en estoit quite, mesmes sans mourir. Nous ne pouvons estre tenus au delà de nos forces et de nos moyens. A cette cause, par ce que les effects et executions ne sont aucunement en nostre puissance et qu'il n'y a rien en bon escient en nostre puissance que la volonté: en celle là se fondent par necessité, et s'establissent toutes les reigles du devoir de l'homme.

Par ainsi le Comte d'Aiguemond, tenant son ame et volonté endebtée à sa promesse, bien que la puissance de l'effectuer ne fut pas en ses mains, estoit sans doute absous de son devoir, quand il eust survescu le Comte de Horne. Mais le Roy d'Angleterre, faillant à sa parolle par son intention, ne se peut excuser pour avoir retardé jusques apres sa mort l'execution de sa desloyauté: non plus que le masson de Herodote, lequel, ayant loyallement conservé durant sa vie le secret des thresors du Roy d'Egypte son maistre, mourant les descouvrit à ses enfans.

c   J'ay veu plusieurs de mon temps convaincus par leur conscience retenir de l'autruy,[1] se disposer à y satisfaire par leur testament et apres leur deces. Ils ne font rien qui vaille, ny de prendre terme[2] à chose si pressante, ny de vouloir restablir une injure avec si peu de leur ressentiment et interest.[3] Ils doivent du plus leur. Et d'autant qu'ils payent plus poisamment, et incommodeement: d'autant en est leur satisfaction plus juste et meritoire. La penitence demande à se charger.

Ceux-là font encore pis, qui reservent la revelation de quelque haineuse volonté envers le proche[4] à leur dernière volonté, l'ayants cachée pendant la vie; et monstrent avoir peu de soin du propre honneur, irritans l'offencé à l'encontre de leur memoire, et moins[5] de leur conscience, n'ayants pour le respect de la mort mesme sceu faire mourir leur maltalent,[6] et en estendant la vie outre la leur. Iniques

---

[1] other men's (goods).   [2] delay.   [3] feeling and detriment to themselves.
[4] neighbour.   [5] sc. *de soin*.   [6] animosity.

juges qui remettent à juger alors qu'ils n'ont plus de cognoissance de cause.

Je me garderay, si je puis, que ma mort die chose, que ma vie n'ayt premierement dit.

CHAPITRE XIX

The composition of this essay, its place in the book, the fact that the theme was very common at this time, and not least its treatment of the subject of death, make it tolerably certain that it must date from about 1572. For an account of Montaigne's Stoicism, the influence of Seneca upon him and his preoccupation with the idea of *memento mori*, see Introduction (pp. xv, xvi).

QU'IL NE FAUT JUGER DE NOSTRE HEUR, QU'APRÈS LA MORT

Scilicet ultima semper
Expectanda dies homini est, dicíque beatus
Ante obitum nemo, supremáque funera debet [1]

A

Les enfants sçavent le conte du Roy Crœsus à ce propos: lequel, ayant esté pris par Cyrus et condamné à la mort, sur le point de l'execution, il s'escria: O Solon, Solon! Cela rapporté à Cyrus, et s'estant enquis que c'estoit à dire, il luy fist entendre qu'il verifioit lors à ses despens l'advertissement qu'autrefois luy avoit donné Solon, que les hommes, quelque beau visage que fortune leur face, ne se peuvent appeller heureux, jusques à ce qu'on leur aye veu passer le dernier jour de leur vie, pour l'incertitude et varieté des choses humaines, qui d'un bien leger mouvement se changent d'un estat en autre, tout divers. Et pourtant Agesilaus, à quelqu'un qui disoit heureux le Roy de Perse, de ce qu'il estoit venu fort jeune à un si puissant estat. Ouy mais, dit-il, Priam en tel aage ne fut pas malheureux. Tantost, des Roys de Macedoine, successeurs de ce grand Alexandre, il s'en faict des menuisiers et greffiers * à Rome; des tyrans de Sicile, des pedantes [2] à Corinthe.* D'un conquerant de la moitié du monde, et Empereur [3] de tant d'armées, il s'en faict un miserable suppliant des belitres officiers d'un Roy

---

[1] "It is man's part ever to await his latest day, nor should any call himself happy before death and the last funeral rites" (Ovid, *Metam.*, III, 135).

[2] schoolmaster.   [3] general.

d'Egypte: tant cousta à ce grand Pompeius la prolongation de cinq ou six mois de vie.   Et, du temps de nos peres, ce Ludovic Sforce,* dixiesme Duc de Milan, soubs qui avoit si long temps branslé toute l'Italie, on l'a veu mourir prisonnier à Loches: mais apres y avoir vescu dix ans, qui est le pis de

C   son marché.   ▲ La plus belle Royne,* veufve du plus grand Roy de la Chrestienté, vient elle pas de mourir par main de

A   bourreau?   ▲ Et mille tels exemples.   Car il semble que, comme les orages et tempestes se piquent contre l'orgueil et hautaineté de nos bastimens, il y ait aussi là haut des esprits envieux des grandeurs de ça bas.

> *Usque adeo res humanas vis abdita quædam*
> *Obterit, et pulchros fasces sævásque secures*
> *Proculcare, ac ludibrio sibi habere videtur.*[1]

Et semble que la fortune quelquefois guette à point nommé le dernier jour de nostre vie, pour montrer sa puissance de renverser en un moment ce qu'elle avoit basty en longues années; et nous fait crier apres Laberius:* «*Nimirum hac die una plus vixi, mihi quam vivendum fuit.*»[2]

Ainsi se peut prendre avec raison ce bon advis de Solon. Mais d'autant que c'est un philosophe, à l'endroit desquels les faveurs et disgraces de la fortune ne tiennent rang ny d'heur, ny de mal'heur; et sont les grandeurs, et puissances, accidens de qualité à peu pres indifferente: je trouve vray semblable qu'il aye regardé plus avant, et voulu dire que ce mesme bon-heur de nostre vie, qui dépend de la tranquillité et contentement d'un esprit bien né, et de la resolution et asseurance d'un' ame reglée, ne se doive jamais attribuer à l'homme, qu'on ne luy aye veu joüer le dernier acte de sa comédie, et sans doute le plus difficile.   En tout le reste il y peut avoir du masque: ou ces beaux discours de la Philosophie ne sont en nous que par contenance;[3] ou les accidens, ne nous essayant pas jusques au vif, nous donnent loysir de maintenir tousjours nostre visage rassis.   Mais

---

[1] "As some hidden power crushes all human things, and seems to trample underfoot the fair rods and dread axes (of high office) or make a mock of them" (Lucretius, V, 1233).

[2] "Truly I have lived this one day longer than I should have lived" (Macrobius, *Saturnales*, II, 7).   [3] For outward show.

à ce dernier rolle de la mort et de nous, il n'y a plus que
faindre, il faut parler François, il faut montrer ce qu'il y a de
bon et de net dans le fond du pot,

> Nam veræ voces tum demum pectore ab imo
> Ejiciuntur, et eripitur persona, manet res.[1]

Voylà pourquoy se doivent à ce dernier traict toucher,[2] et
esprouver toutes les autres actions de nostre vie. C'est le
maistre jour, c'est le jour juge de tous les autres: c'est le
jour, dict un ancien,* qui doit juger de toutes mes années
passées. Je remets à la mort l'essay du fruict de mes
estudes. Nous verrons là si mes discours me partent de
la bouche, ou du cœur.

J'ay veu plusieurs donner par leur mort reputation en   B
bien ou en mal à toute leur vie. Scipion, beau pere de
Pompeius, rabilla en bien mourant la mauvaise opinion qu'on
avoit eu de luy jusques lors. Epaminondas, interrogé
lequel des trois il estimoit le plus, ou Chabrias, ou Iphicrates,
ou soymesme: Il nous faut voir mourir, fit-il, avant que
d'en pouvoir resoudre. De vray, on desroberoit beaucoup
à celuy là, qui le poiseroit sans l'honneur et grandeur de sa
fin. Dieu l'a voulu comme il luy a pleu: mais en mon temps
trois les plus execrables personnes que je cogneusse en toute
abomination de vie, et les plus infames, ont eu des mors reglées
et en toute circonstance composées jusques à la perfection.

Il est des morts braves et fortunées. Je luy ay veu   C
trancher le fil d'un progrez de merveilleux avancement, et
dans la fleur de son croist [3], à quelqu'un,* d'une fin si pompeuse [4], qu'à mon avis ses ambitieux et courageux desseins
n'avoient rien de si hault que fut leur interruption.   Il
arriva sans y aller où il pretendoit: plus grandement et glorieusement que ne portoit son desir et esperance.   Et devança
par sa cheute le pouvoir et le nom où il aspiroit par sa course.

Au Jugement de la vie d'autruy, je regarde tousjours   B
comment s'en est porté le bout; et des principaux estudes de
la mienne, c'est qu'il se porte bien, c'est à dire quietement [5]
et sourdement.

---

[1] "For then at last, words of sincerity come from the inmost heart, and the
mask is torn off, the reality remains" (Lucretius, III, 57).
[2] put to the touch.   [3] growth.   [4] sublime.   [5] calmly.

CHAPITRE XXVII

The central idea of this essay, which is decidedly sceptical in tendency, is that we must either accept the whole teaching of the Catholic Church or reject it altogether. It is quoted as proving Montaigne's orthodoxy by Montaigne's friend, Florimond de Raemond. Part of it dates from 1572, but later additions may have been made to it. It stands in a group (xxvii–xxx), which all belong, at least in part, to the period 1578–80.

A   C'EST FOLIE DE RAPPORTER LE VRAY ET LE FAUX A NOSTRE
SUFFISANCE

A   Ce n'est pas à l'adventure sans raison que nous attribuons à simplesse et ignorance la facilité de croire et de se laisser persuader: car il me semble avoir apris autrefois que la creance, c'estoit comme un' impression qui se faisoit en nostre ame; et, à mesure qu'elle se trouvoit plus molle et de moindre resistance, il estoit plus aysé à y empreindre quelque chose.

C   *‹ Ut necesse est lancem in libra ponderibus impositis deprimi, sic animum perspicuis cedere.›* [1]   D'autant que l'âme est plus vuide et sans contrepoids, elle se baisse plus facilement souz

A   la charge de la premiere persuasion.   ▲ Voylà pourquoy les enfans, le vulgaire, les femmes et les malades sont plus subjects à estre menez par les oreilles.   Mais aussi, de l'autre part, c'est une sotte presumption d'aller desdaignant et condamnant pour faux ce qui ne nous semble pas vraysemblable; Qui [2] est un vice ordinaire de ceux qui pensent avoir quelque suffisance outre la commune.   J'en faisoy ainsin autrefois, et si j'oyois parler ou des esprits qui reviennent, ou du prognostique des choses futures, des enchantemens, des sorceleries, ou faire quelque autre compte où je ne peusse pas mordre [3],

> *Somnia, terrores magicos, miracula, sagas,*
> *Nocturnos lemures portentaque Thessala* [4],

---

[1] "Just as the scale in a balance must go down with the weights placed on it, so must the mind give way to plain evidence" (Cicero, *Acad.*, II, 127).

[2] *ce qui.*   [3] which I knew not what to make of.

[4] "Dreams, apparitions raised by magic, miracles, sorceries, spectres walking by night, and Thessalian prodigies" (Horace, *Ep.*, II, ii, 208–9).

il me venoit compassion du pauvre peuple abusé de ces folies. Et, à présent, je treuve que j'estoy pour le moins autant à plaindre moy mesme: non que l'experience m'aye depuis rien fait voir au dessus de mes premieres creances, et si n'a pas tenu à ma curiosité; mais la raison m'a instruit que de condamner ainsi resoluement une chose pour fauce et impossible, c'est se donner l'advantage d'avoir dans la teste les bornes et limites de lá volonté de Dieu et de la puissance de de nostre mere nature; et qu'il n'y a point de plus notable folie au monde que de les ramener à la mesure de nostre capacité et suffisance. Si nous appellons monstres ou miracles ce où [1] nostre raison ne peut aller, combien s'en presente il continuellement à nostre veuë? Considerons au travers de quels nuages et commant à tastons on nous meine à la connoissance de la pluspart des choses qui nous sont entre mains [2]: certes nous trouverons que c'est plustost accoustumance que science qui nous en oste l'estrangeté,

> *jam nemo, fessus satiate videndi,*
> *Suspicere in cœli dignatur lucida templa* [3],

B

et que ces choses là, si elles nous estoyent presentées de nouveau [4], nous les trouverions autant ou plus incroyables que aucunes autres,

A

> *si nunc primum mortalibus adsint*
> *Ex improviso, ceu sint objecta repente,*
> *Nil magis his rebus poterat mirabile dici,*
> *Aut minus ante quod auderent fore credere gentes.* [5]

Celuy qui n'avoit jamais veu de riviere, à la premiere qu'il rencontra, il pensa que ce fut l'Ocean. Et les choses qui sont à nostre connoissance les plus grandes, nous les jugeons estre les extremes que nature face en ce genre,

---

[1] *tout cela où.*   [2] with which we are familiar.
[3] "Wearied and satiated with seeing no one now cares to look up at heaven's glittering quarters" (Lucretius, II, 1038–9).   [4] for the first time.
[5] "If these things were now for the first time unexpectedly or suddenly presented to mortals, nothing could be named that would be more marvellous or in the existence of which nations beforehand would less venture to believe" (Lucretius, II, 1033–6).

B
> *Scilicet et fluvius, qui non est maximus, eii est*
> *Qui non ante aliquem majorem vidit, et ingens*

A
> *Arbor homoque videtur;* ▲ *et omnia de genere omni*
> *Maxima quæ vidit quisque, hæc ingentia fingit.*[1]

C
« *Consuetudine oculorum assuescunt animi, neque admirantur, neque requirunt rationes earum rerum quas semper vident.*» [2]

La nouvelleté des choses nous incite plus que leur grandeur à en rechercher les causes.

A
Il faut juger avec plus de reverence de cette infinie puissance de nature et plus de reconnoissance [3] de nostre ignorance et foiblesse.   Combien y a il de choses peu vray-semblables, tesmoignées par gens dignes de foy, desquelles si nous ne pouvons estre persuadez, au moins les faut-il laisser en suspens : car de les condamner impossibles [4], c'est se faire fort [5], par une temeraire presumption, de sçavoir jusques où va la possibilité.   ▲ Si l'on entendoit bien la difference qu'il y a entre l'impossible et l'inusité, et entre ce qui est contre l'ordre du cours de nature, et contre la commune opinion des hommes, en ne croyant pas temerairement, ny aussi ne descroyant pas facilement, on observeroit la regle de: Rien trop [6], commandée par Chilon.

A
Quant on trouve, dans Froissard, * que le conte de Foix sçeut, en Bearn, la defaite du Roy Jean de Castille, à Juberoth, le lendemain qu'elle fut advenue, et les moyens qu'il en allegue, on s'en peut moquer; et de ce mesme que nos annales disent * que le Pape Honorius, le propre jour que le Roy Philippe Auguste mourut ▲ à Mante, ▲ fit faire ses funerailles publiques et les manda faire par toute l'Italie. Car l'authorité de ces tesmoins n'a pas à l'adventure assez de rang pour nous tenir en bride [7].   Mais quoy? si Plutarque,[8]

C

BA

---

[1] "Yes, and a river which is not the greatest appears so to him who has never seen any greater; and thus a tree or a man seems gigantic and so for all things of every kind the greatest that a man has seen he fancies to be gigantic" (Lucretius, VI, 674-7).

[2] "Our minds become accustomed to objects by familiarity with them and they neither admire nor enquire into the causes of those things which they have always before their eyes" (Cicero, *De Nat. Deorum*, II, 38).

[3] recognition.   [4] as impossible.   [5] to presume.

[6] μηδὲν ἄγαν.   [7] curb.

[8] The Life of Aemilius Paulus, c. XXVI.

outre plusieurs exemples qu'il allegue de l'antiquité, dict
sçavoir de certaine science que, du temps de Domitian, la
nouvelle de la bataille perdue par Antonius en Allemaigne,
à plusieurs journées de là, fut publiée à Rome et semée par
tout le monde le mesme jour qu'elle avoit esté perdue; et si
Cæsar tient qu'il est souvent advenu que la renommée a
devancé l'accident: dirons nous pas que ces simples gens-là se
sont laissez piper apres le vulgaire, pour n'estre pas clair-
voyans comme nous?   Est-il rien plus delicat, plus net et
plus vif que le jugement de Pline, quand il lui plaist de le
mettre en jeu, rien plus esloingné de vanité? je laisse à part
l'excellence de son sçavoir, duquel je fay moins de conte:
en quelle partie de ces deux là le surpassons nous?   Toutesfois il n'est si petit escolier qui ne le convainque de mensonge, et qui ne luy veuille faire leçon sur le progrez des
ouvrages de nature.

Quand nous lisons, dans Bouchet,* les miracles des reliques de sainct Hilaire.   Passe [1]: son credit n'est pas assez
grand pour nous oster la licence d'y contredire.   Mais de
condamner d'un train [2] toutes pareilles histoires me semble
singuliere impudence.   Ce grand sainct Augustin tesmoigne
avoir veu, sur les reliques Sainct Gervais et Protaise,* à Milan,
un enfant aveugle recouvrer la veüe: Une femme, à Carthage,
estre guerie d'un cancer par le signe de croix qu'une femme
nouvellemement baptisée luy fit.   Hesperius, un sien familier,
avoir chassé les esprits qui infestoient sa maison, avec un
peu de terre du Sepulchre de nostre Seigneur, et, cette terre
dépuis transportée à l'Eglise, un paralitique en avoir esté
soudain guéri; une femme en une procession, ayant touché
à la chasse Sainct Estienne d'un bouquet, et de ce bouquet
s'estant frottée les yeux, avoir recouvré la veüe, pieça perdue;
et plusieurs autres miracles, où il dict luy mesmes avoir assisté.*
Dequoy accuserons nous et luy et deux Saincts Evesques,
Aurelius et Maximinus, qu'il appelle pour ses recors [3]?   Sera
ce d'ignorance, simplesse, facilité, ou de malice et imposture?
Est-il homme, en nostre siecle, si impudent qui pense leur
estre comparable, soit en vertu et pieté, soit en sçavoir, juge-

[1] let it pass.   [2] wholesale (at one "go").   [3] his vouchers.

C ment et suffisance? ▲ «*Qui, ut rationem nullam afferrent, ipsa authoritate me frangerent.*» [1]

A   C'est une hardiesse dangereuse et de consequence, outre l'absurde temerité qu'elle traine quant et soy, de mespriser ce que nous ne concevons pas.   Car apres que, selon vostre bel entendement, vous avez estably les limites de la verité et de la mensonge, et qu'il se treuve que vous avez necessairement à croire des choses où il y a encores plus d'estrangeté qu'en ce que vous niez, vous vous estez des-jà obligé de les abandonner.   Or ce qui me semble aporter autant [2] de desordre en nos consciences, en ces troubles où nous sommes, de la religion, c'est cette dispensation [3] que les Catholiques font de leur creance.   Il leur semble faire bien les moderez et les entenduz [4], quand ils quittent aux adversaires aucuns articles de ceux qui sont en debat.   Mais, outre ce, qu'ils ne voyent pas quel avantage c'est à celuy qui vous charge, de commancer à luy ceder et vous tirer arriere [5], et combien cela l'anime à poursuivre sa pointe, ces articles là qu'ils choisissent pour les plus legiers, sont aucunefois tres-importans.   Ou il faut se submettre du tout à l'authorité de nostre police ecclesiastique, ou du tout s'en dispenser.   Ce n'est pas à nous à establir la part que nous luy devons d'obeïssance.   Et davantage, je le puis dire pour l'avoir essayé, ayant autrefois usé de cette liberté de mon chois et triage particulier, mettant à nonchaloir certains points de l'observance de nostre Eglise, qui semblent avoir un visage ou plus vain ou plus estrange, venant à en communiquer aux hommes sçavans, j'ay trouvé que ces choses là ont un fondement massif et tressolide: et que ce n'est que bestise et ignorance qui nous fait les recevoir avec moindre reverence que le reste.   Que ne nous souvient il combien nous sentons de contradiction en nostre jugement mesmes? combien de choses nous servoyent hier d'articles de foy, qui nous sont fables aujourd'huy?   La gloire [6] et la curiosité sont les deux fleaux de nostre âme.   Cette cy nous conduit à mettre le nez par tout, et celle là nous defant de rien laisser irresolu et indecis.

---

[1] Even though they bring forward no reason, they would convince me by their sole authority (Cicero, *Tusc. quaest.*, I, 21, slightly altered).   [2] *tant.*
[3] partial abandonment.   [4] act the would-be clever.   [5] to retreat.   [6] pride.

CHAPITRE XXVIII

The first and main part of this essay must have been written by 1576, when La Boëtie's *Discours de la Servitude Volontaire* was published in Vol. III of the *Mémoires de l'Estat de France sous Charles IX*, edited by Simon Goulart. Both there and in *Le Réveille-Matin des François* (1574), in which a portion of the *Discours* was printed, the work, with its republican sentiments inspired by classical antiquity, was used to bolster up the Protestant cause. Montaigne is at pains in the last two paragraphs of the essay to dissociate La Boëtie from the purpose to which his *Discours* had been turned, and his decision not to publish it along with this essay, originally conceived as a preface to it, is a further gesture of dissociation. M. Villey regards *De l'Amitié* as marking a transition between Montaigne's first manner and the more personal form of his later essays, and he points out that it is built up round two *exempla*: the story from Cicero's *De Amicitia* of C. Blossius, the friend of Tib. Gracchus (below, p. 20), and the story from Lucian of Eudamidas (below, p. 23). It is indeed possible that Montaigne may have written these two stories quite early and have added the rest of the essay later. Certainly it shows much greater individuality and depth of thought than the earliest essays. In the text of 1595 it is about a third as long again as in that of 1580.

DE L'AMITIÉ

Considerant la conduite de la besongne d'un peintre que   A
j'ay, il m'a pris envie de l'ensuivre. Il choisit le plus bel
endroit et milieu de chaque paroy [1],* pour y loger un tableau
élabouré de toute sa suffisance; Et, le vuide tout au tour,
il le remplit de crotesques,* qui sont peintures fantasques,
n'ayant grâce qu'en la varieté et estrangeté. Que sont-ce
icy aussi, à la verité, que crotesques et corps monstrueux,
rappiecez de divers membres, sans certaine figure, n'ayants
ordre, suite ny proportion que fortuité?

Desinit in piscem mulier formosa superne. [2]

Je vay bien jusques à ce second point avec mon peintre,
mais je demeure court en l'autre et·meilleure partie: car ma
suffisance ne va pas si avant que d'oser entreprendre un
tableau riche, poly et formé selon l'art. Je me suis advisé

[1] i.e. of Montaigne's Library.
[2] A woman fair above ends in a fish below (Horace, *A.P.*, 4).

d'en emprunter un d'Estienne de la Boitie[1], qui honorera
tout le reste de cette besongne.   C'est un discours auquel il
donna nom LA SERVITUDE VOLONTAIRE; mais ceux qui l'ont
ignoré, l'ont bien proprement dépuis rebaptisé LE CONTRE
UN.   Il l'escrivit par maniere d'essay, en sa premiere jeunesse,* à l'honneur de la liberté contre les tyrans.   Il court
pieça és mains des gens d'entendement, non sans bien grande
et méritée recommandation[2]: car il est gentil, et plein ce
qu'il est possible[3].   Si y a il bien à dire que ce ne soit le
mieux qu'il peut faire[4], et si, en l'aage que je l'ay conneu,
plus avancé, il eut pris un tel desseing que le mien, de mettre
par escrit ses fantasies, nous verrions plusieurs choses rares
et qui nous approcheroient bien pres de l'honneur de l'antiquité: car, notamment en cette partie des dons de nature, je
n'en connois point qui luy soit comparable.   Mais il n'est
demeuré de luy que ce discours, encore par rencontre, et
croy qu'il ne le veit onques depuis qu'il luy eschapa, et
quelques memoires sur cet edict de Janvier,* fameus par nos
guerres civiles, qui trouveront encores ailleurs peut estre
leur place.   C'est tout ce que j'ay peu recouvrer de ses
reliques,▲ moy qu'il laissa, d'une si amoureuse recommandation, la mort entre les dents, par son testament, héritier
de sa bibliothèque et de ses papiers,▲ outre le livret de ses
œuvres que j'ay fait mettre en lumiere.*   Et si suis obligé
particulierement à cette piece, d'autant qu'elle a servy de
moyen à nostre premiere accointance.   Car elle me fut
montrée longue piece[5] avant que je l'eusse veu, et me donna
la premiere connoissance de son nom, acheminant[6] ainsi cette
amitié que nous avons nourrie, tant que Dieu a voulu, entre
nous, si entière et si parfaite que certainement il ne s'en lit
guiere de pareilles, et, entre nos hommes, il ne s'en voit
aucune trace en usage.   Il faut tant de rencontres à la
bastir, que c'est beaucoup si la fortune y arrive une fois en
trois siecles.

---

[1] See Introduction, p. xii.   [2] reputation.
[3] full of learning *autant qu'il est possible.*
[4] *Cependant il s'en faut de beaucoup . . .* Cf. gloss. under *dire.*
[5] *longtemps.*   [6] paving the way for.

Il n'est rien à quoy il semble que nature nous aye plus
acheminé qu'à la societé. ▲ Et dit Aristote que les bons   c
legislateurs ont eu plus de soing de l'amitié que de la justice.
Or le dernier point de sa perfection est cetuy-cy. Car,   A
en general, toutes celles que la volupté ou le profit, le   c
besoin publique ou privé forge et nourrit, en sont d'autant
moins belles et genereuses, et d'autant moins amitiez,
qu'elles meslent autre cause et but et fruit en l'amitié, qu'elle
mesme.

Ny ces quatre especes anciennes: naturelle, sociale, hos-
pitaliere, venerienne, particulierement n'y conviennent [1], ny
conjointement.

Des enfants aux peres, c'est plutost respect. L'amitié   A
se nourrit de communication qui ne peut se trouver entre
eux, pour la trop grande disparité, et offenceroit à l'adventure
les devoirs de nature. Car ny toutes les secrettes pensées
des peres ne se peuvent communiquer aux enfans pour n'y
engendrer une messeante privauté, ny les advertissemens et
corrections, qui est un des premiers offices d'amitié, ne se
pourroyent exercer des enfans aux peres. Il s'est trouvé des
nations où, par usage, les enfans tuoyent leurs peres, et
d'autres où les peres tuoyent leurs enfans, pour eviter l'empeschement qu'ils se peuvent quelquefois entreporter, et
naturellement l'un depend de la ruine de l'autre. Il s'est
trouvé des philosophes desdaignans cette cousture naturelle,
tesmoing ▲ Aristippus: ▲ quand on le pressoit de l'affection   CA
qu'il devoit à ses enfans pour estre sortis de luy, il se mit à
cracher, disant que cela en estoit aussi bien sorty; que nous
engendrions bien des pouz et des vers. Et cet autre, que
Plutarque vouloit induire à s'accorder avec son frere: Je n'en
fais pas, dict-il, plus grand estat, pour estre sorty de mesme
trou. C'est, à la vérité, un beau nom et plein de dilection [2]
que le nom de frere, et à cette cause en fismes nous, luy et
moy, nostre alliance.* Mais ce meslange de biens, ces partages, et que la richesse de l'un soit la pauvreté de l'autre,
cela detrampe merveilleusement et relasche cette soudure [3]
fraternelle. Les freres ayants à conduire le progrez de leur

---

[1] do not conform to it.   [2] affection.   [3] bond.

avancement en mesme sentier et mesme train, il est force qu'ils se hurtent et choquent souvent. D'avantage, la correspondance et relation qui engendre ces vrayes et parfaictes amitiez, pourquoy se trouvera elle en ceux cy? Le pere et le fils peuvent estre de complexion entierement eslongnée, et les freres aussi. C'est mon fils, c'est mon parent, mais c'est un homme farouche, un meschant ou un sot. Et puis, à mesure que ce sont amitiez que la loy et l'obligation naturelle nous commande, il y a d'autant moins de nostre chois et liberté volontaire. Et nostre liberté volontaire n'a point de production qui soit plus proprement sienne que celle de l'affection et amitié. Ce n'est pas que je n'aye essayé de ce costé là tout ce qui en peut estre. Ayant eu le meilleur pere qui fut onques, et le plus indulgent, jusques à son extreme vieillesse, et estant d'une famille fameuse de pere en fils, et exemplaire en cette partie de la concorde fraternelle,

B

et ipse
Notus in fratres animi paterni.[1]

A   D'y comparer l'affection envers les femmes, quoy qu'elle naisse de nostre choix, on ne peut, ny la loger en ce rolle. Son feu, je le confesse,

neque enim est dea nescia nostri
Quæ dulcem curis miscet amaritiem [2]

est plus actif, plus cuisant et plus aspre. Mais c'est un feu temeraire [3] et volage, ondoyant et divers, feu de fiebvre, subject à accez et remises [4], et qui ne nous tient qu'à un coing. En l'amitié, c'est une chaleur generale et universelle, temperée au demeurant et égale, une chaleur constante et rassize, toute douceur et pollissure, qui n'a rien d'aspre et de poignant. Qui plus est, en l'amour, ce n'est qu'un desir forcené après ce qui nous fuit:

---

[1] "Himself known for his paternal affection for his brothers" (Horace, *Od.*, II, 2), but *ipse* is not in Horace.

[2] "Nor am I unknown to the Goddess who mingles sweet bitterness with the pains of love" (Catullus, LXVIII, 17, 18).

[3] thoughtless.   [4] attacks and returns to the normal.

Come segue la lepre il cacciatore
Al freddo, al caldo, alla montagna, al lito;
Ne piu l'estima poi che presa vede,
Et sol dietro a chi fugge affretta il piede.[1]

Aussi tost qu'il entre aux termes de l'amitié, c'est à dire en la convenance [2] des volontez, il s'esvanouist et s'alanguist. La jouyssance le perd, comme ayant la fin corporelle et sujecte à sacieté. L'amitié, au rebours, est jouye à mesure qu'elle est désirée, ne s'esleve, se nourrit, ny ne prend accroissance qu'en la jouyssance comme estant spirituelle, et l'âme s'affinant par l'usage. Sous cette parfaicte amitié ces affections volages ont autrefois trouvé place chez moy, affin que je ne parle de [3] luy, qui n'en confesse que trop par ses vers. Ainsi ces deux passions sont entrées chez moy en connoissance l'une de l'autre; mais en comparaison jamais: la premiere maintenant sa route d'un vol hautain et superbe, et regardant desdaigneusement cette cy passer ses pointes [4] bien loing au dessoubs d'elle.

Quant aux mariages, outre ce que c'est un marché qui n'a que l'entrée libre (sa durée estant contrainte et forcée, dependant d'ailleurs que de nostre vouloir), et marché qui ordinairement se fait à autres fins, il y survient mille fusées [5] estrangeres à desmeler parmy, suffisantes à rompre le fil et troubler le cours d'une vive affection; là où [6], en l'amitié, il n'y a affaire ny commerce, que d'elle mesme. Joint qu'à dire vray la suffisance ordinaire des femmes n'est pas pour respondre à cette conference [7] et communication [7], nourrisse de cette saincte couture; ny leur ame ne semble assez ferme pour soustenir l'estreinte d'un neud si pressé et si durable. Et certes, sans cela, s'il se pouvoit dresser une telle accointance, libre et volontaire, où, non seulement les ames eussent cette entiere jouyssance, mais encores où les corps eussent part à l'alliance,▲ où l'homme fust engagé   c

---

[1] "As the hunter follows the hare in cold, in heat, on the mountain or on the shore; he values it no longer when he sees it captured; he only hastens after the game which flies before him" (Ariosto, *Orlando Furioso*, X, 7).

[2] concurrence.   [3] not to speak of him (i.e. La Boëtie).

[4] wing its way.   [5] complications (lit. spindlefulls).

[6] whereas.   [7] conversation and intercourse.

A   tout entier: ▲ il est certain que l'amitié en seroit plus pleine
et plus comble.   Mais ce sexe par nul exemple n'y est encore
C   peu arriver,▲ et par le commun consentement des escholes
anciennes en est rejetté.

A   Et cet' autre licence Grecque est justement abhorrée
C   par nos meurs. ▲ Laquelle pourtant, pour avoir, selon
leur usage, une si necessaire disparité d'aages et difference
d'offices entre les amants, ne respondoit non plus assez à la
parfaicte union et convenance qu'icy nous demandons : «*Quis
est enim iste amor amicitiæ? Cur neque deformem adoles-
centem quisquam amat, neque formosum senem?*» [1] Car la
peinture mesme qu'en faict l'Academie * ne me desadvoüera
pas, comme je pense, de dire ainsi de sa part: que cette premiere fureur inspirée par le fils de Venus au cœur de l'amant
sur l'object de la fleur d'une tendre jeunesse, à laquelle ils
permettent tous les insolents et passionnez efforts que peut
produire une ardeur immoderée, estoit simplement fondée
en une beauté externe, fauce image de la generation corporelle. Car en l'esprit elle ne pouvoit, duquel la montre
estoit encore cachée [2], qui n'estoit qu'en sa naissance, et
avant l'aage de germer. Que si cette fureur saisissoit un
bas courage, les moyens de sa poursuitte c'estoient richesses,
presents, faveur à l'avancement des dignitez, et telle autre
basse marchandise, qu'ils reprouvent. Si elle tomboit en un
courage plus généreux, les entremises estoient genereuses de
mesmes: instructions philosophiques, enseignemens à reverer
la religion, obeïr aux lois, mourir pour le bien de son païs:
exemples de vaillance, prudence, justice: s'estudiant l'amant
de se rendre acceptable par la bonne grace et beauté de son
ame, celle de son corps estant pieça fanée, et esperant par
cette société mentale establir un marché [3] plus ferme et
durable. Quand cette poursuitte arrivoit à l'effect en sa
saison (car ce qu'ils ne requierent point en l'amant, qu'il
apportast loysir et discretion en son entreprise, ils le requie-

---

[1] "For what then is this love of friendship? Why does no one love an ugly
youth, or a handsome grey-beard?" (Cicero, *Tusc.*, IV, 33).

[2] in a wit which was as yet hid (lit. whose showing was as yet hid).

[3] contract.

rent exactement en l'aimé: d'autant qu'il luy falloit juger
d'une beauté interne, de difficile cognoissance et abstruse
descouverte) lors naissoit en l'aymé le desir d'une conception
spirituelle par l'entremise d'une spirituelle beauté.   Cette cy
estoit icy principale: la corporelle, accidentale et seconde:
tout le rebours de l'amant.   A cette cause preferent ils
l'aymé, et verifient [1] que les dieux aussi le preferent, et tan-
sent grandemeut le poëte Aischylus d'avoir, en l'amour
d'Achilles et de Patroclus, donné la part de l'amant à Achilles
qui estoit en la premiere et imberbe verdeur de son adolescence, et le plus beau des Grecs.   Apres cette communauté
générale, la maistresse et plus digne partie d'icelle exerçant
ses offices et predominant, ils disent qu'il en provenoit des
fruicts tres utiles au privé et au public; que c'estoit la force
des païs qui en recevoient l'usage, et la principale defence de
l'equité et de la liberté: tesmoin les salutaires amours de
Hermodius et d'Aristogiton.   Pourtant la nomment ils
sacrée et divine.   Et n'est, à leur compte, que la violence
des tyrans et lascheté des peuples qui luy soit adversaire.   En
fin tout ce qu'on peut donner à la faveur de l'Académie,
c'est dire que c'estoit un amour se terminant en amitié: chose
qui ne se rapporte pas mal à la definition Stoïque de l'amour:
«*Amorem conatum esse amicitiæ faciendæ ex pulchritudinis
specie.*» [2]   Je revien à ma description, de façon plus equitable
et plus equable: «*Omnino amicitiæ, corroboratis jam confir-
matisque ingeniis et ætatibus, judicandæ sunt.*» [3]

Au demeurant, ce que nous appellons ordinairement amis   A
et amitiez, ce ne sont qu'accoinctances et familiaritez nouées
par quelque occasion ou commodité, par le moyen de laquelle
nos ames s'entretiennent [4].   En l'amitié dequoy je parle,
elles se meslent et confondent l'une en l'autre, d'un melange
si universel, qu'elles effacent et ne retrouvent plus la couture qui les a jointes.   Si on me presse de dire pourquoy je

---

[1] prove.
[2] "Love is a desire of making a friendship moved by an external beauty"
(Cicero, *Tusc.*, IV, 34).
[3] "Friendships are only fully to be judged, when characters have been with
age established and fixed" (Cicero, *De Amic.*, XX).
[4] are linked together.

C   l'aymois, je sens que cela ne se peut exprimer, ▲ qu'en
respondant: Par ce que c'estoit luy; par ce que c'estoit
moy.

A   Il y a, au delà de tout mon discours, et de ce que j'en puis
dire particulierement, ne sçay quelle force inexplicable et
C   fatale, mediatrice de cette union.   ▲ Nous nous cherchions
avant que de nous estre veus, et par des rapports que nous
oyïons l'un de l'autre, qui faisoient en nostre affection plus
d'effort que ne porte la raison des rapports [1], je croy par
quelque ordonnance du ciel: nous nous embrassions par noz
noms.   Et à nostre premiere rencontre, qui fut par hazard
en une grande feste et compagnie de ville, nous nous trou-
vasmes si prins, si cognus, si obligez [2] entre nous, que rien
des lors ne nous fut si proche que l'un à l'autre.   Il escrivit
une Satyre [3] Latine excellente, qui est publiée, par laquelle il
excuse et explique la precipitation de nostre intelligence [4], si
promptement parvenue à sa perfection.   Ayant si peu à
durer, et ayant si tard commencé, car nous estions tous deux
hommes faicts, et luy plus de quelque année [5], elle n'avoit
point à perdre temps, et à se regler au patron [6] des amitiez
molles et regulieres, ausquelles il faut tant de precautions
de longue et preallable conversation [7].   Cette cy n'a point
d'autre idée [8] que d'elle mesme, et ne se peut rapporter qu'à
A   soy.   ▲ Ce n'est pas une speciale consideration, ny deux,
ny trois, ny quatre, ny mille: c'est je ne sçay quelle quinte
essence de tout ce meslange, qui, ayant saisi toute ma volonté,
C   l'amena se plonger et se perdre dans la sienne; ▲ qui, ayant
saisi toute sa volonté, l'amena se plonger et se perdre en la
A   mienne, d'une faim, d'une concurrence [9] pareille.   ▲ Je dis
perdre, à la verité, ne nous reservant rien qui nous fut propre,
ny qui fut ou sien ou mien.

   Quand Lælius,* en presence des Consuls Romains,
lesquels, apres la condemnation de Tiberius Gracchus, pour-
suivoyent tous ceux qui avoyent esté de son intelligence,
vint à s'enquerir de Caïus Blosius (qui estoit le principal de

---

[1] "which wrought more upon our affections than in reason reports should do"
(Cotton).   [2] bound.   [3] a familiar discourse in verse.
[4] intimacy.   [5] La Boëtie was two and a half years older than Montaigne.
[6] pattern.   [7] preliminary intercourse.   [8] ideal model.   [9] emulation.

ses amis) combien il eut voulu faire pour luy, et qu'il eut
respondu: Toutes choses; — Comment, toutes choses? sui-
vit-il.   Et quoy s'il t'eut commandé de mettre le feu en
nos temples? — Il ne me l'eut jamais commandé, replica
Blosius. — Mais s'il l'eut fait? adjouta Lælius. — J'y eusse
obey, respondit-il.   S'il estoit si parfaictement amy de
Gracchus, comme disent les histoires, il n'avoit que faire [1]
d'offenser les consuls par cette dernière et hardie confession;
et ne se devoit départir de l'asseurance qu'il avoit de la
volonté de Gracchus.   Mais, toutefois, ceux qui accusent
cette responce comme seditieuse, n'entendent pas bien ce
mystere, et ne presupposent pas, comme il est [2], qu'il tenoit
la volonté de Gracchus en sa manche [3], et par puissance et
par connoissance.   ▲ Ils estoient plus amis que citoyens, plus   C
amis qu'amis et qu'ennemis de leur païs, qu'amis d'ambition
et de trouble.   S'estans parfaittement commis l'un à l'autre, ils
tenoient parfaittement les renes de l'inclination l'un de l'autre;
et faictes guider cet harnois [4] par la vertu et conduitte de la
raison (comme aussi est-il du tout impossible de l'atteler sans
cela), la responce de Blosius est telle qu'elle devoit estre.
Si leurs actions se demancherent [5], ils n'estoient ny amis selon
ma mesure l'un de l'autre, ny amis à eux mesmes.   Au
demeurant ▲ cette response ne sonne non plus [6] que feroit   A
la mienne, à qui s'enquerroit à moy de cette façon: Si vostre
volonté vous commandoit de tuer vostre fille, la tueriez vous?
et que je l'accordasse.   Car cela ne porte aucun tesmoignage
de consentement à ce faire, par ce que je ne suis point en
doute de ma volonté, et tout aussi peu de celle d'un tel amy.
Il n'est pas en la puissance de tous les discours du monde de
me desloger de la certitude que j'ay, des intentions et jugemens du mien.   Aucune de ses actions ne me sçauroit estre
presentée, quelque visage qu'elle eut, que je n'en trouvasse
incontinent le ressort.   Nos ames ont charrié si uniement
ensemble [7], elles se sont considerées d'une si ardante affection,

---

[1] did not care whether.   [2] as was the case.   [3] was master of Gracchus's will.
[4] *faictes*, imperative with conditional force: *si on suppose que cet attelage fut
guidé par*....
[5] did not agree (lit. came apart).   [6] means no more.   [7] have kept pace.

et de pareille affection descouvertes jusques au fin fond des entrailles l'une à l'autre, que, non seulement je connoissoy la sienne comme la mienne, mais je me fusse certainement plus volontiers fié à luy de moy qu'à moy.

Qu'on ne me mette pas en ce reng ces autres amitiez com-munes: j'en ay autant de connoissance qu'un autre, et des

B plus parfaictes de leur genre, ▲ mais je ne conseille pas qu'on confonde leurs regles: on s'y tromperoit. Il faut marcher en ces autres amitiez la bride à la main, avec pru-dence et precaution; la liaison n'est pas nouée en maniere qu'on n'ait aucunement à s'en deffier. Aymés le (disoit Chilon) comme ayant quelque jour à le haïr; haïssez le, comme ayant à l'aymer. Ce precepte qui est si abominable en cette souveraine et maistresse amitié, il est salubre en

C l'usage des amitiez ordinaires ▲ et coustumières, à l'endroit desquelles il faut employer le mot qu'Aristote avoit tres-familier: O mes amis, il n'y a nul amy.

A En ce noble commerce, les offices [1] et les bienfaits, nour-rissiers des autres amitiez, ne meritent pas seulement d'estre mis en compte: cette confusion si pleine de nos volontez en est cause. Car, tout ainsi que l'amitié que je me porte, ne reçoit point augmentation pour le secours que je me donne au besoin, quoy que dient les Stoïciens, et comme je ne me sçay aucun gré du service que je me fay: aussi l'union de tels amis estant veritablement parfaicte, elle leur faict perdre le sentiment de tels devoirs, et haïr et chasser d'entre eux ces mots de division et de difference: bien faict, obligation, reconnoissance, priere, remerciement, et leurs pareils. Tout estant par effect commun entre eux, volontez, pensemens,

C jugemens, biens, femmes, enfans, honneur et vie, ▲ et leur convenance [2] n'estant qu'un' ame en deux corps selon la

A trespropre definition d'Aristote, ▲ ils ne se peuvent ny prester ny donner rien. Voilà pourquoy les faiseurs de loix, pour honorer le mariage de quelque imaginaire ressemblance de cette divine liaison, defendent les donations entre le mary et la femme. Voulant inferer par là que tout doit estre à chacun d'eux, et qu'ils n'ont rien à diviser et partir [3] en-

───────────

[1] services rendered.   [2] harmony.   [3] *partager*.

semble. Si, en l'amitié dequoy je parle, l'un pouvoit donner à l'autre, ce seroit celuy qui recevroit le bien-fait, qui obligeroit son compagnon. Car cherchant l'un et l'autre, plus que toute autre chose, de s'entre-bienfaire, celuy qui en preste la matiere et l'occasion est celuy-là qui faict le liberal, donnant ce contentement à son amy, d'effectuer en son endroit ce qu'il désire le plus. ▲ Quand le philosophe Diogenes avoit faute d'argent, il disoit qu'il le redemandoit à ses amis, non qu'il le demandoit. ▲ Et, pour montrer comment cela se practique par effect, j'en reciteray un ancien exemple, singulier.

Eudamidas, Corinthien, avoit deux amis: Charixenus, Sycionien, et Aretheus, Corinthien. Venant à mourir estant pauvre, et ses deux amis riches, il fit ainsi son testament: Je legue à Aretheus de nourrir ma mère et l'entretenir en sa vieillesse; à Charixenus, de marier ma fille et luy donner lé doüaire le plus grand qu'il pourra; et, au cas que l'un d'eux vienne à defaillir, je substitue en sa part celuy qui survivra. Ceux qui premiers virent ce testament, s'en moquerent; mais ses heritiers, en ayant esté advertis, l'acceptérent avec un singulier contentement. Et l'un d'eux, Charixenus, estant trespassé cinq jours apres, la substitution estant ouverte en faveur d'Aretheus, il nourrit curieusement cette mere, et, de cinq talens qu'il avoit en ses biens, il en donna les deux et demy en mariage à une sienne fille unique, et deux et demy pour le mariage de la fille d'Eudamidas, desquelles il fit les nopces en mesme jour.*

Cet exemple est bien plein, si une condition en estoit à dire[1], qui est la multitude d'amis. Car cette parfaicte amitié, dequoy je parle, est indivisible: Chacun se donne si entier à son amy, qu'il ne luy reste rien à departir [2] ailleurs: Au rebours, il est marry qu'il ne soit double, triple, ou quadruple, et qu'il n'ait plusieurs ames et plusieurs volontez pour les conferer [3] toutes à ce subjet. Les amitiez communes, on les peut départir: on peut aymer en cettuy-cy la beauté, en cet autre la facilité de ses meurs [4], en l'autre la libéralité,

[1] see Gloss. under *dire*. [2] share out. [3] bestow them all upon this single object.
[4] manners, bearing.

en celuy-là la paternité, en cet autre la fraternité, ainsi du reste; mais cette amitié qui possede l'ame et la regente en toute souveraineté, il est impossible qu'elle soit double.

C Si deux en mesme temps demandoient à estre secourus, auquel courriez vous? S'ils requeroient de vous des offices contraires, quel ordre y trouveriez vous? Si l'un commettoit à vostre silence chose qui fust utile à l'autre de sçavoir, comment vous en desmeleriez vous? L'unique et principale amitié descoust toutes autres obligations. Le secret que j'ay juré ne deceller[1] à nul autre, je le puis, sans parjure, communiquer à celuy qui n'est pas autre: c'est moy. C'est un assez grand miracle de se doubler; et n'en cognoissent pas la hauteur, ceux qui parlent de se tripler. Rien n'est extreme, qui a son pareil. Et qui presupposera que de deux j'en aime autant l'un que l'autre, et qu'ils s'entr'aiment et m'aiment autant que je les aime, il multiplie en confrairie la chose la plus une et unie, et dequoy une seule est encore la plus rare à trouver au monde.

A Le demeurant de cette histoire convient tres-bien à ce que je disois: car Eudamidas donne pour grace et pour faveur à ses amis de les employer à son besoin. Il les laisse heritiers de cette sienne liberalité, qui consiste à leur mettre en main les moyens de luy bien-faire. Et, sans doubte, la force de l'amitié se montre bien plus richement en son fait qu'en celuy d'Aretheus. Somme, ce sont effects inimaginables à

C qui n'en a gousté, ▲ et qui me font honnorer à merveilles la responce de ce jeune soldat à Cyrus s'enquerant à luy pour combien il voudroit donner un cheval, par le moyen du quel il venoit de gaigner le prix de la course, et s'il le voudroit eschanger à un Royaume: Non certes, Sire, mais bien le lairroy-je volontiers pour en aquerir un amy, si je trouvoy homme digne de telle alliance.

Il ne disoit pas mal: si j'en trouvoy; car on trouve facilement des hommes propres à une superficielle accointance. Mais en cettecy, en laquelle on negotie du fin fons de son courage[2], qui ne faict rien de reste[3], certes il est besoin que touts les ressorts soyent nets et seurs parfaictement.

---

[1] to reveal.   [2] from the bottom of one's heart.   [3] without reserve.

Aux confederations qui ne tiennent que par un bout, on n'a à prouvoir [1] qu'aux imperfections qui particulierement interessent ce bout là. Il ne peut chaloir de quelle religion soit mon medecin et mon advocat. Cette consideration n'a rien de commun avec les offices de l'amitié qu'ils me doivent. Et, en l'accointance domestique que dressent avec moy ceux qui me servent, j'en fay de mesmes. Et m'enquiers peu, d'un laquay, s'il est chaste; je cherche s'il est diligent. Et ne crains pas tant un muletier joueur qu'imbecille, ny un cuisinier jureur qu'ignorant. Je ne me mesle pas de dire ce qu'il faut faire au monde, d'autres assés s'en meslent, mais ce que j'y fay.

Mihi sic usus est; tibi, ut opus est facto, face.[2]

A la familiarité de la table j'associe le plaisant, non le prudent: au lict, la beauté avant la bonté; en la société du discours, la suffisance, voire sans la preud'hommie. Pareillement ailleurs.

Tout ainsi que cil qui fut rencontré à chevauchons sur un baton, se jouant avec ses enfants, pria l'homme qui l'y surprint, de n'en rien dire, jusques à ce qu'il fut pere luymesme, estimant que la passion qui luy naistroit lors en l'ame le rendroit juge equitable d'une telle action: je souhaiterois aussi parler à des gens qui eussent essayé ce que je dis. Mais, sçachant combien c'est chose eslongnée du commun usage qu'une telle amitié, et combien elle est rare, je ne m'attens pas d'en trouver aucun bon juge. Car les discours mesmes que l'antiquité nous a laissé sur ce subject, me semblent láches au pris du sentiment que j'en ay. Et, en ce poinct, les effects [3] surpassent les preceptes mesmes de la philosophie:

Nil ego contulerim jucundo sanus amico.[4]

L'ancien Menander disoit celuy-là heureux, qui avoit peu rencontrer seulement l'ombre d'un amy. Il avoit certes

---

[1] *pourvoir.*
[2] "Such is my practice: as for thee, act as thou must needs do" (Terence, *Heautontimoroumenos*, I, i, 28). [3] the reality.
[4] "There is nothing that I in my senses would compare with a delightful friend" (Horace, *Sat.*, I, 5, 44).

raison de le dire, mesmes s'il en avoit tasté.　Car, à la verité, si je compare tout le reste de ma vie, quoy qu'avec la grace de Dieu je l'aye passée douce, aisée et, sauf la perte d'un tel amy, exempte d'affliction poisante, pleine de tranquillité d'esprit, ayant prins en payement [1] mes commoditez naturelles et originelles sans en rechercher d'autres: Si je la compare, dis-je, toute, aux quatre * années qu'il m'a esté donné de jouyr de la douce compagnie et societé de ce personnage, ce n'est que fumée, ce n'est qu'une nuit obscure et ennuyeuse. Depuis le jour que je le perdy,

> *quem semper acerbum,*
> *Semper honoratum (sic, Dii, voluistis) habebo* [2],

je ne fay que trainer languissant: Et les plaisirs mesmes qui s'offrent à moy, au lieu de me consoler, me redoublent le regret de sa perte.　Nous estions à moitié de tout; il me semble que je luy desrobe sa part,

> *Nec fas esse ulla me voluptate hic frui*
> *Decrevi, tantisper dum ille abest meus particeps.* [3]

J'estois desjà si fait et accoustumé à estre deuxiesme par tout, qu'il me semble n'estre plus qu'à demy.

B

> *Illam meæ si partem animæ tulit*
> *Maturior vis, quid moror altera,*
> *Nec charus æque, nec superstes*
> *Integer?　Ille dies utramque*
> *Duxit ruinam.* [4]

A　Il n'est action ou imagination [5] où je ne le trouve à dire [6], comme si eut-il bien faict à moy. [7]　Car, de mesme qu'il me

---

[1] having been content with.

[2] "which I shall always deplore, always honour, since such, O gods, is your pleasure" (Virgil, *Aen.*, V, 49).

[3] "And I decreed that it was not permissible for me to enjoy any pleasure so long as my co-partner was absent" (Terence, *Heautontimoroumenos*, I, i, 97). Montaigne has altered the second line.

[4] "If a premature stroke has carried off the half of my soul why do I, the other half, linger here?　I am neither so precious to myself, nor do I survive in entirety. That fatal day has laid us both low" (Horace, *Od.*, II, 17, 5).　The lines are addressed by Horace to Maecenas on his recovery from illness.　Montaigne has altered them (*ah te* to *illam*, *rapit* to *tulit*, *ducet* to *duxit*) to suit his own case.

[5] idea.　　　[6] miss him.　　　[7] as he would have indeed done in my case.

surpassoit d'une distance infinie en toute autre suffisance et vertu, aussi faisoit-il au devoir de l'amitié.

> *Quis desiderio sit pudor aut modus*
> *Tam chari capitis* [1]?
> *O misero frater adempte mihi*
> *Omnia tecum una perierunt gaudia nostra,*
> *Quæ tuus in vita dulcis alebat amor.*
> *Tu mea, tu moriens fregisti commoda, frater;*
> *Tecum una tota est nostra sepulta anima,*
> *Cujus ego interitu tota de mente fugavi*
> *Hæc studia atque omnes delicias animi.*
> *Alloquar? audiero nunquam tua verba loquentem?*
> *Nunquam ego te, vita frater amabilior,*
> *Aspiciam pothacs? At certe semper amabo.* [2]

Mais oyons un peu parler ce garson de seize ans [3].

Parce que j'ay trouvé que cet ouvrage a esté depuis mis en lumiere, et à mauvaise fin, par ceux qui cherchent à troubler et changer l'estat de nostre police, sans se soucier s'ils l'amenderont, qu'ils ont meslé à d'autres escris de leur farine [4], je me suis dédit de le loger icy. Et affin que la memoire de l'auteur n'en soit interessée [5] en l'endroit de ceux qui n'ont peu connoistre de pres ses opinions et ses actions, je les advise que ce subject fut traicté par luy en son enfance, par maniere d'exercitation [6] seulement, comme subjet vulgaire et tracassé en mille endroits des livres. Je ne fay nul doubte qu'il ne creust ce qu'il escrivoit, car il estoit assez conscientieux pour ne mentir pas mesmes en se jouant. Et sçay d'avantage que, s'il eut eu à choisir, il eut mieux aimé estre nay à Venise qu'à Sarlac [7]: et avec raison. Mais il avoit un' autre maxime souverainement empreinte en son

---

[1] "what shame or measure is there for one so dear" (Horace, *Od.*, I, 24, i).

[2] "O brother, wretched am I in having lost thee. All our joys perished at one blow with thy death, those joys which thy sweet love nourished when alive. Thou has shattered my happiness, shattered it in dying, my brother; all our soul is buried with thee, at whose death I have banished utterly from my mind those my studies and all that was the delight of my heart. Shall I never speak to you more? never hear thy voice speaking? Shall I from this day never look upon thee, O brother dearer than life itself? At least I will love thee always" (Catullus, LXVIII, 20; LXV, 9 adapted).

[3] see Note p. 228.   [4] of their invention.   [5] suffer harm.

[6] exercise.   [7] Sarlat, birthplace of La Boëtie.

ame, d'obeyr et de se soubmettre tres-religieusement [1] aux loix sous lesquelles il estoit nay.   Il ne fut jamais un meilleur citoyen, ny plus affectionné au repos de son païs, ny plus ennemy des remuements et nouvelletez de son temps.   Il eut bien plustost employé sa suffisance à les esteindre, que à leur fournir dequoy les émouvoir d'avantage.   Il avoit son esprit moulé au patron d'autres siecles que ceux-cy.

Or, en eschange de cet ouvrage serieux, j'en substitueray un autre [2], produit en cette mesme saison de son aage, plus gaillard et plus enjoué.

CHAPITRE XXXI

M. Chinard in his *L'Exotisme américain dans la littérature française au XVIme siècle* has shown that Montaigne has borrowed two passages near the beginning of this essay—"Platon . . . pour cela" (below, pp. 29, 30), and "L'autre tesmoignage . . . leur estat" (below, p. 31)—from Urbain Chauveton's translation of Girolamo Benzoni's *Historia del Mondo Nuovo* (*Venice*, 1565).   In the edition of 1580 these two passages were continuous.   As this translation was not published until 1579, this part of the essay at any rate cannot have been written before this date.   The rest may be earlier, for the passage from Chauveton curiously interrupts Montaigne's account of his servant who had spent ten or twelve years in Brazil.   But probably it is not much earlier, for the essay as a whole is of a very different character from those of 1572.

DES CANNIBALES

A   Quand le Roy Pyrrhus passa en Italie, apres qu'il eut reconneu l'ordonnance de l'armée que les Romains luy envoyoient au devant: Je ne sçay, dit-il, quels barbares sont ceux-ci (car les Grecs appelloyent ainsi toutes les nations estrangieres), mais la disposition de cette armée que je voy, n'est aucunement barbare.   Autant en dirent les Grecs de

C   celle que Flaminius fit passer en leur païs, ▲ et Philippus, voyant d'un tertre l'ordre et distribution du camp Romain

A   en son royaume, sous Publius Sulpicius Galba.   ▲ Voylà

----

[1] scrupulously.

[2] i.e. 29 Sonnets of La Boëtie printed in the earlier editions of the *Essays* at the end of the succeeding essay.

comment il se faut garder de s'atacher aux opinions vulgaires, et les faut juger par la voye de la raison, non par la voix commune.

J'ay eu long temps avec moy un homme qui avoit demeuré dix ou douze ans en cet autre monde qui a esté descouvert en nostre siecle, en l'endroit où Vilegaignon * print terre, qu'il surnomma la France Antartique. Cette descouverte d'un païs infini semble estre de consideration. Je ne sçay si je me puis respondre que il ne s'en face à l'advenir quelqu'-autre, tant de personnages plus grands que nous ayans esté trompez en cette-cy. J'ay peur que nous avons les yeux plus grands que le ventre, et plus de curiosité que nous n'avons de capacité. Nous embrassons tout, mais nous n'étreignons que du vent. Platon introduit Solon racontant avoir apris des Prestres de la ville de Saïs en Ægypte, que, jadis et avant le deluge, il y avoit une grande Isle, nommée Athlantide, droict à la bouche du destroit de Gibaltar, qui tenoit plus de païs que l'Afrique et l'Asie toutes deux ensemble, et que les Roys de cette contrée là, qui ne possedoient pas seulement cette isle, mais s'estoyent estendus dans la terre ferme si avant qu'ils tenoyent de la largeur d'Afrique jusques en Ægypte, et de la longueur de l'Europe jusques en la Toscane, entre-prindrent d'enjamber jusques sur l'Asie, et subjuguer toutes les nations qui bordent la mer Mediterranée jusques au golfe de la mer Majour [1]: et, pour cet effect, traverserent les Espaignes, la Gaule, l'Italie, jusques en la Grece, où les Atheniens les soustindrent [2]: mais que, quelque temps apres, et les Atheniens, et eux, et leur isle furent engloutis par le deluge. Il est bien vraysemblable que cet extreme ravage d'eaux ait faict des changemens estranges aux habitations de la terre, comme on tient que la mer a retranché la Sycile d'avec l'Italie,

    Hæc loca, vi quondam et vasta convulsa ruina,   B
    Dissiluisse ferunt, cum protinus utráque tellus
    Una foret; [3]

---

[1] the old name for the Black Sea.   [2] stayed their attack.
[3] "These lands, once torn by the force of a vast upheaval, are said to have leapt asunder, at a time when both formed one continuous shore" (Virgil, *Aen.*, III, 414).

A   Chipre d'avec la Surie [1], l'Isle de Negrepont [2] de la terre
ferme de la Bœoce [3]; et joint ailleurs les terres qui estoyent
divisées, comblant de limon et de sable les fosses d'entre-deux,

sterilisque diu palus aptáque remis
Vicinas urbes alit, et grave sentit aratrum. [4]

Mais il n'y a pas grande apparence que cette Isle soit ce
monde nouveau que nous venons de descouvrir: car elle
touchoit quasi l'Espaigne, et ce seroit un effect incroyable
d'inundation de l'en avoir reculée, comme elle est, de plus
de douze cens lieuës; outre ce que les navigations des modernes ont des-jà presque descouvert que ce n'est point une
isle, ains terre ferme et continente avec l'Inde orientale
d'un costé, et avec les terres qui sont soubs les deux pôles
d'autre part; ou, si elle en est separée, que c'est d'un si petit
destroit et intervalle qu'elle ne merite pas d'estre nommée
isle pour cela.

BC   Il semble qu'il y aye des mouvemens, ▲ naturels les uns,
B   les autres ▲ fievreux, en ces grands corps comme aux nostres.
Quand je considere l'impression [5] que ma riviere de Dor-
doigne faict de mon temps vers la rive droicte de sa descente,
et qu'en vingt ans elle a tant gaigné, et desrobé le fondement
à plusieurs bastimens, je vois bien que c'est une agitation
extraordinaire: car, si elle fut tousjours allée ce train, ou
deut aller à l'advenir, la figure du monde seroit renversée.
Mais il leur prend des changemens: tantost elles s'espendent
d'un costé, tantost d'un autre; tantost elles se contiennent.
Je ne parle pas des soudaines inondations de quoy nous
manions les causes. En Medoc, le long de la mer, mon
frere, Sieur d'Arsac,* voit une siene terre ensevelie soubs
les sables que la mer vomit devant elle; le feste [6] d'aucuns bastimens paroist encore; ses rentes et domaines se sont eschangez
en pasquages [7] bien maigres. Les habitans disent que, depuis
quelque temps, la mer se pousse si fort vers eux qu'ils ont

---

[1] Syria.   [2] the island of Euboea.   [3] Boeotia.
[4] "And a marsh long sterile and fit only for rowing feeds the neighbouring
cities, and feels the heavy plough" (Horace, *A.P.*, 65).
[5] inroads.   [6] *faîte*.   [7] pastures.

perdu quatre lieuës de terre.   Ces sables sont ses fourriers [1]:
et voyons des grandes montjoies * d'arène [2] mouvante   C
qui marchent d'une demi-lieue devant elle, et gaignent
païs.

L'autre tesmoignage de l'antiquité, auquel on veut   A
raporter cette descouverte, est dans Aristote, au moins si ce
petit livret des merveilles inouies est à luy.   Il raconte là
que certains Carthaginois, s'estant jettez au travers de la
mer Athlantique, hors le destroit de Gibaltar, et navigué
long temps, avoient descouvert en fin une grande isle fertile,
toute revestuë de bois et arrousée de grandes et profondes
rivieres, fort esloignée de toutes terres fermes; et qu'eux, et
autres dépuis, attirez par la bonté et fertilité du terroir, s'y
en allerent avec leurs femmes et enfans, et commencerent à
s'y habituer [3].   Les Seigneurs de Carthage, voyans que leur
pays se dépeuploit peu à peu, firent deffence expresse, sur
peine de mort, que nul n'eut plus à aller là, et en chasserent
ces nouveaux habitans, craignants, à ce que l'on dit, que par
succession de temps ils ne vinsent à multiplier tellement
qu'ils les supplantassent eux mesmes, et ruinassent leur estat.
Cette narration d'Aristote n'a non plus d'accord avec nos
terres neufves.

Cet homme que j'avoy, estoit homme simple et grossier,
qui est une condition propre à rendre veritable tesmoignage:
car les fines gens remarquent bien plus curieusement et plus
de choses, mais ils les glosent; et, pour faire valoir leur interpretation et la persuader, ils ne se peuvent garder d'alterer
un peu l'Histoire: ils ne vous representent jamais les choses
pures, ils les inclinent et masquent selon le visage qu'ils leur
ont veu; et, pour donner credit à leur jugement et vous y
attirer, prestent volontiers de ce costé là à la matiere, l'alon-
gent et l'amplifient.   Ou il faut un homme tres-fidelle, ou
si simple qu'il n'ait pas dequoy bastir et donner de la vray-
semblance à des inventions fauces; et qui n'ait rien espousé.
Le mien estoit tel; et, outre cela, il m'a faict voir à diverses
fois plusieurs matelots et marchans qu'il avoit cogneuz en ce

voyage. Ainsi je me contente de cette information, sans
m'enquerir de ce que les cosmographes en disent.

Il nous faudroit des topographes qui nous fissent narration
particuliere des endroits où ils ont esté.   Mais, pour avoir
cet avantage sur nous d'avoir veu la Palestine, ils veulent
jouir de ce privilege de nous conter nouvelles de tout le
demeurant [1] du monde.   Je voudroy que chacun escrivit ce
qu'il sçait, et autant qu'il en sçait, non en cela seulement,
mais en tous autres subjects: car tel peut avoir quelque particuliere science ou experience de la nature d'une riviere ou
d'une fontaine, qui ne sçait au reste [2] que ce que chacun
sçait.   Il entreprendra toutes-fois, pour faire courir ce petit
lopin, d'escrire toute la physique.   De ce vice sourdent [3]
plusieurs grandes incommoditez.

Or, je trouve, pour revenir à mon propos, qu'il n'y a rien
de barbare et de sauvage en cette nation, à ce qu'on m'en a
rapporté, sinon que chacun appelle barbarie ce qui n'est pas
de son usage; comme de vray il semble que nous n'avons
autre mire [4] de la verité et de la raison que l'exemple et idée
des opinions et usances du païs où nous sommes.   Là est
tousjours la parfaicte religion, la parfaicte police, perfect et
accomply usage de toutes choses.*   Ils sont sauvages, de
mesmes que nous appellons sauvages les fruicts que nature,
de soy et de son progrez ordinaire, a produicts: là où, à la
verité, ce sont ceux que nous avons alterez[5] par nostre artifice [6]
et detournez de l'ordre commun, que nous devrions appeler
plutost sauvages.   En ceux là sont vives et vigoureuses les
vrayes, et plus utiles et naturelles vertus et proprietez, lesquelles nous avons abastardies en ceux-cy, et les avons seulement accommodées au plaisir de nostre goust corrompu.

C   Et si pourtant la saveur mesme et delicatesse se treuve à
nostre gout excellente, à l'envi des nostres, en divers fruits

A   de ces contrées-là, sans culture.   ▲ Ce n'est pas raison que
l'art gaigne le point d'honneur sur nostre grande et puissante
mere nature.   Nous avons tant rechargé [1] la beauté et
richesse de ses ouvrages par nos inventions, que nous l'avons

---

[1] rest.   [2] otherwise.   [3] spring.   [4] criterion.   [5] corrupted.   [6] art.
[7] surcharged.

du tout estouffée.   Si est-ce que, par tout où sa pureté reluit,
elle fait une merveilleuse honte à nos vaines et frivoles entreprinses,

> *Et veniunt ederæ sponte sua melius,*   B
> *Surgit et in solis formosior arbutus antris,*
> *Et volucres nulla dulcius arte canunt.*[1]

Tous nos efforts ne peuvent seulement arriver à represen-   A
ter [2] le nid du moindre oyselet, sa contexture, sa beauté et
l'utilité de son usage, non pas la tissure de la chetive araignée.
Toutes choses, dict Platon, sont produites par la nature, ou   C
par la fortune [3], ou par l'art; les plus grandes et plus belles,
par l'une ou l'autre des deux premieres; les moindres et
imparfaictes, par la derniere.

Ces nations me semblent donq ainsi barbares, pour avoir   A
receu fort peu de façon de l'esprit humain, et estre encore
fort voisines de leur naïfveté originelle.   Les loix naturelles
leur commandent encores, fort peu abastardies par les nostres;
mais c'est en telle pureté, qu'il me prend quelque fois desplaisir dequoy la cognoissance n'en soit venuë plustost, du
temps qu'il y avoit des hommes qui en eussent sceu mieux
juger que nous.   Il me desplait que Licurgus et Platon ne
l'ayent eüe; car il me semble que ce que nous voyons par
experience en ces nations là, surpasse, non seulement toutes
les peintures dequoy la poësie a embelly l'age doré, * et toutes
ses inventions à feindre [4] une heureuse condition d'hommes,
mais encore la conception et le desir mesme de la philosophie.
Ils n'ont peu imaginer une nayfveté si pure et simple, comme
nous la voyons par experience; ny n'ont peu croire que nostre
societé se peut maintenir avec si peu d'artifice et de soudeure [5]
humaine.   C'est une nation,* diroy je à Platon, en laquelle
il n'y a aucune espece de trafique; nulle cognoissance de
lettres; nulle science de nombres; nul nom de magistrat, ny
de superiorité politique; nul usage de service [6], de richesse
ou de pauvreté; nuls contrats; nulles successions; nuls part-

---

[1] "Ivy flourishes better when left alone, and the arbutus is more beautiful in
solitary caves, and birds sing more sweetly without the aid of art" (Propertius,
I, 2, 10).   [2] reproduce.   [3] chance.
     [4] imagine.   [5] workmanship.   [6] servitude.

ages; nulles occupations qu'oysives; nul respect de parenté que commun [1]; nuls vestemens; nulle agriculture; nul metal; nul usage de vin ou de bled.   Les paroles mesmes qui signifient le mensonge, la trahison, la dissimulation, l'avarice, l'envie, la detraction [2], le pardon, inouïes.   Combien trouveroit il la republique qu'il a imaginée, esloignée de cette

C   perfection: ▲ *«viri a diis recentes [3].»*

B   *Hos natura modos primum dedit.[4]*

A   Au demeurant, ils vivent en une contrée de païs tresplaisante et bien temperée; de façon qu'à ce que m'ont dit mes tesmoings, il est rare d'y voir un homme malade; et m'ont asseuré n'en y avoir veu aucun tremblant, chassieux [5], edenté, ou courbé de vieillesse.   Ils sont assis [6] le long de la mer, et fermez du costé de la terre de grandes et hautes montaignes, ayant, entre-deux, cent lieues ou environ d'estendue en large.   Ils ont grande abondance de poisson et de chairs qui n'ont aucune ressemblance aux nostres, et les mangent sans autre artifice que de les cuire.   Le premier qui y mena un cheval, quoy qu'il les eust pratiquez à plusieurs autres voyages, leur fit tant d'horreur en cette assiete, qu'ils le tuerent à coups de traict, avant que le pouvoir recognoistre. Leurs bastimens sont fort longs, et capables de deux ou trois cents ames, estoffez d'escorce de grands arbres, tenans à terre par un bout et se soustenans et appuyans l'un contre l'autre par le feste [7], à la mode d'aucunes de noz granges, desquelles la couverture pend jusques à terre, et sert de flanq.   Ils ont du bois si dur qu'ils en coupent [8], et en font leurs espées et des grils à cuire leur viande.   Leurs lits sont d'un tissu de coton, suspenduz contre le toict, comme ceux de nos navires, à chacun le sien: car les femmes couchent à part des maris. Ils se levent avec le soleil, et mangent soudain apres s'estre levez, pour toute la journée; car ils ne font autre repas que celuy là.   Ils ne boyvent pas lors, comme Suidas dict de quelques autres peuples d'Orient, qui beuvoient hors du man-

---

[1] no esteem for kinship save for the common bond of humanity.
[2] slander.   [3] "men come recently from the gods" (Seneca, *Ep.*, 90).
[4] "Such were the laws nature first gave to us" (Virgil, *Georg.*, II, 20).
[5] blear-eyed.   [6] established.   [7] *faîte.*   [8] use it for cutting.

ger; ils boivent à plusieurs fois sur jour, et d'autant [1]. Leur
breuvage est faict de quelque racine, et est de la couleur de
nos vins clairets.[2] Ils ne le boyvent que tiede: ce breuvage
ne se conserve que deux ou trois jours; il a le goust un peu
piquant, nullement fumeux, salutaire à l'estomac, et laxatif
à ceux qui ne l'ont accoustumé: c'est une boisson tres-agreable
à qui y est duit [3]. Au lieu du pain, ils usent d'une certaine
matiere blanche, comme du coriandre confit. J'en ay tasté:
le goust en est doux et un peu fade. Toute la journée se
passe à dancer. Les plus jeunes vont à la chasse des bestes à
tout des arcs. Une partie des femmes s'amusent [4] cependant
à chauffer leur breuvage, qui est leur principal office. Il y
a quelqu'un des vieillars qui, le matin, avant qu'ils se mettent
à manger, presche en commun toute la grangée, en se promenant d'un bout à autre, et redisant une mesme clause [5] à
plusieurs fois, jusques à ce qu'il ayt achevé le tour (car ce sont
bastimens qui ont bien cent pas de longueur). Il ne leur
recommande que deux choses: la vaillance contre les ennemis et
l'amitié à leurs femmes. Et ne faillent jamais de remerquer
cette obligation, pour leur refrein, que ce sont elles qui leur
maintiennent leur boisson tiede et assaisonnée. Il se void en
plusieurs lieux, et entre autres chez moy, la forme de leurs lits,
de leurs cordons, de leurs espées et brasselets de bois dequoy ils
couvrent leurs poignets aux combats, et des grandes cannes,
ouvertes par un bout, par le son desquelles ils soustiennent la
cadance en leur dancer. Ils sont ras par tout, et se font le
poil beaucoup plus nettement que nous, sans autre rasouër [6]
que de bois ou de pierre. Ils croyent les ames eternelles, et
celles qui ont bien merité des dieux, estre logées à l'endroit
du ciel où le soleil se leve; les maudites, du costé de l'Occident.

Ils ont je ne sçay quels prestres et prophetes, qui se presentent bien rarement au peuple, ayant leur demeure aux
montaignes. A leur arrivée il se faict une grande feste et
assemblée solennelle de plusieurs vilages (chaque grange,
comme je l'ay descrite, faict un vilage, et sont environ à une

---

[1] pledging each other (each drinking what the other drinks).
[2] i.e. light red wines between white and red; not what we call "claret".
[3] accustomed.   [4] are employed.   [5] sentence.   [6] *rasoir*.

lieuë Françoise l'une de l'autre).   Ce prophete parle à eux en public, les exhortant à la vertu et à leur devoir; mais toute leur science ethique ne contient que ces deux articles, de la resolution à la guerre et affection à leurs femmes.   Cettuy-cy leur prognostique les choses à venir et les evenemens qu'ils doivent esperer de leurs entreprinses, les achemine ou destourne de la guerre; mais c'est par tel si que [1], où il faut [2] à bien deviner, et s'il leur advient autrement qu'il ne leur a predit, il est haché en mille pieces s'ils l'attrapent, et condamné pour faux prophete.   A cette cause, celuy qui s'est une fois mesconté, on ne le void plus.

C   C'est don de Dieu que la divination: voylà pourquoy ce devroit estre une imposture punissable, d'en abuser.   Entre les Scythes, quand les devins avoient failli de rencontre, on les couchoit, enforgez [3] de pieds et de mains, sur des charriotes pleines de bruyere, tirées par des bœufs, en quoy on les faisoit brusler.   Ceux qui manient les choses subjettes à la conduitte de l'humaine suffisance, sont excusables d'y faire ce qu'ils peuvent.   Mais ces autres, qui nous viennent pipant des asseurances d'une faculté extraordinaire qui est hors de nostre cognoissance, faut-il pas les punir de ce qu'ils ne maintiennent l'effect de leur promesse, et de la temerité de leur imposture?

A   Ils ont leurs guerres contre les nations qui sont au delà de leurs montaignes, plus avant en la terre ferme, ausquelles ils vont tous nuds, n'ayant autres armes que des arcs ou des espées de bois, apointées par un bout, à la mode des langues de nos espieuz [4].   C'est chose esmerveillable que de la fermeté de leurs combats, qui ne finissent jamais que par meurtre et effusion de sang; car, de routes et d'effroy [5], ils ne sçavent que c'est.   Chacun raporte pour son trophée la teste de l'ennemy qu'il a tué, et l'attache à l'entrée de son logis. Apres avoir long temps bien traité leurs prisonniers, et de toutes les commoditez dont ils se peuvent aviser, celuy qui en est le maistre, faict une grande assemblée de ses cognois-

C   sans: il attache une corde à l'un des bras du prisonnier, ▲ par

---

[1] on condition that.   [2] fails.   [3] fettered hand and foot.
[4] like the points of our pikes.   [5] as for routs or panics.

le bout de laquelle il le tient, esloigné de quelques pas, de
peur d'en estre offencé, ▲ et donne au plus cher de ses amis   A
l'autre bras à tenir de mesme; et eux deux, en presence de
toute l'assemblée, l'assomment à coups d'espée. Cela faict,
ils le rostissent et en mangent en commun et en envoient des
lopins à ceux de leurs amis qui sont absens. Ce n'est pas,
comme on pense, pour s'en nourrir, ainsi que faisoient anciennement les Scythes: c'est pour representer une extreme
vengeance. Et qu'il soit ainsi [1] ayant apperçeu que les
Portuguois, qui s'estoient r'alliez à leurs adversaires, usoient
d'une autre sorte de mort contre eux [2], quand ils les prenoient,
qui estoit de les enterrer jusques à la ceinture, et tirer au
demeurant du corps force coups de traict, et les pendre apres:
ils penserent que ces gens icy de l'autre monde, comme ceux
qui avoyent semé la connoissance de beaucoup de vices
parmy leur voisinage, et qui estoient beaucoup plus grands
maistres qu'eux en toute sorte de malice, ne prenoient pas
sans occasion [3] cette sorte de vengeance, et qu'elle devoit
estre plus aigre que la leur, commencerent de quitter leur
façon ancienne pour suivre cette-cy. Je ne suis pas marry
que nous remerquons l'horreur barbaresque qu'il y a en une
telle action, mais ouy bien dequoy [4], jugeans bien de leurs
fautes, nous soyons si aveuglez aux nostres. Je pense qu'il
y a plus de barbarie à manger un homme vivant* qu'à le
manger mort, à deschirer, par tourmens et par geénes, un
corps encore plein de sentiment, le faire rostir par le menu [5],
le faire mordre et meurtrir aux chiens et aux pourceaux
(comme nous l'avons, non seulement leu, mais veu de fresche
memoire, non entre des ennemis anciens, mais entre des
voisins et concitoyens, et, qui pis est, sous pretexte de pieté
et de religion), que de le rostir et manger apres qu'il est
trespassé.

Chrysippus et Zenon, chefs de la secte Stoicque, ont bien
pensé qu'il n'y avoit aucun mal de se servir de nostre cha-
roigne [6] à quoy que ce fut pour notre besoin, et d'en tirer de
la nourriture: comme nos ancestres, estans assiegez par

---

[1] as proof that it is so.   [2] i.e. the cannibals.   [3] without reason.
[4] but (sorry) indeed that.   [5] with deliberation.   [6] dead body.

Cæsar en la ville de Alexia,* se resolurent de soustenir la
faim de ce siege par les corps des vieillars, des femmes et
autres personnes inutiles au combat.

B
> *Vascones, fama est, alimentis talibus usi*
> *Produxere animas.*[1]

A   Et les medecins ne craignent pas de s'en servir à toute sorte
d'usage pour nostre santé; soit pour l'appliquer au dedans ou
au dehors; mais il ne se trouva jamais aucune opinion si
desreglée qui excusat la trahison, la desloyauté, la tyrannie,
la cruauté, qui sont nos fautes ordinaires.

Nous les pouvons donq bien appeller barbares, eu esgard
aux regles de la raison, mais non pas eu esgard à nous, qui
les surpassons en toute sorte de barbarie. Leur guerre est
toute noble et genereuse, et a autant d'excuse et de beauté
que cette maladie humaine en peut recevoir: elle n'a autre
fondement parmy eux que la seule jalousie de la vertu. Ils
ne sont pas en debat de la conqueste de nouvelles terres, car
ils jouyssent encore de cette uberté [2] naturelle qui les fournit
sans travail et sans peine de toutes choses necessaires, en telle
abondance qu'ils n'ont que faire d'agrandir leurs limites.
Ils sont encore en cet heureux point, de ne desirer qu'au
tant que leurs necessitez naturelles leur ordonnent: tout ce
qui est au delà, est superflu pour eux. Ils s'entr'appellent
generalement, ceux de mesme aage, freres; enfans, ceux qui
sont au dessoubs; et les vieillards sont peres à tous les autres.
Ceux-cy laissent à leurs heritiers en commun cette pleine
possession de biens par indivis, sans autre titre que celuy
tout pur que nature donne à ses creatures, les produisant au
monde. Si leurs voisins passent les montaignes pour les
venir assaillir, et qu'ils emportent la victoire sur eux, l'acquest du victorieux c'est la gloire, et l'avantage d'estre demeuré maistre en valeur et en vertu[3]: car autrement ils n'ont
que faire des biens des vaincus, et s'en retournent à leur pays,
où ils n'ont faute de aucune chose necessaire, ny faute encore

---

[1] "The Vascones, it is said, prolonged their lives by feeding on human flesh"
(Juvenal, *Sat.*, XV, 93). The Vascones are the modern Basques.
[2] abundance (Lat. *ubertas*).   [3] in the sense of *virtus*.

de cette grande partie, de sçavoir heureusement jouyr de leur condition et s'en contenter. Autant en font ceux-cy à leur tour. Ils ne demandent à leurs prisonniers autre rançon que la confession et recognoissance d'estre vaincus; mais il ne s'en trouve pas un, en tout un siecle, qui n'ayme mieux la mort que de relascher, ny par contenance, ny de parole, un seul point d'une grandeur de courage invincible: il ne s'en void aucun qui n'ayme mieux estre tué et mangé, que de requerir seulement de ne l'estre pas. Ils les traictent en toute liberté, affin que la vie leur soit d'autant plus chere; et les entretiennent communément des menasses de leur mort future, des tourmens qu'ils y auront à souffrir, des appprests qu'on dresse pour cet effect, du detranchement de leurs membres, et du festin qui se fera à leurs despens. Tout cela se faict pour cette seule fin d'arracher de leur bouche quelque parole molle ou rabaissée [1], ou de leur donner envie de s'en fuyr, pour gaigner cet avantage de les avoir espouvantez, et d'avoir faict force à leur constance. Car aussi, à le bien prendre, c'est en ce seul point que consiste la vraye victoire:

> *victoria nulla est*
> *Quam quæ confessos animo quoque subjugat hostes.* [2]

C

Les Hongres, tres-belliqueux combattans, ne poursuivoient jadis leur pointe, outre avoir rendu l'ennemy à leur mercy. Car, en ayant arraché cette confession, ils le laissoyent aller sans offense, sans rançon, sauf, pour le plus, d'en tirer parole de ne s'armer des lors en avant contre eux.

Assez d'avantages gaignons nous sur nos ennemis, qui sont avantages empruntez, non pas nostres. C'est la qualité d'un portefaix, non de la vertu, d'avoir les bras et les jambes plus roides; c'est une qualité morte et corporelle que la disposition [3], c'est un coup de la fortune de faire broncher nostre ennemy, et de luy esblouyr les yeux par la lumiere du Soleil; c'est un tour d'art et de science, et qui peut tomber en une personne láche et de neant, d'estre suffisant à l'es-

A

---

[1] submissive.
[2] "There is no victory but that which forces the enemy to acknowledge his defeat" (Claudian, *De Sexto Conulatiu Honorii*, 248).
[3] agility (*qualité d'être dispos*).

crime. L'estimation et le pris d'un homme consiste au cœur et en la volonté; c'est là où gist son vray honneur; la vaillance, c'est la fermeté, non pas des jambes et des bras, mais du courage et de l'ame; elle ne consiste pas en la valeur de nostre cheval, ny de nos armes, mais en la nostre. Celuy
C qui tombe obstiné en son courage, ▲ *«si succiderit, de genu*
A *pugnat* [1].» ▲ Qui pour quelque dangier de la mort voisine ne relasche aucun point de son asseurance; qui regarde encores, en rendant l'ame, son ennemy d'une veuë ferme et desdaigneuse, il est battu, non pas de nous, mais de la fortune; il est tué, non pas vaincu.

B Les plus vaillans sont par fois les plus infortunez.

C Aussi y a il des pertes triomphantes à l'envi des victoires. Ny ces quatre victoires sœurs, les plus belles que le soleil aye onques veu de ses yeux, de Salamine, de Platées,* de Mycale, de Sicile, oserent onques opposer toute leur gloire ensemble à la gloire de la desconfiture du Roy Leonidas et des siens, au pas [2] des Thermopyles.

Qui courut jamais d'une plus glorieuse envie et plus ambitieuse au gain d'un combat, que le capitaine Ischolas à la perte?* Qui plus ingenieusement et curieusement s'est assuré de son salut, que luy de sa ruine? Il estoit commis à deffendre certain passage du Peloponnese contre les Arcadiens. Pour quoy faire, se trouvant du tout incapable, veu la nature du lieu et inegalité des forces, et se resolvant que tout ce qui se presenteroit aux ennemis, auroit de necessité à y demeurer; d'autre part, estimant indigne et de sa propre vertu et magnanimité et du nom lacedemonien, de faillir à sa charge: il print entre ces deux extremitez un moyen parti, de telle sorte. Les plus jeunes et dispos de sa troupe, il les conserva à la tuition et service de leur païs, et les y renvoya; et aveq ceux desquels le defaut [3] estoit moindre, il delibera de soutenir ce pas, et, par leur mort, en faire achetter aux ennemis l'entrée la plus chere qu'il lui seroit possible: comme il advint. Car, estant tantost environnée de toutes parts par les Arcadiens, apres en avoir faict une grande boucherie, luy

---

[1] "If he falls, he fights on his knees" (Seneca, *De Providentia*, c. 2).
[2] passage, pass.   [3] loss.

et les siens furent tous mis au fil de l'espée.   Est-il quelque trophée assigné pour les vaincueurs, qui ne soit mieux deu à ces vaincus?   Le vray vaincre a pour son roolle l'estour [1], non pas le salut; et consiste l'honneur de la vertu à combattre, non à battre.

Pour revenir à nostre histoire, il s'en faut tant que ces   A prisonniers se rendent, pour tout ce qu'on leur fait, qu'au rebours, pendant ces deux ou trois mois qu'on les garde, ils portent une contenance gaye; ils pressent leurs maistres de se haster de les mettre en cette espreuve; ils les deffient, les injurient, leur reprochent leur lácheté et le nombre des batailles perduës contre les leurs.   J'ay une chanson faicte par un prisonnier, où il y a ce traict: qu'ils viennent hardiment trétous et s'assemblent pour disner de luy: car ils mangeront quant et quant leurs peres et leurs ayeux, qui ont servy d'aliment et de nourriture à son corps.   Ces muscles, dit-il, cette cher et ces veines, ce sont les vostres, pauvres fols que vous estes; vous ne recognoissez pas que la substance des membres de vos ancestres s'y tient encore: savourez les bien, vous y trouverez le goust de vostre propre chair.   Invention qui ne sent aucunement la barbarie.   Ceux qui les peignent mourans, et qui representent cette action quand on les assomme, ils peignent le prisonnier crachant au visage de ceux qui le tuent et leur faisant la mouë.   De vray, ils ne cessent jusques au dernier souspir de les braver et deffier de parole et de contenance.   Sans mentir, au pris de nous, voilà des hommes bien sauvages; car, ou il faut qu'ils le soyent bien à bon escient, ou que nous le soyons: il y a une merveilleuse distance entre leur forme et la nostre.

Les hommes y ont plusieurs femmes, et en ont d'autant plus grand nombre qu'ils sont en meilleure reputation de vaillance: c'est une beauté remerquable en leurs mariages, que la mesme jalousie que nos femmes ont pour nous empescher de l'amitié et bienveuillance d'autres femmes, les leurs l'ont toute pareille pour la leur acquerir.   Estans plus soigneuses de l'honneur de leurs maris que de toute autre chose, elles cherchent et mettent leur solicitude à avoir le

---

[1] combat, archaic in Montaigne's time, from Germanic *sturm*.

plus de compaignes qu'elles peuvent, d'autant que c'est un tesmoignage de la vertu du mary.

C   Les nostres crieront au miracle; ce ne l'est pas: c'est une vertu proprement matrimoniale, mais du plus haut estage. Et, en la Bible, Lia, Rachel, Sara et les femmes de Jacob fournirent leurs belles servantes à leurs maris; et Livia seconda les appetits d'Auguste, à son interest [1]; et la femme du Roy Dejotarus, Stratonique, presta non seulement à l'usage de son mary une fort belle jeune fille de chambre qui la servoit, mais en nourrit soigneusement les enfans, et leur feit espaule [2] à succeder aux estats de leur pere.

A   Et, afin qu'on ne pense point que tout cecy se face par une simple et servile obligation à leur usance et par l'impression de l'authorité de leur ancienne coustume, sans discours et sans jugement, et pour avoir l'ame si stupide que de ne pouvoir prendre autre party, il faut alleguer quelques traits de leur suffisance. Outre celuy que je vien de reciter de l'une de leurs chansons guerrieres, j'en ay un' autre, amoureuse, qui commence en ce sens: Couleuvre, arreste toy; arreste toy, couleuvre, afin que ma sœur tire sur le patron de ta peinture la façon et l'ouvrage d'un riche cordon que je puisse donner à m'amie: ainsi soit en tout temps ta beauté et ta disposition preferée à tous les autres serpens. Ce premier couplet, c'est le refrein de la chanson. Or j'ay assez de commerce avec la poësie pour juger cecy, que non seulement il n'y a rien de barbarie en cette imagination, mais qu'elle est tout à fait Anacreontique.* Leur langage, au demeurant, c'est un doux langage et qui a le son aggreable, retirant [3] aux terminaisons Grecques.

Trois d'entre eux, ignorans combien coutera un jour à leur repos et à leur bon heur la connoissance des corruptions de deçà, et que de ce commerce naistra leur ruyne, comme je presuppose qu'elle soit desjà avancée, bien miserables de s'estre laissez piper au desir de la nouvelleté, et avoir quitté la douceur de leur ciel pour venir voir le nostre, furent à Roüan,* du temps que le feu Roy Charles neufiesme y estoit. Le Roy parla à eux long temps; on leur fit voir

---

[1] to her own detriment.   [2] helped them.   [3] resembling.

nostre façon [1], nostre pompe, la forme d'une belle ville. Apres cela quelqu'un en demanda leur advis, et voulut sçavoir d'eux ce qu'ils y avoient trouvé de plus admirable: ils respondirent trois choses, d'où j'ay perdu la troisiesme, et en suis bien marry; mais j'en ay encore deux en memoire. Ils dirent qu'ils trouvoient en premier lieu fort estrange que tant de grands hommes, portans barbe, forts et armez, qui estoient autour du Roy (il est vray-semblable que ils parloient des Suisses de sa garde), se soubs-missent à obeyr à un enfant, et qu'on ne choisissoit plus tost quelqu'un d'entr'eux pour commander; secondement (ils ont une façon de leur langage telle, qu'ils nomment les hommes moitié les uns des autres) qu'ils avoyent aperçeu qu'il y avoit parmy nous des hommes pleins et gorgez de toutes sortes de commoditez, et que leurs moitiez estoient mendians à leurs portes, décharnez de faim et de pauvreté; et trouvoient estrange comme ces moitiez icy necessiteuses pouvoient souffrir une telle injustice, qu'ils ne prinsent les autres à la gorge, ou missent le feu à leurs maisons.

Je parlay à l'un d'eux fort long temps; mais j'avois un truchement qui me suyvoit si mal, et qui estoit si empesché à recevoir mes imaginations par sa bestise, que je n'en peus tirer guiere de plaisir. Sur ce que je luy demanday quel fruit il recevoit de la superiorité qu'il avoit parmy les siens (car c'estoit un Capitaine, et nos matelots le nommoient Roy), il me dict que c'estoit marcher le premier à la guerre; de combien d'hommes il estoit suyvy, il me montra une espace de lieu, pour signifier que c'estoit autant qu'il en pourroit en une telle espace, ce pouvoit estre quatre ou cinq mille hommes; si, hors la guerre, toute son authorité estoit expirée, il dict qu'il luy en restoit cela que, quand il visitoit les vilages qui dépendoient de luy, on luy dressoit des sentiers au travers des hayes de leurs bois, par où il peut passer bien à l'aise.

Tout cela ne va pas trop mal: mais quoy, ils ne portent point de haut de chausses.*

[1] façon d'être.

CHAPITRE XLVII

The gist of this essay is that there are two sides to every question; and this is illustrated by the consideration of five questions all relating to military warfare. Thus the form of the essay is more fully developed than the earliest type and definitely marks its abandonment. This, and the fact that the "instances" are taken from Bouchet's *Annales*, Du Bellay's *Memoirs*, and Plutarch's *Lives*, show that it was probably written in the summer of 1572. Five quite short additions were made to it after 1580.

DE L'INCERTITUDE DE NOSTRE JUGEMENT

A   C'est bien ce que dict ce vers:

> Επέων δὲ πολὺς νόμος ἔνθα καὶ ἔνθα[1]

il y a prou loy de parler [2] par tout, et pour et contre.   Pour exemple:

> *Vinse Hannibal, et non seppe usar' poi*
> *Ben la vittoriosa sua ventura*[3],

qui voudra estre de ce party, et faire valoir avecques nos gens la faute de n'avoir dernierement poursuivy nostre pointe à Montcontour,* ou qui voudra accuser le Roy d'Espagne de n'avoir sçeu se servir de l'advantage qu'il eut contre nous à Sainct Quentin,* il pourra dire cette faute partir d'une ame enyvrée de sa bonne fortune, et d'un courage, lequel, plein et gorgé de ce commencement de bon heur, perd le goust de l'accroistre, des-jà par trop empesché [4] à digerer ce qu'il en a; il en a sa brassée toute comble, il n'en peut saisir davantage, indigne que la fortune luy aye mis un tel bien entre mains: car quel profit en sent-il, si neantmoins il donne à son ennemy moyen de se remettre sus? quell' esperance peut on avoir qu'il ose un' autre fois attaquer ceux-cy ralliez et remis, et de nouveau armez de despit et de vengeance, qui ne les a osé ou sçeu poursuivre tous rompus et effrayez?

> *Dum fortuna calet, dum conficit omnia terror.*[5]

---

[1] Homer, *Il.*, XX, 249 (translated above).   [2] there is ample liberty of speech.
[3] "Hannibal was victorious and then did not know how to use his victory to advantage" (Petrarch, Sonnet, 82).   [4] occupied.
[5] "while fortune is hot, while everything yields to terror" (Lucan, VII, 734).

Mais en fin, que peut-il attendre de mieux que ce qu'il vient de perdre? Ce n'est pas comme à l'escrime, où le nombre des touches donne gain: tant que l'ennemy est en pieds, c'est à recommencer de plus belle; ce n'est pas victoire, si elle ne met fin à la guerre. En cette escarmouche où Cæsar eut du pire pres la Ville d'Oricum,* il reprochoit aux soldats de Pompeius qu'il eust esté perdu, si leur Capitaine eust sçeu vaincre, et luy chaussa bien autrement les esperons [1] quand ce fut à son tour. Mais pourquoy ne dira l'on aussi au contraire, que c'est l'effect d'un esprit precipiteux et insatiable de ne sçavoir mettre fin à sa convoitise; que c'est abuser des faveurs de Dieu, de leur vouloir faire perdre la mesure qu'il leur a prescripte: et que, de se rejetter au dangier apres la victoire, c'est la remettre encore un coup à la mercy de la fortune; que l'une des plus grandes sagesses en l'art militaire c'est de ne pousser son ennemy au desespoir. Sylla et Marius en la guerre sociale [2] ayant défaict les Marses, en voyant encore une trouppe de reste, qui par desespoir se revenoient jetter à eux comme bestes furieuses, ne furent pas d'advis de les attendre. Si l'ardeur de Monsieur de Foix ne l'eut emporté à poursuivre trop asprement les restes de la victoire de Ravenne,* il ne l'eut pas souillée de sa mort. Toutesfois encore servit la recente memoire de son exemple à conserver Monsieur d'Anguien de pareil inconvenient à Serisoles.* Il faict dangereux assaillir un homme à qui vous avez osté tout autre moyen d'eschaper que par les armes: car c'est une violente maistresse d'escole que la necessité: *«gravissimi sunt morsus irritatæ necessitatis [3].»*   C

Vincitur haud gratis jugulo qui provocat hostem. [4]   B

Voylà pourquoy Pharax empescha le Roy de Lacedemone,   C
qui venoit de gaigner la journée contre les Mantineens, de

---

[1] made him put spurs to his horse in a very different fashion.
[2] the "Social Wars" is that against the Italian allies.
[3] "Most dangerous are the stings of necessity at bay" (Portius Latro, quoted by Lipsius).
[4] "He who defies the foe is not conquered without repayment" (Lucan, IV, 275).

n'aller affronter mille Argiens, qui estoient eschappez entiers de la desconfiture, ains les laisser couler en liberté pour ne venir à essayer la vertu picquée et despittée par le malheur.*

A   Clodomire, Roy d'Aquitaine, apres sa victoire poursuyvant Gondemar, Roy de Bourgogne, vaincu et fuiant, le força de tourner teste; mais son opiniatreté luy osta le fruict de sa victoire, car il y mourut.

Pareillement, qui auroit à choisir, ou de tenir ses soldats richement et somptueusement armez, ou armez seulement pour la necessité, il se presenteroit en faveur du premier party, duquel estoit Sertorius, Philopœmen, Brutus, Cæsar et autres, que c'est tousjours un éguillon d'honneur et de gloire au soldat de se voir paré, et un' occasion de se rendre plus obstiné au combat, ayant à sauver ses armes comme ses biens et heritages: ▲ Raison, dict Xenophon, pourquoy les
C
A   Asiatiques menoyent en leur guerres femmes, concubines, avec leurs joyaux et richesses plus cheres. ▲ Mais il s'offriroit aussi, de l'autre part, qu'on doit plustost oster au soldat le soing de se conserver, que de le luy accroistre; qu'il craindra par ce moyen doublement à se hazarder: joint que c'est augmenter à l'ennemy l'envie de la victoire par ces riches despouilles; et a l'on remarqué que, d'autres fois, cela encouragea merveilleusement les Romains à l'encontre des Samnites. ▲ Antiochus, montrant à Hannibal l'armée qu'il
B   preparoit contr'eux, pompeuse et magnifique en toute sorte d'equipage, et luy demandant: Les Romains se contenteront-ils de cette armée? — S'ils s'en contenteront? respondit-il; vrayement c'est mon [1] pour avares qu'ils soyent.

A   Licurgus deffendoit aux siens, non seulement la sumptuosité en leur equipage, mais encore de despouiller leurs ennemis vaincus, voulant, disoit-il, que la pauvreté et frugalité reluisit avec le reste de la bataille.

Aux sieges et ailleurs, où l'occasion nous approche de l'ennemy, nous donnons volontiers licence aux soldats de le braver, desdaigner et injurier de toutes façons de reproches, et non sans apparence de raison: car ce n'est pas faire peu, de leur oster toute esperance de grace et de composition, en

---

[1] it is certain (origin unknown).

leur representant qu'il n'y a plus ordre de l'attendre de celuy qu'ils ont si fort outragé, et qu'il ne reste remede que de la victoire. Si est-ce qu'il en mesprit à Vitellius: car, ayant affaire à Othon, plus foible en valeur de soldats, des-accoustumez de longue main du faict de la guerre et amollis par les delices de la ville, il les agassa tant en fin par ses paroles picquantes, leur reprochant leur pusillanimité et le regret des Dames et festes qu'ils venoient de laisser à Rome, qu'il leur remit par ce moyen le cœur au ventre, ce que nuls enhortemens [1] n'avoient sceu faire, et les attira luymesme sur ses bras, où l'on ne les pouvoit pousser: * et, de vray, quand ce sont injures qui touchent au vif, elles peuvent faire ayséement que celuy qui alloit lachement à la besongne pour la querelle de son Roy, y aille d'un autre affection pour la sienne propre.

A considerer de combien d'importance est la conservation d'un chef en un' armée, et que la visée de l'ennemy regarde principalement cette teste à laquelle tiennent toutes les autres et en dependent, il semble qu'on ne puisse mettre en doubte ce conseil, que nous voions avoir esté pris par plusieurs grands chefs, de se travestir et desguiser sur le point de la meslée; toutefois l'inconvenient qu'on encourt par ce moyen n'est pas moindre que celuy qu'on pense fuir: car le capitaine venant à estre mesconu des siens, le courage qu'ils prennent de son exemple et de sa presence, vient aussi quant et quant à leur faillir, et, perdant la veuë de ses marques et enseignes accoustumées, ils le jugent ou mort, ou s'estre desrobé, desesperant de l'affaire. Et, quant à l'experience, nous luy voyons favoriser tantost l'un, tantost l'autre party. L'accident [2] de Pyrrhus, en la bataille qu'il eut contre le consul Levinus en Italie, nous sert à l'un et l'autre visage: car, pour s'estre voulu cacher sous les armes de Demogacles et luy avoir donné les siennes, il sauva bien sans doute sa vie, mais aussi il en cuida [3] encourir l'autre inconvenient, de perdre la journée.* Alexandre, Cæsar, Lucullus aimoient à se marquer au combat par des accoustremens et armes riches, de couleur reluisante et particuliere: Agis, Agesilaus et ce

c

---

[1] exhortations.   [2] what befell.   [3] *faillit.*

grand Gilippus,* au rebours, alloyent à la guerre obscurément
couverts et sans attour impérial [1].

A   A la bataille de Pharsale, entre autres reproches qu'on
donne à Pompeius, c'est d'avoir arresté son armée pied-coy [2],
attendant l'ennemy: pour autant que cela (je des-roberay
icy les mots mesmes de Plutarque, qui valent mieux que les
miens) affoiblit la violence que le courir donne aux premiers
coups, et, quant et quant, oste l'eslancement des combatans
les uns contre les autres, qui a accoustumé de les remplir
d'impetuosité et de fureur plus que autre chose, quand ils
viennent à s'entrechoquer de roideur, leur augmentant le
courage par le cry et la course, et rend la chaleur des soldats,
en maniere de dire, refroidie et figée.*   Voilà ce qu'il dict
pour ce rolle: mais si Cæsar eut perdu, qui n'eust peu aussi
bien dire qu'au contraire la plus forte et roide assiette est
celle en laquelle on se tient planté sans bouger, et que, qui
est en sa marche arresté, resserrant et espargnant pour le
besoing sa force en soymesmes, a grand avantage contre
celuy qui est esbranlé et qui a desjà consommé à la course
la moitié de son haleine? outre ce que, l'armée estant un
corps de tant de diverses pieces, il est impossible qu'elle
s'esmeuve [3] en cette furie d'un mouvement si juste, qu'elle
n'en altere ou rompe son ordonnance, et que le plus dispost
ne soit aux prises, avant que son compagnon le secoure.

C   En cette villaine bataille des deux freres Perses, Clearchus
Lacedemonien, qui commandoit les Grecs du party de Cyrus,
les mena tout bellement à la charge sans soy haster; mais, à
cinquante pas près, il les mit à la course, esperant par la
brieveté de l'espace, mesnager et leur ordre et leur haleine,
leur donnant cependant l'avantage de l'impetuosité pour leurs
A   personnes et pour leurs armes à trait.   ▲ D'autres ont reglé
ce doubte en leur armée de cette maniere: si les ennemis
vous courent sus, attendez les de pied coy; s'ils vous attendent
de pied coy, courez leur sus.*

Au passage que l'Empereur Charles cinquiesme fit en
Provence, le Roy François fust au propre d'eslire [4] ou de

----

[1] of a commander-in-chief.   [2] motionless.   [3] should move.
[4] able to choose.

luy aller au devant en Italie, ou de l'attendre en ses terres:
et, bien qu'il considerast combien c'est d'avantage de conserver sa maison pure et nette de troubles de la guerre, afin
qu'entiere en ses forces elle puisse continuellement fournir
deniers et secours au besoing; que la necessité des guerres
porte à tous les coups de faire le gast [1], ce qui ne se peut faire
bonnement en nos biens propres, et si le païsant ne porte
pas si doucement ce ravage de ceux de son party * que de
l'ennemy, en maniere qu'il s'en peut aysément allumer des
seditions et des troubles parmy nous; que la licence de
desrober et de piller, qui ne peut estre permise en son pays,
est un grand support aux ennuis de la guerre, et, qui n'a
autre esperance de gaing que sa solde, il est mal aisé qu'il
soit tenu en office, estant à deux pas de sa femme et de sa
retraicte; que celuy qui met la nappe, tombe tousjours des
despens [2]; qu'il y a plus d'allegresse à assaillir qu'à deffendre;
et que la secousse de la perte d'une bataille dans nos entrailles
est si violente qu'il est malaisé qu'elle ne crolle [3] tout le
corps, attendu qu'il n'est passion contagieuse comme celle de
la peur, ny qui se preigne si ayséement à credit, et qui s'espande plus brusquement; et que les villes qui auront ouy
l'esclat de cette tempeste à leurs portes, qui auront recueilly
leurs Capitaines et soldats tremblans encore et hors d'haleine,
il est dangereux, sur la chaude, qu'ils ne se jettent à quelque
mauvais party: si est-ce qu'il choisit de r'appeller les forces
qu'il avoit delà les monts, et de voir venir l'ennemy: car il
peut imaginer au contraire, qu'estant chez luy et entre ses
amis, il ne pouvoit faillir d'avoir planté [4] de toutes commoditez: les rivieres, les passages, à sa devotion, luy con-
duiroient et vivres et deniers en toute seureté et sans besoing
d'escorte; qu'il auroit ses subjects d'autant plus affectionnez,
qu'ils auroient le dangier plus pres; qu'ayant tant de villes et
de barrieres pour sa seureté, ce seroit à luy de donner loy
au combat selon son opportunité et advantage; et, s'il luy
plaisoit de temporiser, qu'à l'abry et à son aise il pourroit
voir morfondre son ennemy, et se défaire soy mesmes par

---

[1] lay waste.   [2] "that he who lays the cloth is ever at the charge of
the feast" (Cotton).   [3] *faire écrouler*.   [4] plenty.

E

les difficultez qui le combatroyent, engagé en une terre contraire, où il n'auroit devant, ny derriere luy, ny à costé, rien qui ne luy fit guerre, nul moyen de refréchir ou eslargir son armée, si les maladies s'y mettoient, ny de loger à couvert ses blessez; nuls deniers, nuls vivres qu'à pointe de lance; nul loisir de se reposer et prendre haleine; nulle science de lieux ny de pays, qui le sçeut deffendre d'embusches et surprises; et, s'il venoit à la perte d'une bataille, aucun moyen d'en sauver les reliques [1]. Et n'avoit pas faute d'exemples pour l'un et pour l'autre party. Scipion trouva bien meilleur d'aller assaillir les terres de son ennemy en Afrique, que de defendre les siennes et le combatre en Italie où il estoit, d'où bien luy print. Mais, au rebours, Hannibal, en cette mesme guerre, se ruina d'avoir abandonné la conqueste d'un pays estranger pour aller deffendre le sien. Les Atheniens, ayant laissé l'ennemy en leurs terres pour passer en la Sicile, eurent la fortune contraire; mais Agathocles, Roy de Siracuse, l'eust favorable, ayant passé en Afrique et laissé la guerre chez soy. Ainsi nous avons bien accoustumé de dire avec raison que les evenemens et issuës dependent, notamment en la guerre, pour la pluspart, de la fortune, laquelle ne se veut pas renger et assujectir à notre discours et prudence, comme disent ces vers:

> Et male consultis pretium est: prudentia fallax,
> Nec fortuna probat causas sequiturque merentes;
> Sed vaga per cunctos nullo discrimine fertur;
> Scilicet est aliud quod nos cogatque regatque
> Majus, et in proprias ducat mortalia leges. [2]

Mais, à le bien prendre, il semble que nos conseils et deliberations en dependent bien autant, et que la fortune engage en son trouble et incertitude aussi nos discours.

C   Nous raisonnons hazardeusement et inconsidereement, dict Timæus en Platon, par ce que, comme nous, nos discours ont grande participation au hazard.

[1] remnant.
[2] "Even unwise decisions have a successful issue: prudence is deceptive; fortune does not always approve and follow deserving causes, but blindly wanders from one man to another. For you must know that there is a superior force which compels and rules us, and brings all things mortal under its own laws" (Manilius, IV, 95).

LIVRE II

CHAPITRE VIII

This is a typical example of how Plutarch helped Montaigne to develop the essay into a vehicle for personal impressions and finally for self-expression. The point of departure is one of the chapters in the Moral Works, *On the Natural Love of Parents*, where a discussion on the lines followed by Montaigne can be found. To this we may add the fable of Pygmalion quoted at the end of the essay. But the illustrations that Montaigne has chosen here are not drawn from his library, but from his own experience, even in great part from the lives of people he had known personally. To what extent this is so can be fully realized now that we know the names of four anonymous people mentioned here, identified by Montaigne's friend and successor at the *Parlement* of Bordeaux, Florimond de Raemond.[1]

Thus by subject and manner it is suitably addressed to a lady of some notability in Montaigne's part of the world, Madame d'Estissac. Like the other dedicated essays (I, 26, to Madame de Foix and II, 37, to Madame de Duras), it starts with a passage on Montaigne's general design in turning author. His notion of his book here is that it should be a memento for his friends (see the *Au Lecteur* and Introduction, pp. xxi, xxii). The date of this essay is probably not earlier than 1578, when Montaigne was reading Cæsar's *De Bello Gallico*.

DE L'AFFECTION DES PERES AUX ENFANS

A Madame d'Estissac.*

Madame, si l'estrangeté ne me sauve, et la nouvelleté, qui   A
ont accoustumé de donner pris aux choses, je ne sors jamais
à mon honneur de cette sotte entreprise[2]; mais elle est si
fantastique et a un visage[3] si esloigné de l'usage commun
que cela luy pourra donner passage[4]. C'est une humeur
melancolique, et une humeur par consequent tres ennemie
de ma complexion naturelle, produite par le chagrin de la
solitude en laquelle il y a quelques années que je m'estoy
jetté, qui m'a mis premierement en teste cette resverie de
me mesler d'escrire. Et puis, me trovant entierement
despourveu et vuide de toute autre matiere, je me suis

---

[1] See *Revue du* xvime *Siècle*, 1928, pp. 237ff., A. M. Boase, *Montaigne annoté par Florimond de Raemond.*
[2] i.e. the composition of his essays.   [3] an air.   [4] grant right of way.

presenté moy-mesmes à moy, pour argument et pour sub-
CA ject.   C'est ▲ le seul livre au monde de son espece, d' ▲ un
dessein farouche et extravagant.   Il n'y a rien aussi en cette
besoingne digne d'estre remerqué que cette bizarrerie: car
à un subject si vain et si vile le meilleur ouvrier du monde
n'eust sçeu donner façon qui merite qu'on en face conte.
Or, Madame, ayant à m'y pourtraire au vif [1], j'en eusse
oublié un traict d'importance, si je n'y eusse representé
l'honneur que j'ay tousjours rendu à vos merites.   Et l'ay
voulu dire signamment à la teste de ce chapitre, d'autant
que, parmy vos autres bonnes qualitez, celle de l'amitié que
vous avez montrée à vos enfans,* tient l'un des premiers
rengs.   Qui sçaura l'aage auquel Monsieur d'Estissac, vostre
mari, vous laissa veufve, les grands et honorables partis qui
vous ont esté offerts autant qu'à Dame de France de vostre
condition; la constance et fermeté dequoy vous avez sousteur,
tant d'années et au travers de tant d'espineuses difficultez, la
charge et conduite de leurs affaires qui vous ont agitée par
tous les coins de France et vous tiennent encores assiegée;
l'heureux acheminement que vous y avez donné par vostre
seule prudence ou bonne fortune: il dira aisément avec moy
que nous n'avons point d'exemple d'affection maternelle en
nostre temps plus exprez que le vostre.   Je loüe Dieu,
Madame, qu'elle est si bien employée: car les bonnes esperances que donne de soy Monsieur d'Estissac vostre fils,
asseurent assez que, quand il sera en aage, vous en tirerez
l'obeïssance et reconoissance d'un tres-bon fils.   Mais,
d'autant qu'à cause de son enfance il n'a peu remerquer les
extremes offices qu'il a receu de vous en si grand nombre, je
veus, si ces escrits viennent un jour à luy tomber en main,
lors que je n'auray plus ny bouche ny parole qui le puisse
dire, qu'il reçoive de moy ce tesmoignage en toute verité,
qui luy sera encore plus vifvement tesmoigné par les bons
effects dequoy [2], si Dieu plaist, il se ressentira: qu'il n'est
gentil-homme en France qui doive plus à sa mere qu'il faict;

---

[1] to the life.

[2] i.e. that he will be sensible of your efforts on his behalf, vouched for not
only by my words but by the success of those efforts.

et qu'il ne peut donner à l'advenir plus certaine preuve de sa bonté et de sa vertu qu'en vous reconnoissant pour telle.[1]

S'il y a quelque loy vrayement naturelle, c'est à dire quelque instinct qui se voye universellement et perpetuellement empreinct aux bestes et en nous (ce qui n'est pas sans controverse), je puis dire, à mon advis, qu'apres le soing que chasque animal a de sa conservation et de fuir ce qui nuit, l'affection que l'engendrant porte à son engeance, tient le second lieu en ce rang. Et, parce que nature semble nous l'avoir recommandée, regardant à estandre et faire aller avant les pieces successives de cette sienne machine, ce n'est pas merveille si, à reculons, des enfans aux peres, elle n'est pas si grande.

Joint [2] cette autre consideration Aristotelique, que celuy qui bien faict [3] à quelcun, l'aime mieux qu'il n'en est aimé; et celuy à qui il est deu [4], aime mieus que celuy qui doibt; et tout ouvrier mieux son ouvrage qu'il n'en seroit aimé, si l'ouvrage avoit du sentiment. D'autant que nous avons cher, estre; et estre consiste en mouvement et action. Parquoy chascun est aucunement en son ouvrage. Qui bien faict, exerce une action belle et honneste; qui reçoit, l'exerce utile seulement; or l'utile est de beaucoup moins aimable que l'honneste. L'honneste est stable et permanent, fournissant à celuy qui l'a faict, une gratification constante. L'utile se perd et eschappe facilement; et n'en est la memoire ny si fresche ny si douce. Les choses nous sont plus cheres, qui nous ont plus cousté; et il est plus difficile de donner que de prendre.

Puisqu'il a pleu à Dieu nous doüer de quelque capacité de discours, affin que, comme les bestes, nous ne fussions pas servilement assujectis aux loix communes, ains que nous nous appliquassions par jugement et liberté volontaire, nous devons bien prester un peu à la simple authorité de nature, mais non pas nous laisser tyranniquement emporter à elle; la seule raison doit avoir la conduite de nos inclinations. J'ay, de ma part, le goust estrangement mousse [5] à ces

---

[1] *End of dedication.*   [2] added to which.   [3] who benefits.
[4] (impersonal): to whom something is due.   [5] dulled.

propensions qui sont produites en nous sans l'ordonnance et
entremise de nostre jugement.   Comme, sur ce subject
dequoy je parle, je ne puis recevoir cette passion dequoy on
embrasse les enfans à peine encore nez, n'ayant ny mouvement en l'ame, ny forme reconnoissable au corps, par où

c   ils se puissent rendre aimables.   ▲ Et ne les ay pas souffert
a   volontiers nourris près de moy.*   ▲ Une vraye affection et
bien reglée devroit naistre et s'augmenter avec la connoissance qu'ils nous donnent d'eux; et lors, s'ils le valent, la
propension naturelle marchant quant et la raison, les cherir
d'une amitié vrayement paternelle; et en juger de mesme,
s'ils sont autres [1], nous rendans tousjours à la raison, nonobstant la force naturelle.   Il en va [2] fort souvent au rebours;
et le plus communement nous nous sentons plus esmeus des
trepignemens, jeux et niaiseries pueriles de nos enfans, que
nous ne faisons apres de leurs actions toutes formées, comme

c   si nous les avions aymez pour nostre passetemps, ▲ comme
a   des guenons, non comme des hommes.   ▲ Et tel fournit
bien liberalement de jouets à leur enfance, qui se trouve resserré [3] à la moindre despence qu'il leur faut estant en aage.
Voire, il semble que la jalousie que nous avons de les voir
paroistre et jouyr du monde, quand nous sommes à mesme
de le quitter [4], nous rende plus espargnans et rétrains [5] envers eux: il nous fache qu'ils nous marchent sur les talons,

ca comme pour nous solliciter de sortir.   ▲ Et, si nous
avions à craindre cela, puis que l'ordre des choses porte qu'ils
ne peuvent, à dire verité, estre ny vivre qu'aux despens de
nostre estre et de nostre vie, nous ne devions pas nous mesler
d'estre peres.

Quant à moy, je treuve que c'est cruauté et injustice de
ne les recevoir au partage et societé de nos biens, et compaignons en l'intelligence de nos affaires domestiques, quand
ils en sont capables, et de ne retrancher et reserrer nos commoditez pour pourvoir aux leurs, puis que nous les avons
engendrez à cet effect [6].   C'est injustice de voir qu'un pere
vieil, cassé et demi-mort, jouysse seul, à un coin du foyer,

---

[1] i.e. if they are *not* worthy of it.   [2] it happens.   [3] close-fisted (Lat. *restrictus*).
[4] on the point of leaving it.   [5] miserly.   [6] i.e. as our inheritors.

des biens qui suffiroient à l'avancement et entretien de plusieurs enfans, et qu'il les laisse cependant par faute de moyen,
perdre leurs meilleures années sans se pousser au service
public et connoissance des hommes. On les jette au desespoir de chercher [1] par quelque voie, pour injuste qu'elle
soit, à pourvoir à leur besoing: comme j'ay veu de mon
temps plusieurs jeunes hommes de bonne maison, si adonnez
au larcin, que nulle correction les en pouvoit détourner.
J'en connois un, bien apparenté, à qui, par la priere d'un
sien frere, tres-honneste et brave gentilhomme, je parlay
une fois pour cet effect. Il me respondit et confessa tout
rondement qu'il avoit esté acheminé à cett' ordure par la
rigueur et avarice de son pere, mais qu'à present il y estoit
si accoustumé qu'il ne s'en pouvoit garder; et lors il venoit
d'estre surpris en larrecin des bagues d'une dame,* au lever
de laquelle il s'estoit trouvé avec beaucoup d'autres. Il me
fit souvenir du conte que j'avois ouy faire d'un autre gentil-
homme, si fait et façonné à ce beau mestier du temps de sa
jeunesse, que, venant apres à estre maistre de ses biens,
deliberé [2] d'abandonner cette trafique, il ne se pouvoit garder
pourtant, s'il passoit pres d'une boutique où il y eust chose
dequoy il eust besoin, de la desrober, en peine de l'envoyer
payer apres. Et en ay veu plusieurs si dressez et duitz [3] à
cela, que parmi leurs compaignons mesmes ils desroboient
ordinairement des choses qu'ils vouloient rendre. ▲ Je suis   B
Gascon, et si n'est vice auquel je m'entende moins. Je le
hay un peu plus par complexion [4] que je ne l'accuse par discours; seulement par desir [5], je ne soustrais rien à personne.
Ce quartier [6] en est, à la verité, un peu plus descrié que les   A
autres de la Françoise nation : si est-ce que nous avons veu
de nostre temps, à diverses fois, entre les mains de la justice,
des hommes de maison [7], d'autres contrées, convaincus de
plusieurs horribles voleries. Je crains que de cette débauche
il s'en faille aucunement prendre [8] à ce vice des peres.

Et si on me respond ce que fit un jour un Seigneur de

---

[1] plight of seeking.   [2] determined.   [3] trained.
[4] by temperament.   [5] willingly.   [6] this region, Gascony.
[7] of good family.   [8] *il faille s'en prendre.*

bon entendement, qu'il faisoit espargne des richesses, non
pour en tirer autre fruict et usage que pour se faire honnorer
et rechercher aux siens [1], et que, l'aage lui ayant osté toutes
autres forces, c'estoit le seul remede qui luy restoit pour se
maintenir en authorité en sa famille et pour eviter qu'il ne

C   vint à mespris [2] et desdain à tout le monde ▲ (de vray, non
la vieillesse seulement, mais toute imbecillité, selon Aristote,

A   est promotrice de l'avarice) ▲: cela est quelque chose; mais
c'est la medecine à un mal duquel on devoit eviter la naissance.   Un pere est bien miserable, qui ne tient l'affection
de ses enfans que par le besoin qu'ils ont de son secours, si
cela se doit nommer affection.   Il faut se rendre respectable
par sa vertu et par sa suffisance, et aymable par sa bonté et
douceur de ses meurs.   Les cendres mesmes d'une riche
matiere, elles ont leur pris; et les os et reliques des personnes
d'honneur, nous avons accoustumé de les tenir en respect
et reverence.   Nulle vieillesse peut estre si caducque et si
rance [3] à un personnage qui a passé en honneur son aage,
qu'elle ne soit venerable, et notamment à ses enfans, desquels
il faut avoir reglé l'ame à leur devoir par raison, non par
necessité et par le besoin, ny par rudesse et par force,

> et errat longe, mea quidem sententia,
> Qui imperium credat esse gravius aut stabilius
> Vi quod fit, quam illud quod amicitia adjungitur.[4]

B   J'accuse [5] toute violence en l'education d'une ame tendre,
qu'on dresse pour l'honneur et la liberté.   Il y a je ne sçay
quoy de servile en la rigueur et en la contraincte; et tiens
que ce qui ne se peut faire par la raison, et par prudence et
adresse, ne se faict jamais par la force.   On m'a aisin
eslevé.   Ils disent qu'en tout mon premier aage je n'ay
tasté des verges qu'à deux coups [6], et bien mollement.   J'ay
deu la pareille aux enfans que j'ay eu; ils me meurent tous
en nourrisse; * mais Leonor, une seule fille qui est eschappée

---

[1] by his own relations.   [2] came to be scorned.   [3] fusty.
[4] "and in my opinion it is a great mistake to suppose that the authority which
is founded on force has more weight or stability than that which hangs by the
link of friendship" (Terence, *Adelphi*, I, 65).
[5] I condemn (Cf. *Introduction*, p. xx).   [6] *à deux fois.*

à cette infortune, a attaint six ans et plus, sans qu'on ait
emploié à sa conduicte et pour le chastiement de ses fautes
pueriles, l'indulgence de sa mere s'y appliquant ayséement,
autre chose que parolles, et bien douces. Et quand mon
desir y seroit frustré [1], il est assez d'autres causes ausquelles
nous prendre, sans entrer en reproche avec ma discipline, que
je sçay estre juste et naturelle. J'eusse esté beaucoup plus
religieux [2] encores en cela envers des masles, moins nais à
servir et de condition plus libre: j'eusse aymé à leur grossir
le cœur d'ingénuité [3] et de franchise. Je n'ay veu autre
effect aux verges, sinon de rendre les ames plus láches ou
plus malitieusement opiniastres.

Voulons nous estre aimez de nos enfans? leur voulons   A
nous oster l'occasion de souhaiter nostre mort (combien
que [4] nulle occasion d'un si horrible souhait peut estre ny
juste ny excusable: ▲ «*nullum scelus rationem habet* [5]?»)   C
accommodons leur vie raisonnablement de ce qui est en   A
nostre puissance. Pour cela, il ne nous faudroit pas marier
si jeunes que nostre aage vienne quasi à se confondre avec
le leur. Car cet inconvenient nous jette à plusieurs grandes
difficultez. Je dy specialement à la noblesse, qui est d'une
condition oisifve et qui ne vit, comme on dit, que de ses
rentes. Car ailleurs, où la vie est questuere [6], la pluralité
et compaignie des enfans, c'est un agencement [7] de mesnage,
ce sont autant de nouveaux utils [8] et instrumens à s'enrichir.

Je me mariay à trente trois ans, et louë l'opinion de   B
trente cinq, qu'on dit estre d'Aristote. ▲ Platon ne veut   C
pas qu'on se marie avant les trente; mais il a raison de se
mocquer de ceux qui font les œuvres de mariage après
cinquante cinq; et condamne leur engeance [9] indigne d'aliment et de vie.

Thales y donna les plus vrayes bornes, qui, jeune, respondit
à sa mere le pressant de se marier, qu'il n'estoit pas temps;
et, devenu sur l'aage, qu'il n'estoit plus temps. Il faudroit
refuser l'opportunité à toute action importune.

---

[1] If my hopes of her prove vain.   [2] scrupulous.
[3] *ingenuitas*, the condition of a free-born man.   [4] although.
[5] "no crime is founded on reason" (Livy, XXVIII, 28).
[6] given up to money-making (*quaestuarius*).   [7] resource.   [8] *outil*.   [9] progeny.

A   Les anciens Gaulois estimoient à extreme reproche d'avoir eu accointance de femme avant l'aage de vingt ans, et recommandoient singulierement aux hommes qui se vouloient dresser pour la guerre, de conserver bien avant en l'aage leur pucellage, d'autant que les courages s'amolissent et divertissent [1] par l'accouplage des femmes.

> *Ma hor congiunto à giovinetta sposa,*
> *Lieto homai de' figli, era invilito*
> *Ne gli affetti di padre e di marito.* [2]

C   L'histoire grecque remarque de Jecus Tarentin, de Chryso, d'Astylus, de Diopompus et d'autres, que, pour maintenir leurs corps fermes au service de la course des jeux Olympiques, de la palestrine [3] et autres exercices, ils se privarent, autant que leur dura ce soin, de toute sorte d'acte Venerien.

Muleasses, Roy de Thunes [4], celuy que l'empereur Charles 5. remit en son estat, reprochoit la memoire de son pere, pour son hantise aveq ses femmes, et l'appeloit brède [5], effeminé, faiseur d'enfans.

B   En certaine contrée des Indes Espaignolles, on ne permettoit aux hommes de se marier qu'après quarante ans, et si le permettoit-on aux filles à dix ans.

A   Un gentil-homme qui a trente cinq ans, il n'est pas temps qu'il face place à son fils qui en a vingt: il est luy-mesme au train [6] de paroistre et aux voyages des guerres et en la court de son Prince; il a besoin de ses pieces [7], et en doit certainement faire part [8], mais telle part qu'il ne s'oublie pas pour autruy. Et à celuy-là peut servir justement cette responce que les peres ont ordinairement en la bouche: Je ne me veux pas despouiller devant que de m'aller coucher.

Mais un pere aterré d'années et de maux, privé, par sa foiblesse et faute de santé, de la commune societé des hommes, il se faict tort et aux siens de couver inutilement un grand

---

[1] are dissipated.

[2] "But was united to a youthful spouse
And blest with sons had lost his martial fire
In the sweet love of husband and of sire."
(Tasso, *Gerusalemme liberata*, X, 39.)

[3] wrestling. [4] i.e. Tunis. [5] effeminate (Gascon, *brode*).
[6] capable of. [7] his money. [8] share it.

tas de richesses. Il est assez en estat, s'il est sage, pour avoir
desir de se despouiller pour se coucher: non pas jusques à la
chemise, mais jusques à une robbe de nuict bien chaude; le
reste des pompes, dequoy il n'a plus que faire, il doibt en
estrener [1] volontiers ceux à qui, par ordonnance naturelle,
cela doit appartenir. C'est raison qu'il leur en laisse l'usage,
puis que nature l'en prive: autrement, sans doubte, il y a de
la malice et de l'envie. La plus belle des actions de l'Empereur Charles cinquiesme fut celle-là ▲ à l'imitation d'au-   C
cuns anciens de son qualibre, ▲ d'avoir sçeu reconnoistre   A
que la raison nous commande assez de nous dépouiller,
quand nos robes nous chargent et empeschent; et de nous
coucher, quand les jambes nous faillent. Il resigna ses
moyens, grandeur et puissance, à son fils, lors qu'il sentit
defaillir en soy la fermeté et la force pour conduire les affaires
avec la gloire qu'il y avoit acquise.

> *Solve senescentem mature sanus equum, ne*
> *Peccet ad extremum ridendus, et ilia ducat.* [2]

Cette faute de ne se sçavoir reconnoistre de bonne heure,
et ne sentir l'impuissance et extreme alteration que l'aage
apporte naturellement et au corps et à l'ame, qui, à mon
opinion, est égale (si l'ame n'en a plus de la moitié), a perdu
la reputation de la plus part des grands hommes du monde.
J'ay veu de mon temps et connu familierement des personnages de grande authorité, qu'il estoit bien aisé à voir
estre merveilleusement descheus de cette ancienne suffisance que je connoissois par la reputation qu'ils en avoient
acquise en leurs meilleurs ans. Je les eusse, pour leur honneur, volontiers souhaitez retirez en leur maison à leur aise
et deschargez des occupations publiques et guerrieres, qui
n'estoient plus pour leurs espaules. J'ay autrefois esté privé [3]
en la maison d'un gentil-homme veuf et fort vieil,* d'une
vieillesse toutefois assez verte. Cettuy-cy avoit plusieurs
filles à marier et un fils desjà en aage de paroistre: cela

---

[1] make a present to.
[2] "Be wise in time and loose the ageing horse lest at the last he stumble amid
eers and burst his wind" (Horace, *Ep.*, I, i, 8).
[3] intimate friend.

chargeoit sa maison de plusieurs despences et visites estrangieres, à quoy il prenoit peu de plaisir, non seulement pour
le soin de l'espargne, mais encore plus pour avoir, à cause
de l'aage, pris une forme de vie fort esloignée de la nostre.
Je luy dy un jour un peu hardiment, comme j'ay accoustumé,
qu'il luy sieroit mieux de nous faire place, et de laisser à
son fils sa maison principale (car il n'avoit que celle-là de
bien logée et accommodée), et se retirer en une sienne terre
voisine, où personne n'apporteroit incommodité à son repos,
puis qu'il ne pouvoit autrement eviter nostre importunité,
veu la condition de ses enfans. Il m'en creut depuis, et s'en
trouva bien.

Ce n'est pas à dire qu'on leur donne par telle voye d'obligation, de laquelle on ne se puisse plus desdire. Je leur
lairrois, moy qui suis à mesme de jouer ce rolle, la jouyssance
de ma maison et de mes biens, mais avec liberté de m'en
repentir, s'ils m'en donnoient occasion. Je leur en lairrois
l'usage, par ce qu'il ne me seroit plus commode; et, de
l'authorité des affaires en gros, je m'en reserverois autant
qu'il me plairoit, ayant tousjours jugé que ce doit estre un
grand contentement à un pere vieil, de mettre luy-mesme ses
enfans en train du gouvernement de ses affaires, et de pouvoir
pendant sa vie controller leurs deportemens, leur fournissant d'instruction et d'advis suyvant l'experience qu'il en
a, et d'acheminer luy-mesme l'ancien honneur et ordre de
sa maison en la main de ses successeurs, et se respondre par
là des esperances qu'il peut prendre de leur conduite à venir.
Et, pour cet effect, je ne voudrois pas fuir leur compaignie:
je voudroy les esclairer de pres, et jouyr, selon la condition
de mon aage, de leur allegresse et de leurs festes. Si je ne
vivoy parmi eux (comme je ne pourroy sans offencer leur
assemblée par le chagrin de mon aage et la subjection de mes
maladies, et sans contraindre aussi et forcer les reigles et
façons de vivre que j'auroy lors), je voudroy au moins vivre
pres d'eux en un quartier de ma maison, non pas le plus en
parade, mais le plus en commodité. Non comme je vy, il
v a quelques années, un Doyen de S. Hilaire * de Poictiers,
rendu à telle solitude par l'incommodité de sa melancholie,

que, lors que j'entray en sa chambre, il y avoit vingt et deux ans qu'il n'en estoit sorty un seul pas; et si avoit toutes ses actions libres et aysées, sauf un reume qui luy tomboit sur l'estomac. A peine une fois la sepmaine vouloit-il permettre que aucun entrast pour le voir: il se tenoit tousjours enfermé par le dedans de sa chambre, seul, sauf qu'un valet luy apportoit une fois le jour à manger, qui ne faisoit qu'entrer et sortir. Son occupation estoit se promener et lire quelque livre (car il connoissoit aucunement les lettres), obstiné au demeurant de mourir en cette démarche, comme il fit bien tost après. J'essayeroy, par une douce conversation, de nourrir en mes enfans une vive amité et bienveillance non feinte en mon endroict, ce qu'on gaigne aiséement en une nature bien née; car si ce sont bestes furieuses comme nostre siecle en produit à foison, ▲ il les faut hayr et fuyr pour telles. Je veux mal à cette coustume ▲ d'interdire aux enfans l'appellation paternelle et leur en enjoindre un' estrangere, comme plus reverentiale, nature n'aiant volontiers pas suffisamment pourveu à nostre authorité; nous appelons Dieu tout-puissant pere, et desdaignons que noz enfans nous en appellent ¹.* C'est aussi injustice et folie de priver les enfans qui sont en aage de la familiarité des peres, et vouloir maintenir en leur endroict une morgue austere et desdaigneuse, esperant par là les tenir en crainte et obeissance. Car c'est une farce tres-inutile qui rend les peres ennuieux aux enfans et, qui pis est, ridicules. Ils ont la jeunesse et les forces en la main, et par consequent le vent et la faveur du monde; et reçoivent avecques mocquerie ces mines fieres et tyranniques d'un homme qui n'a plus de sang ny au cœur ny aux veines, vrais espouvantails de cheneviere. Quand je pourroy me faire craindre, j'aimeroy encore mieux me faire aymer.

Il y a tant de sortes de deffauts en la vieillesse, tant d'impuissance; elle est si propre au mespris, que le meilleur acquest qu'elle puisse faire, c'est l'affection et amour des siens: le commandement et la crainte, ce ne sont plus ses armes. J'en ay veu quelqu'un * duquel la jeunesse avoit esté très

CA
C

A

B

¹ call us by this name.

impérieuse.   Quand c'est venu sur l'aage, quoy qu'il le passe

C   sainement ce qui se peut, il frappe, il mord, il jure, ▲ le

B   plus tempestatif maistre de France; ▲ il se ronge de soing
et de vigilance: tout cela n'est qu'un bastelage [1] auquel la
famille mesme conspire; du grenier, du celier, voire et de
sa bource, d'autres ont la meilleure part de l'usage, cependant qu'il en a les clefs en sa gibessiere [2], plus cherement [3] que
ses yeux.   Cependant qu'il se contente [4] de l'espargne et
chicheté de sa table, tout est en desbauche en divers reduicts
de sa maison, en jeu et en despence, et en l'entretien des
comptes de sa veine cholere et pourvoyance [5].   Chacun est
en sentinelle contre luy.   Si, par fortune, quelque chetif
serviteur s'y adonne [6], soudain il luy est mis en soupçon:
qualité à laquelle la vieillesse mord si volontiers de soy-
mesme.   Quant de fois s'est il vanté à moy de la bride qu'il
donnoit aux siens, et exacte obeïssance et reverence qu'il en
recevoit; combien il voyoyt cler en ses affaires,

Ille solus nescit omnia. [7]

Je ne sache homme qui peut aporter plus de parties et
naturelles et acquises, propres à conserver la maitrise, qu'il
faict; et si en est descheu comme un enfant.   Partant l'ay-je
choisi, parmy plusieurs telles conditions que je cognois, comme
plus exemplaire.

C   Ce seroit matière à une question scholastique,* s'il est
ainsi mieux, ou autrement.   En presence, toutes choses luy
cedent.   Et laisse-on ce vain cours à son authorité, qu'on
ne luy resiste jamais: on le croit, on le craint, on le respecte
tout son saoul [8].   Donne-il congé à un valet, il plie son
pacquet, le voilà parti; mais hors de devant luy seulement.
Les pas de la vieillesse sont si lents, les sens si troubles, qu'il
vivra et fera son office en mesme maison, un an, sans estre
apperceu.   Et, quand la saison en est, on faict venir des
lettres lointaines, piteuses, suppliantes, pleines de promesse

---

[1] comedy.   [2] *gibecière.*   [3] more cherished.
[4] rejoices at.   [5] foresight.   [6] devotes himself to.
[7] "He alone is ignorant of everything" (Terence, *Adelphi*, IV, ii, 9).
[8] his fill.

de mieux faire, par où on le remet en grâce.   Monsieur faict-il quelque marché ou quelque despesche qui desplaise? on la supprime, forgeant tantost apres assez de causes pour excuser la faute d'execution ou de responce.   Nulles lettres estrangeres ne luy estants premierement apportées, il ne void que celles qui semblent commodes à sa science [1].   Si, par cas d'adventure, il les saisit, ayant en coustume de se reposer sur certaine personne de les luy lire, on y trouve sur le champ ce qu'on veut; et faict-on à tous coups que tel luy demande pardon qui l'injurie par mesme lettre.   Il ne void en fin ses affaires que par une image disposée et desseignée [2] et satisfactoire [3] le plus qu'on peut, pour n'esveiller son chagrin et son courroux.   J'ay veu, souz des figures differentes, assez d'œconomies [4] longues, constantes, de tout pareil effect.

Il est tousjours proclive [5] aux femmes de disconvenir [6] à leurs maris: ▲ Elles saisissent à deux mains toutes couvertures [7] de leur contraster [8]; la premiere excuse leur sert de planiere justification.   J'en ay veu qui desrobboit gros [9] à son mary pour, disoit-elle à son confesseur, faire ses aulmosnes plus grasses.   Fiez-vous à cette religieuse dispensation! [10] Nul maniement leur semble avoir assez de dignité, s'il vient de la concession du mary.   Il faut qu'elles l'usurpent ou finement ou fierement, et tousjours injurieusement [11], pour luy donner de la grace et de l'authorité.   Comme en mon propos, ▲ quand c'est contre un pauvre vieillard, et pour des enfans, lors empoignent elles ce titre [12], et en servent leur passion avec gloire; ▲ et, comme en un commun servage, monopolent [13] facilement contre sa domination et gouvernement.   ▲ Si ce sont masles, grands et fleurissans, ils subornent aussi incontinant, ou par force ou par faveur, et maistre d'Hostel et receveur, et tout le reste.   Ceux qui n'ont ny femme ny fils, tombent en ce malheur plus difficilement, mais plus cruellement aussi et indignement.   ▲ Le vieux Caton disoit en son temps, qu'autant de valets, autant

B
C

B

C

B

C

---

[1] suitable for him to know.   [2] purposely arranged.   [3] satisfying.
[4] household arrangements.   [5] disposed.   [6] disagree.   [7] pretexts.
[8] take the opposite view.   [9] stole wholesale.   [10] stewardship (lit. spending of monies).   [11] unjustly.   [12] excuse.   [13] intrigue.

d'ennemis. Voyez si, selon la distance de la pureté de son siecle au nostre, il ne nous a pas voulu advertir que femme, fils et valet, autant d'ennemis à nous. ▲ Bien sert [1] à la decrepitude de nous fournir le doux benefice d'inapercevance et d'ignorance et facilité à nous laisser tromper. Si nous y mordions [2], que seroit ce de nous, mesme en ce temps où les Juges qui ont à decider nos controverses, sont communément partisans de l'enfance et interessez?

Au cas que cette pipperie m'eschappe à voir, au moins ne m'eschappe-il pas, à voir que je suis très pippable. Et aura l'on jamais assez dict de quel pris est un amy, et de combien autre chose que ces liaisons civiles? L'image mesme que j'en voys aux bestes, si pure, aveq quelle religion je la respecte!

Si les autres me pippent, au moins ne me pippe je pas moy mesmes à m'estimer capable de m'en garder, ny à me ronger la cervelle pour m'en rendre [3]. Je me sauve de telles trahisons en mon propre giron [4], non par une inquiete et tumultuaire [5] curiosité, mais par diversion * plustost et resolution. Quand j'oy reciter l'estat de quelqu'un, je ne m'amuse [6] pas à luy; je tourne incontinent les yeux à moy, voir comment j'en suis.[7] Tout ce qui le touche me regarde. Son accident [8] m'advertit et m'esveille de ce costé là. Tous les jours et à toutes heures, nous disons d'un autre ce que nous dirions plus proprement de nous, si nous sçavions replier aussi bien qu'estendre nostre consideration.

Et plusieurs autheurs blessent en cette maniere la protection de leur cause, courant temerairement en avant à l'encontre de celle qu'ils attaquent, et lanceant à leurs ennemis des traits propres à leur estre relancez.

Feu Monsieur le Mareschal de Monluc,* ayant perdu son filz qui mourut en l'Isle de Maderes, brave gentil'homme à la verité et de grande esperance, me faisoit fort valoir, entre ses autres regrets, le desplaisir et creve cœur qu'il sentoit de ne s'estre jamais communiqué [9] à luy; et, sur cette

---

[1] it is well that . . . [2] took the bait. [3] i.e. *rendre capable*.
[4] in my own bosom. [5] agitated. [6] linger. [7] how I stand in this respect. [8] what happens to him. [9] opened himself out to.

humeur d'une gravité et grimace paternelle, avoir perdu la
commodité de gouster et bien connoistre son fils, et aussi de
luy declarer l'extreme amitié qu'il luy portoit et le digne
jugement qu'il faisoit de sa vertu.   Et ce pauvre garçon,
disoit il, n'a rien veu de moy qu'une contenance refroignée
et pleine de mespris, et a emporté cette creance que je n'ay
sçeu ny l'aymer, ny l'estimer selon son merite.   A qui
gardoy-je [1] à découvrir cette singuliere affection que je luy
portoy dans mon ame? estoit-ce pas luy qui en devoit avoir
tout le plaisir et toute l'obligation [2]?   Je me suis contraint
et geiné [3] pour maintenir ce vain masque; et y ay perdu le
plaisir de sa conversation, et sa volonté [4] quant et quant, qu'il
ne me peut avoir portée autre que bien froide, n'ayant jamais
reçeu de moy que rudesse, ny senti qu'une façon [5] tyrannique.   Je trouve que cette plainte estoit bien prise et
raisonnable: car, comme je sçay par une trop certaine experience, il n'est aucune si douce consolation en la perte de nos
amis que celle que nous aporte la science de n'avoir rien
oublié à leur dire et d'avoir eu avec eux une parfaite et
entiere communication.*

Je m'ouvre aux miens — tant que je puis; — et leur   B
signifie tres-volontiers l'estat de ma volonté et de mon jugement envers eux, comme envers un chacun.   Je me haste
de me produire [6] et de me presenter: car je ne veux pas qu'on
s'y mesconte, à quelque part [7] que ce soit.

Entre autres coustumes particulieres qu'avoyent nos   A
anciens Gaulois, à ce que dit Cæsar, cetticy en estoit: que
les enfans ne se presentoyent aus peres, ny s'osoient trouver
en public en leur compaignie, que lors qu'il commençoyent
à porter les armes, comme s'ils vouloyent dire que lors il
estoit aussi saison que les peres les receussent en leur familiarité et accointance.

J'ai veu encore une autre sorte d'indiscretion [8] en aucuns
peres de mon temps, qui ne se contentent pas d'avoir privé

---

[1] For whom did I reserve the revelation of my affection (if not for him).
[2] gratitude.   [3] tortured myself (_géné_).   [4] affection.
[5] bearing.   [J] Make myself known.   [7] in any respect (good or ill).
[8] error of judgment.

pendant leur longue vie leurs enfans de la part qu'ils devoyent
avoir naturellement en leurs fortunes, mais laissent encore
apres eux à leurs femmes cette mesme authorité sur tous
leurs biens, et loy ¹ d'en disposer à leur fantaisie. Et ay
connu tel Seigneur,* des premiers officiers de nostre couronne, ayant par esperance de droit à venir ² plus de cinquante
mille escus de rente, qui est mort necessiteux et accablé de
debtes, aagé de plus de cinquante ans, sa mere en son extreme
decrepitude jouyssant encore de tous ses biens par l'ordonnance du pere, qui avoit de sa part vécu pres de quatre vingt
ans.   Cela ne me semble aucunement raisonnable.

B   Pourtant trouve je peu d'advancement à un homme de
qui les affaires se portent bien, d'aller cercher une femme
qui le charge d'un grand dot: il n'est point de debte estrangier
qui aporte plus de ruyne aux maisons: mes predecesseurs
ont communeement suyvy ce conseil bien à propos, et moy
C   aussi. ▲ Mais ceux qui nous desconseillent les femmes
riches, de peur qu'elles soyent moins traictables et recog-
noissantes, se trompent de faire perdre quelque reelle commodité pour une si frivole conjecture.   A une femme desraisonnable il ne couste non plus de passer par dessus une
raison que par dessus une autre.   Elles s'ayment le mieux
où elles ont plus de tort.   L'injustice les alleche; comme
les bonnes, l'honneur de leurs actions vertueuses ³, et en sont
debonnaires d'autant plus qu'elles sont plus riches, comme
plus volontiers et glorieusement chastes de ce qu'elles sont
belles.

A   C'est raison de laisser l'administration des affaires aux
meres, pendant que les enfans ne sont pas en l'eage, selon
les loix, pour en manier la charge; mais le pere les a bien mal
nourris, s'il ne peut esperer qu'en cet aage là ⁴ ils auront
plus de sagesse et de suffisance que sa femme, veu l'ordinaire
foiblesse du sexe.   Bien seroit-il toutesfois, à la vérité, plus
contre nature de faire dépendre les meres de la discretion de

---

¹ the right.   ² by right of succession.
³ just as the glory of their virtuous deeds attracts good wives (in opposition
to *femmes desraisonnables*).
⁴ i.e. when they came of age.

leurs enfans. On leur doit donner largement dequoy maintenir leur estat selon la condition de leur maison et de leur
aage, d'autant que la nécessité et l'indigence est beaucoup
plus mal seante et mal-aisée à supporter à elles qu'aux
masles: il faut plustost en charger les enfans que la mere.

En general la plus saine distribution de noz biens en   c
mourant, me semble estre, les laisser distribuer à l'usage du
païs. Les loix y ont mieux pensé que nous; et vaut mieux
les laisser faillir en leur eslection [1] que de nous hazarder
temerairement de faillir en la nostre. Ils ne sont pas proprement nostres, puis que, d'une prescription civile et sans nous,
ils sont destinez à certains successeurs. Et encore que nous
ayons quelque liberté au-delà, je tiens qu'il faut une grande
cause et bien apparente pour nous faire oster à un ce que
sa fortune luy avoit acquis et à quoi la justice commune
l'appelloit; et que c'est abuser contre raison de cette liberte,
d'en servir noz fantasies frivoles et privées. Mon sort m'a
fait grace de ne m'avoir presenté des occasions qui me peussent tenter, et divertir mon affection de la commune et legitime ordonnance. J'en voy envers qui c'est temps perdu
d'employer un long soin de bons offices: un mot receu de
mauvais biais efface le merite de dix ans. Heureux qui se
trouve à point pour leur oindre la volonté [2] sur ce dernier
passage [3]! La voisine [4] action l'emporte: non pas les meilleurs et plus frequens offices, mais les plus recents et presens
font l'operation [5]. Ce sont gens qui se jouent de leurs testa-
ments comme de pommes ou de verges, à gratifier ou chastier
chaque action de ceux qui y pretendent interest. C'est
chose de trop longue suitte et de trop de poids pour estre
ainsi promenée à chasque instant, et en laquelle les sages se
plantent une fois pour toutes, regardans à la raison et obser-
vations [6] publiques.

Nous prenons un peu trop à cœur ces substitutions mas-
culines [7]. Et proposons une eternité ridicule à noz noms.
Nous poisons aussi trop les vaines conjectures de l'advenir

---

[1] choice.   [2] flatter their wishes.   [3] i.e. at their death.
[4] the last.   [5] produce the effect.   [6] observances.
[7] entail in favour of male lines.

que nous donnent les esprits pueriles. A l'adventure eust on fait injustice de me deplacer de mon rang pour avoir esté le plus lourd et plombé [1], le plus long et desgouté en ma leçon, non seulement que tous mes freres, mais que tous les enfans de ma province, soit leçon d'exercice d'esprit, soit leçon d'exercice du corps. C'est follie de faire des triages extraordinaires sur la foy de ces divinations ausquelles nous sommes si souvent trompez. Si on peut blesser [2] cette regle et corriger les destinées aux chois qu'elles ont faict de noz heritiers, on le peut avec plus d'apparence en consideration de quelque remarquable et enorme difformité corporelle, vice constant, inamandable, et, selon nous grands estimateurs de la beauté, d'important prejudice.

Le plaisant dialogue du legislateur de Platon avec ses citoyens fera honneur à ce passage: Comment donc, disent-ils, sentans leur fin prochaine, ne pourrons nous point disposer de ce qui est à nous à qui il nous plaira? O dieux, quelle cruauté qu'il ne nous soit loisible, selon que les nostres nous auront servy en noz maladies, en nostre vieillesse, en nos affaires, de leur donner plus et moins selon noz fantasies! A quoi le législateur respond en cette maniere: Mes amis, qui avez sans doubte bien tost à mourir, il est malaisé et que vous vous cognoissiez, et que vous cognoissiez ce qui est à vous, suivant l'inscription Delphique [3]. Moy qui fay les loix, tiens que ny vous n'estes à vous, ny n'est à vous ce que vous jouyssez. Et voz biens et vous estes à vostre famille, tant passée que future. Mais encore plus sont au public et vostre famille, et voz biens. Parquoy, si quelque flatteur en vostre vieillesse ou en vostre maladie, ou quelque passion vous sollicite mal à propos de faire testament injuste, je vous en garderay. Mais, ayant respect et à l'interest universel de la cité et à celuy de vostre famille, j'establiray des loix et feray sentir, comme de raison, que la commodité particulière doit ceder à la commune. Allez vous en doucement et de bonne voglie [4] où l'humaine nécessité vous appelle. C'est à moy, qui ne regarde pas l'une chose plus

---

[1] leaden-witted.
[2] break this rule.
[3] i.e. Know Thyself.
[4] *volonté*.

que l'autre, qui, autant que je puis, me soingne [1] du general,
d'avoir soin de ce que vous laissez.

Revenant à mon propos, ▲ il me semble, je ne sçay comment, qu'en toutes façons la maistrise n'est aucunement
deuë aux femmes sur des hommes, sauf la maternelle et
naturelle, si ce n'est pour le châtiment de ceux qui, par
quelque humeur fievreuse, se sont volontairement soubmis
à elles; mais cela ne touche point les vieilles, dequoy nous
parlons icy.   C'est l'apparence [2] de cette consideration qui
nous a fait forger et donner pied si volontiers à cette loy, que
nul ne veit onques [3], qui prive les femmes de la succession de
cette couronne; et n'est guiere Seigneurie au monde où elle
ne s'allegue, comme icy, par une vray-semblance de raison
qui l'authorise; mais la fortune luy a donné plus de credit en
certains lieux qu'aux autres.   Il est dangereux de laisser à
leur jugement la dispensation de nostre succession, selon le
chois qu'elles feront des enfans, qui est à tous les coups inique
et fantastique.   Car cet appetit desreglé et goust malade
qu'elles ont au temps de leurs groisses [4], elles l'ont en l'ame
en tout temps.   Communement on les void s'adonner aux
plus foibles et malotrus, ou à ceux, si elles en ont, qui leur
pendent encores au col.   Car, n'ayant point assez de force
de discours pour choisir et embrasser ce qui le vaut, elles se
laissent plus volontiers aller où les impressions de nature
sont plus seules; comme les animaux, qui n'ont cognoissance de leurs petits, que pendant qu'ils tiennent à leur
mamelle.

Au demeurant, il est aisé à voir par experience que cette
affection naturelle, à qui nous donnons tant d'authorité, a
les racines bien foibles.   Pour un fort legier profit, nous
arrachons tous les jours leurs propres enfans d'entre les bras
des meres, et leur faisons prendre les nostres en charge; nous
leur faisons abandonner les leurs à quelque chetive nourrisse
à qui nous ne voulons pas commettre les nostres, ou à quelque
chevre: leur defandant, non seulement de les alaiter, quelque
dangier qu'ils en puissent encourir, mais encore d'en avoir

---

[1] take thought for.   [2] reasonableness.   [3] i.e. the Salic Law.
[4] pregnancies.

aucun soin, pour s'employer du tout au service des nostres.
Et voit on en la plus part d'entre elles, s'engendrer bien tost
par accoustumance un' affection bastarde, plus vehemente
que la naturelle, et plus grande sollicitude de la conservation
des enfans empruntez que des leurs propres.   Et ce que j'ay
parlé des chevres, c'est d'autant qu'il est ordinaire autour de
chez moy de voir les femmes de vilage, lors qu'elles ne
peuvent nourrir les enfans de leurs mamelles, appeller des
chevres à leurs secours; et j'ay à cette heure deux laquays
qui ne tetterent jamais que huict jours laict de femme.   Ces
chevres sont incontinant duites à venir alaitter ces petits
enfans, reconoissent leur voix quand ils crient, et y accourent:
si on leur en presente un autre que leur nourrisson, elles le
refusent; et l'enfant en faict de mesmes d'une autre chevre.
J'en vis un, l'autre jour, à qui on osta la sienne, parce que
son pere ne l'avoit qu'empruntée d'un sien voisin: il ne peut
jamais s'adonner à l'autre qu'on luy presenta, et mourut
sans doute de faim.   Les bestes alterent et abastardissent
aussi aiséement que nous l'affection naturelle.

c   Je croy qu'en ce que recite Herodote de certain destroit [1]
de la Lybie, qu'on s'y mesle aux femmes indifferemment,
mais que l'enfant, ayant force de marcher, trouve son pere
celuy vers lequel, en la presse, la naturelle inclination porte
ses premiers pas, il y a souvent du mesconte.

A   Or, à considerer cette simple occasion [2] d'aymer nos enfans
pour les avoir engendrez, pour laquelle nous les appellons
autres nous mesmes, il semble qu'il y ait bien une autre production venant de nous, qui ne soit pas de moindre recommandation: car ce que nous engendrons par l'ame, les en-
fantemens de nostre esprit, de nostre courage et suffisance,
sont produicts par une plus noble partie que la corporelle, et
sont plus nostres; nous sommes pere et mere ensemble en
cette generation; ceux cy nous coustent bien plus cher, et
nous apportent plus d'honeur, s'ils ont quelque chose de
bon.   Car la valeur de nos autres enfans est beaucoup plus
leur que nostre; la part que nous y avons est bien legiere;
mais de ceux cy toute la beauté, toute la grace et pris est

<hr />

[1] district.   [2] cause.

nostre. Par ainsin, ils nous representent et nous rapportent [1] bien plus vivement que les autres.

Platon adjouste que ce sont icy des enfans immortels, qui   C
immortalisent leurs peres, voire et les deïfient, comme à
Lycurgus, à Solon, à Minos.

Or, les Histoires estant pleines d'exemples de cette amitié   A
commune des peres envers les enfans, il ne m'a pas semblé
hors de propos d'en trier aussi quelcun de cette cy.

Heliodorus,* ce bon Evesque de Tricea, ayma mieux   C
perdre la dignité, le profit, la devotion d'une prelature si
venerable, que de perdre sa fille, fille qui dure encore bien
gentille, mais à l'adventure pourtant un peu trop curieusement et mollement goderonnée [2] pour fille ecclesiastique et
sacerdotale, et de trop amoureuse façon.

Il y eut un Labienus à Rome, personnage de grande   A
valeur et authorité, et, entre autres qualitez, excellent en
toute sorte de literature, qui estoit, ce croy-je, fils de ce
grand Labienus, le premier des capitaines qui furent soubs
Cæsar en la guerre des Gaules, et qui, depuis, s'estant jetté
au party du grand Pompeius, s'y maintint si valeureusement
jusques à ce que Cæsar le deffit en Espaigne. Ce Labienus
dequoy je parle, eust plusieurs envieux de sa vertu, et, comme
il est vray semblable, les courtisans et favoris des Empereurs
de son temps pour ennemis de sa franchise et des humeurs
paternelles qu'il retenoit encore contre la tyrannie, desquelles
il est croyable qu'il avoit teint ses escrits et ses livres. Ses
adversaires poursuivirent devant le magistrat à Rome, et
obtindrent de faire condamner plusieurs siens ouvrages, qu'il
avoit mis en lumiere, à estre bruslés. Ce fut par luy que
commença ce nouvel exemple de peine, qui, depuis, fut continué à Rome à plusieurs autres, de punir de mort les escrits
mesmes et les estudes. Il n'y avoit point assez de moyen
et matiere de cruauté, si nous n'y meslions des choses que
nature a exemptées de tout sentiment et de toute souffrance,
comme la reputation et les inventions de nostre esprit, et si
nous n'alions communiquer les maux corporels aux disciplines [3] et monumens des Muses. Or Labienus ne peut

----

[1] portray.   [2] dressed up.   [3] teaching.

souffrir cette perte, ny de survivre à cette sienne si chere
geniture; il se fit porter et enfermer tout vif dans le monu-
ment de ses ancestres, là où il pourveut tout d'un train [1] à se
tuer et à s'enterrer ensemble. Il est malaisé de montrer
aucune autre plus vehemente affection paternelle que celle
là. Cassius Severus, homme tres-eloquent et son familier,
voyant brusler ses livres, crioit que, par mesme sentence, on
le devoit quant et quant condamner à estre bruslé tout vif:
car il portoit et conservoit en sa memoire ce qu'ils con-
tenoient.

B   Pareil accident advint à Greuntius [2] Cordus, accusé
d'avoir en ses livres loué Brutus et Cassius. Ce senat vilain,
servile et corrompu, et digne d'un pire maistre que Tibere,
condamna ses escripts au feu; il fut conten   faire compaignie à leur mort, et se tua par abstinence de manger.

A   Le bon Lucanus estant jugé par ce coquin de Neron, sur
les derniers traits de sa vie, comme la pluspart du sang fut
desjà escoulé par les veines des bras qu'il s'estoit faictes tailler
à [3] son medecin pour mourir, et que la froideur eut saisi les
extremitez de ses membres et commençat à approcher des
parties vitales, la derniere chose qu'il eut en sa memoire, ce
furent aucuns des vers de son livre de la guerre de Pharsale,
qu'il recitoit; et mourut ayant cette derniere voix [4] en la
bouche. Cela, qu'estoit ce qu'un tendre et paternel congé
qu'il prenoit de ses enfans, representant les a-dieux et les
estroits embrassemens que nous donnons aux nostres en
mourant, et un effet de cette naturelle inclination qui r'appelle en nostre souvenance, en cette extremité, les choses
que nous avons eu les plus cheres pendant nostre vie?

Pensons nous qu'Epicurus qui, en mourant, tourmenté,
comme il dit, des extremes douleurs de la colique, avoit toute
sa consolation en la beauté de sa doctrine qu'il laissoit au
monde, eut receu autant de contentement d'un nombre
d'enfans bien nais et bien eslevez, s'il en eust eu, comme il
faisoit de la production de ses riches escrits? et que, s'il eust
esté au chois de laisser apres luy un enfant contrefaict et mal

---

[1] at the same time.   [2] a mistake of Montaigne's for Cremutius.
[3] par.   [4] parole.

nay, ou un livre sot et inepte, il ne choisit plustost, et non luy seulement, mais tout homme de pareille suffisance, d'encourir le premier mal'heur que l'autre? Ce seroit à l'adventure impieté en Sainct Augustin (pour exemple) si d'un costé on luy proposoit d'enterrer ses escrits, dequoy nostre religion reçoit un si grand fruit, ou d'enterrer ses enfans, au cas qu'il en eut, s'il n'aimoit mieux enterrer ses enfans.*

Et je ne sçay si je n'aimerois pas mieux beaucoup en avoir produict ung, parfaictement bien formé, de l'acointance des muses, que de l'acointance de ma femme.

A cettuy cy [1], tel qu'il est, ce que je donne, je le donne purement et irrevocablement, comme on donne aux enfans corporels: ce peu de bien que je luy ay faict, il n'est plus en ma disposition; il peut sçavoir assez de choses que je ne sçay plus, et tenir de moy ce que je n'ay point retenu et qu'il faudroit que, tout ainsi qu'un estranger, j'empruntasse de luy, si besoin m'en venoit.

Il est plus riche que moy, si je suis plus sage que luy.

Il est peu d'hommes addonez à la poësie, qui ne se gratifiassent plus d'estre peres de l'Eneide que du plus beau garçon de Rome, et qui ne souffrissent plus aiséement l'une perte que l'autre. ▲ Car, selon Aristote, de tous les ouvriers, le poëte nomméement [2] est le plus amoureux de son ouvrage. Il est malaisé à croire qu'Epaminondas, qui se vantoit de laisser pour toute posterité des filles qui feroyent un jour honneur à leur pere (c'estoyent les deux nobles victoires * qu'il avoit gaigné sur les Lacedemoniens), eust volontiers consenty à échanger celles là aux plus gorgiases [3] de toute la Grece, ou que Alexandre et Cæsar ayent jamais souhaité d'estre privez de la grandeur de leurs glorieux faicts de guerre, pour la commodité d'avoir des enfans et heritiers, quelques parfaits et accompliz qu'ils peussent estre; voire je fay grand doubte que Phidias, ou autre excellent statuere, aymat autant la conservation et la durée de ses enfans naturels, comme il feroit d'une image excellente qu'avec long travail et estude il auroit parfaite selon l'art. Et, quant à ces passions vitieuses et furieuses qui ont eschauffé quelque fois les

B

C

A

C

A

---

[1] i.e. the Essays.   [2] in particular.   [3] elegant women.

peres à l'amour de leurs filles, ou les meres envers leurs fils, encore s'en trouve il de pareilles en cette autre sorte de parenté: tesmoing ce que l'on recite de Pygmalion, qui, ayant basty une statue de femme de beauté singuliere, il devint si éperduement espris de l'amour forcené de ce sien ouvrage, qu'il falut qu'en faveur de sa rage les dieux la luy vivifiassent,

> *Tentatum mollescit ebur, positóque rigore*
> *Subsedit digitis.*[1]

CHAPITRE X

This is one of the latest essays of Books I and II. Montaigne says in it "Voici ce qui je mis il y a environ dix ans en mon Guicciardin," and he read Guicciardini's History of Italy in 1571 or at the latest in the first month or two of 1572. The essay is remarkable at once for the independence with which Montaigne judges classical authors and for the excellence of his criticism as well of modern as of ancient authors. Montaigne's library consisted of about 1,000 volumes, housed in the topmost chamber of his tower (see note on p. 13). Seventy-six with Montaigne's signature in them are known to exist, and starting from these M. Villey has been able to reconstruct a catalogue of about 250 altogether.

Des Livres also shows us in its opening passage in what light Montaigne conceived his book on the eve of its publication in 1580 (see Introduction, p. xxii).

DES LIVRES

A   Je ne fay point de doute qu'il ne m'advienne souvent de parler de choses qui sont mieux traictées chez les maistres du mestier, et plus veritablement. C'est icy purement l'essay [2] * de mes facultez naturelles, et nullement des acquises; et qui me surprendra d'ignorance, il ne fera rien contre moy, car à peine respondroy-je à autruy de mes discours, qui ne m'en responds point à moy; ny n'en suis satisfaict. Qui sera en cherche de science, si [3] la pesche où elle se loge: il n'est rien dequoy je face moins de profession. Ce

---

[1] "The fondled ivory melts, and losing its hardness yields beneath his fingers" (Ovid, *Metam.*, X, 283).   [2] trial.   [3] let him fish.

sont icy mes fantasies, par lesquelles je ne tasche point à donner à connoistre les choses, mais moy: elles me seront à l'adventure connuez un jour, ou l'ont autresfois esté, selon que la fortune m'a peu porter sur les lieux où elles estoient esclaircies. Mais il ne m'en souvient plus.

Et si je suis homme de quelque leçon [1], je suis homme de nulle retention [2].   C

Ainsi je ne pleuvy [3] aucune certitude, si ce n'est de faire   A connoistre jusques à quel poinct monte, pour cette heure, la connoissance que j'en ay. Qu'on ne s'attende pas [4] aux matieres, mais à la façon que j'y donne.

Qu'on voye, en ce que j'emprunte, si j'ay sçeu choisir   C de quoy rehausser mon propos. Car je fay dire aux autres [5] ce que je ne puis si bien dire, tantost par foiblesse de mon langage, tantost par foiblesse de mon sens. Je ne compte pas mes emprunts, je les poise. Et si je les eusse voulu faire valoir par nombre, je m'en fusse chargé deux fois autant. Ils sont touts, ou fort peu s'en faut, de noms si fameux et anciens qu'ils me semblent se nommer assez sans moi. Ez raisons et inventions que je transplante en mon solage [6] et confons aux miennes, j'ay à escient ommis parfois d'en marquer l'autheur, pour tenir en bride la temerité de ces sentences hastives qui se jettent sur toute sorte d'escrits, notamment jeunes escrits d'hommes encore vivants, et en vulgaire [7], qui reçoit tout le monde à en parler et qui semble convaincre la conception et le dessein, vulgaire de mesmes [8]. Je veux qu'ils donnent une nazarde à Plutarque sur mon nez, et qu'ils s'eschaudent [9] à injurier Seneque en moy. Il faut musser [10] ma foiblesse souz ces grands credits. J'aimeray quelqu'un qui me sçache deplumer, je dy par clairté de jugement et par la seule distinction de la force et beauté des propos. Car moy, qui, à faute de memoire, demeure court [11] tous les coups à les trier, par cognoissance de nation [12], sçay

---

[1] reading.   [2] retentiveness.
[3] guarantee (archaic even in Montaigne's day).   [4] pay heed to.
[5] by the mouth of others.   [6] sol.   [7] en langue vulgaire.
[8] likewise to convict of vulgarity both thought and plan.
[9] burn their fingers.   [10] hide.   [11] fail.
[12] to sort them according to their origin.

tresbien sentir, à mesurer ma portée, que mon terroir n'est
aucunement capable d'aucunes fleurs trop riches que j'y
trouve semées, et que tous les fruicts de mon creu ne les
sçauroient payer [1].

A   De cecy suis-je tenu de respondre, si je m'empesche
moymesme, s'il y a de la vanité [2] et vice en mes discours,
que je ne sente poinct ou que je ne soye capable de sentir
en me le representant [3].   Car il eschape souvent des fautes
à nos yeux, mais la maladie du jugement consiste à ne les
pouvoir apercevoir lors qu'un autre nous les descouvre.   La
science et la verité peuvent loger chez nous sans jugement,
et le jugement y peut aussi estre sans elles: voire la reconnoissance de l'ignorance est l'un des plus beaux et plus seurs
tesmoignages de jugement que je trouve.   Je n'ay point
d'autre sergent de bande [4] à ranger mes pieces que la fortune.   A mesme que [5] mes resveries se presentent, je les
entasse; tantost elles se pressent en foule, tantost elles se
trainent à la file.   Je veux qu'on voye mon pas naturel et
ordinaire, ainsin detraqué [6] qu'il est.   Je me laisse aller
comme je me trouve: aussi ne sont ce pas icy matieres qu'il
ne soit pas permis d'ignorer, et d'en parler casuellement et
temerairement.

Je souhaiterois bien avoir plus parfaicte intelligence des
choses, mais je ne la veux pas achepter si cher qu'elle couste.
Mon dessein * est de passer doucement, et non laborieusement, ce qui me reste de vie.   Il n'est rien pourquoy je me
vueille rompre la teste, non pas pour la science, de quelque
grand pris qu'elle soit.   Je ne cherche aux livres qu'à m'y
donner du plaisir par un honneste amusement; ou, si j'estudie, je n'y cherche que la science qui traicte de la connoissance de moy mesmes, et qui m'instruise à bien mourir
et à bien vivre:

B   ' *Hac meus ad metas sudet oportet equus.* [7]

A   Les difficultez, si j'en rencontre en lisant, je n'en ronge

---

[1] compensate.   [2] emptiness, triviality.   [3] when it is represented to me.
[4] tr. I have no officer but fortune to marshal my pieces.
[5] *à mesure que.*   [6] irregular.
[7] "That is the goal to which my steed should strain" (Propertius, IV, i, 70).

pas mes ongles; je les laisse là, apres leur avoir fait une charge ou deux.

Si je m'y plantois, je m'y perdrois, et le temps: car j'ay   B
un esprit primsautier [1]. Ce que je ne voy de la premiere charge, je le voy moins en m'y obstinant. Je ne fay rien sans gayeté: et la continuation ▲ et la contention trop   C
ferme [2] ▲ esbloüit mon jugement, l'attriste et le lasse. ▲ Ma   BC
veuë s'y confond et s'y dissipe. ▲ Il faut que je le retire et   B
que je l'y remette à secousses [3]: tout ainsi que, pour juger du lustre de l'escarlatte [4], on nous ordonne de passer les yeux pardessus, en la parcourant à diverses veuës, soudaines reprinses, et reiterées.

Si ce livre me fasche, j'en prens un autre; et ne m'y   A
addonne qu'aux heures où l'ennuy de rien faire commence à me saisir. Je ne me prens guiere aux nouveaux, pour ce que les anciens me semblent plus pleins et plus roides [5]; ny aux Grecs, par ce que mon jugement ne sçait pas faire ses besoignes d'une puerile et apprantisse intelligence.

Entre les livres simplement plaisans, je trouve, des modernes, le Decameron de Boccace, Rabelays * et les Baisers de Jean second,* s'il les faut loger sous ce tiltre, dignes qu'on s'y amuse. Quant aux Amadis * et telles sortes d'escrits, ils n'ont pas eu le credit d'arrester seulement mon enfance. Je diray encore cecy, ou hardiment ou temerairement, que cette vieille ame poisante ne se laisse plus chatouiller, non seulement à l'Arioste, mais encores au bon Ovide: sa facilité et ses inventions, qui m'ont ravy autresfois, à peine m'entretiennent elles [6] à cette heure.

Je dy librement mon advis de toutes choses, voire et de celles qui surpassent à l'adventure ma suffisance, et que je ne tiens aucunement estre de ma jurisdiction. Ce que j'en opine, c'est aussi pour declarer la mesure de ma veuë, non la mesure des choses. Quand je me trouve dégousté de l'Axioche * de Platon, comme d'un ouvrage sans force, eu esgard à un tel autheur, mon jugement ne s'en croit pas: il

---

[1] the nearest English equivalent is: "My mind acts spontaneously."
[2] too continuous and strenuous effort.   [3] by fits and starts.
[4] a fine scarlet cloth.   [5] vigorous.   [6] divert.

C n'est pas si sot de s'opposer à l'authorité de tant d'autres fameux jugemens ▲ anciens, qu'il tient ses regens [1] et ses maistres, et avec lesquels il est plustost content de faillir.

A Il s'en prend à soy, et se condamne, ou de s'arrester à l'escorce, ne pouvant penetrer jusques au fons, ou de regarder la chose par quelque faux lustre. Il se contente de se garentir seulement du trouble et du desreiglement; quant à sa foiblesse, il la reconnoit et advoüe volontiers. Il pense donner juste interpretation aux apparences que sa conception luy presente; mais elles sont imbecilles et imparfaictes. La plus part des fables d'Esope ont plusieurs sens et intelligences. Ceux qui les mythologisent [2], en choisissent quelque visage qui quadre bien à la fable; mais, pour la pluspart, ce n'est que le premier visage et superficiel; il y en a d'autres plus vifs, plus essentiels et internes, ausquels ils n'ont sçeu penetrer: voylà comme j'en fay [3].

Mais, pour suyvre ma route, il m'a tousjours semblé qu'en la poësie Vergile, Lucrece, Catulle et Horace tiennent de bien loing le premier rang: et signammant Vergile en ses Georgiques, que j'estime le plus accomply ouvrage de la Poësie: à la comparaison duquel on peut reconnoistre aysément qu'il y a des endroicts de l'Æneide ausquels l'autheur eut donné encore quelque tour de pigne [4], s'il en eut eu

B loisir. ▲ Et le cinquiesme livre en l'Æneide me semble le

A plus parfaict. ▲ J'ayme aussi Lucain, et le practique volontiers: non tant pour son stile que pour sa valeur propre et verité de ses opinions et jugemens. Quant au bon Terence, la mignardise et les graces du langage Latin, je le trouve admirable à representer au vif les mouvemens de l'ame et la

C condition de nos meurs; ▲ à toute heure nos actions me

A rejettent à luy. ▲ Je ne le puis lire si souvent, que je n'y trouve quelque beauté et grace nouvelle. Ceux des temps voisins à Vergile se plaignoient dequoy aucuns luy comparoient Lucrece. Je suis d'opinion que c'est à la verité une comparaison inegale: mais j'ay bien à faire à me r'asseurer en cette creance, quand je me treuve attaché à quelque beau

---

[1] professors.   [2] interpret as allegories.   [3] that is my case.
[4] *peigne*. Cf. *un style peigné* = a carefully polished style.

lieu de ceux de Lucrece. S'ils se piquoient de cette comparaison, que diroient ils de la bestise et stupidité barbaresque de ceux qui luy comparent à cette heure Arioste? et qu'en diroit Arioste * luy-mesme?

> *O seclum insipiens et infacetum!* [1]

J'estime que les anciens avoient encore plus à se plaindre de ceux qui apparioient Plaute à Terence * (cettuy cy sent bien mieux son Gentilhomme), que Lucrece à Vergile. Pour l'estimation et preference de Terence, ▲ faict beaucoup   c que le pere de l'eloquence Romaine [2] l'a si souvent en la bouche, et seul de son rang, et la sentence que le premier juge des poëtes Romains [3] donne de son compagnon. ▲ Il   A m'est souvent tombé en fantasie, comme en nostre temps, ceux qui se meslent de faire des comedies (ainsi que les Italiens, qui y sont assez heureux) employent trois ou quatre argumens [4] de celles de Terence ou de Plaute pour en faire une des leurs. Ils entassent en une seule Comedie cinq ou six contes de Boccace. Ce qui les faict ainsi se charger de matiere, c'est la deffiance qu'ils ont de se pouvoir soustenir de leurs propres graces: il faut qu'ils trouvent un corps où s'appuyer; et, n'ayant pas du leur assez dequoy nous arrester, ils veulent que le conte nous amuse. Il en va de mon autheur tout au contraire: les perfections et beautez de sa façon de dire nous font perdre l'appetit de son subject: sa gentillesse et sa mignardise nous retiennent par tout; il est par tout si plaisant,

> *liquidus puroque simillimus amni* [5],

et nous remplit tant l'ame de ses graces que nous en oublions celles de sa fable.

Cette mesme consideration me tire plus avant: je voy que les bons et anciens Poëtes ont evité l'affectation et la recherche, non seulement des fantastiques elevations [6] Espagnoles et Petrarchistes,* mais des pointes [7] mesmes plus douces et plus retenues, qui font l'ornement de tous les ouvrages

---

[1] "Age without judgment or taste" (Catullus, XLIII).   [2] Cicero.
[3] Horace.   [4] plots.   [5] "clear and like a crystal stream" (Horace, *Ep.*, II, 2, 120).   [6] emphasis.   [7] conceits.

Poëtiques des siècles suyvans. Si n'y a il bon juge qui les trouve à dire [1] en ces anciens, et qui n'admire plus sans comparaison l'egale polissure et cette perpetuelle douceur et beauté fleurissante des Epigrammes de Catulle, que tous les esguillons dequoy Martial esguise la queuë des siens. C'est cette mesme raison que je disoy tantost, comme Martial de soy, *minus illi ingenio laborandum fuit, in cujus locum materia successerat.* [2] Ces premiers là, sans s'esmouvoir et sans se picquer, se font assez sentir; ils ont dequoy rire par tout, il ne faut pas qu'ils se chatouillent; ceux cy ont besoing de secours estrangier: à mesure qu'ils ont moins d'esprit, il leur

B   faut plus de corps. ▲ Ils montent à cheval parce qu'ils ne
A   sont assez forts sur leurs jambes. ▲ Tout ainsi qu'en nos bals, ces hommes de vile condition, qui en tiennent escole [3], pour ne pouvoir representer [4] le port et la decence de nostre noblesse, cherchent à se recommander par des sauts perilleux

B   et autres mouvemens estranges et bâteleresques [5]. ▲ Et les Dames ont meilleur marché de leur contenance aux danses où il y a diverses descoupeures [6] et agitation de corps, qu'en certains autres danses de parade, où elles n'ont simplement qu'à marcher un pas naturel et representer un port naïf et

A   leur grace ordinaire. ▲ Comme j'ay veu aussi les badins [7] exellens, vestus à leur ordinaire et d'une contenance commune, nous donner tout le plaisir qui se peut tirer de leur art; les apprentifs et qui ne sont de si haute leçon [8], avoir besoin de s'enfariner le visage, de se travestir et se contrefaire en mouvemens et grimaces sauvages pour nous aprester à rire. Cette mienne conception se reconnoit mieux qu'en toute autre lieu, en la comparaison de l'Æneide et du Furieux [9]. Celuy-là, on le voit aller à tire d'aisle, d'un vol haut et ferme, suyvant tousjours sa pointe [10]; cettuy-cy, voleter et sauteler de conte en conte comme de branche en branche, ne se fiant à ses aisles que pour une bien courte traverse, et prendre pied

---

[1] see glossary under *dire*.
[2] "He had to make no great effort at wit because its place was taken by his subject" (from the dedication of Book VIII).   [3] i.e. *escole de bal.*
[4] copy.   [5] after the manner of acrobats.   [6] contortions.
[7] comedians.   [8] so accomplished.   [9] Ariosto's *Orlando Furioso.*
[10] his purpose.

à chaque bout de champ, de peur que l'haleine et la force luy
faille,

Excursusque breves tentat.[1]

Voylà donc, quant à cette sorte de subjects, les autheurs
qui me plaisent le plus.

Quant à mon autre leçon[2], qui mesle un peu plus de fruit
au plaisir, par où j'apprens à renger mes humeurs et mes
conditions, les livres qui m'y servent, c'est Plutarque,
dépuis qu'il est François, et Seneque.   Ils ont tous deux
cette notable commodité pour mon humeur, que la science
que j'y cherche, y est traictée à pieces décousues, qui ne
demandent pas l'obligation d'un long travail, dequoy je
suis incapable, comme sont les Opuscules de Plutarque et
les Epistres de Seneque, qui est la plus belle partie de ses
escrits, et la plus profitable.   Il ne faut pas grande entreprinse[3] pour m'y mettre; et les quitte où il me plaît.   Car
elles n'ont point de suite des unes aux autres.   Ces autheurs
se rencontrent en la plus part des opinions utiles et vrayes;
comme aussi leur fortune les fist naistre environ mesme
siecle,* tous deux precepteurs de deux Empereurs Romains,*
tous deux venus de païs estrangier, tous deux riches et puissans.   Leur instruction est de la cresme de la philosophie,
et presentée d'une simple façon et pertinente.   Plutarque
est plus uniforme et constant; Seneque, plus ondoyant et
divers.   Cettuy-cy se peine, se roidit et se tend pour armer
la vertu contre la foiblesse, la crainte et les vitieux appetis;
l'autre semble n'estimer pas tant leur effort, et desdaigner
d'en haster son pas et se mettre sur sa targue[4].   Plutarque
a les opinions Platoniques, douces et accommodables à la
société civile; l'autre les a Stoïques et Epicurienes, plus
esloignées de l'usage commun, mais, selon moy, plus commodes en particulier[5] et plus fermes.   Il paroit en Seneque
qu'il preste[6] un peu à la tyrannie des Empereurs de son
temps, car je tiens pour certain que c'est d'un jugement
forcé qu'il condamne la cause de ces genereux meurtriers de

---

[1] "And attempts short flights" (Virgil, *Georg.*, III, 194).   [2] reading.
[3] effort.   [4] on his guard.   [5] in private life.   [6] yields.

Cæsar; Plutarque est libre par tout.   Seneque est plein de pointes et saillies; Plutarque, de choses.   Celuy là vous eschauffe plus, et vous esmeut; cettuy-cy vous contente

B davantage et vous paye mieux.   ▲ Il nous guide, l'autre nous pousse.

A   Quant à Cicero, les ouvrages qui me peuvent servir chez luy à mon desseing, ce sont ceux qui traitent de la philosophie signamment morale.   Mais, à confesser hardiment la verité (car, puis qu'on [1] a franchi les barrieres de l'impudence, il n'y a plus de bride), sa faço. d'escrire me semble ennuyeuse, et toute autre pareille façon.   Car ses prefaces, definitions, partitions, etymologies, consument la plus part de son ouvrage; ce qu'il y a de vif et de mouelle, est estouffé par ses longueries d'apprets.   Si j'ay employé une heure à le lire, qui est beaucoup pour moy, et que je r'amentoive [2] ce que j'en ay tiré de suc et de substance, la plus part du temps je n'y treuve que du vent: car il n'est pas encor venu aux argumens qui servent à son propos, et aux raisons qui touchent proprement le neud que je cherche.   Pour moy, qui ne demande qu'à devenir plus sage, non plus sçavant ou eloquent, ces ordonnances logiciennes et Aristoteliques ne sont pas à propos: je veux qu'on commence par le dernier point; j'entens assez que c'est que mort et volupté; qu'on ne s'amuse pas à les anatomizer: je cherche des raisons bonnes et fermes d'arrivée [3], qui m'instruisent à en soustenir l'effort.   Ny les subtilitez grammairiennes, ny l'ingenieuse contexture de parolles et d'argumentations n'y servent; je veux des discours qui donnent la premiere charge dans le plus fort du doubte: les siens languissent autour du pot.   Ils sont bons pour l'escole, pour le barreau et pour le sermon, où nous avons loisir de sommeiller, et sommes encores, un quart d'heure apres, assez à temps pour rencontrer le fil du propos.   Il est besoin de parler ainsin aux juges qu'on veut

C gaigner à tort ou à droit, aux enfans et au vulgaire ▲ à qui

A il faut tout dire, voir ce qui portera.   ▲ Je ne veux pas qu'on s'employe à me rendre attantif et qu'on me crie cinquante fois: Or oyez! à la mode de nos Heraux.   Les

---

[1] *du moment que.*   [2] *ramentevoir*, to recall.   [3] from the beginning.

Romains disoyent en leur Religion: «Hoc age» * ▲ que   C
nous disons en la nostre: «Sursum corda»; ▲ ce sont autant   A
de parolles perdues pour moy. J'y viens tout preparé
du logis: il ne me faut point d'alechement ny de sause: je
menge bien la viande toute crue; et, au lieu de m'eguiser
l'apetit par ces preparatoires et avant-jeux [1], on me le lasse
et affadit.

La licence du temps m'excusera elle de cette sacrilege   C
audace, d'estimer aussi trainans les dialogismes de Platon
mesmes et estouffans par trop sa matiere, et de pleindre le
temps que met à ces longues interlocutions, vaines et preparatoires, un homme qui avoit tant de meilleures choses à
dire? Mon ignorance m'excusera mieux, sur ce que je ne
voy rien en la beauté de son langage.*

Je demande en general les livres qui usent des sciences,
non ceux qui les dressent [2].

Les deux premiers [3], et Pline, et leurs semblables, ils   A
n'ont point de «Hoc age»; ils veulent avoir à faire à gens qui
s'en soyent advertis eux mesmes: ou, s'ils en ont, c'est un
«Hoc age» substantiel, et qui a son corps à part.

Je voy aussi volontiers les Epitres «ad Atticum [4]», non
seulement par ce qu'elles contiennent une tresample instruction de l'Histoire et affaires de son temps, mais beaucoup
plus pour y descouvrir ses humeurs privées. Car j'ay une
singuliere curiosité, comme j'ay dit ailleurs, de connoistre
l'ame et les naïfs jugemens de mes autheurs. Il faut bien
juger leur suffisance, mais non pas leurs meurs ny eux, par
cette montre de leurs escris qu'il étalent au theatre du monde.
J'ay mille fois regretté que nous ayons perdu le livre que
Brutus avoit escrit de la vertu: car il faict beau apprendre
la theorique de ceux qui sçavent bien la practique. Mais,
d'autant que [5] c'est autre chose le presche que le prescheur,
j'ayme bien autant voir Brutus chez Plutarque que chez luy
mesme. Je choisiroy plutost de sçavoir au vray les devis qu'il
tenoit en sa tente à quelqu'un de ses privez amis, la veille d'une
bataille, que les propos qu'il tint le lendemain à son armée;

___

[1] preludes.   [2] set them off.   [3] i.e. Seneca and Plutarch.
[4] by Cicero.   [5] for the reason that.

et ce qu'il faisoit en son cabinet et en sa chambre, que ce qu'il faisoit emmy la place et au Senat.

Quant à Cicero, je suis du jugement commun, que, hors la science, il n'y avoit pas beaucoup d'excellence en son ame: il estoit bon cytoyen, d'une nature debonnaire, comme sont volontiers les hommes gras et gosseurs [1], tels qu'il estoit; mais de mollesse et de vanité ambitieuse, il en avoit, sans mentir, beaucoup. Et si ne sçay comment l'excuser d'avoir estimé sa poësie digne d'estre mise en lumiere: ce n'est pas grande imperfection que de mal faire des vers; mais c'est à luy faute de jugement de n'avoir pas senty combien ils estoyent indignes de la gloire de son nom. Quant à son éloquence, elle est du tout hors de comparaison; je croy que jamais homme ne l'egalera. Le jeune Cicero, qui n'a ressemblé son pere que de nom, commandant en Asie, il se trouva un jour en sa table plusieurs estrangers, et entre autre Cæstius, assis au bas bout, comme on se fourre souvent aux tables ouvertes des grands. Cicero s'informa qui il estoit, à l'un de ses gens qui luy dit son nom. Mais, comme celuy qui songeoit ailleurs et qui oublioit ce qu'on luy respondoit, il le luy redemenda encore, dépuis, deux ou trois fois; le serviteur, pour n'estre plus en peine de luy redire si souvent mesme chose, et pour le luy faire connoistre par quelque circonstance: C'est, dict-il, ce Cæstius de qui on vous a dit qu'il ne faict pas grand estat de l'eloquence de vostre pere au pris de la sienne. Cicero, s'estant soudain picqué de cela, commenda qu'on empoignast ce pauvre Cæstius, et le fit tres-bien foëter en sa presence: * voylà un mal courtois hoste. Entre ceux mesmes qui ont estimé, toutes choses contées, cette sienne eloquence incomparable, il y en a eu qui n'ont pas laissé d'y remarquer des fautes: comme ce grand Brutus, son amy, disoit que c'estoit une eloquence cassée et esrenée [2], «fractam et elumbem» [3]. Les orateurs voisins de son siecle reprenoyent aussi en luy ce curieux soing de certaine longue cadance au bout de ses clauses [4], et notoient ces mots: «esse videatur» [5], qu'il y employe si sou-

---

[1] gausseurs.   [2] éreintée.   [3] "disjointed and nerveless" (Tacitus, De orat. dial., XVIII).   [4] periods.   [5] appears to be.

vent. Pour moy, j'ayme mieux une cadance qui tombe plus court, coupée en yambes. Si mesle il par fois bien rudement ses nombres, mais rarement. J'en ay remerqué ce lieu à mes aureilles: «*Ego vero me minus diu senem esse mallem, quam esse senem, antequam essem.*» [1]

Les Historiens * sont ma droitte bale [2]: ils sont plaisans et aysez; et quant et quant ▲ l'homme en general, de qui je cherche la cognoissance, y paroist plus vif et plus entier qu'en nul autre lieu, la diversité et verité de ses conditions internes en gros et en destail, la varieté des moyens de son assemblage [3] et des accidents qui le menacent. ▲ Or ceux qui escrivent les vies, d'autant qu'ils s'amusent plus aux conseils [4] qu'aux evenemens, plus à ce qui part du dedans qu'à ce qui arrive au dehors, ceux là me sont plus propres. Voylà pourquoy, en toutes sortes, c'est mon homme que Plutarque. Je suis bien marry que nous n'ayons une douzaine de Laertius,* ou qu'il ne soit ou plus estendu ▲ ou plus entendu [5]. Car je ne considere pas moins curieusement la fortune et la vie de ces grands præcepteurs du monde, que la diversité de leurs dogmes et fantasies.

En ce genre d'estude des Histoires, il faut feuilleter sans distinction toutes sortes d'autheurs, et vieils et nouveaux, et barragouins [6] et François, pour y apprendre les choses dequoy diversement ils traictent. Mais Cæsar singulierement me semble meriter qu'on l'estudie, non pour la science de l'Histoire seulement, mais pour luy mesme, tant il a de perfection et d'excellence par dessus tous les autres, quoy que Saluste soit du nombre. Certes, je lis cet autheur avec un peu plus de reverence et de respect qu'on ne list les humains ouvrages: tantost le considerant luy mesme par ses actions et le miracle de sa grandeur, tantost la pureté et inimitable polissure de son langage qui a surpassé non seulement tous les Historiens, comme dit Cicero, mais à ▲ l'adventure ▲ Cicero mesme. Avec tant de syncerité en ses jugemens, parlant de ses

---

[1] "I truly would prefer to be for a shorter time an old man rather than be old before my time" (Cicero, *De Senect.*, X).

[2] the ball which comes straight to me (at tennis), i.e. an easy one.

[3] i.e. the different ways in which the same qualities are combined.

[4] intentions.   [5] intelligent.   [6] here "foreign" or "barbarous."

ennemis, que, sauf les fauces couleurs dequoy il veut couvrir
sa mauvaise cause et l'ordure de sa pestilente ambition, je
pense qu'en cela seul on y puisse trouver à redire qu'il a
esté trop espargnant à parler de soy.   Car tant de grandes
choses ne peuvent avoir esté executées par luy, qu'il n'y soit
alé beaucoup plus du sien qu'il n'y en met.

J'ayme les Historiens ou fort simples ou excellens.   Les
simples, qui n'ont point dequoy y mesler quelque chose du
leur, et qui n'y apportent que le soin et la diligence de
r'amasser tout ce qui vient à leur notice, et d'enregistrer à
la bonne foy toutes choses sans chois et sans triage, nous
laissent le jugement entier pour la cognoissance de la verité.
Tel est entre autres, pour exemple, le bon Froissard,* qui a
marché en son entreprise d'une si franche naïfveté, qu'ayant
faict une faute il ne creint aucunement de la reconnoistre et
corriger en l'endroit où il en a esté adverty; et qui nous
represente la diversité mesme des bruits qui couroyent et les
differens rapports qu'on luy faisoit.   C'est la matiere de
l'Histoire, nue et informe; chacun en peut faire son profit
autant qu'il a d'entendement.   Les bien excellens ont la
suffisance de choisir ce qui est digne d'estre sçeu, peuvent
trier de deux raports celuy qui est plus vray-semblable; de la
condition des Princes et de leurs humeurs, ils en concluent
les conseils et leur attribuent les paroles convenables.   Ils
ont raison de prendre l'authorité de regler nostre creance
à la leur; mais certes cela n'appartient à guieres de gens.
Ceux d'entre-deux [1] (qui est la plus commune façon), ceux
là nous gastent tout: ils veulent nous mascher les morceaux;
ils se donnent loy de juger, et par consequent d'incliner
l'Histoire à leur fantasie; car, dépuis que le jugement pend
d'un costé, on ne se peut garder de contourner et tordre la
narration à ce biais.   Ils entreprennent de choisir les choses
dignes d'estre sçeuës, et nous cachent souvent telle parole,
telle action privée, qui nous instruiroit mieux; obmetent,
pour choses incroyables, celles qu'ils n'entendent pas, et peut
estre encore telle chose, pour ne la sçavoir dire en bon Latin
ou François.   Qu'ils estalent hardiment leur eloquence et

[1] i.e. those who are intermediate between the *fort simples* and the *excellents*.

leurs discours, qu'ils jugent à leur poste [1]; mais qu'ils nous laissent aussi dequoy juger apres eux, et qu'ils n'alterent ny dispensent, par leurs racourcimens et par leur chois, rien sur le corps de la matiere, ains qu'il nous la r'envoyent pure et entiere en toutes ses dimentions.

Le plus souvent on trie pour cette charge, et notamment en ces siecles icy, des personnes d'entre le vulgaire, pour cette seule consideration de sçavoir bien parler; comme si nous cherchions d'y ápprendre la grammaire! Et eux ont raison, n'ayans esté gagez que pour cela et n'ayans mis en vente que le babil, de ne se soucier aussi principalement que de cette partie. Ainsin, à force beaux mots, ils nous vont patissant [2] une belle contexture des bruits qu'ils ramassent és carrefours des villes. Les seules bonnes histoires sont celles qui ont esté escrites par ceux mesmes qui commandoient aux affaires, ou qui estoient participans à les conduire, ▲ ou, au moins, qui ont eu la fortune d'en conduire d'autres de mesme sorte. ▲ Telles sont quasi toutes les Grecques et Romaines. Car, plusieurs tesmoings oculaires ayant escrit de mesme subject (comme il advenoit en ce temps là que la grandeur et le sçavoir se rencontroient communeement) s'il y a de la faute, elle doit estre merveilleusement legiere, et sur un accident fort doubteux [3]. Que peut-on esperer d'un mede-cin traictant de la guerre, ou d'un escholier traictant les desseins des Princes? Si nous voulons remerquer la religion [4] que les Romains avoient en cela, il n'en faut que cet exem-ple: Asinius Pollio * trouvoit és histoires mesme de Cæsar quelque mesconte, en quoy il estoit tombé pour n'avoir peu jetter les yeux en tous les endroits de son armée, et en avoir creu les particuliers qui luy rapportoient souvent des choses non assez verifiées; ou bien pour n'avoir esté assez curiouse-ment adverty par ses Lieutenans des choses qu'ils avoient conduites en son absence. On peut voir par cet exemple si cette recherche de la verité est delicate, qu'on ne se puisse pas fier d'un combat à la science de celuy qui y a commandé, ny aux soldats de ce qui s'est passé près d'eux, si, à la mode

C

A

---

[1] to their liking; an Italianism (*a posta sua*).   [2] arrange; properly "to make pies."
[3] very obscure incident.   [4] scruple.

d'une information judiciaire, on ne confronte les tesmoins et reçoit les objects [1] sur la preuve des pontilles [2] de chaque accident. Vrayement, la connoissance que nous avons de nos affaires, est bien plus lâche. Mais cecy a esté suffisamment traicté par Bodin,* et selon ma conception.

Pour subvenir un peu à la trahison de ma memoire * et à son defaut, si extreme qu'il m'est advenu plus d'une fois de reprendre en main des livres comme recents et à moy inconnus, que j'avoy leu soigneusement quelques années au paravant et barbouillé de mes notes, j'ay pris en coustume, dépuis quelque temps, d'adjouter au bout de chasque livre (je dis de ceux desquels je ne me veux servir qu'une fois) le temps auquel j'ay achevé de le lire et le jugement que j'en ay retiré en gros, afin que cela me represente au moins l'air et Idée generale que j'avois conceu de l'autheur en le lisant. Je veux icy transcrire aucunes de ces annotations.

Voicy ce que je mis, il y a environ dix ans, en mon Guicciardin * (car, quelque langue que parlent mes livres, je leur parle en la mienne): Il est historiographe diligent, et duquel, à mon advis, autant exactement que de nul autre, on peut apprendre la verité des affaires de son temps: aussi en la pluspart en a-il esté acteur luy mesme, et en rang honnorable. Il n'y a aucune apparence que, par haine, faveur ou vanité, il ayt déguisé les choses: dequoy font foy les libres jugements qu'il donne des grands, et notamment de ceux par lesquels il avoit esté avancé et employé aux charges, comme du Pape Clement septiesme. Quant à la partie dequoy il semble se vouloir prevaloir le plus, qui sont ses digressions et discours, il y en a de bons et enrichis de beaux traits; mais il s'y est trop pleu: car, pour ne vouloir rien laisser à dire, ayant un suject si plain et ample, et à peu pres infiny, il en devient lasche, et sentant un peu au caquet scholastique. J'ay aussi remerqué cecy, que de tant d'ames et effects qu'il juge, de tant de mouvemens et conseils, il n'en rapporte jamais un seul à la vertu, religion et conscience,* comme si ces parties là estoyent du tout esteintes au monde; et, de toutes les actions, pour belles par apparence qu'elles soient

[1] hear the objections.   [2] minute objections.

d'elles mesmes, il en rejecte la cause à quelque occasion
vitieuse ou à quelque profit.   Il est impossible d'imaginer
que, parmy cet infiny nombre d'actions dequoy il juge, il
n'y en ait eu quelqu'une produite par la voye de la raison.
Nulle corruption peut avoir saisi les hommes si universellement que quelqu'un n'eschappe de la contagion: cela me
faict craindre qu'il y aye un peu du vice de son goust: et
peut estre advenu qu'il ait estimé d'autruy selon soy.

En mon Philippe de Comines * il y a cecy: Vous y trouverez le langage doux et aggreable, d'une naifve simplicité;
la narration pure, et en laquelle la bonne foy de l'autheur
reluit evidemment, exempte de vanité parlant de soy, et
d'affection et d'envie parlant d'autruy; ses discours et enhortemens [1] accompaignez plus de bon zele et de verité que
d'aucune exquise suffisance; et tout par tout de l'authorité
et gravité, representant son homme de bon lieu et élevé aux
grans affaires.

Sur les memoires de monsieur du Bellay: C'est tousjours
plaisir de voir les choses escrites par ceux qui ont essayé
comme il les faut conduire; mais il ne se peut nier qu'il ne
se découvre évidemment, en ces deux seigneurs icy,* un
grand dechet de la franchise et liberté d'escrire qui reluit és
anciens de leur sorte, comme au Sire de Jouinvile,* domestique [2] de S. Loys, Eginard,* Chancelier de Charlemaigne, et,
de plus fresche memoire, en Philippe de Commines.   C'est
icy plustost un plaidoier pour le Roy François contre l'Empereur Charles cinquiesme qu'une histoire.   Je ne veux pas
croire qu'ils ayent rien changé quant au gros du faict; mais,
de contourner le jugement des evenemens, souvent contre
raison, à nostre avantage, et d'obmettre tout ce qu'il y a de
chatouilleux en la vie de leur maistre, ils en font mestier:
tesmoing les reculemens [3] de messieurs de Montmorency et
de Brion, qui y sont oubliez; voire le seul nom de Madame
d'Estampes * ne s'y trouve point.   On peut couvrir les actions
secrettes; mais de taire ce que tout le monde sçait, et les
choses qui ont tiré des effects publiques et de telle consequence, c'est un defaut inexcusable.   Somme, pour avoir

---

[1] exhortations.   [2] familiar friend.   [3] disgrace.

l'entiere connoissance du Roy François et des choses advenues de son temps, qu'on s'adresse ailleurs, si on m'en croit: ce qu'on peut faire icy de profit, c'est par la deduction [1] particuliere des batailles et exploits de guerre où ces gentils-hommes se sont trouvez; quelques paroles et actions privées d'aucuns princes de leur temps; et les pratiques et negociations conduites par le Seigneur de Langeay, où il y a tout plein de choses dignes d'estre sceues, et des discours non vulgaires.

CHAPITRE XI

The main theme of this essay—the question of the difference between real virtue and mere natural goodness—has been commented on in the Introduction (p. xxv). It takes its title, however, from a favourite topic of the composers of *leçons*. But Montaigne stands almost alone in his outspoken protest against the use of torture (Cf. II, 5, and II, 27), and quite by himself in his hatred of cruelty to animals.

The essay, full of digressions and personal reminiscences, seems to indicate, by its manner, the period 1578–1580, but no conclusive evidence of its date can be found. With regard to the numerous—perhaps too numerous—Latin quotations, it should be noted that eleven out of fifteen were added after 1580. Montaigne's own defence may be quoted:

Certes j'ay donné à l'opinion publique que ces parements empruntez m'accompaignent. . . . Je m'en charge de plus fort tous les jours outre ma proposition (beyond my set purpose) et ma forme premiere, sur la fantaisie du siecle et enhortemens d'autruy (III, 12, p. 366).

DE LA CRUAUTÉ

A   Il me semble que la vertu est chose autre et plus noble que les inclinations à la bonté qui naissent en nous. Les ames reglées d'elles mesmes et bien nées, elles suyvent mesme train, et representent en leurs actions mesme visage que les vertueuses. Mais la vertu sonne je ne sçay quoy de plus grand et de plus actif que de se laisser, par une heureuse complexion, doucement et paisiblement conduire à la suite de la raison. Celuy qui, d'une douceur et facilité naturelle, mes-

[1] narration.

priseroit les offences receues, feroit chose tres-belle et digne
de louange: mais celuy qui, picqué et outré jusques au vif
d'une offence, s'armeroit des armes de la raison contre ce
furieux appetit de vengeance, et apres un grand conflict s'en
rendroit en fin maistre, feroit sans doubte beaucoup plus.
Celuy-là feroit bien, et cettuy-cy vertueusement: l'une action
se pourroit dire bonté; l'autre, vertu: car il semble que le
nom de la vertu presuppose de la difficulté et du contraste,
et qu'elle ne peut s'exercer sans partie [1].   C'est à l'adventure
pourquoy nous nommons Dieu bon, fort, et liberal, et juste;
mais nous ne le nommons pas vertueux: ses operations sont
toutes naifves et sans effort.   Des Philosophes, non seulement Stoiciens mais encore Epicuriens (et cette enchere [2],
je l'emprunte de l'opinion commune, qui est fauce; ▲ quoy   C
que die ce subtil rencontre [3] d'Arcesilaüs à celuy qui luy
reprochoit que beaucoup de gents passoient de son eschole
en l'Epicurienne, mais jamais au rebours: Je croy bien!
Des coqs il se faict des chappons assez, mais des chappons il
ne s'en faict jamais des coqs.   ▲ Car, à la verité, en fermeté   A
et rigueur d'opinions et de preceptes, la secte Epicurienne ne
cede aucunement à la Stoique; et un Stoicien, reconnoissant
meilleure foy que ces disputateurs qui, pour combatre Epicurus et se donner beau jeu, luy font dire ce à quoy il ne
pensa jamais, contournans ses paroles à gauche, argumentans
par la loy grammairienne [4] autre sens de sa façon de parler et
autre creance que celle qu'ils sçavent qu'il avoit en l'ame et
en ses mœurs, dit qu'il a laissé d'estre Epicurien pour cette
consideration, entre autres, qu'il trouve leur route trop
hautaine et inaccessible; ▲ *et ii qui* φιλήδονοι *vocantur,*   C
sunt φιλόκαλοι *et* φιλοδίκαιοι, *omnesque virtutes et colunt*
et retinent) [5], ▲ des philosophes Stoiciens et Epicuriens,   A
dis-je, il y en a plusieurs qui ont jugé que ce n'estoit pas
assez d'avoir l'ame en bonne assiette, bien reglée et bien
disposée à la vertu: ce n'estoit pas assez d'avoir nos resolu-

---

[1] without opposition.   [2] i.e. in valuing the one group higher than the other.
[3] ingenious saying.   [4] the grammarian's licence.
[5] "and those, who are called lovers of pleasure, are lovers of honour and justice
and cultivate and persist in all the virtues" (Cicero, *Ep. fam.*, XV, 19).

tions et nos discours au dessus de tous les efforts de fortune,
mais qu'il falloit encore rechercher les occasions d'en venir
à la preuve.   Ils veulent quester de la douleur, de la necessité
et du mespris, pour les combatre, et pour tenir leur ame en

CA haleine: ▲ *«multum sibi adjicit virtus lacessita [1].»* ▲ C'est
l'une des raisons pourquoy Epaminondas, qui estoit encore
d'une tierce secte [2], refuse des richesses que la fortune luy
met en main par une voie tres-legitime, pour avoir, dict-il,
à s'escrimer contre la pauvreté, en laquelle extreme il se
maintint tousjours.   Socrates s'essayoit, ce me semble, encor
plus rudement, conservant pour son exercice la malignité
de sa femme: qui est un essay à fer esmoulu [3].   Metellus,*
ayant, seul de tous les Senateurs Romains, entrepris, par
l'effort de sa vertu, de soustenir la violence de Saturninus,
Tribun du peuple à Rome, qui vouloit à toute force faire
passer une loy injuste en faveur de la commune [4], et ayant
encouru par là les peines capitales que Saturninus avoit
establies contre les refusans, entretenoit ceux qui, en cette
extremité, le conduisoient en la place, de tels propos: Que
c'estoit chose trop facile et trop lâche que de mal faire, et
que de faire bien où il n'y eust point de dangier, c'estoit chose
vulgaire; mais de faire bien où il y eust dangier, c'estoit le
propre office d'un homme de vertu.   Ces paroles de Metellus nous representent bien clairement ce que je vouloy
verifier [5], que la vertu refuse la facilité pour compaigne; et
que cette aisée, douce et panchante voie, par où se con-
duisent les pas reglez d'une bonne inclination de nature,
n'est pas celle de la vraye vertu.   Elle demande un chemin
aspre et espineux; elle veut avoir ou des difficultez estrangeres à luicter, comme celle de Metellus, par le moyen desquelles fortune se plaist à luy rompre la roideur de sa course;
ou des difficultez internes que luy apportent les appetits
desordonnez et imperfections de nostre condition.

Je suis venu jusques icy bien à mon aise.   Mais, au bout
de ce discours, il me tombe en fantasie que l'ame de Socrates,

---

[1] "Virtue attacked is greatly strengthened" (Seneca, *Ep.*, 13).
[2] the Pythagoreans.   [3] ordeal by sharpened steel.
[4] the people.   [5] prove.

qui est la plus parfaicte qui soit venuë à ma connoissance, seroit, à mon compte, une ame de peu de recommandation: car je ne puis concevoir en ce personnage là aucun effort de vitieuse concupiscence. Au train de sa vertu, je n'y puis imaginer aucune difficulté et aucune contrainte; je connoy sa raison si puissante et si maistresse chez luy qu'elle n'eust jamais donné moyen à un appetit vitieux seulement de naistre. A une vertu si eslevée que la sienne, je ne puis rien mettre en teste [1]. Il me semble la voir marcher d'un victorieux pas et triomphant, en pompe et à son aise, sans empeschement ne destourbier [2]. Si la vertu ne peut luire que par le combat des appetits contraires, dirons nous donq qu'elle ne se puisse passer de l'assistance du vice, et qu'elle luy doive cela, d'en estre mise en credit et en honneur? Que deviendroit aussi cette brave [3] et genereuse volupté Epicurienne qui fait estat de nourrir mollement en son giron et y faire follatrer la vertu, luy donnant pour ses jouets la honte, les fievres, la pauvreté, la mort et les geénes? Si je presuppose que la vertu parfaite se connoit à combatre et porter patiemment la douleur, à soustenir les efforts de la goute sans s'esbranler de son assiette; si je luy donne pour son object necessaire l'aspreté et la difficulté: que deviendra la vertu qui sera montée à tel point que de non seulement mespriser la douleur, mais de s'en esjoüyr et de se faire chatouiller aux pointes [4] d'une forte colique, comme est celle que les Epicuriens ont establie et de laquelle plusieurs d'entre eux nous ont laissé par leurs actions des preuves trescertaines? Comme ont bien d'autres, que je trouve avoir surpassé par effect les regles mesmes de leur discipline. Tesmoing le jeune Caton. Quand je le voy mourir et se deschirer les entrailles, je ne me puis contenter de croire simplement qu'il eust lors son ame exempte totalement de trouble et d'effroy, je ne puis croire qu'il se maintint seulement en cette démarche [5] que les regles de la secte Stoique luy ordonnoient, rassise, sans émotion et impassìble; il y avoit, ce me semble, en la vertu de cet homme trop de gaillardise et de verdeur pour s'en

---

[1] imagine no opposing force.   [2] obstacle.   [3] noble.   [4] pangs.
[5] attitude.

arrester là. Je croy sans doubte qu'il sentit du plaisir et de
la volupté en une si noble action, et qu'il s'y agrea plus qu'en
C   autre de celles de sa vie: ▲ «*Sic abiit e vita ut causam moriendi*
A   *nactum se esse gauderet.*» [1] ▲ Je le croy si avant [2], que
j'entre en doubte s'il eust voulu que l'occasion d'un si bel
exploit luy fust ostée. Et, si la bonté qui luy faisoit embrasser les commoditez publiques plus que les siennes, ne me
tenoit en bride, je tomberois aisément en cette opinion, qu'il
sçavoit bon gré à la fortune d'avoir mis sa vertu à une si belle
espreuve, et d'avoir favorisé ce brigand [3] à fouler aux pieds
l'ancienne liberté de sa patrie. Il me semble lire en cette
action je ne sçay quelle esjouissance de son ame, et une
émotion de plaisir extraordinaire et d'une volupté virile, lors
qu'elle consideroit la noblesse et hauteur de son entreprise:

B   *Deliberata morte ferocior* [4]

A   non pas esguisée par quelque esperance de gloire, comme
les jugemens populaires et effeminez d'aucuns hommes ont
jugé, car cette consideration est trop basse * pour toucher
un cœur si genereux, si hautain et si roide; mais pour la
beauté de la chose mesme en soy: laquelle il voyoit bien plus
à clair et en sa perfection, lui qui en manioit les ressorts, que
nous ne pouvons faire.

C   La philosophie [5] * m'a faict plaisir de juger qu'une si
belle action eust esté indecemment logée en toute autre vie
qu'en celle de Caton, et qu'à la sienne seule il appartenoit de
finir ainsi. Pourtant ordonna-il selon raison et à son fils
et aux senateurs qui l'accompagnoient, de prouvoir autrement à leur faict. « *Catoni cum incredibilem natura tribuis-
set gravitatem, eamque ipse perpetua constantia roboravisset,
semperque in proposito consilio permansisset, moriendum potius
quam tyranni vultus aspiciendus erat.*» [6]

---

[1] "He departed this life as if he rejoiced to have found a motive for dying"
(Cicero, *Tusc.*, I, 30).   [2] I am so convinced of it.   [3] i.e. Cæsar.
[4] "the fiercer *he* had now resolved to die" (Horace, *Od.*, I, 37).
[5] here Cicero.
[6] "Cato, since nature had endowed him with incredible strength of character,
which he himself had confirmed by unending constancy, and since he always had
remained true to the principles he had set himself, was bound to die rather than
look upon the face of a tyrant" (Cicero, *De off.*, I, 31).

Toute mort doit estre de mesmes sa vie[1]. Nous ne
devenons pas autres pour mourir. J'interprete tousjours *
la mort par la vie. Et si on me la recite d'apparence forte,
attachée à une foible vie, je tiens qu'elle est produitte d'une
cause foible et sortable[2] à sa vie.

L'aisance donc de cette mort, et cette facilité qu'il avoit   A
acquise par la force de son ame, dirons nous qu'elle doive
rabattre quelque chose du lustre de sa vertu? Et qui, de
ceux qui ont la cervelle tant soit peu teinte de la vraye philosophie, peut se contenter d'imaginer Socrates seulement
franc[3] de crainte et de passion en l'accident de sa prison, de
ses fers et de sa condemnation? Et qui ne reconnoit en luy
non seulement de la fermeté et de la constance (c'estoit son
assiette ordinaire que celle-là), mais encore je ne sçay quel
contentement nouveau et une allegresse enjoüée en ses
propos et façons dernieres? ▲ A ce tressaillir, du plaisir qu'il   C
sent à gratter sa jambe apres que les fers en furent hors,
accuse il pas une pareille douceur et joye en son ame, pour
estre desenforgée[4] des incommodités passées, et à mesme
d'entrer en cognoissance des choses advenir? ▲ Caton me   A
pardonnera, s'il luy plaist; sa mort est plus tragique et plus
tendue, mais cette-cy est encore, je ne sçay comment, plus
belle.

Aristippus,* à ceux qui la pleignoyent: Les dieux m'en   C
envoyent[5] une telle! fit il.

On voit aux ames de ces deux personnages et de leurs   A
imitateurs (car de semblables, je fay grand doubte qu'il y en
ait eu) une si parfaicte habitude à la vertu qu'elle leur est
passée en complexion. Ce n'est plus vertu penible, ny des
ordonnances de la raison, pour lesquelles maintenir il faille
que leur ame se roidisse; c'est l'essence mesme de leur ame,
c'est son train naturel et ordinaire. Ils l'ont renduë telle
par un long exercice des preceptes de la philosophie, ayans
rencontré une belle et riche nature. Les passions vitieuses,
qui naissent en nous, ne trouvent plus par où faire entrée en
eux; la force et roideur de leur ame estouffe et esteint les

---

[1] correspond with.   [2] in keeping with.   [3] free.   [4] unfettered.
[5] may they send me.

concupiscences aussi tost qu'elles commencent à s'esbranler.

Or qu'il ne soit plus beau, par une haute et divine resolution, d'empescher la naissance des tentations, et de s'estre formé à la vertu de maniere que les semences mesmes des vices en soyent desracinées, que d'empescher à vive force leur progrez, et, s'estant laissé surprendre aux émotions premieres des passions, s'armer et se bander pour arrester leur course et les vaincre; et que ce second effect ne soit encore plus beau que d'estre simplement garny d'une nature facile et debonnaire, et dégoustée par soy mesme de la débauche et du vice, je ne pense point qu'il y ait doubte. Car cette tierce et derniere façon, il semble bien qu'elle rende un homme innocent, mais non pas vertueux: exempt de mal faire, mais non assez apte à bien faire. Joint que cette condition est si voisine à l'imperfection et à la foiblesse que je ne sçay pas bien comment en démeler les confins et les distinguer. Les noms mesmes de bonté et d'innocence sont à cette cause aucunement noms de mespris. Je voy que plusieurs vertus, comme la chasteté, sobrieté et temperance, peuvent arriver à nous par defaillance corporelle. La fermeté aux dangiers (si fermeté il la faut appeller), le mespris de la mort, la patience aux infortunes, peut venir et se treuve souvent aux hommes par faute de bien juger de tels accidens et ne les concevoir tels qu'ils sont. La faute d'apprehension [1] et la bétise contrefont ainsi par fois les effects [2] vertueux: comme j'ay veu souvent advenir qu'on a loué des hommes de ce dequoy ils meritoyent du blasme. Un Seigneur Italien tenoit une fois ce propos en ma presence, au desavantage de sa nation: que la subtilité des Italiens et la vivacité de leurs conceptions estoit si grande qu'ils prevoyoyent les dangiers et accidens qui leur pouvoyent advenir, de si loin, qu'il ne falloit pas trouver estrange, si on les voyoit souvent, à la guerre, prouvoir [3] à leur seurté, voire avant que d'avoir reconneu le peril; que nous et les Espaignols, qui n'estions pas si fins, allions plus outre, et qu'il nous falloit faire voir à l'œil et toucher à la main le dangier avant que de nous en effrayer, et que lors aussi nous n'avions plus de tenue;

---

[1] understanding.　　[2] actions.　　[3] *pourvoir.*

mais que les Allemans et les Souysses, plus grossiers et plus
lourds, n'avoyent le sens de se raviser, à peine lors mesmes
qu'ils estoyent accablez soubs les coups. Ce n'estoit à
l'adventure que pour rire. Si est il bien vray qu'au mestier
de la guerre les apprentis se jettent bien souvent aux dangiers,
d'autre inconsideration qu'ils ne font apres y avoir esté
échaudez:

> *haud ignarus quantum nova gloria in armis,*   B
> *Et prædulce decus primo certamine possit* [1].

Voylà pourquoy,* quand on juge d'une action particu-   A
liere, il faut considerer plusieurs circonstances et l'homme
tout entier qui l'a produicte, avant la baptizer.

Pour dire un mot de moy-mesme. ▲ J'ay veu quelque   B
fois mes amis appeller prudence en moy, ce qui estoit fortune; et estimer advantage de courage et de patience, ce qui
estoit advantage de Jugement et opinion; et m'attribuer un
titre pour autre, tantost à mon gain, tantost à ma perte. Au
demeurant, ▲ il s'en faut tant que je sois arrivé à ce premier   A
et plus parfaict degré d'excellence, où de la vertu il se faict
une habitude, que du second mesme je n'en ay faict guiere
de preuve. Je ne me suis mis en grand effort pour brider les
desirs dequoy je me suis trouvé pressé. Ma vertu, c'est une
vertu, ou innocence, pour mieux dire, accidentale et fortuite.
Si je fusse nay d'une complexion plus déreglée, je crains qu'il
fut allé piteusement de mon faict [2]. Car je n'ay essayé
guiere de fermeté en mon ame pour soustenir des passions, si
elles eussent esté tant soit peu vehementes. Je ne sçay
point nourrir des querelles et du debat chez moy. Ainsi, je
ne me puis dire nul granmercy dequoy je me trouve exempt
de plusieurs vices:

> *si vitiis mediocribus et mea paucis*
> *Mendosa est natura, alioqui recta, velut si*
> *Egregio inspersos reprehendas corpore nævos* [3],

---

[1] "knowing well how much new pride in arms and sweet glory avail in a first
fight" (Virgil, *Aen.*, XI, 154).   [2] it would have gone hard with me.
[3] "if my nature has its blemishes only in the minor vices, and these but few, and
nothing else amiss, just as one may blame a few moles here and there upon a
beautiful body" (Horace, *Sat.*, I, 6, 65).

je le doy plus à ma fortune qu'à ma raison. Elle m'a faict naistre d'une race fameuse en preud'homie et d'un tres-bon pere: je ne sçay s'il a escoulé en moy partie de ses humeurs, ou bien si les exemples domestiques et la bonne institution de mon enfance y ont insensiblement aydé; ou si je suis autrement ainsi nay,

B

> Seu libra, seu me scorpius aspicit
> Formidolosus, pars violentior
> Natalis horæ, seu tyrannus
> Hesperiæ Capricornus undæ [1];

A mais tant y a que la pluspart des vices, je les ay de moy
C mesmes en horreur.   ▲ La responce d'Antisthenes * à celuy qui luy demandoit le meilleur apprentissage: Desapprendre le mal, semble s'arrester à cette image [2].   Je les ay, dis-je,
A en horreur, ▲ d'une opinion si naturelle et si mienne que ce mesme instinct et impression que j'en ay apporté de la nourrice, je l'ay conservé sans que aucunes occasions me l'ayent sçeu faire alterer; voire non pas mes discours propres qui, pour s'estre débandez en aucunes choses de la route commune, me licentieroient [3] aisément à des actions que cette naturelle inclination me fait haïr.

B Je diray un monstre [4], mais je le diray pourtant: je trouve par là, en plusieurs choses, plus d'arrest et de reigle en mes meurs qu'en mon opinion, et ma concupiscence moins desbauchée que ma raison.

C Aristippus establit des opinions si hardies en faveur de la volupté et des richesses, qu'il mit en rumeur toute la philosophie à l'encontre de luy.   Mais, quant à ses mœurs, le tyran Dionysius luy ayant presenté trois belles garses [5] pour qu'il en fist le chois, il respondit qu'il les choisissoit toutes trois et qu'il avoit mal prins à Paris d'en preferer une à ses compaignes; mais les ayant conduittes à son logis, il les renvoya sans en taster.   Son valet se trouvant surchargé en

---

[1] "whether the Scales or whether the terrible Scorpion, that stormier influence of the natal hour, looks down upon me at my birth, or Capricorn, who rules the Western waves" (Horace, *Od.*, II, 17).

[2] to be founded on this idea.   [3] would give me licence.

[4] something monstrous.   [5] girls.

chemin de l'argent qu'il portoit apres luy, il luy ordonna
qu'il en jettast et versast là ce qui luy faschoit [1].

Et Epicurus, duquel les dogmes sont irreligieux et delicats,
se porta [2] en sa vie tresdevotieusement et laborieusement.
Il escrit à un sien amy qu'il ne vit que de pain bis et d'eaue,
qu'il luy envoie un peu de fromage pour quand il voudra
faire quelque somptueux repas. Seroit il vray que, pour
estre bon à faict [3], il nous le faille estre par occulte, naturelle et universelle proprieté, sans loy, sans raison, sans
exemple?

Les desbordemens ausquels je me suis trouvé engagé, ne   A
sont pas, Dieu mercy, des pires. Je les ay bien condamnez
chez moy, selon qu'ils le valent: car mon jugement ne s'est
pas trouvé infecté par eux. Au rebours, il les accuse plus
rigoureusement en moy que en un autre. Mais c'est tout,
car, au demourant, j'y apporte trop peu de resistance, et me
laisse trop ayseement pancher à l'autre part de la balance,
sauf pour les regler et empescher du meslange d'autres vices,
lesquels s'entretiennent [4] et s'entrenchainent pour la plus
part les uns aux autres, qui [5] ne s'en prend garde. Les miens,
je les ay retranchez et contrains les plus seuls et les plus
simples que j'ay peu,

> *nec ultra*   B
> *Errorem foveo.* [6]

Car, quant à l'opinion des Stoïciens, qui disent, le sage   A
œuvrer [7], quand il œuvre, par toutes les vertus ensemble,*
quoy qu'il y en ait une plus apparente selon la nature de
l'action (et à cela leur pourroit servir aucunement la similitude du corps humain, car l'action de la colere ne se peut
exercer que toutes les humeurs ne nous y aydent, quoy que
la colere predomine), si de là ils veulent tirer pareille consequence que, quand le fautier faut [8], il faut par tous les vices
ensemble, je ne les en croy pas ainsi simplement, ou je ne
les entens pas, car je sens par effect le contraire. ▲ Ce   C

---

[1] cumbered him.   [2] behaved.   [3] i.e. *bon tout à fait.*
[4] thrive together.   [5] *Qui* often = *si on.*
[6] "and beyond that limit I do not cherish stumbling" (Juvenal, *Sat.,* VIII,
164).   [7] act.   [8] the sinner sins.

sont subtilitez aiguës, insubstantielles, ausquelles la philosophie s'arreste par fois.

Je suy [1] quelques vices, mais j'en fuy d'autres, autant
qu'un sainct sçauroit faire.

Aussi desadvoüent les peripateticiens cette connexité et
cousture indissoluble; et tient Aristote qu'un homme prudent et juste peut estre et intemperant et incontinant.

A   Socrates advoüoit à ceux qui reconnoissoient en sa physi-
onomie quelque inclination au vice, que c'estoit à la verité
sa propension naturelle mais qu'il avoit corrigée par discipline.

C   Et les familiers du philosophe Stilpo * disoient qu'estant
nay subject au vin et aux femmes, il s'estoit rendu par estude
tresabstinent de l'un et de l'autre.

A   Ce que j'ay de bien, je l'ay au rebours par le sort de ma
naissance. Je ne le tiens ny de loy, ny de precepte, ou
B   autre aprentissage. ▲ L'innocence qui est en moy, est une
A   innocence niaise [2]: peu de vigueur, et point d'art. ▲ Je
hay, entre autres vices, cruellement la cruauté, et par nature
et par jugement, comme l'extreme de tous les vices. Mais
c'est jusques à telle mollesse que je ne voy pas égorger un
poulet sans desplaisir, et ois impatiemment gemir un lievre
sous les dens de mes chiens, quoy que ce soit un plaisir violent
que la chasse.

Ceux qui ont à combatre la volupté, usent volontiers de
cet argument, pour montrer qu'elle est toute vitieuse et
desraisonnable: que lors qu'elle est en son plus grand effort,
elle nous maistrise de façon que la raison n'y peut avoir
accez; et aleguent l'experience que nous en sentons en
l'accointance des femmes,

> *cum jam præsagit gaudia corpus,*
> *Atque in eo est venus ut muliebria conserat arva* [3];

où il leur semble que le plaisir nous transporte si fort hors
de nous que nostre discours ne sçauroit lors faire son office,
tout perclus et ravi en la volupté. Je sçay qu'il en peut aller

---

[1] I am given to.   [2] natural.
[3] "when the body has already presage of its joy, and Venus is about to sow
the fruitful field of the womb" (Lucretius, IV, 1099).

autrement, et qu'on arrivera par fois, si on veut, à rejetter l'ame sur ce mesme instant à autres pensemens. Mais il la faut tendre et roidir d'aguet [1]. Je sçay qu'on peut gourmander l'effort de ce plaisir; et ▲ m'y cognoy bien; et si n'ay point trouvé Venus si imperieuse Deesse que plusieurs et plus chastes que moy la tesmoignent. ▲ Je ne prens pour miracle, comme faict la Royne de Navarre en l'un des contes de son HEPTAMERON (qui est un gentil livre pour son estoffe), ny pour chose d'extreme difficulté, de passer des nuicts entieres, en toute commodité et liberté, avec une maistresse de long temps desirée, maintenant la foy qu'on luy aura engagée de se contenter des baisers et simples attouchemens. Je croy que l'exemple de la chasse y seroit plus propre (comme il y a moins de plaisir, il y a plus de ravissement et de surprinse, par où nostre raison estonnée [2] perd le loisir de se preparer et bander à l'encontre), lors qu'apres une longue queste la beste vient en sursaut à se presenter en lieu où, à l'adventure, nous l'esperions le moins. Cette secousse et l'ardeur de ces huées nous frappe si qu'il seroit malaisé à ceux qui ayment cette sorte de chasse de retirer sur ce point la pensée ailleurs. Et les poetes font Diane victorieuse du brandon et des fleches de Cupidon:

Quis non malarum, quas amor curas habet,
Hæc inter obliviscitur? [3] *

Pour revenir à mon propos, je me compassionne fort tendrement des afflictions d'autruy, et pleurerois aiseement par compaignie, si, pour occasion que ce soit, je sçavois pleurer. ▲ Il n'est rien qui tente mes larmes que les larmes, non vrayes seulement, mais comment que ce soit, ou feintes ou peintes. ▲ Les morts, je ne les plains guiere, et les envierois plutost; mais je plains bien fort les mourans. Les sauvages ne m'offensent pas tant de rostir et manger les corps des trespassez que ceux qui les tourmentent et persecutent vivans. Les executions mesme de la justice, pour

---

[1] by concentrated attention. [2] dismayed.
[3] "who at such a moment does not forget the evil cares which love brings with it" (Horace, *Epod.*, II, 37).

raisonnables qu'elles soyent, je ne les puis voir d'une veuë ferme. Quelcun ayant à tesmoigner la clemence de Julius Cæsar: Il estoit, dit-il, doux en ses vengeances: ayant forcé les Pyrates de se rendre à luy qu'ils avoyent auparavant pris prisonnier et mis à rançon, d'autant qu'il [1] les avoit menassez de les faire mettre en croix, il les y condemna, mais ce fut apres les avoir faict estrangler. Philomon, son secretaire, qui l'avoit voulu empoisonner, il ne le punit pas plus aigrement que d'une mort simple. Sans dire qui est cet autheur Latin [2] qui ose alleguer, pour tesmoignage de clemence, de seulement tuer ceux desquels on a esté offencé, il est aisé à deviner qu'il est frappé des vilains et horribles exemples de cruauté que les tyrans Romains mirent en usage.

Quant à moy, en la justice mesme, tout ce qui est au delà de la mort simple, me semble pure cruauté, et notamment à nous qui devrions avoir respect d'en envoyer les ames en bon estat; ce qui ne se peut, les ayant agitées et desesperées par tourmens insupportables.

c   Ces jours passés, un soldat prisonnier ayant apperceu d'une tour où il estoit, qu'en la place des charpantiers commençoient à dresser leurs ouvrages, et le peuple à s'y assembler, tint que c'estoit pour luy, et, entré en desespoir, n'ayant autre chose à se tuer, se saisit d'un vieux clou de charrette rouillé, que la fortune luy presenta, et s'en donna deux grands coups autour de la gorge; et, voyant qu'il n'en avoit peu esbranler sa vie, s'en donna un autre tantost apres dans le ventre, de quoy il tumba en evanouïssement. Et en cet estat le trouva le premier de ses gardes qui entra pour le voir. On le fit revenir; et, pour emploier le temps avant qu'il defaillit, on luy fit sur l'heure lire sa sentence qui estoit d'avoir la teste tranchée, de la quelle il se trouva infiniement resjoui et accepta à prendre du vin qu'il avoit refüsé; et, remerciant les juges de la douceur inesperée de leur condamnation, dict que cette deliberation [3] de se tuer luy estoit venue par l'horreur de quelque plus cruel supplice, du quel luy avoient augmenté la crainte les apprets * . . . pour en fuir une plus insupportable.

<hr />

[1] since.   [2] Suetonius.   [3] determination.

Je conseillerois que ces exemples de rigueur, par le moyen   A
desquels on veut tenir le peuple en office, s'exerçassent contre
les corps des criminels: car de les voir priver de sepulture,
de les voir bouillir et mettre à quartiers [1], cela toucheroit
quasi autant le vulgaire que les peines qu'on fait souffrir
aux vivans, quoy que par effect ce soit peu, ou rien, ▲ comme   C
Dieu dict, *«Qui corpus occidunt, et postea non habent quod
faciant.»* [2]   Et les poëtes font singulierement valoir l'horreur
de cette peinture, et au dessus de la mort:

> *Heu! relliquias semiassi regis, denudatis ossibus,*
> *Per terram sanie delibutas fæde divexarier.* [3]

Je me rencontray un jour à Rome sur le point qu'on défaisoit   A
Catena, un voleur insigne.   On l'estrangla sans aucune
émotion de l'assistance; mais quand on vint à le mettre à
quartiers, le bourreau ne donnoit coup, que le peuple ne
suivit d'une vois pleintive et d'une exclamation, comme si
chácun eut presté son sentiment à cette charongne.*

Il faut exercer ces inhumains excez contre l'escorce, non   B
contre le vif.   Ainsin amollit, en cas aucunement pareil,
Artoxerses l'aspreté des loix anciennes de Perse, ordonnant
que les Seigneurs qui avoyent failly en leur estat, au lieu
qu'on les souloit foïter, fussent despouillés, et leurs vestements foitez pour eux; et, au lieu qu'on leur souloit arracher
les cheveux, qu'on leur ostat leur haut chappeau seulement.

Les Ægyptiens, si devotieux, estimoyent bien satisfaire à   C
la justice divine, luy sacrifians des pourceaux en figure et
representez: invention hardie de vouloir payer en peinture et
en ombrage Dieu, substance si essentielle.

Je vy en une saison en laquelle nous foisonnons en exemples incroyables de ce vice, par la licence de nos guerres
civiles; et ne voit on rien aux histoires anciennes de plus
extreme que ce que nous en•essayons tous les jours.   Mais

---

[1] in pieces.

[2] "[Be not afraid of them] that kill the body, and after that have no more
that they can do" (St. Luke xii. 4).

[3] "Alas that the remnant of a half-burnt king (better *semiesi* = half devoured)
his bones laid bare, should be so foully dragged upon the ground all smeared with
blood" (Ennius quoted by Cicero, *Tusc.*, I, 44).

cela ne m'y a nullement aprivoisé.   A peine me pouvoy-je
persuader, avant que je l'eusse veu, qu'il se fut trouvé des
ames si monstrueuses, qui, pour le seul plaisir du meurtre,
le voulussent commettre: hacher et détrencher les membres
d'autruy; esguiser leur esprit à inventer des tourmens inusitez
et des morts nouvelles, sans inimitié, sans profit, et pour cette
seule fin de jouïr du plaisant spectacle des gestes et mouvemens pitoyables, des gemissemens et voix lamentables d'un
homme mourant en angoisse.   Car voylà l'extreme point

c   où la cruauté puisse atteindre.   ▲ «*Ut homo hominem, non
     iratus, non timens, tantum spectaturus, occidat.*» [1]

A   De moy, je n'ay pas sçeu voir seulement sans desplaisir
poursuivre et tuer une beste innocente, qui est sans deffence
et de qui nous ne recevons aucune offence.   Et, comme il
advient communement que le cerf, se sentant hors d'alaine
et de force, n'ayant plus autre remede, se rejette et rend à
nous mesmes qui le poursuivons, nous demandant mercy par
ses larmes,

B   *quæstuque, cruentus*
                 Atque imploranti similis [2],

A   ce m'a tousjours semblé un spectacle tres-desplaisant.

B   Je ne prens guiere beste en vie à qui je ne redonne les
champs.   Pythagoras les achetoit des pescheurs et des oyse-
leurs pour en faire autant:

A   *primoque à cæde ferarum*
          Incaluisse puto maculatum sanguine ferrum. [3]

     Les naturels sanguinaires à l'endroit des bestes tesmoignent
une propension naturelle à la cruauté.

B   Apres qu'on se fut apprivoisé à Romme aux spectacles des
meurtres des animaux, on vint aux hommes et aux gladiateurs.   Nature, à ce creins-je, elle mesme attache à l'homme
quelque instinct à l'inhumanité.   Nul ne prent son esbat à

---

[1] "To think that man should kill man without anger, without fear, just in
order to see him die" (Seneca, *Ep.*, 90).

[2] "and [filled the whole building] with complaining, all bloody, and like to one
imploring mercy" (Virgil, *Aen.*, VII, 507).

[3] "It was with slaughter of wild beasts, I think, that iron first grew warm,
bespattered with blood" (Ovid, *Metam.*, XV, 105).

voir des bestes s'entrejouer et caresser, et nul ne faut de le prendre à les voir s'entredeschirer et desmambrer.

Et afin qu'on ne se moque de cette sympathie que j'ay   A avecques elles, la Theologie mesme nous ordonne quelque faveur en leur endroit; et, considerant que un mesme maistre nous a logez en ce palais pour son service et qu'elles sont, comme nous, de sa famille, elle a raison de nous enjoindre quelque respect et affection envers elles.   Pythagoras emprunta la Metempsichose des Ægyptiens; mais despuis elle a esté reçeuë par plusieurs nations, et notamment par nos Druides:

> *Morte carent animæ; semperque, priore relicta*
> *Sede, novis domibus vivunt, habitantque receptæ.*[1]

La Religion de nos anciens Gaulois portoit que les ames, estant eternelles, ne cessoyent de se remuer et changer de place d'un corps à un autre; meslant en outre à cette fantasie quelque consideration de la justice divine: car, selon les déportemens de l'ame, pendant qu'elle avoit esté chez Alexandre, ils disoyent que Dieu luy ordonnoit un autre corps à habiter, plus ou moins penible, et raportant [2] à sa condition:

>   *muta ferarum*   B
> *Cogit vincla pati, truculentos ingerit ursis,*
> *Prædonesque lupis, fallaces volpibus addit;*
> *Atque ubi per varios annos, per mille figuras*
> *Egit, lethæo purgatos flumine, tandem*
> *Rursus ad humanæ revocat primordia formæ.*[3]

Si elle avoit esté vaillante, la logeoient au corps d'un Lyon;   A si voluptueuse, en celuy d'un pourceau; si lâche, en celuy d'un cerf ou d'un lièvre; si malitieuse, en celuy d'un renard:

---

[1] "The spirit is free from death, but ever on leaving its former dwelling is received into a new home and lives and inhabits there" (Ovid, *Metam.*, XV, 158).

[2] in accordance with.

[3] "He forces them to endure imprisonment as dumb beasts, to the cruel he gives the form of bears, to robbers that of wolves, he clothes the deceitful in foxes' skins, and when he has made them pass through changing years and a thousand shapes, at last purged in Lethe's stream he restores them to their original human shape" (Claudian, *In Rufinum*, II, 482).

ainsi du reste, jusques à ce que, purifiée par ce chastiement, elle reprenoit le corps de quelque autre homme.

> *Ipse ego, nam memini, Trojani tempore belli*
> *Panthoides Euphorbus eram.*[1]

Quant à ce cousinage là d'entre nous et les bestes, je n'en fay pas grand recepte [2]; ny de ce aussi que plusieurs nations, et notamment des plus anciennes et plus nobles, ont non seulement receu des bestes à leur societé et compaignie, mais leur ont donné un rang bien loing au dessus d'eux, les estimant tantost familieres et favories de leurs dieux, et les ayant en respect et reverence plus qu'humaine; et d'autres ne reconnoissant autre Dieu ny autre divinité qu'elles:

C   «*belluæ a barbaris propter beneficium consecratæ* [3].»

B   > *Crocodilon adorat*
> *Pars hæc, illa pavet saturam serpentibus Ibin;*
> *Effigies sacri hic nitet aurea cercopitheci;*
> *hic piscem fluminis, illic*
> *Oppida tota canem venerantur.*[4]

A   Et l'interpretation mesme que Plutarque donne à cet erreur, qui est tresbien prise, leur est encores honorable.   Car il dit que ce n'estoit le chat, ou le bœuf (pour exemple) que les Egyptiens adoroient, mais qu'ils adoroient en ces bestes là quelque image des facultez divines: en cette-cy la patience

C   et l'utilité, en cette-là la vivacité: ▲ ou comme nos voisins les Bourguignons avec toute l'Allemaigne l'impatience [5] de se voir enfermée, par où ils se representoyent la liberté, la quelle ils aymoient et adoroyent au delà de toute autre

A   faculté divine; ▲ et ainsi des autres.   Mais, quand je rencontre, parmy les opinions les plus moderées, les discours qui essayent à montrer la prochaine [6] ressemblance de nous aux animaux, et combien ils ont de part à nos plus grands privileges, et avec combien de vraysemblance on nous les apparie [7],

---

[1] "I remember well I was Euphorbus, Pantheus' son, in the days of the Trojan war" (Ovid, *Metam.*, XV, 160. It is Pythagoras who speaks).   [2] account.

[3] "brute beasts deemed holy by the barbarians on account of the benefits they bestowed" (Cicero, *De Nat. Deorum*, I, 36).

[4] "Some adore the crocodile, others hold in awe the ibis, gorged with snakes; here shines the golden image of the sacred long-tailed monkey: here a river-fish, there a dog is reverenced by whole cities" (Juvenal, XV, 2).

[5] intolerance.   [6] close.   [7] compare.

certes, j'en rabats beaucoup de nostre presomption et me demets volontiers de cette royauté imaginaire qu'on nous donne sur les autres creatures.

Quand tout cela en seroit à dire[1], si y a-il un certain respect qui nous attache, et un general devoir d'humanité, non aux bestes seulement qui ont vie et sentiment, mais aux arbres mesmes et aux plantes. Nous devons la justice aux hommes, et la grace et la benignité aux autres creatures qui en peuvent estre capables. Il y a quelque commerce entre elles et nous, et quelque obligation mutuelle. ▲ Je ne crain   C point à dire la tendresse de ma nature si puerile que je ne puis pas bien refuser à mon chien la feste qu'il m'offre hors de saison ou qu'il me demande. ▲ Les Turcs ont des   B aumosnes et des hospitaux pour les bestes. ▲ Les Romains   A avoient un soing public de la nourriture des oyes, par la vigilance desquelles leur Capitole avoit esté sauvé; les Atheniens ordonnerent que les mules et mulets qui avoyent servy au bastiment du temple appellé Hecatompedon, fussent libres, et qu'on les laissast paistre par tout sans empeschement.

Les Agrigentins avoyent en usage commun d'enterrer   C serieusement les bestes qu'ils avoient eu cheres, comme les chevaux de quelque rare merite, les chiens et les oiseaux utiles, ou mesme qui avoyent servy de passe-temps à leurs enfans. Et la magnificence qui leur estoit ordinaire en toutes autres choses, paroissoit aussi singulierement à la sumptuosité et nombre des monuments élevés à cette fin, qui ont duré en parade plusieurs siecles dépuis.

Les Ægyptiens enterroyent les loups, les ours, les crocodiles, les chiens et les chats en lieux sacrez, enbasmoyent leurs corps et portoyent le deuil à leur trespas.

Cimon fit une sepulture honorable aux juments avec   A lesquelles il avoit gaigné par trois fois le pris de la course aux jeux Olympiques. L'ancien Xantippus fit enterrer son chien sur un chef[2], en la coste de la mer qui en a depuis retenu le nom. Et Plutarque faisoit, dit-il, conscience de vendre et envoier à la boucherie, pour un legier profit, un bœuf qui l'avoit long temps servy.

---

[1] were lacking.   [2] a headland.

CHAPITRE XVII

This is the earliest essay in which Montaigne takes himself for his subject and describes in detail his personal appearance and character (see Introduction, p. xxii). There are good reasons for assigning it to the year 1578 or 1579. Montaigne made many additions to it after 1580, especially after 1588: it is evidently an essay by which he set peculiar store. It has already the kind of complicated plan that we shall find in the Third Book, so that a résumé may be helpful. There are two kinds of vainglory, says Montaigne: (1) to esteem oneself too highly (pp. 111–141); (2) to esteem others too little (pp. 141–144). To (1) he will not confess; he is apt to envy what is not his, just because it is not. And after all, what qualities has he? Personal beauty? No. Ambition? No; yet his lack of it is due in some measure to his frankness, and he registers his protest against dissembling and treachery as the political methods dearest to his own age. Memory? No, that least of all, and on it depends knowledge. He is ignorant in almost everything. Why should he not confess it? His object is a faithful picture. He is irresolute, uncertain in his judgment. But is that not the failing of humanity in general? That is just what makes him, with regard to the social structure, fundamentally conservative. As for common sense, no man thinks himself lacking in that. To *accuse* oneself of lacking it is to *excuse* oneself, and is a proof of self-criticism. A consistent life is his aim, self-knowledge and a study of the ancients his means to it.

(2) This same familiarity with the Ancients seems to him the reason why he *is* guilty of the second kind of vainglory. He esteems his contemporaries too little because he compares them with the heroes of antiquity. He has known no man universally great, though many with great qualities. La Boëtie came nearest his ideal in natural gifts, but he died young. Yet study and learning, which would have come to him, most often spoil men's characters instead of perfecting them in our age. It is the fault of our notion of education.

DE LA PRÆSUMPTION

A   Il y a une autre sorte de gloire,* qui est une trop bonne opinion que nous concevons de nostre valeur. C'est un' affection inconsiderée, dequoy nous nous cherissons, qui nous represente à nous mesmes autres que nous ne sommes: comme la passion amoureuse preste des beautez et des graces au subjet qu'elle embrasse, et fait que ceux qui en sont espris, trouvent, d'un jugement trouble et alteré, ce qu'ils ayment, autre et plus parfaict qu'il n'est.

Je ne veux pas que, de peur de faillir de ce costé là, un homme se mesconnoisse pourtant, ny qu'il pense estre moins que ce qu'il est.   Le jugement doit tout par tout maintenir son droit: c'est raison qu'il voye en ce subject, comme ailleurs, ce que la verité luy presente.   Si c'est Cæsar, qu'il se treuve hardiment le plus grand Capitaine du monde. Nous ne sommes que ceremonie: la ceremonie nous emporte, et laissons la substance des choses; nous nous tenons aux branches et abandonnons le tronc et le corps.   Nous avons apris aux Dames de rougir oyant seulement nommer ce qu'elles ne craignent aucunement à faire: nous n'osons appeller à droict nos membres, et ne craignons pas de les employer à toute sorte de desbauche.   La ceremonie nous defend d'exprimer par parolles les choses licites et naturelles, et nous l'en croyons; la raison nous defend de n'en faire faire point d'illicites et mauvaises, et personne ne l'en croit. Je me trouve icy empestré és loix de la ceremonie, car elle ne permet ny qu'on parle bien de soy, ny qu'on en parle mal.   Nous la lairrons là pour ce coup.

Ceux que la fortune (bonne ou mauvaise qu'on la doive appeller) a faict passer la vie en quelque eminent degré, ils peuvent par leurs actions publiques tesmoigner quels ils sont. Mais ceux qu'elle n'a employez qu'en foule, ▲ et de qui   C personne ne parlera, si eux mesmes n'en parlent, ▲ ils sont   A excusables s'ils prennent la hardiesse de parler d'eux mesmes envers ceux qui ont interest de les connoistre, à l'exemple de Lucilius *:

> Ille velut fidis arcana sodalibus olim
> Credebat libris, neque, si male cesserat, usquam
> Decurrens alio, neque si bene: quo fit ut omnis
> Votiva pateat veluti descripta tabella
> Vita senis.[1]

Celuy là commettoit à son papier ses actions et ses pensées, et s'y peignoit tel qu'il se sentoit estre.   *Nec id Rutilio et*   C *Scauro citra fidem aut obtrectationi fuit.*[2]

---

[1] "He entrusted his secrets to his books as to faithful companions, seeking no other confidant, whether he fared badly or well: whence it happens that the whole life of the old man is laid bare as if described on a votive tablet" (Horace, *Sat.*, II, i, 30).

[2] "Nor were Rutulius and Scaurus [both memoir-writers] disbelieved or condemned for doing this" (Tacitus, *Agricola*, I).

A   Il me souvient donc que, de ma plus tendre enfance, on
remerquoit en moy je ne sçay quel port de corps et des gestes
tesmoignants quelque vaine et sotte fierté.   J'en veux dire
premierement cecy, qu'il n'est pas inconvenient d'avoir des
conditions et des propensions si propres et si incorporées en
nous, que nous n'ayons pas moyen de les sentir et reconnoistre.   Et de telles inclinations naturelles, le corps en re-
tient volontiers quelque pli [1] sans nostre sçeu et consentement.   C'estoit une certaine affetterie consente de [2] sa
beauté, qui faisoit un peu pancher la teste d'Alexandre sur
un costé et qui rendoit le parler d'Alcibiades mol et gras.
Julius Cæsar se gratoit la teste d'un doigt, qui est la contenance d'un homme remply de pensemens penibles; et
Ciceron, ce me semble, avoit accoustumé de rincer [3] le nez,
qui signifie un naturel moqueur.   Tels mouvemens peuvent
arriver imperceptiblement en nous.   Il y en a d'autres,
artificiels, dequoy je ne parle point, comme les salutations et
reverences, par où on acquiert, le plus souvent à tort, l'hon-
C   neur d'estre bien humble et courtois: ▲ on peut estre humble
B   de gloire.   ▲ Je suis assez prodigue de bonnettades, notamment en esté, et n'en reçoys jamais sans revenche, de quelque
qualité d'homme que ce soit, s'il n'est à mes gages.   Je
desirasse d'aucuns Princes que je connois, qu'ils en fussent
plus espargnans et justes dispensateurs: car, ainsin indis-
crettement espanduës, elles ne portent plus de coup.   Si elles
sont sans esgard, elles sont sans effect.   Entre les conte-
A   nances desreglées, n'oublions pas ▲ la morgue de Constantius,* l'Empereur, qui en publicq tenoit tousjours la
teste droite, sans la contourner ou flechir ny çà ny là, non
pas seulement pour regarder ceux qui le saluoient à costé,
ayant le corps planté immobile, sans se laisser aller au branle
de son coche, sans oser ny cracher, ny se moucher, ny
essuyer le visage devant les gens.
      Je ne sçay si ces gestes qu'on remerquoit en moy, estoient
de cette premiere condition, et si à la verité j'avoy quelque
occulte propension à ce vice, comme il peut bien estre, et
ne puis pas respondre des bransles du corps; mais, quant

---

[1] bent.   [2] suiting.   [3] wrinkle.

aux bransles de l'ame, je veux icy confesser ce que j'en sens.

Il y a deux parties en cette gloire: sçavoir est, de s'estimer trop, et n'estimer pas assez autruy.   Quant à l'une, ▲ il me   c semble premierement ces considerations devoir estre mises en conte, que je me sens pressé d'un' erreur d'ame qui me desplait et comme inique et encore plus comme importune. J'essaye à la corriger; mais l'arracher, je ne puis.   C'est que je diminue du juste prix les choses que je possede, de ce que je les possede; et hausse le prix aux choses, d'autant qu'elles sont estrangeres, absentes et non miennes.   Cette humeur s'espand bien loin.   Comme la prerogative de l'authorité [1] faict que les maris regardent les femmes propres d'un vitieux desdein, et plusieurs peres leurs enfants; ainsi fay je, et entre deux pareils ouvrages poiseroy tousjours contre le mien.   Non tant que la jalousie de mon avance-ment et amandement trouble mon jugement et m'empesche de me satisfaire, comme que, d'elle mesme, la maistrise engendre mespris de ce qu'on tient et regente.   Les polices, les mœurs loingtaines me flattent, et les langues; et m'apper-çoy que le latin me pippe à sa faveur par sa dignité, au delà de ce qui luy appartient, comme aux enfans et au vulgaire. L'Œconomie [2], la maison, le cheval de mon voisin, en esgale valeur, vault mieux que le mien, de ce qu'il n'est pas mien. Davantage que je suis tres-ignorant en mon faict.   J'admire l'asseurance et promesse que chacun a de soy, là où il n'est quasi rien que je sçache sçavoir, ny que j'ose me respondre pouvoir faire.   Je n'ay point mes moyens en proposition et par estat; et n'en suis instruit qu'apres l'effect: autant doubteux de moy que de toute autre chose.   D'où il advient, si je rencontre louablement en une besongne, que je le donne plus à ma fortune qu'à ma force: d'autant que je les desseigne toutes au hazard et en crainte.[3]   Pareillement j'ay en general cecy que, de toutes les opinions que l'an-   A

---

[1] i.e. which husbands have over them.   [2] domestic economy.

[3] I have not my powers set forth and classified, and I only realize them after the event: I am as doubtful of myself as of everything else.   Whence it happens that if I succeed in any business, I put it down to my good fortune rather than to my ability, inasmuch as in all my plans I am haphazard and diffident.

cienneté a euës de l'homme en gros, celles que j'embrasse
plus volontiers et ausquelles je m'attache le plus, ce sont
celles qui nous mesprisent, avilissent et aneantissent le plus.
La philosophie ne me semble jamais avoir si beau jeu que
quand elle combat nostre presomption et vanité, quand elle
reconnoit de bonne foy son irresolution, sa foiblesse et son
ignorance.   Il me semble que la mere nourrisse des plus
fauces opinions et publiques et particulieres, c'est la trop
bonne opinion que l'homme a de soy.   Ces gens qui se
C   perchent à chevauchons sur l'epicycle de Mercure,* ▲ qui
A   voient si avant dans le ciel, ▲ ils m'arrachent les dens: car
en l'estude que je fay, duquel le subject c'est l'homme,
trouvant une si extreme varieté de jugemens, un si profond
labyrinthe de difficultez les unes sur les autres, tant de
diversité et incertitude en l'eschole mesme de la sapience,
vous pouvez penser, puis que ces gens là n'ont peu se resoudre
de la connoissance d'eux mesmes et de leur propre condition, qui est continuellement presente à leurs yeux, qui est
dans eux; puis qu'ils ne sçavent comment branle ce qu'eux
mesmes font branler, ny comment nous peindre et deschiffrer
les ressorts qu'ils tiennent et manient eux mesmes, comment
je les croirois de la cause du flux et reflux de la riviere du
Nile.   La curiosité de connoistre les choses a esté donnée
aux hommes pour fleau, dit la saincte parole.

Mais, pour venir à mon particulier, il est bien difficile, ce
me semble, que aucun autre s'estime moins, voire que
aucun autre m'estime moins, que ce que je m'estime.

C   Je me tiens de la commune sorte, sauf en ce que je m'en
tiens [1]: coulpable des defectuositez plus basses et populaires,
mais non desadvouées, non excusées; et ne me prise seulement que de ce que je sçay mon prix.

S'il y a de la gloire, elle est infuse en moy superficielle-
ment par la trahison de ma complexion, et n'a point de corps
qui comparoisse à la veue de mon jugement.

J'en suis arrosé, mais non pas teint.

A   Car, à la verité, quand aux effects de l'esprit, en quelque
façon que ce soit, il n'est jamais party de moy chose qui me

[1] Save in that I recognize myself as such.

remplist [1]; et l'approbation d'autruy ne me paye [2] pas.   J'ay
le goust tendre et difficile, et notamment en mon endroit:
je me desadvoue sans cesse; et me sens par tout flotter et
fleschir de foiblesse.   Je n'ay rien du mien dequoy satisfaire
mon jugement.   J'ay la veue assez claire et reglée; mais, à
l'ouvrer [3], elle se trouble: comme j'essaye plus evidemment
en la poesie.   Je l'ayme infiniment: je me cognois assez
aux ouvrages d'autruy; mais je fay, à la verité, l'enfant
quand j'y veux mettre la main; je ne me puis souffrir.   On
peut faire le sot par tout ailleurs, mais non en la Poesie,

> *mediocribus esse poetis*
> *Non dii, non homines, non concessere columnæ.*[4]

Pleust à Dieu que cette sentence se trouvat au front des
boutiques de tous nos Imprimeurs, pour en deffendre l'entrée
à tant de versificateurs,

> *verum*
> *Nil securius est malo Poeta.*[5]

Que n'avons nous de tels peuples?   Dionysius le pere   c
n'estimoit rien tant de soy que sa poësie.   A la saison des
jeux Olympiques, avec des chariots surpassant tous autres
en magnificence, il envoya aussi des poëtes et des musiciens
pour presenter ses vers, avec des tentes et pavillons dorez et
tapissez royalement.   Quand on vint à mettre ses vers en
avant, la faveur et excellence de la prononciation attira sur
le commencement l'attention du peuple; mais quand, par
apres, il vint à poiser l'ineptie de l'ouvrage, il entra premierement en mespris, et, continuant d'aigrir son jugement, il se
jetta tantost en furie, et courut abattre et deschirer par
despit tous ses pavillons.   Et ce que [6] ses charriotz ne
feirent non plus rien qui vaille en la course, et que la navire
qui rapportoit ses gens faillit [7] la Sicile et fut par la tempeste
poussée et fracassée contre la coste de Tarente, il tint pour

---

[1] satisfied me.   [2] does not repay me.   [3] i.e. *à l'ouvrage.*
[4] "Mediocrity is not permitted to poets either by gods or men or publishers"
(lit. the pillars in front of booksellers' shops where their works were advertised)
(Horace, *A.P.*, 372 ff.).
[5] "But nothing is more confident than a bad poet" (Martial, XII, 63, 13).
[6] the fact that.   [7] i.e. missed the coast of Sicily.

certain que c'estoit l'ire des Dieus irritez comme luy contre ce mauvais poëme.   Et les mariniers mesme eschappez du naufrage alloient secondant l'opinion de ce peuple.

A la quelle l'oracle qui predit sa mort, sembla aussi aucunement soubscrire.   Il portoit que Dionysius seroit pres de sa fin quand il auroit vaincu ceux qui vaudroient mieux que luy: ce que il interpreta des Carthaginois qui le sur-passoient en puissance.   Et, ayant affaire à eux, gauchissoit souvant la victoire et la temperoit, pour n'encourir le sens de cette prediction.   Mais il l'entendoit mal: car le dieu marquoit le temps de l'avantage que, par faveur et injustice, il gaigna à Athenes sur les poëtes tragiques meilleurs que luy, ayant faict jouer à l'envi la sienne, intitulée les Lene-ïens *; soudain apres laquelle victoire il trespassa, et en partie pour l'excessive joye qu'il en conceut.

A   Ce que je treuve excusable du mien, ce n'est pas de soy et à la verité, mais c'est à la comparaison d'autres choses pires, ausquelles je voy qu'on donne credit.   Je suis envieux du bon-heur de ceux qui se sçavent resjouir et gratifier en leur besongne, car c'est un moyen aisé de se donner du

C   plaisir, puis qu'on le tire de soy mesmes.   ▲ Specialement s'il y a un peu de fermeté en leur opiniastrise.   Je sçay un poëte à qui forts, foibles, en foulle et en chambre, et le ciel et la terre crient qu'il n'y entend guere.   Il n'en rabat pour tout cela rien de la mesure à quoy il s'est taillé, tousjours recommence, tousjours reconsulte, et tousjours persiste; d'autant plus fort en son avis et plus roidde qu'il touche à

A   luy seul [1] de le maintenir.   ▲ Mes ouvrages, il s'en faut tant qu'ils me rient, qu'autant de fois que je les retaste, autant de fois je m'en despite:

B   *Cum relego, scripsisse pudet, quia plurima cerno,*
          Me quoque qui feci judice, digna lini. [2]

A   J'ay tousjours une idée en l'ame et certaine image trouble, qui me presente comme en songe une meilleure forme que

---

[1] concerns him alone [i.e. he is alone of his opinion].

[2] "When I reread my poems I am ashamed to have written them, because I see many things which, in the author's judgment, should be blotted out" (Ovid, *Ex Ponto*, I, 5, 15).

celle que j'ay mis en besongne, mais je ne la puis saisir et
exploiter.   Et cette idée mesme n'est que du moyen estage.
Ce que j'argumente par là, que les productions de ces riches
et grandes ames du temps passé sont bien loing au delà de
l'extreme estendue de mon imagination et souhaict.   Leurs
escris ne me satisfont pas seulement et me remplissent; mais
ils m'estonnent et transissent d'admiration.   Je juge leur
beauté; je la voy, si non jusques au bout, aumoins si avant
qu'il m'est impossible d'y aspirer.   Quoy que j'entreprenne,
je doy un sacrifice aux graces, comme dict Plutarque de
quelqu'un,* pour pratiquer leur faveur,

> *si quid enim placet,*
> *Si quid dulce hominum sensibus influit,*
> *Debentur lepidis omnia gratiis.*[1]

Elles m'abandonnent par tout.. Tout est grossier chez
moy; il y a faute de gentillesse et de beauté.   Je ne sçay
faire valoir les choses pour le plus que ce qu'elles valent, ma
façon n'ayde rien à la matiere.   Voilà pourquoy il me la
faut forte, qui aye beaucoup de prise et qui luise d'elle
mesme.   ▲ Quand j'en saisis des populaires [2] et plus gayes,   c
c'est pour me suivre à moy [3] qui n'aime point une sagesse
ceremonieuse et triste, comme faict le monde, et pour
m'esgayer, non pour esgayer [4] mon stile, qui les veut plustost
graves et severes (au moins si je dois nommer stile un parler
informe et sans regle, un jargon populaire et un proceder
sans definition, sans partition, sans conclusion, trouble, à la
guise de celuy d'Amafanius et de Rabirius.*   Je ne sçay   a
ny plaire, ny rejouyr, ny chatouiller: le meilleur conte du
monde se seche entre mes mains et se ternit.   Je ne sçay
parler qu'en bon escient, et suis du tout denué de cette
facilité, que je voy en plusieurs de mes compaignons, d'entretenir les premiers venus et tenir en haleine toute une
trouppe, ou amuser sans se lasser l'oreille d'un prince de
toute sorte de propos, la matiere ne leur faillant jamais, pour
cette grace qu'ils ont de sçavoir employer la premiere venue,

---

[1] "Whatever pleases, whatever charms the senses of men, it is all due to the
lovely Graces" (Unknown, probably Modern).   [2] i.e. more popular themes.
[3] to follow my natural taste.   [4] to enliven myself, not my style.

et l'accommoder à l'humeur et portée de ceux à qui ils ont
B affaire.   ▲ Les princes n'ayment guere les discours fermes [1],
A ny moy à faire des contes.   ▲ Les raisons premieres et plus
aisées, qui sont communément les mieux prinses [2], je ne
C sçay pas les employer: ▲ mauvais prescheur de commune [3].
De toute matiere je dy volontiers les dernieres choses [4] que
j'en sçay.   Cicero estime que és traictez de la philosophie
le plus difficile membre [5] ce soit l'exorde.   S'il est ainsi, je
me prens [6] à la conclusion.

A   Si faut-il conduire [7] la corde à toute sorte de tons; et le
plus aigu est celuy qui vient le moins souvent en jeu.   Il y
a pour le moins autant de perfection à relever une chose
vuide qu'à en soustenir une poisante.   Tantost il faut super-
ficiellement manier les choses, tantost les profonder.   Je
sçay bien que la pluspart des hommes se tiennent en ce bas
estage, pour ne concevoir les choses que par cette premiere
escorse; mais je sçay aussi que les plus grands maistres et
CA Xenophon et ▲ Platon, on les void souvent se relascher à
cette basse façon, et populaire, de dire et traiter les choses,
la soustenant des graces qui ne leur manquent jamais.

      Au demeurant, mon langage n'a rien de facile et poly:
CA il est aspre ▲ et desdaigneux,▲ ayant ses dispositions libres
C et desreglées; et me plaist ainsi, ▲ si non par mon jugement,
A par mon inclination.   ▲ Mais je sens bien que par fois je
m'y laisse trop aller, et qu'à force de vouloir eviter l'art et
l'affectation, j'y retombe d'une autre part:

                                        brevis esse laboro,
                Obscurus fio. [8]

C   Platon dict que le long ou le court ne sont proprietez
qui ostent ny donnent prix au langage.

A   Quand j'entreprendroy de suyvre cet autre stile æquable,
uny et ordonné, je n'y sçaurois advenir; et encore que les
coupures [9] et cadences de Saluste reviennent plus à mon
humeur,[10] si est-ce que je treuve Cæsar et plus grand et moins

---

[1] solid.   [2] received.   [3] a bad orator of commonplaces.
[4] the utmost.   [5] part.   [6] I apply myself.   [7] adjust.
[8] "If I strive to be brief, I become obscure" (Horace, *A.P.*, 25).
[9] terse periods.   [10] please my taste better.

aisé à representer [1]; et si mon inclination me porte plus à l'imitation du parler de Seneque, je ne laisse pas d'estimer davantage celuy de Plutarque. Comme à faire, à dire aussi je suy tout simplement ma forme naturelle: d'où c'est à l'adventure que je puis plus à parler qu'à escrire. Le mouvement et action animent les parolles, notamment à ceux qui se remuent brusquement, comme je fay, et qui s'eschauffent. Le port, le visage, la voix, la robbe, l'assiette, peuvent donner quelque pris aux choses qui, d'elles mesmes, n'en ont guere, comme le babil. Messala se pleint en Tacitus de quelques accoustremens estroits de son temps, et de la façon des bancs où les orateurs avoient à parler, qui affoiblissoient leur eloquence.

Mon langage françois est alteré, et en la prononciation et ailleurs, par la barbarie de mon creu: je ne vis jamais homme des contrées de deçà qui ne sentit bien evidemment son ramage et qui ne blessast les oreilles pures françoises. Si n'est-ce pas pour estre fort entendu en mon Perigordin, car je n'en ay non plus d'usage que de l'Alemand; et ne m'en chaut guere. ▲ C'est un langage, comme sont autour   C
de moy, d'une bande et d'autre, le Poitevin, Xaintongeois, Angoumoisin, Lymosin, Auvergnat: brode [2], trainant, esfoiré [3]. ▲ Il y a bien au dessus de nous, vers les mon-   A
taignes, un Gascon que je treuve singulierement beau, sec, bref, signifiant, et à la verité un langage masle et militaire plus qu'autre que j'entende; ▲ autant nerveux, puissant et   C
pertinant, comme le François est gratieus, delicat et abondant.

Quant au Latin, qui m'a esté donné pour maternel, j'ay   A
perdu par des-accoustumance la promptitude de m'en pouvoir servir à parler: ▲ ouy, et à escrire, en quoy autrefois   C
je me faisoy appeller maistre Jean [4]. ▲ Voylà combien peu je   A
vaux de ce costé là.

La beauté est une piece de grande recommandation au commerce des hommes; c'est le premier moyen de conciliation des uns aux autres, et n'est homme si barbare et si rechigné qui ne se sente aucunement frappé de sa douceur.

[1] copy.
[2] nerveless (from Gascon, *brode*, soft).   Montaigne writes *brède* elsewhere, II, 8, p. 58).   [3] prolix.   [4] a master of the art.

Le corps a une grand' part à nostre estre, il y tient un grand rang; ainsin sa structure et composition sont de bien juste consideration.   Ceux qui veulent desprendre nos deux pieces principales et les sequestrer l'une de l'autre, ils ont tort. Au rebours, il les faut r'accoupler et rejoindre.   Il faut ordonner à l'ame non de se tirer à quartier [1], de s'entretenir à part, de mespriser et abandonner le corps (aussi ne le sçauroit elle faire que par quelque singerie contrefaicte), mais de se r'allier à luy, de l'embrasser, le cherir, luy assister, le controller, le conseiller, le redresser et ramener quand il fourvoye, l'espouser en somme et luy servir de mary; à ce que leurs effects ne paroissent pas divers et contraires, ains accordans et uniformes.   Les Chrestiens ont une particuliere instruction de cette liaison: car ils sçavent que la justice divine embrasse cette société et jointure du corps et de l'ame, jusques à rendre le corps capable des recompenses eternelles; et que Dieu regarde agir tout l'homme, et veut qu'entier il reçoive le chastiement, ou le loyer,[2] selon ses merites.

C   La secte Peripatetique,* de toutes les sectes la plus civilisée, attribue à la sagesse ce seul soin de pourvoir et procurer en commun le bien de ces deux parties associées: et montre les autres sectes, pour ne s'estre assez attachées à la consideration de ce meslange, s'estre partializées [3], cette-cy pour le corps, cette autre pour l'ame, d'une pareille erreur, et avoir escarté leur subject, qui est l'homme, et leur guide, qu'ils advouent en general estre nature.

A   La premiere distinction qui aye esté entre les hommes, et la premiere consideration qui donna les præeminences aux uns sur les autres, il est vray-semblable que ce fut l'advantage de la beauté:

B
> *agros divisere atque dedere*
> *Pro facie cujusque et viribus ingenioque:*
> *Nam facies multum valuit viresque vigebant.* [4]

---

[1] aside.   [2] reward.   [3] taken sides.
[4] "[Kings] divided lands and gave to each man in proportion to his beauty and strength and intellect: for beauty and strength were much esteemed" (Lucretius, V, 1109 ff.).

Or je suis d'une taille un peu au dessoubs de la moyenne.   A
Ce defaut n'a pas seulement de la laideur, mais encore de
l'incommodité, à ceux mesmement qui ont des commande-
ments et des charges: car l'authorité que donne une belle
presence et majesté corporelle en est à dire [1].

C. Marius ne recevoit pas volontiers des soldats qui n'eus-   C
sent six pieds de hauteur.   Le courtisan * a bien raison de
vouloir pour ce gentilhomme qu'il dresse, une taille commune plus tost que tout' autre, et de refuser pour luy toute
estrangeté qui le face montrer au doit.   Mais de choisir s'il
faut à cette mediocrité [2] qu'il soit plus tost au deçà qu'au
delà d'icelle [3], je ne le ferois pas à un homme militaire.

Les petits hommes, dict Aristote, sont bien jolis, mais
non pas beaux; et se connoist en la grandeur la grand' ame,
comme la beauté en un grand corps et haut.

Les Æthiopes et les Indiens, dit il, elisants leurs Roys   A
et magistrats, avoient esgard à la beauté et procerité [4] des
personnes.   Ils avoient raison: car il y a du respect pour
ceux qui le suyvent, et, pour l'ennemy, de l'effroy, de voir
à la teste d'une trouppe marcher un chef de belle et riche
taille:

> *Ipse inter primos præstanti corpore Turnus*   B
> *Vertitur, arma tenens, et toto vertice supra est.*[5]

Nostre grand Roy divin et celeste, duquel toutes les circonstances doivent estre remarquees avec soing, religion et
reverence, n'a pas refusé la recommandation corporelle,
«*speciosus forma præ filiis hominum* [6].»

Et Platon, aveq la temperance et la fortitude, desire la   C
beauté aux conservateurs de sa republique.*

C'est un grand despit qu'on s'adresse à vous parmy vos   A
gens pour vous demander: Où est monsieur? et que vous
n'ayez que le reste de la bonnetade qu'on fait à vostre barbier

---

[1] i.e. is lacking.   [2] just mean.
[3] to choose that he should be too short rather than too tall (as Castiglione does).
[4] tallness.
[5] "See the noble person of Turnus, arms in hand, moving among the first ranks,
and overtopping those round him by his whole head" (Virgil, *Aen.*, VII, 783).
[6] "fairer than the children of men" (Psalms xlv. 3).

ou à vostre secretaire.   Comme il advint au pauvre Philopœmen.*   Estant arrivé le premier de sa troupe en un logis
où on l'attendoit, son hostesse, qui ne le connoissoit pas, et
le voyoit d'assez mauvaise mine, l'employa d'aller un peu
aider à ses femmes à puiser de l'eau ou attiser du feu, pour
le service de Philopœmen.   Les gentils-hommes de sa suitte
estans arrivez et l'ayant surpris embesongné à cette belle
vacation (car il n'avoit pas failly d'obeyr au commandement
qu'on luy avoit faict), lui demanderent ce qu'il faisoit-là: Je
paie, leur respondit-il, la peine de ma laideur.   Les autres
beautez sont pour les femmes; la beauté de la taille est la
seule beauté des hommes.   Où est la petitesse, ny la largeur
et rondeur du front, ny la blancheur [1] et douceur des yeux,
ny la mediocre forme du nez, ny la petitesse de l'oreille et
de la bouche, ny l'ordre et blancheur des dents, ny l'épesseur
bien unie d'une barbe brune à escorce de chataigne, ny le
poil relevé [2], ny la juste rondeur de teste, ny la frécheur du
teint, ny l'air du visage agreable, ny un corps sans senteur,
ny la proportion legitime des membres, peuvent faire un
bel homme.

    J'ay au demeurant la taille forte et ramassée; le visage,

B non pas gras, mais plein; la complexion, ▲ entre le jovial et
A le melancholique, moiennement ▲ sanguine et chaude,

Unde rigent setis mihi crura, et pectora villis [3];

la santé forte et allegre, jusques bien avant en mon aage
BA rarement troublée par les maladies.   ▲ J'estois tel, car je
ne me considere pas à cette heure que je suis engagé dans
les avenuës de la vieillesse, ayant pieça franchy les quarante
ans:

B
minutatim vires et robur adultum
Frangit, et in partem pejorem liquitur ætas [4].

A Ce que je seray doresenavant, ce ne sera plus qu'un demy

---

[1] i.e. clearness.   [2] i.e. curly.

[3] "Whence my legs are rough with bristles and my chest with hairs" (Martial, II, 36, 5).

[4] "Then piece by piece age breaks their powers and matured strength and wastes away on the side of decay" (Lucretius, II, 1130 ff.).

estre, ce ne sera plus moy.   Je m'eschape tous les jours et
me desrobe à moy,

Singula de nobis anni prædantur euntes[1].

D'adresse et de disposition[2], je n'en ay point eu; et si
suis fils d'un pere tres dispost et d'une allegresse qui luy dura
jusques à son extreme vieillesse.   Il ne trouva guere homme
de sa condition qui s'egalast à luy en tout exercice de corps:
comme je n'en ay trouvé guiere aucun qui ne me surmontat,
sauf au courir (en quoy j'estoy des mediocres).   De la
musique, ny pour la voix que j'y ay tresinepte[3], ny pour les
instrumens, on ne m'y a jamais sçeu rien apprendre.   A la
danse, à la paume, à la luite, je n'y ay peu acquerir qu'une
bien fort legere et vulgaire suffisance; à nager, à escrimer,
à voltiger[4] et à sauter, nulle du tout.   Les mains, je les ay
si gourdes[5] que je ne sçay pas escrire seulement pour moy:
de façon que, ce que j'ay barbouillé, j'ayme mieux le refaire
que de me donner la peine de le démesler; ▲ et ne ly guere   C
mieux.   Je me sens poiser aux escoutans.   Autrement, bon
clerc[6].   ▲ Je ne sçay pas clorre à droit une lettre, ny ne   A
sçeuz jamais tailler plume, ny trancher à table, qui vaille,
ny equipper un cheval de son harnois, ny porter à poinct[7]   C
un oiseau et le lascher, ny parler aux chiens, aux oiseaux,
aux chevaux.

Mes conditions corporelles sont en somme tresbien accor-   A
dantes à celles de l'ame.   Il n'y a rien d'allegre: il y a
seulement une vigueur pleine et ferme.   Je dure[8] bien à
la peine; mais j'y dure, si je m'y porte moymesme, et autant
que mon desir m'y conduit,

Molliter austerum studio fallente laborem[9].

Autrement, si je n'y suis alleché par quelque plaisir, et si

---

[1] "every year in its passage steals something from us" (Horace, *Ep.*, II, 2, 55).
[2] agility, cf. below *dispost*.
[3] very ill-adapted.   [4] in vaulting.   [5] clumsy (M.F. numb).
[6] good scholar. (Montaigne is ironical, of course ; cp. Marot's line "Au
demeurant, le meilleur fils du monde" (*Ep. au Roi*).)
[7] properly (some editions print wrongly *poing*).   [8] resist.
[9] "The pleasure you take in it makes you forget the severity of the effort"
(Horace, *Sat.*, II, 2, 12).

j'ay autre guide que ma pure et libre volonté, je n'y vaux
rien.   Car j'en suis là que, sauf la santé et la vie, il n'est

CA   chose ▲ pourquoy je veuille ronger mes ongles, et ▲ que je
veuille acheter au pris du tourment d'esprit et de la contrainte,

B   *tanti mihi non sit opaci*
         Omnis arena Tagi, quodque in mare volvitur aurum [1]*:*

C   extremement oisif, extrememem libre, et par nature et par
art.   Je presteroy aussi volontiers mon sang que mon soing.

A   J'ay une ame toute sienne, accoustumée à se conduire à
sa mode.   N'ayant eu jusques à cett' heure ny commandant
ny maistre forcé, j'ay marché aussi avant et le pas qu'il m'a
pleu.   Cela m'a amolli et rendu inutile au service d'autruy,
et ne m'a faict bon qu'à moy.   Et pour moy, il n'a esté
besoin de forcer ce naturel poisant, paresseux et fay neant.
Car, m'estant trouvé en tel degré de fortune des ma naissance,
que j'ay eu occaion de m'y arrester, et en tel degré de sens
que j'ay senti en avoir occasion, je n'ay rien cerché et n'ay
aussi rien pris:

>   *Non agimur tumidis velis Aquilone secundo;*
>   *Non tamen adversis ætatem ducimus austris:*
>   *Viribus, ingenio, specie, virtute, loco, re,*
>   *Extremi primorum, extremis usque priores.* [2]

C   Je n'ay eu besoin que de la suffisance de me contenter, ▲ qui
est pour tant un reglement d'ame, à le bien prendre, esgalement difficile en toute sorte de condition, et que par usage
nous voyons se trouver plus facilement encores en la necessité qu'en l'abondance; d'autant à l'advanture que, selon le
cours de nos autres passions, la faim des richesses est plus
aiguisée par leur usage que par leur disette, et la vertu de la
moderation plus rare que celle de la patience.   Et n'ay eu

A   besoin ▲ que de jouir doucement des biens que Dieu par sa

---

[1] "At this price I would not have all the sand of the muddy Tagus nor all the
gold it carries down to the Ocean" (Juvenal, III, 54).

[2] "I do not sail with bellying sails under a favourable North wind, nor am I
exposed to an adverse wind from the South; in strength, in wits, in appearance, in
virtue, in birth, in fortune, I am behind the foremost and before the last" (Horace,
Ep., II, 2, 201 ff.).

liberalité m'avoit mis entre mains.   Je n'ay gousté aucune
sorte de travail ennuieux.   Je n'ay eu guere en maniement
que mes affaires; ▲ ou, si j'en ay eu, ce a esté en condition   C
de les manier à mon heure et à ma façon, commis ¹ par gents
qui s'en fioient à moi et qui ne me pressoient pas et me
connoissoient.   Car encores tirent les experts quelque service d'un cheval restif et poussif.

Mon enfance mesme a esté conduite d'une façon molle   A
et libre, et exempte de subjection rigoureuse.   Tout cela
m'a formé une complexion delicate et incapable de sollicitude.   Jusques là que j'ayme qu'on me cache mes pertes et
les desordres qui me touchent: au chapitre de mes mises ², je
loge ce que ma nonchalance me couste à nourrir et entretenir.

>*hæc nempe supersunt,*
>*Quæ dominum fallant, quæ prosint furibus* ³.

J'ayme à ne sçavoir pas le conte de ce que j'ay, pour sentir
moins exactement ma perte.   ▲ Je prie ceux qui vivent   B
avec moy, où l'affection leur manque et les bons effects ⁴,
de me piper et payer de bonnes apparences.   ▲ A faute   A
d'avoir assez de fermeté pour souffrir l'importunité des accidents contraires ausquels nous sommes subjects, et pour ne
me pouvoir tenir tendu à regler et ordonner les affaires, je
nourris autant que je puis en moy cett' opinion, m'abandonnant du tout à la fortune, de prendre toutes choses au
pis; et, ce pis là, me resoudre à le porter doucement et
patiemment.   C'est à cela seul que je travaille, et le but
auquel j'achemine tous mes discours.

A un danger, je ne songe pas tant comment j'en es-   B
chaperay, que combien peu il importe que j'en eschappe.
Quand j'y demeurerois, que seroit-ce?   Ne pouvant reigler
les evenements, je me reigle moymesme, et m'applique à
eux ⁵, s'ils ne s'appliquent à moy.   Je n'ay guiere d'art pour
sçavoir gauchir la fortune et luy eschapper ou la forcer,

---

¹ N.B. *affaire* is always masculine in the *Essays*, as in O.F.   ² expenses.
³ "There is a surplus which the owner ignores and by which thieves profit"
(Horace, *Ep.*, I, 6, 45).   Montaigne has altered *ubi non et multa* to *haec nempe*.
⁴ i.e. resulting from affection.   ⁵ adapt myself to them.

et pour dresser et conduire par prudence les choses à mon poinct [1]. J'ay encore moins de tolerance [2] pour supporter le soing aspre et penible qu'il faut à cela.   Et la plus penible assiete pour moy, c'est estre suspens [3] és choses qui pressent et agité entre la crainte et l'esperance.   Le deliberer, voire és choses plus legieres, m'importune; et sens mon esprit plus empesché à souffrir le branle et les secousses diverses du doute et de la consultation, qu'à se rassoir [4] et resoudre à quelque party que ce soit, apres que la chance est livrée [5]. Peu de passions m'ont troublé le sommeil; mais, des deliberations, la moindre me le trouble.   Tout ainsi que des chemins, j'en evite volontiers les costez pandans et glissans, et me jette dans le battu le plus boueux et enfondrant [6], d'où je ne puisse aller plus bas, et y cherche seurté; aussy j'ayme les malheurs tous purs, qui ne m'exercent et tracassent plus apres l'incertitude de leur rabillage [7], et qui, du premier saut, me poussent droictement en la souffrance:

C   *dubia plus torquent mala* [8].

B   Aux evenemens je me porte virilement; en la conduicte puerillement.   L'horreur de la cheute me donne plus de fiebvre que le coup.   Le jeu ne vaut pas la chandelle. L'avaritieux a plus mauvais conte [9] de sa passion que n'a le pauvre, et le jaloux que le cocu.   Et y a moins de mal souvent à perdre sa vigne qu'à la plaider.   La plus basse marche est la plus ferme.   C'est le siege de la constance. Vous n'y avez besoing que de vous.   Elle se fonde là, et appuye toute en soy [10].   Cet exemple d'un gentil'homme que plusieurs ont cogneu, a il pas quelque air philosophique? Il se marya bien avant en l'aage, ayant passé en bon compaignon sa jeunesse: grand diseur, grand gaudisseur [11].   Se souvenant combien la matiere de cornardise [12] luy avoit donné dequoy parler et se moquer des autres, pour se mettre à couvert,

---

[1] to my purpose, advantage.   [2] patience.   [3] i.e. *en suspens*.
[4] compose myself.   [5] once the die is cast.   [6] *où on s'enfonce*.
[7] i.e. of knowing whether they can be mended.
[8] "Evils which are uncertain plague us most" (Seneca, *Agam.*, III, i, 29).
[9] has a worse bargain.   [10] rests only on itself.   [11] merry jester.
[12] cuckoldry.

il espousa une femme qu'il print au lieu où chacun en trouve
pour son argent, et dressa avec elle ses alliances: Bon jour,
putain. — Bon jour, cocu! Et n'est chose dequoy plus
souvent et ouvertement il entretint chez luy les survenans,
que de ce sien dessein: par où il bridoit les occultes caquets
des moqueurs et esmoussoit la pouinte de ce reproche.

Quant à l'ambition, qui est voisine de la presumption,   A
ou fille plustost, il eut fallu, pour m'advancer, que la fortune
me fut venu querir par le poing. Car, de me mettre en
peine pour un' esperance incertaine et me soubmettre à
toutes les difficultez qui accompaignent [1] ceux qui cerchent
à se pousser en credit sur le commencement de leur progrez,
je ne l'eusse sçeu faire;

spem pretio non emo [2].   B

Je m'atache à ce que je voy et que je tiens, et ne m'es-
longne guiere du port,

Alter remus aquas, alter tibi radat arenas [3].

Et puis on arrive peu à ces avancemens, qu'en hazardant
premierement le sien [4], et je suis d'advis que, si ce qu'on a
suffit à maintenir la condition en laquelle on est nay et
dressé, c'est folie d'en lacher la prise sur l'incertitude de
l'augmenter. Celuy à qui la fortune refuse dequoy planter
son pied et establir un estre [5] tranquille et reposé, il est
pardonnable s'il jette au hazard ce qu'il a, puis qu'ainsi
comme ainsi [6] la necessité l'envoye à la queste.

Capienda rebus in malis præceps via est [7].   C

Et j'excuse plustost un cabdet de mettre sa legitime [8] au   B
vent, que celuy à qui l'honneur de la maison est en charge,
qu'on ne peut voir necessiteux qu'à sa faute.

---

[1] i.e. which, at the beginning, accompany those . . .
[2] "I do not buy hope with money" (Terence, *Adelphi*, II, 2, 11).
[3] "Let one oar touch the waves and the other the sands of the shore" (Propertius, III, 3, 23).
[4] what one has.   [5] a life.   [6] happen what will.
[7] "In adversity we must choose the precipitous path" (Seneca, *Agam.*, II, 1, 47).
[8] legal share, inheritance.

A   J'ay bien trouvé le chemin plus court et plus aisé, avec le conseil de mes bons amis du temps passé [1], de me défaire de ce desir et de me tenir coy,

> *Cui sit conditio dulcis sine pulvere palmæ* [2]:

jugeant aussi bien sainement de mes forces qu'elles n'estoient pas capables de grandes choses, et me souvenant de ce mot du feu Chancelier Olivier,* que les François semblent des guenons qui vont grimpant contremont [3] un arbre, de branche en branche, et ne cessent d'aller jusques à ce qu'elles sont arrivées à la plus haute branche, et y monstrent le cul, quand elles y sont.

B
> *Turpe est quod nequeas, capiti committere pondus,*
> *Et pressum inflexo mox dare terga genu.* [4]

A   Les qualitez mesmes qui sont en moy non reprochables, je les trouvois inutiles en ce siecle.   La facilité de mes meurs, on l'eut nommée lâcheté et foiblesse; la foy et la conscience s'y feussent trouvées scrupuleuses et superstitieuses; la franchise et la liberté, importune, inconsiderée et temeraire.   A quelque chose sert le mal'heur.   Il fait bon naistre en un siecle fort depravé: car, par comparaison d'autruy, vous estes estimé vertueux à bon marché.   Qui n'est que parriside en nos jours, et sacrilege, il est homme de bien et d'honneur:

B
> *Nunc, si depositum non inficiatur amicus,*
> *Si reddat veterem cum tota ærugine follem,*
> *Prodigiosa fides et Tuscis digna libellis,*
> *Quæque coronata lustrari debeat agna.* [5]

Et ne fut jamais temps et lieu * où il y eust pour les princes loyer plus certain et plus grand proposé à la bonté

---

[1] i.e. the ancient philosophers.

[2] "Whose pleasant lot it is to gain the prize without the dust of the combat" (Horace, *Ep.*, I, i, 51).   [3] up.

[4] "It is shameful to load your head with a burden beyond your strength and then to give way under the weight and take to flight" (Propertius, III, 9, 5 ff.).

[5] "Nowadays if a friend does not deny a trust, if he restores the old money-bag with all its rust, 'tis a portent of honesty, worthy of record in the Etruscan calendar, needing the blood of a garlanded lamb to expiate it" (Juvenal, XIII, 60 ff.).

et à la justice.   Le premier qui s'avisera de se pousser en faveur et en credit par cette voye là, je suis bien deçeu si, à bon conte, il ne devançe ses compaignons.   La force, la violançe peuvent quelque chose, mais non pas tousjours tout.

Les marchans, les juges de village, les artisans, nous les voyons aller à pair de vaillance et science militaire aveq la noblesse: ils rendent des combats honorables [1], et publiques et privez, ils battent, ils defendent villes en nos guerres. Un prince estouffe sa recommendation emmy cette presse. Qu'il reluise d'humanité, de verité, de loyauté, de temperance et sur tout de justice: marques rares, inconnues et exilées.   C'est la seule volonté des peuples de quoy il peut faire ses affaires, et nulles autres qualitez ne peuvent tant flatter leur volonté comme celles là: leur estant bien plus utiles que les autres.   C

Nihil est tam populare quam bonitas. [2]

Par cette proportion [3], je me fusse trouvé ▲ grand et   AC rare, comme je me trouve pygmée et populaire à la proportion d'aucuns siecles passez, ausquels il estoit vulgaire, si d'autres plus fortes qualitez n'y concurroient, de voir un homme ▲ moderé en ses vengeances, mol au ressentiment   A des offences, religieux en l'observance de sa parolle, ny double, ny souple, ny accommodant sa foy à la volonté d'autruy et aux occasions.   Plustost lairrois je rompre le col aux affaires que de tordre ma foy pour leur service.   Car, quant à cette nouvelle vertu de faintise et de dissimulation qui est à cet heure si fort en credit, je la hay capitallement; et, de tous les vices, je n'en trouve aucun qui tesmoigne tant de lâcheté et bassesse de cœur.   C'est un' humeur couarde et servile de s'aller desguiser et cacher sous un masque, et de n'oser se faire veoir tel qu'on est.   Par là nos hommes se dressent à la perfidie: ▲ estants duicts à   B produire [4] des parolles fauces, ils ne font pas conscience d'y manquer.   ▲ Un cœur genereux ne doit point desmentir   A

---

[1] i.e. they give a good account of themselves.
[2] "Nothing is so popular as good nature" (Cicero, *Pro Ligario*, c. 12).
[3] i.e. by comparing myself with my contemporaries.   [4] pronounce.

c ses pensées; il se veut faire voir jusques au dedans. ▲ Ou tout y est bon, ou aumoins tout y est humein.

Aristote estime office de magnanimité hayr et aimer à descouvert, juger, parler avec toute franchise, et, au prix de la verité, ne faire cas de l'approbation ou reprobation d'autruy.

A Apollonius disoit que c'estoit aux serfs de mantir, et aux libres de dire verité.

c C'est la premiere et fondamentale partie de la vertu. Il la faut aymer pour elle mesme. Celuy qui dict vray, par ce qu'il y est d'ailleurs obligé et par ce qu'il sert [1], et qui ne craint point à dire mansonge, quand il n'importe à personne, n'est pas veritable suffisamment. Mon ame, de sa complexion, refuit la menterie et hait mesmes à la penser.

J'ay un' interne vergongne et un remors piquant, si par fois elle m' eschappe, comme par fois elle m'eschappe, les occasions me surprenant et agitant impremeditéement.

A Il ne faut pas tousjours dire tout, car ce seroit sottise; mais ce qu'on dit, il faut qu'il soit tel qu'on le pense, autrement c'est meschanceté. Je ne sçay quelle commodité ils attendent de se faindre et contrefaire sans cesse, si ce n'est de n'en estre pas creus lors mesme qu'ils disent verité; cela peut tromper une fois ou deux les hommes; mais de faire profession de se tenir couvert, et se vanter,* comme ont faict aucuns de nos princes, qu'ils jetteroient leur chemise au feu si elle estoit participante de leurs vrayes intentions (qui est un mot de l'ancien Metellus Macedonicus), et que, qui ne sçait se faindre, ne sçait pas regner, c'est tenir advertis ceux qui ont à les praticquer, que ce n'est que piperie et

c mensonge qu'ils disent. ▲ *«Quo quis versutior et callidior est, hoc invisior et suspectior, detracta opinione probitatis.»* [2]

A Ce seroit une grande simplesse à qui se lairroit amuser ny au visage ny aux parolles de celuy qui faict estat d'estre tousjours autre au dehors qu'il n'est au dedans, comme faisoit Tibere: et ne sçay quelle part telles gens peuvent

---

[1] because it is useful.

[2] "The more crafty and cunning a man is, the more is he hated and suspected, having lost his reputation for probity" (Cicero, *De Off.*, II, 9).

avoir au commerce des hommes, ne produisans [1] rien qui
soit reçeu pour contant [2].

Qui est desloyal envers la verité l'est aussi envers le   B
mensonge.

Ceux qui,* de nostre temps, ont considéré, en l'establisse-   C
ment du devoir d'un prince, le bien de ses affaires seulement,
et l'ont preferé au soin de sa foy et conscience, diroyent
quelque chose [3] à un prince de qui la fortune auroit rangé
à tel point les affaires que pour tout jamais il les peut establir
par un seul manquement et faute à sa parole.   Mais il n'en
va pas ainsi.   On rechoit souvent en pareil marché [4]; on
faict plus d'une paix, plus d'un traitté en sa vie.   Le gain
qui les convie à la premiere desloyauté (et quasi toujours il
s'en presente comme à toutes autres meschancetez: les sacri-
leges, les meurtres, les rebellions, les trahisons s'entreprenent
pour quelque espece de fruit), mais ce premier gain apporte
infinis dommages suivants, jettant ce prince hors de tout
commerce et de tout moyen de negotiation par l'example de
cette infidelité.   Solyman de la race des Ottomans, race
peu soigneuse de l'observance des promesses et paches [5], lors
que, de mon enfance,* il fit descendre son armée à Ottrante,
ayant sçeu que Mercurin de Gratinare et les habitants de
Castro estoyent detenus prisonniers, apres avoir rendu la
place, contre ce qui avoit esté capitulé aveq eux, manda
qu'on les relaschat; et qu'ayant en main d'autres grandes
entreprinses en cette contrée là, cette desloyauté, quoy qu'elle
eut quelque apparence d'utilité presente, luy apporteroit
pour l'avenir un descri et une desfiance d'infini prejudice.

Or, de moy [6], j'ayme mieux estre importun et indiscret   A
que flateur et dissimulé.

J'advoue qu'il se peut mesler quelque pointe de fierté   B
et d'opiniastreté à se tenir ainsin entier et descouvert sans
consideration d'autruy; et me semble que je deviens un peu
plus libre où il le faudroit moins estre, et que je m'eschaufe

---

[1] see above, p. 127.   [2] *pour argent comptant.*
[3] might give useful advice.
[4] they often fall again into the same need of bargaining.
[5] *pactes.*   [6] for my part.

K

par l'opposition du respect [1]. Il peut estre aussi que je me laisse aller apres ma nature, à faute d'art. Presentant aux grands cette mesme licence [2] de langue et de contenance que j'apporte de ma maison, je sens combien elle decline vers l'indiscretion et incivilité. Mais, outre ce que je suis ainsi faict, je n'ay pas l'esprit assez souple pour gauchir à une prompte demande et pour en eschaper par quelque destour, ny pour feindre une verité, ny assez de memoire pour la retenir ainsi feinte, ny certes assez d'asseurance pour la maintenir; et fois [3] le brave par foiblesse. Parquoy je m'abandonne à la nayfveté et à tousjours dire ce que je pense, et par complexion, et par discours, laissant à la fortune d'en conduire l'evenement [4].

c   Aristippus disoit le principal fruit qu'il eut tiré de la philosophie, estre qu'il parloit librement et ouvertement à chacun.

A   C'est un outil de merveilleux service que la memoire, et sans lequel le jugement faict bien à peine son office: elle me manque du tout. Ce qu'on me veut proposer [5], il faut que ce soit à parcelles. Car de respondre à un propos où il y eut plusieurs divers chefs, il n'est pas en ma puissance. Je ne sçaurois recevoir une charge sans tablettes. Et, quand j'ay un propos de consequence à tenir, s'il est de longue haleine, je suis reduit à cette vile et miserable necessité

CA   d'apprendre par cœur ▲ mot à mot ▲ ce que j'ay à dire; autrement je n'auroy ny façon [6] ny asseurance, estant en crainte que ma memoire vint à me faire un mauvais tour.

c   Mais ce moïen m'est non moins difficile. Pour aprandre trois vers, il me faut trois heures; et puis, en un mien ouvrage, la liberté et authorité de remuer l'ordre, de changer un mot, variant sans cesse la matiere, la rend plus malaisée à

A   concevoir [7]: ▲ Or, plus je m'en defie, plus elle se trouble; elle me sert mieux par rencontre, il faut que je la solicite nonchalamment: car, si je la presse, elle s'estonne; et, depuis qu'ell' a commencé à chanceler, plus je la sonde, plus elle

---

[1] from a spirit of contradiction to the respect I ought to feel for my opponent.
[2] liberty.   [3] *fais*.   [4] the issue.   [5] expound.   [6] form.
[7] keep in mind.

s'empestre et embarrasse; elle me sert à son heure, non pas
à la mienne.   Cecy que je sens en la memoire, je le sens
en plusieurs autres parties.   Je fuis le commandement,
l'obligation et la contrainte.   Ce que je fais ayséement et
naturellement, si je m'ordonne de le faire par une expresse
et prescrite ordonnance, je ne le sçay plus faire.   Au corps
mesme, les membres qui ont quelque liberté et jurisdiction
plus particuliere sur eux, me refusent par fois leur obeyssance, quand je les destine et attache à certain point et heure
de service necessaire.   Cette preordonnance contrainte et
tyrannique les rebute; il se croupissent [1] d'effroy ou de despit,
et se transissent [2]. ▲   Autresfois, estant en lieu où c'est dis-   B
courtoisie barbaresque de ne respondre à ceux qui vous
convient à boire, quoi qu'on m'y traitast avec toute liberté,
j'essaiay de faire le bon compaignon en faveur des dames
qui estoyent de la partie, selon l'usage du pays.* Mais il
y eust du plaisir [3], car cette menasse et preparation d'avoir
à m'efforcer outre ma coustume et mon naturel, m'estoupa
de maniere le gosier, que je ne sçeuz avaller une seule goute,
et fus privé de boire pour le besoing mesme de mon repas.
Je me trouvay saoul [4] et desalteré par tant de brevage que
mon imagination avoit preoccupé [5].   ▲ Cet effaict est plus   A
apparent en ceux qui ont l'imagination plus vehemente et
puissante; mais il est pourtant naturel, et n'est aucun qui
ne s'en ressante aucunement.   On offroit à un excellant
archer condamné à la mort de luy sauver la vie, s'il vouloit
faire voir quelque notable preuve de son art: il refusa de
s'en essayer, craignant que la trop grande contention de sa
volonté luy fit fourvoier la main, et qu'au lieu de sauver sa
vie, il perdit encore la reputation qu'il avoit acquise au tirer
de l'arc.   Un homme qui pense ailleurs, ne faudra point, à
un pousse pres, de refaire tousjours un mesme nombre et
mesure de pas au lieu où il se promene; mais, s'il y est avec
attention de les mesurer et conter, il trouvera que, ce qu'il
faisoit par nature et par hazard, il ne le faira pas si exactement
par dessein.

---

[1] shrink.   [2] are benumbed.   [3] some sort of amusement (ironical).
[4] sated.   [5] anticipated.

Ma librerie,* qui est des belles entre les libreries de village, est assise à un coin de ma maison: s'il me tombe en fantasie chose que j'y veuille aller cercher ou escrire, de peur qu'elle ne m'eschappe en traversant seulement ma court, il faut que je la donne en garde à quelqu'autre.   Si je m'enhardis, en parlant, à me destourner tant soit peu de mon fil, je ne faux jamais de le perdre: qui faict que je me tiens, en mes discours, contraint, sec et resserré.   Les gens qui me servent, il faut que je les appelle par le nom de leurs charges ou de leur pays,* car il m'est tres-malaisé de retenir des noms.

B   Je diray bien qu'il a trois syllabes, que le son en est rude,
A   qu'il commence où termine par telle lettre.   ▲ Et, si je durois à vivre long temps, je ne croy pas que je n'oubliasse
B   mon nom propre, comme ont faict d'autres.   ▲ Messala Corvinus * fut deux ans n'ayant trace aucune de memoire;
CB   ce qu'on dict aussi de George Trapezonce;* ▲ et, pour mon interest, je rumine souvent quelle vie c'estoit que la leur, et si sans cette piece il me restera assez pour me soustenir avec quelque aisance; et, y regardant de pres, je crains que ce defaut, s'il est parfaict [1], perde toutes les functions de
C   l'ame: ▲ *«Memoria certe non modo philosophiam, sed omnis vitæ usum omnesque artes una maxime continet.»* [2]

A   *Plenus rimarum sum, hac atque illac effluo.* [3]

Il m'est advenu plus d'une fois d'oublier le mot du guet
CA   que j'avois ▲ trois heures auparavant ▲ donné ou receu
C   d'un autre, ▲ et d'oublier où j'avoy caché ma bourse, quoy qu'en die Cicero.   Je m'aide à perdre ce que je serre par-
A   ticulierement.   ▲ C'est le receptacle et l'estuy de la science que la memoire: l'ayant si deffaillante, je n'ay pas fort à me plaindre, si je ne sçay guiere.   Je sçay en general le nom des arts et ce dequoy elles traictent, mais rien au delà.   Je feuillette les livres, je ne les estudie pas: ce qui m'en demeure, c'est chose que je ne reconnois plus estre d'autruy; c'est cela

----

[1] complete.

[2] "It is certain that memory embraces not only philosophy but the whole conduct of life and all the arts" (Cicero, *Acad.*, II, 7).

[3] "I am like a leaky vessel.   I run out in every direction " (Terence, *Eunuchus*, I, 2, 25).

seulement dequoy mon jugement a faict son profict, les discours et les imaginations [1] dequoy il s'est imbu: l'autheur, le lieu, les mots et autres circonstances, je les oublie incontinent.

Et suis si excellent en l'oubliance que mes escrits mesmes et compositions, je ne les oublie pas moins que le reste. On m'allegue [2] tous les coups à moymesme sans que je le sente. Qui voudroit sçavoir d'où sont les vers et exemples que j'ay icy entassez, me mettroit en peine de le luy dire; et si ne les ay mendiez qu'és portes connues et fameuses, ne me contentant pas qu'ils fussent riches, s'il ne venoient encore de main riche et honorable: l'authorité y concurre quant et la raison. ▲ Ce n'est pas grand merveille si mon livre suit la fortune des autres livres et si ma memoire desempare [3] ce que j'escry comme ce que je ly, et ce que je donne comme ce que je reçoy.

Outre le deffaut de la memoire, j'en ay d'autres qui aydent beaucoup à mon ignorance. J'ay l'esprit tardif et mousse; le moindre nuage luy arreste sa pointe, en façon que (pour exemple) je ne luy proposay jamais enigme si aisé qu'il sçeut desvelopper [4]. Il n'est si vaine subtilité qui ne m'empesche. Aux jeux, où l'esprit a sa part, des échets [5], des cartes, des dames et autres, je n'y comprens que les plus grossiers traicts. L'apprehension, je l'ay lente et embrouillée; mais ce qu'elle tient une fois, elle le tient bien et l'embrasse bien universellement, estroitement et profondement, pour le temps qu'elle le tient. J'ay la veuë longue, saine et entiere, mais qui se lasse aiséement au travail et se charge [6]: à cette occasion, je ne puis avoir long commerce avec les livres que par le moyen du service d'autruy. Le jeune Pline instruira ceux qui ne l'ont essayé, combien ce retardement [7] est important à ceux qui s'adonnent à cette occupation.

Il n'est point ame si chetifve et brutale en laquelle on ne voye reluire quelque faculté particuliere; il n'y en a point de si ensevelie qui ne face une saillie par quelque bout. Et

---

[1] ideas. [2] i.e. they quote the *Essays*.
[3] loses hold of. [4] unravel. [5] *échecs*.
[6] grows misty. [7] this source of delay (cf. Plin., III, 5).

comment il advienne qu'une ame, aveugle et endormie à toutes autres choses, se trouve vifve, claire et excellente à certain particulier effect, il s'en faut enquerir aux maistres. Mais les belles ames, ce sont les ames universelles, ouvertes

C et prestes à tout, ▲ si non instruites, au moins instruisables:

A ce que je dy pour accuser la mienne; car, soit par foiblesse ou nonchalance (et de mettre à nonchaloir ce qui est à nos pieds, ce que nous avons entre-mains, ce qui regarde de plus pres l'usage de la vie, c'est chose bien eslongnée de mon dogme ¹), il n'en est point une si inepte et si ignorante que la mienne de plusieurs telles choses vulgaires et qui ne se peuvent sans honte ignorer. Il faut que j'en conte quelques exemples.

Je suis né et nourry aux champs et parmy le labourage; j'ay des affaires et du mesnage en main, depuis que ceux qui me devançoient en la possession des biens que je jouys, m'ont quitté leur place. Or je ne sçay conter ny à get ² ny à plume; la pluspart de nos monnoyes,* je ne les connoy pas; ny ne sçay la difference de l'un grain à l'autre, ny en la terre, ny au grenier, si elle n'est pas trop apparente, ny à peine celle d'entre les choux et les laictues de mon jardin. Je n'entens pas seulement les noms des premiers outils du mesnage, ny les plus grossiers principes de l'agriculture, et

B que les enfans sçavent; ▲ moins aux arts mechaniques, en la trafique et en la connoissance des marchandises, diversité et nature des fruicts, de vins, de viandes; ny à dresser un

A oiseau, ny à mediciner un cheval ou un chien. ▲ Et, puis qu'il me faut faire la honte toute entiere, il n'y a pas un mois qu'on me surprint ignorant dequoy le levain servoit

C à faire du pain, ▲ et que c'estoit que faire cuver du vin.

A On conjectura anciennement à Athenes une aptitude à la mathematique en celuy à qui on voioit ingenieusement agencer et fagotter une charge de brossailles. Vrayement on tireroit de moy une bien contraire conclusion: car qu'on me donne tout l'apprest d'une cuisine, me voilà à la faim.

Par ces traits de ma confession, on en peut imaginer d'autres à mes despens. Mais, quel que je me face con-

¹ my doctrine of life. ² with counters (*jetons*).

noistre, pourveu que je me face connoistre tel que je suis,
je fay mon effect [1].   Et si ne m'excuse pas d'oser mettre
par escrit des propos si bas et frivoles que ceux-cy.   La
bassesse du sujet [2] m'y contrainct.   ▲ Qu'on accuse, si on veut,   C
mon project; mais mon progrez [3], non.   ▲ Tant y a que,   A
sans l'advertissement d'autruy, je voy assez ce peu que tout
cecy vaut et poise, et la folie de mon dessein.   C'est prou
que mon jugement ne se defferre poinct, duquel ce sont icy
les essais:

> Nasutus sis usque licet, sis denique nasus,   B
>   Quantum noluerit ferre rogatus Athlas,
> Et possis ipsum tu deridere Latinum,
>   Non potes in nugas dicere plura meas,
> Ipse ego quam dixi: quid dentem dente juvabit
>   Rodere? carne opus est, si satur esse velis.
> Ne perdas operam: qui se mirantur, in illos
>   Virus habe; nos hæc novimus esse nihil. [4]

Je ne suis pas obligé à ne dire point de sottises, pourveu que
je ne me trompe pas à les connoistre.   Et defaillir à mon
escient, cela m'est si ordinaire que je ne faux guere d'autre
façon: je ne faux jamais fortuitement.   C'est peu de chose
de prester à la temerité de mes humeurs les actions ineptes,
puis que je ne me puis pas deffendre d'y prester ordinairement les vitieuses.

Je vis un jour, à Barleduc, qu'on presentoit au Roy François second, pour la recommandation de la memoire de
René,* Roy de Sicile, un pourtraict qu'il avoit luy-mesmes
fait de soy.   Pourquoy n'est-il loisible de mesme à un
chacun de se peindre de la plume, comme il se peignoit d'un
creon?   Je ne veux donc pas oublier encor cette cicatrice [5],
bien mal propre à produire, en public: c'est l'irresolution,
defaut tres-incommode à la negociation des affaires du

---

[1] achieve my purpose.   [2] i.e. himself.   [3] treatment of it.

[4] "Be as critical as you please, be all nose, a nose so huge that Atlas would not
carry it, if asked, be able to ridicule the famous Latinus [a comic actor]; yet you
cannot say more against my trifling efforts than I have said myself.   What will
it avail to bite tooth on tooth?   You must have flesh if you would satisfy your
appetite.   Do not waste your labour: keep your venom for those who admire
themselves : as for me I know that all this is naught" (Martial, XIII, 2, 1).

[5] blemish.

monde. Je ne sçay pas prendre party és entreprinses doubteuses:

B   *Ne si, ne no, nel cor mi suona intero.*[1]

Je sçay bien soustenir une opinion, mais non pas la choisir.

A   Par ce que és choses humaines, à quelque bande[2] qu'on panche, il se presente force apparences qui nous y confir-
C   ment ▲ (et le philosophe Chrysippus disoit qu'il ne vouloit apprendre de Zenon et Cleanthez, ses maistres, que les dogmes simplement: car quant aux preuves et raisons, qu'il
A   en fourniroit assez de luy mesme), ▲ de quelque costé que je me tourne, je me fournis toujours assez de cause et de vray-semblance pour m'y maintenir.   Ainsi j'arreste[3] chez moi le doubte et la liberté de choisir, jusques à ce que l'occasion me presse.   Et lors, à confesser la verité, je jette le plus souvent la plume au vent, comme on dict, et m'abandonne à la mercy de la fortune: une bien legere inclination et circonstance m'emporte,

Dum in dubio est animus, paulo momento huc atque illuc impellitur.[4]

L'incertitude de mon jugement est si également balancée en la pluspart des occurrences que je compromettrois[5] volontiers à la decision du sort et des dets; et remarque avec grande consideration de nostre foiblesse humaine les exemples que l'histoire divine mesme nous a laissez de cet usage de remettre à la fortune et au hazard la determination des élections és choses doubteuses: «*sors cecidit super Mathiam*[6].»
C   La raison humaine est un glaive double et dangereux. Et en la main mesme de Socrate son plus intime et plus familier amy, voyez à quants de bouts c'est un baston[7].
A   Ainsi, je ne suis propre qu'à suyvre, et me laisse aysément emporter à la foule: je ne me fie pas assez en mes forces pour

---

[1] "My heart says neither frankly yes, nor frankly no" (Petrarch, *Sonnet* 116).
[2] side.   [3] I reserve.
[4] "When the mind is in doubt, the least weight makes it incline one way or the other" (Terence, *Andria*, I, 6, 32).
[5] engage myself to abide.   [6] "The lot fell upon Mathias" (*Acts* i. 26).
[7] how many ended a stick it is.

entreprendre de commander, ny guider; je suis bien aise de
trouver mes pas trassez par les autres. S'il faut courre le
hazard d'un chois incertain, j'ayme mieux que ce soit soubs
tel, qui s'asseure plus de ses opinions et les espouse plus que
je ne fay les miennes, ▲ ausquelles je trouve le fondement et B
le plant[1] glissant. Et si ne suis pas trop facile au change,
d'autant que j'apperçois aux opinions contraires une pareille
foiblesse. ▲ «*Ipsa consuetudo assentiendi periculosa esse* C
videtur et lubrica.»[2] ▲ Notamment aux affaires politiques, A
il y a un beau champ ouvert au bransle[3] et à la contestation:

> *Justa pari premitur veluti cum pondere libra*
> *Prona, nec hac plus parte sedet, nec surgit ab illa.*[4]

Les discours de Machiavel,* pour exemple, estoient assez
solides pour le subject, si y a-il eu grand aisance à les combattre; et ceux qui l'ont faict, n'ont pas laissé moins de
facillité à combatre les leurs. Il s'y trouveroit tousjours, à
un tel argument, dequoy y fournir responses, dupliques,
repliques, tripliques, quadrupliques, et cette infinie contexture de debats que notre chicane a alongé tant qu'elle a peu
en faveur des procez,

> *Cædimur, et totidem plagis consumimus hostem*[5],

les raisons n'y ayant guere autre fondement que l'experience,
et la diversité des evenements humains nous presentent
infinis exemples à toute sorte de formes. Un sçavant personnage de nostre temps dit qu'en nos almanacs, où ils disent
chaud, qui voudra dire froid, et, au lieu de sec, humide, et
mettre tousjours le rebours de ce qu'ils pronostiquent, s'il
devoit entrer en gageure de l'evenement de l'un ou l'autre,
qui ne se soucieroit pas quel party il print, sauf és choses où il
n'y peut eschoir incertitude, comme de promettre à Noel
des chaleurs extremes, et à la sainct Jean des rigueurs de

---

[1] *plan* (position).
[2] "Even the habit of assenting appears to be dangerous and slippery" (Cicero,
Acad., II, 21). [3] wavering.
[4] "Just as when a true balance is pressed down by equal weights and neither
sinks on this side nor rises on that" (Tibullus, IV, 41 f.).
[5] "We alternately receive blows and deal as many to the foe" (Horace, *Ep.*, II,
2, 97).

l'hiver. J'en pense de mesmes de ces discours politiques: à quelque rolle qu'on vous mette, vous avez aussi beau jeu que vostre compagnon, pourveu que vous ne venez à choquer les principes trop grossiers et apparens. Et pourtant, selon mon humeur, és affaires publiques, il n'est aucun si mauvais train, pourveu qu'il aye de l'aage et de la constance, qui ne vaille mieux que le changement et le remuement. Nos meurs sont extremement corrompuës, et panchent d'une merveilleuse inclination vers l'empirement; de nos loix et usances, il y en a plusieurs barbares et monstrueuses: toutesfois, pour la difficulté de nous mettre en meilleur estat et le danger de ce crollement [1], si je pouvoy planter une cheville à nostre roüe et l'arrester en ce point, je le ferois de bon cœur:

B
> *nunquam adeo fœdis adeoque pudendis*
> *Utimur exemplis ut non pejora supersint.* [2]

A Le pis que je trouve en nostre estat, c'est l'instabilité, et que nos loix, non plus que nos vestemens, ne peuvent prendre aucune forme arrestée. Il est bien aisé d'accuser d'imperfection une police, car toutes choses mortelles en sont pleines; il est bien aisé d'engendrer à un peuple le mespris de ses anciennes observances: jamais homme n'entreprint cela qui n'en vint à bout; mais d'y restablir un meilleur estat en la place de celuy qu'on a ruiné, à cecy plusieurs se sont morfondus, de ceux qui l'avoient entreprins.

C Je fay peu de part à ma prudence de ma conduite: je me laisse volontiers mener à l'ordre public du monde. Heureux peuple, qui faict ce qu'on commande mieux que ceux qui commandent, sans se tourmenter des causes; qui se laisse mollement rouller apres le roullement celeste. L'obeyssance n'est pure ny tranquille en celuy qui raisonne et qui plaide.

A Somme, pour revenir à moy, ce seul par où je m'estime quelque chose, c'est ce en quoy jamais homme ne s'estima deffaillant: ma recommandation est vulgaire, commune et

---

[1] *croulement*.
[2] "The instances I cite are not so infamous and shameful that there are not worse to come" (Juvenal, VIII, 183).

populaire, car qui a jamais cuidé avoir faute de sens? Ce seroit une proposition qui impliqueroit en soy de la contradiction: ▲ c'est une maladie qui n'est jamais où elle se voit; ell' est bien tenace et forte, mais laquelle pourtant le premier rayon de la veue du patient perce et dissipe, comme le regard du soleil un brouillas [1] opaque; ▲ s'accuser seroit s'excuser en ce subject là; et se condamner, ce seroit s'absoudre.   Il ne fut jamais crocheteur ny femmelette qui ne pensast avoir assez de sens pour sa provision.   Nous reconnoissons ayséement és autres l'advantage du courage, de la force corporelle, de l'experience, de la disposition [2], de la beauté; mais l'advantage du jugement, nous ne le cedons à personne: et les raisons qui partent du simple discours naturel en autruy, il nous semble qu'il n'a tenu qu'à regarder de ce costé là, que nous les ayons trouvées [3].   La science, le stile, et telles parties que nous voyons és ouvrages estrangers, nous touchons bien aiséement si elles surpassent les nostres; mais les simples productions de l'entendement, chacun pense qu'il estoit en luy de les rencontrer toutes pareilles, et en apperçoit malaisement le poids et la difficulté, ▲ si ce n'est, et à peine, en une extreme et incomparable distance.   ▲ Ainsi, c'est une sorte d'exercitation de laquelle je dois esperer fort peu de recommandation et de louange, et une maniere de composition de peu de nom.

Et puis, pour qui escrivez vous?   Les sçavans à qui touche [4] la jurisdiction livresque, ne connoissent autre prix que de la doctrine, et n'advouent autre proceder en noz esprits que celuy de l'erudition et de l'art: si vous avez pris l'un des Scipions pour l'autre, que vous reste il à dire qui vaille?   Qui ignore Aristote, selon eux s'ignore quand et quand soy-mesme.   Les ames communes et populaires ne voyent pas la grace et le pois d'un discours hautain et deslié [5].   Or, ces deux especes occupent le monde.   La tierce, à qui vous tombez en partage, des ames reglées et fortes d'elles-mesmes [6], est si rare que justement elle n'a ny nom, ny rang

---

[1] *brouillard.*   [2] alertness (cf. *dispos*).
[3] it seems to us that, had we but looked that way, we should have found them.
[4] belongs.   [5] subtle.   [6] i.e. not by learning.

entre nous: c'est à demy temps perdu, d'aspirer et de s'efforcer à luy plaire.

A   On dit communément que le plus juste partage que nature nous aye fait de ses graces, c'est celuy du sens: car il n'est aucun qui ne se contente de ce qu'elle luy en a distribué.
C   N'est-ce pas raison? Qui verroit au delà, il verroit au
A   delà de sa veue. ▲ Je pense avoir les opinions bonnes et saines; mais qui n'en croit autant des siennes? L'une des meilleures preuves que j'en aye, c'est le peu d'estime que je fay de moy: car si elles n'eussent esté [1] bien asseurées, elles se fussent aisément laissées piper à l'affection que je me porte singuliere, comme celuy qui [2] la ramene quasi toute à moy, et qui ne l'espands gueres hors de là.   Tout ce que les autres en distribuent à une infinie multitude d'amis et de connoissans, à leur gloire, à leur grandeur, je le rapporte tout au repos de mon esprit et à moy.   Ce qui m'en eschappe ailleurs, ce n'est pas proprement de l'ordonnance de mon discours,

mihi nempe valere et vivere doctus [3].

Or mes opinions, je les trouve infiniement hardies et constantes à condamner mon insuffisance.   De vray, c'est aussi un subject auquel j'exerce mon jugement autant qu'à nul autre.   Le monde regarde tousjours vis à vis [4]; moy, je replie ma veue au dedans, je la plante, je l'amuse là.   Chacun regarde devant soy; moy, je regarde dedans moy: je n'ay affaire qu'à moy, je me considere sans cesse, je me contrerolle, je me gouste.   Les autres vont tousjours ailleurs, s'ils y pensent bien; ils vont tousjours avant,

nemo in sese tentat descendere [5],

moy je me roulle en moy mesme.
    Cette capacité de trier le vray, quelle qu'elle soit en moy, et cett' humeur libre de n'assubjectir aisément ma creance, je la dois principalement à moy: car les plus fermes imagina-

[1] i.e. my opinions.   [2] being, as I am, one . . .
[3] "Trained to think of himself and live for himself alone" (Lucretius, V, 961).
[4] straight in front.
[5] "No one tries to sound himself" (Persius, IV, 23).

tions que j'aye, et generalles, sont celles qui, par maniere de dire, nasquirent avec moy. Elles sont naturelles et toutes miennes. Je les produisis crues et simples, d'une production hardie et forte, mais un peu trouble et imparfaicte; depuis que je les ay establies et fortifiées par l'authorité d'autruy, et par les sains discours des anciens, ausquels je me suis rencontré conforme en jugement: ceux-là m'en ont assuré la prinse, et m'en ont donné la jouyssance et possession plus entiere.

La recommandation que chacun cherche, de vivacité et   B
promptitude d'esprit, je la pretends du reglement [1]; d'une action esclatante et signalée, ou de quelque particuliere suffisance, je la pretends de l'ordre, correspondance et tranquillité d'opinions et de meurs.   ▲ *«Omnino, si quidquam est*   C
decorum, nihil est profecto magis quam æquabilitas universæ *vitæ, tum singularum actionum: quam conservare non possis, si,* *aliorum naturam imitans, omittas tuam* [2].»

Voylà donq jusques où je me sens coulpable de cette   A
premiere partie, que je disois estre au vice de la presomption. Pour la seconde, qui consiste à n'estimer poinct assez autruy, je ne sçay si je m'en puis si bien excuser; car, quoy qu'il m'en couste, je delibere [3] de dire ce qui en est.

A l'adventure que le commerce continuel que j'ay avec les humeurs anciennes, et l'Idée [4] de ces riches ames du temps passé me dégouste et d'autruy et de moy mesme; ou bien que, à la verité, nous vivons en un siecle qui ne produict les choses que bien mediocres: tant y a que je ne connoy rien digne de grande admiration: aussi ne connoy-je guiere d'hommes avec telle privauté qu'il faut pour en pouvoir juger; et ceux ausquels ma condition me mesle plus ordinairement, sont, pour la pluspart, gens qui ont peu de soing de la culture de l'ame, et ausquels on ne propose pour toute beatitude que l'honneur, et pour toute perfection que la vaillance.   Ce que je voy de beau en autruy, je le loüe et l'estime

---

[1] i.e. not a ready wit but a steady wit.

[2] "If anything is becoming, nothing is more so than uniformity in one's whole life and in every particular action of it: and this you cannot preserve, if you imitate the character of others and abandon your own" (Cicero, *De off.*, I, 31).

[3] I am resolved.   [4] Idea (in the Platonic sense).

tres-volontiers: voire j'encheris souvent sur ce que j'en
pense, et me permets de mentir jusques là.   Car je ne sçay
point inventer un subject faux.   Je tesmoigne volontiers de
mes amis, par ce que j'y trouve de loüable; et d'un pied de
valeur, j'en fay volontiers un pied et demy.   Mais de leur
prester les qualitez qui n'y sont pas, je ne puis, ny les defendre
ouvertement des imperfections qu'ils ont.

B   Voyre à mes ennemis je rens nettement ce que je dois de
C   tesmoignage d'honneur.   ▲ Mon affection se change; mon
B   jugement, non.   ▲ Et ne confons point ma querelle avec
autres circonstances qui n'en sont pas; et suis tant jaloux de
la liberté de mon jugement, que mal-ayséement la puis-je
quitter pour passion que ce soit.   ▲ Je me fay plus d'injure
en mentant, que je n'en fay à celuy de qui je mens.   On
remarque cette louäble et genereuse coustume de la nation
Persienne, qu'ils parlent de leurs mortels ennemis et qu'ils
font guerre à outrance honorablement et equitablement,
autant que porte le merite de leur vertu [1].

A   Je connoy des hommes assez, qui ont diverses parties
belles: qui, l'esprit; qui, le cœur; qui, l'adresse; qui, la conscience; qui, le langage; qui, une science; qui un' autre.
Mais de grand homme en general, et ayant tant de belles
pieces ensemble, ou une en tel degré d'excellence, qu'on s'en
doive estonner, ou le comparer à ceux que nous honorons du
temps passé, ma fortune ne m'en a fait voir nul.   Et le plus
grand que j'aye conneu au vif [2], je di des parties naturelles
de l'ame, et le mieux né, c'estoit Estienne de la Boitie:*
c'estoit vrayement un' ame pleine et qui montroit un beau
visage à tout sens; un' ame à la vieille marque et qui eut produit de grands effects, si sa fortune l'eust voulu, ayant beaucoup adjousté à ce riche naturel par science et estude.   Mais
C   je ne sçay comment il advient ▲ (et si advient sans doubte)
A   qu'il se trouve autant de vanité et de foiblesse d'entendement
en ceux qui font profession d'avoir plus de suffisance, qui se
meslent de vacations lettrées et de charges qui despendent
des livres, qu'en nulle autre sorte de gens: ou bien par ce que
on requiert et attend plus d'eux, et qu'on ne peut excuser en

----

[1] i.e. in so far as they deserve it.   [2] in his lifetime.

eux les fautes communes; ou bien que l'opinion du sçavoir [1]
leur donne plus de hardiesse de se produire et de se descouvrir
trop avant, par où ils se perdent et se trahissent.   Comme
un artisan tesmoigne bien mieux sa bestise en une riche
matiere qu'il ait entre mains, s'il l'accommode et mesle
sottement et contre les regles de son ouvrage, qu'en une
matiere vile, et s'offence l'on plus du defaut en une statue
d'or qu'en celle qui est de plastre.   Ceux cy en font autant
lors qu'ils mettent en avant des choses qui, d'elles mesmes et
en leur lieu, seroyent bonnes: car ils s'en servent sans discretion, faisans honneur à leur memoire aux despens de leur
entendement: ils font honneur à Cicero, à Galien, à Ulpian *
et à saint Hierosme, et eux se rendent ridicules.

Je retombe volontiers sur ce discours de l'ineptie de notre
institution: elle a eu pour sa fin de nous faire non bons et
sages, mais sçavans: elle y est arrivée.   Elle ne nous a pas
apris de suyvre et embrasser la vertu et la prudence, mais elle
nous en a imprimé la derivation et l'etymologie.   Nous
sçavons decliner vertu, si nous ne sçavons l'aymer; si nous ne
sçavons que c'est que prudence par effect et par experience,
nous le sçavons par jargon et par cœur.   De nos voisins, nous
ne nous contentons pas d'en sçavoir la race, les parentelles
et les alliances, nous les voulons avoir pòur amis et dresser
avec eux quelque conversation et intelligence: elle nous a
apris les deffinitions, les divisions et particions de la vertu,
comme des surnoms et branches d'une genealogie, sans avoir
autre soing de dresser entre nous et elle quelque pratique de
familiarité et privée acointance.   Elle nous a choisi pour
nostre aprentissage non les livres qui ont les opinions plus
saines et plus vrayes, mais ceux qui parlent le meilleur Grec
et Latin, et, parmy ses beaux mots, nous a fait couler en la
fantasie les plus vaines humeurs de l'antiquité.   Une bonne
institution, elle change le jugement et les meurs, comme il
advint à Polemon, ce jeune homme Grec debauché, qui,
estant allé ouïr par rencontre une leçon de Xenocrates, ne
remerqua pas seulement l'eloquence et la suffisance du lecteur [2], et n'en rapporta pas seulement en la maison la science

_____
[1] the good opinion they have of their learning.   [2] professor.

de quelque belle matiere, mais un fruit plus apparent et plus solide, qui fut le soudain changement et amendement de sa premiere vie. Qui a jamais senti un tel effect de nostre discipline?

> *faciasne quod olim*
> *Mutatus Polemon? ponas insignia morbi,*
> *Fasciolas, cubital, focalia, potus ut ille*
> *Dicitur ex collo furtim carpsisse coronas,*
> *Postquam est impransi correptus voce magistri?* [1]

C   La moins desdeignable condition de gents me semble estre celle qui par simplesse tient le dernier rang, et nous offrir un commerce plus reglé. Les meurs et les propos des paysans, je les trouve communéement plus ordonnez selon la prescription de la vraie philosophie, que ne sont ceux de nos philosophes. *«Plus sapit vulgus, quia tantum quantum opus est, sapit.»* [2]

A   Les plus notables hommes que j'aye jugé par les apparences externes (car, pour les juger à ma mode, il les faudroit esclerer de plus pres), ce ont esté, pour le faict de la guerre et suffisance militaire, le Duc de Guyse,* qui mourut à Orleans, et le feu Mareschal Strozzi.* Pour gens suffisans, et de vertu non commune, Olivier * et l'Hospital,* Chanceliers de France. Il me semble aussi de la Poësie qu'elle a eu sa vogue en nostre siecle. Nous avons foison de bons artisans de ce mestier-là: Aurat, Beze, Buchanan, l'Hospital, Mont-doré, Turnebus.* Quant aux François, je pense qu'ils l'ont montée au plus haut degré où elle sera jamais; et, aux parties en quoy Ronsart et du Bellay excellent, je ne les treuve guieres esloignez de la perfection ancienne. Adrianus Turnebus sçavoit plus et sçavoit mieux ce qu'il sçavoit, que homme qui fut de son siecle, ny loing au delà.

B   Les vies du Duc d'Albe * dernier mort et de nostre connestable de Mommorancy ont esté des vies nobles et qui ont

---

[1] "Would you do what the reformed Polemo once did? Would you throw aside the marks of your folly: leg-bandages, elbow-cushions, neck-cloths, as that drunken youth is said to have plucked garlands from his neck, after being chided by the voice of the sober lecturer" (Horace, *Sat.*, II, 3, 253 ff.).

[2] "The vulgar are wiser, because they only know what there is need to know" (Lactantius, *Inst.*, III, 5).

eu plusieurs rares ressemblances de fortune; mais la beauté
et la gloire de la mort de cettuy-cy, à la veuë de Paris et de
son Roy, pour leur service, contre ses plus proches, à la teste
d'une armée victorieuse par sa conduitte, et d'un coup de
main, en si extreme vieillesse, me semble meriter qu'on la
loge entre les remercables evenemens de mon temps.

Comme aussi la constante bonté, douceur de mœurs et   C
facilité consciencieuse de monsieur de la Nouë,* en une telle
injustice de parts[1] armées, vraie eschole de trahison, d'inhumanité et de brigandage, ou tousjours il s'est nourry[2],
grand homme de guerre et tres-experimenté.

J'ay pris plaisir à publier en plusieurs lieux l'esperance
que j'ay de Marie de Gournay le Jars,* ma fille d'alliance:
et certes aymée de moy beaucoup plus que paternellement,
et enveloppée en ma retraitte et solitude, comme l'une des
meilleures parties de mon propre estre.   Je ne regarde plus
qu'elle au monde.   Si l'adolescence peut donner presage,
cette ame sera quelque jour capable des plus belles choses, et
entre autres de la perfection de cette tressaincte amitié où
nous ne lisons point que son sexe ait peu monter encores: la
sincerité et la solidité de ses mœurs y sont desjà bastantes[3],
son affection vers moy plus que sur-abondante, et telle en
somme qu'il n'y a rien à souhaiter, sinon que l'apprehension
qu'elle a de ma fin, par les cinquante et cinq ans ausquels
elle m'a rencontré, la travaillast moins cruellement.   Le
jugement qu'elle fit des premiers Essays, et femme, et en
se siecle, et si jeune, et seule en son quartier[4], et la vehe-
mence fameuse dont elle m'ayma et me desira long temps
sur la seule estime qu'elle en print de moy, avant m'avoir
veu, c'est un accident de tres-digne consideration.

Les autres vertus ont eu peu ou point de mise en cet aage;   A
mais la vaillance, elle est devenue populaire par noz guerres
civiles, et en cette partie il se trouve parmy nous des ames
fermes jusques à la perfection, et en grand nombre, si que
le triage en est impossible à faire.

Voylà tout ce que j'ay connu, jusques à cette heure, d'extraordinaire grandeur et non commune.

[1] factions.   [2] he has lived.   [3] sufficient.   [4] her province.

LIVRE III

CHAPITRE II

In this essay Montaigne has penetrated with admirable sincerity and courage to those inmost recesses of the soul, where, if anywhere, "every man bears the complete impress of human nature." His distinction between true repentance and mere regret corresponds to that of the casuists between "contrition" and "attrition," and he is at one with Pascal in insisting on the inadequacy of the latter and less genuine feeling. "I have no notion of a repentance that is superficial, moderate or ceremonious. It must touch me throughout before I can give it that name, and it must grip and afflict my heart as deeply and universally as God sees into me" (below, p. 158). Here he is essentially Christian, but when he declares that "it is possible to disavow and retract the vices that surprise us, and towards which our passions hurry us, but those vices which by a long habit are rooted and anchored in a strong and vigorous will are not liable to be gainsaid," his standpoint is obviously a very different one. It is one founded on the notion of *la maîtresse forme* (pp. xxiv, xxv), that is, of character, as an imponderable, and this affirmation, with the recognition of the individual conscience as the ultimate judge of conduct (p. 150), is the very heart of Montaigne's humanist philosophy of life.

As to the reasons for dating the essays of the Third Book between 1585 and 1588, see Introduction, page xxiii. There is a special reason for dating this one 1586; Montaigne says it is forty years since he has used Latin for conversation; he must have done so until he left the Collège de Guienne in 1546.

DU REPENTIR

B   Les autres forment l'homme; je le recite [1] et en represente un particulier bien mal formé, et lequel, si j'avoy à façonner de nouveau, je ferois vrayement bien autre qu'il n'est. Mes-huy [2] c'est fait. Or les traits de ma peinture ne forvoyent point, quoy qu'ils se changent et diversifient. Le monde n'est qu'une branloire perenne [3]. Toutes choses y branlent sans cesse: la terre, les rochers du Caucase, les

---

[1] I give an account of him.   [2] now, properly "henceforth."
[3] a perpetual motion (lit. see-saw).

pyramides d'Ægypte, et du branle public et du leur[1]. La constance mesme n'est autre chose qu'un branle plus languissant. Je ne puis asseurer mon object[2]. Il va trouble et chancelant, d'une yvresse naturelle. Je le prens en ce point, comme il est, en l'instant que je m'amuse à luy. Je ne peints pas l'estre. Je peints le passage: non un passage d'aage en autre, ou, comme dict le peuple, de sept en sept ans, mais de jour en jour, de minute en minute. Il faut accommoder mon histoire à l'heure. Je pourray tantost changer, non de fortune seulement, mais aussi d'intention. C'est un contrerolle de divers et muables accidens et d'imaginations irresoluës et, quand il y eschet[3], contraires: soit que je sois autre moymesme, soit que je saisisse les subjects par autres circonstances et considerations. Tant y a que je me contredits bien à l'adventure, mais la vérité, comme disoit Demades,* je ne la contredy point. Si mon ame pouvoit prendre pied, je ne m'essaierois pas, je me resoudrois[4]: elle est tousjours en apprentissage et en espreuve.

Je propose[5] une vie basse et sans lustre, c'est tout un[6]. On attache aussi bien toute la philosophie morale à une vie populaire[7] et privée que à une vie de plus riche estoffe: chaque homme porte la forme entiere de l'humaine condition.

Les autheurs se communiquent au peuple par quelque marque particuliere et estrangere[8]; moy le premier par mon estre universel[9], comme Michel de Montaigne, non comme grammairien ou poëte ou jurisconsulte. Si le monde se plaint de quoy je parle trop de moy, je me plains de quoy il ne pense seulement pas à soy.   C

Mais est-ce raison que, si particulier en usage[10], je pretende me rendre public en cognoissance[11]? Est-il aussi raison que je produise au monde, où la façon et l'art ont tant de credit et de commandement, des effects de nature crus et simples, et d'une nature encore bien foiblette? Est-ce pas   B

[1] with the general movement and with their own.   [2] i.e. myself.
[3] when it so happens.   [4] I would give a definite account of myself.
[5] set forth.   [6] *il n'importe.*   [7] ordinary.   [8] external.
[9] whole.   [10] so private in my life.
[11] to make myself publicly known.

faire une muraille sans pierre, ou chose semblable, que de
bastir des livres sans science et sans art? Les fantasies de la
musique sont conduictes par art, les miennes par sort [1].
Aumoins j'ay cecy selon la discipline [2], que jamais homme
ne traicta subject qu'il entendit ne cogneust mieux que je fay
celuy que j'ay entrepris, et qu'en celuy-là je suis le plus
sçavant homme qui vive; secondement, que jamais aucun
C ne penetra en sa matiere plus avant, ny en esplucha plus
B particulierement les membres et suites; et ▲ n'arriva plus
exactement et plainement à la fin qu'il s'estoit proposé à sa
besoingne. Pour la parfaire, je n'ay besoing d'y apporter
que la fidelité: celle-là y est, la plus sincere et pure qui se
trouve. Je dy vray, non pas tout mon saoul, mais autant
que je l'ose dire; et l'ose un peu plus en vieillissant, car il
semble que la coustume concede à cet aage plus de liberté de
bavasser [3] et d'indiscretion à parler de soy. Il ne peut
advenir icy ce que je voy advenir souvent, que l'artizan et sa
besoigne se contrarient: un homme de si honneste conversation a-il faict un si sot escrit? ou, des escrits si sçavans sont-
ils partis d'un homme de si foible conversation?

C   Qui a un entretien commun et ses escrits rares, c'est
à dire [4] que sa capacité est en lieu d'où il l'emprunte, et
non en luy. Un personage sçavant n'est pas sçavant par
tout; mais le suffisant est par tout suffisant, et à ignorer
mesme.

B   Icy, nous allons conformément et tout d'un trein, mon
livre et moy. Ailleurs, on peut recommander et accuser
l'ouvrage à part de l'ouvrier; icy, non: qui touche l'un,
touche l'autre. Celuy qui en jugera sans le connoistre, se
fera plus de tort qu'à moy; celuy qui l'aura conneu, m'a du
tout satisfaict. Heureux outre mon merite, si j'ay seulement cette part à l'approbation publique, que je face sentir
aux gens d'entendement que j'estoy capable de faire mon
profit de la science, si j'en eusse eu, et que je meritoy que la
memoire me secourut mieux.

Excusons icy ce que je dy souvent, que je me repens rare-

---

[1] chance.   [2] at least in this I follow the rules.
[3] *bavarder*.   [4] *cela veut dire*.

ment ▲ et que ma conscience se contente de soy: non comme   c
de la conscience d'un ange ou d'un cheval, mais comme de
la conscience d'un homme; ▲ adjoustant tousjours ce refrein,   B
non un refrein de ceremonie, mais de naifve et essentielle
submission: que je parle enquerant et ignorant, me rapportant
de la resolution [1], purement et simplement, aux creances
communes et legitimes.   Je n'enseigne poinct, je raconte.

Il n'est vice veritablement vice qui n'offence, et qu'un
jugement entier n'accuse: car il a de la laideur et incommodité si apparente, qu'à l'advanture ceux-là ont raison qui
disent qu'il est principalement produict par bestise et ignorance.   Tant est-il malaisé d'imaginer qu'on le cognoisse
sans le haïr. ▲ La malice hume la plus part de son propre   c
venin et s'en empoisonne. ▲ Le vice laisse comme un   B
ulcere en la chair, une repentance en l'ame, qui tousjours s'es-
gratigne et s'ensanglante elle mesme.   Car la raison efface
les autres tristesses et douleurs; mais elle engendre celle de
la repentance, qui est plus griefve, d'autant qu'elle naist au
dedans; comme le froid et le chaut des fièvres est plus poignant que celuy qui vient du dehors. Je tiens pour vices
(mais chacun selon sa mesure) non seulement ceux que la
raison et la nature condamnent, mais ceux aussi que l'opinion
des hommes a forgé, voire fauce et erronée, si les loix et l'usage
l'auctorise.

Il n'est pareillement bonté qui ne resjouysse une nature
bien née.   Il y a certes je ne sçay quelle congratulation de
bien faire qui nous resjouit en nous mesmes, et une fierté
genereuse qui accompaigne la bonne conscience.   Une ame
courageusement vitieuse se peut à l'adventure garnir de
securité, mais de cette complaisance et satis-faction elle ne
s'en peut fournir.   Ce n'est pas un leger plaisir de se sentir
preservé de la contagion d'un siecle si gasté, et de dire en soy:
Qui me verroit jusques dans l'ame, encore ne me trouveroit-
il coulpable, ny de l'affliction et ruyne de personne, ny de
vengence ou d'envie, ny d'offence publique des loix, ny de
nouvelleté et de trouble, ny de faute à ma parole, et quoy que
la licence du temps permit et apprinst à chacun, si n'ay-je

---

[1] leaving the decision.

mis la main ny és biens ny en la bourse d'homme François,
et n'ay vescu que sur la mienne, non plus en guerre qu'en
paix; ny ne me suis servy du travail de personne, sans loyer.
Ces tesmoignages de la conscience plaisent; et nous est grand
benefice que cette esjouyssance naturelle, et le seul payement
qui jamais ne nous manque.

De fonder la recompence des actions vertueuses sur l'approbation d'autruy, c'est prendre un trop incertain et trouble
C   fondement.   ▲Signamment en un siecle corrompu et
ignorant comme cettuy-cy, la bonne estime du peuple est
injurieuse; à qui vous fiez vous de veoir ce qui est louable?
Dieu me garde d'estre homme de bien selon la description
que je voy faire tous les jours par honneur à chacun de soy [1].
«Quæ fuerant vitia, mores sunt».[2]   Tels de mes amis ont par
fois entreprins de me chapitrer et mercurializer [3] à cœur
ouvert, ou de leur propre mouvement, ou semons [4] par moy,
comme d'un office qui, à une ame bien faicte, non en utilité
seulement, mais en douceur aussi, surpasse tous les offices de
l'amitié.   Je l'ay tousjours accueuilli des bras de la courtoisie et reconnoissance les plus ouverts.   Mais, à en parler
à cette heure en conscience, j'ay souvent trouvé en leurs
reproches et louanges tant de fauce mesure que je n'eusse
guere failly de faillir [5] plus tost que de bien faire à leur mode.
B   Nous autres principalement, qui vivons une vie privée
qui n'est en montre qu'à nous, devons avoir establi un patron
au dedans, auquel toucher [6] nos actions, et, selon iceluy, nous
caresser tantost, tantost nous chastier.   J'ay mes loix et ma
court pour juger de moy, et m'y adresse plus qu'ailleurs.   Je
restrains bien selon autruy mes actions, mais je ne les estends
que selon moy.   Il n'y a que vous qui sçache si vous estes
lâche et cruel, ou loyal et devotieux; les autres ne vous
voyent poinct, ils vous devinent par conjectures incertaines;
ils voyent non tant vostre nature que vostre art.   Par ainsi
ne vous tenez pas à leur sentence; tenez vous à la vostre.

---

[1] wherewith every man thinks to flatter himself.
[2] "What once were vices now are daily habits" (Seneca, *Ep.*, 39).
[3] to lecture.   [4] invited (*semondre*).
[5] I would almost rather do wrong.   [6] to test.

«*Tuo tibi judicio est utendum.   Virtutis et vitiorum grave ipsius*   C
conscientiæ pondus est: qua sublata, jacent omnia».[1]

Mais ce qu'on dit, que la repentance suit de pres le peché,   B
ne semble pas regarder le peché qui est en son haut appareil,
qui loge en nous comme en son propre domicile.   On peut
desavouër et desdire les vices qui nous surprennent et vers
lesquels les passions nous emportent; mais ceux qui par
longue habitude sont enracinés et ancrez en une volonté forte
et vigoureuse, ne sont subjects à contradiction.   Le repentir
n'est qu'une desditte [2] de nostre volonté et opposition de nos
fantasies, qui nous pourmene à tous sens.   Il faict desadvouër à celuy-là vertu passée et sa continence:

> *Quæ mens est hodie, cur eadem non puero fuit?*
> *Vel cur his animis incolumes non redeunt genæ?* [3]

C'est une vie exquise, celle qui se maintient en ordre
jusques en son privé.   Chacun peut avoir part au battelage [4]
et representer un honneste personnage en l'eschaffaut [5],
mais au dedans et en sa poictrine, où tout nous est loisible, où
tout est caché, d'y estre reglé, c'est le poinct.   Le voisin
degré, c'est de l'estre en sa maison, en ses actions ordinaires,
desquelles nous n'avons à rendre raison à personne; où il n'y
a point d'estude, point d'artifice.   Et pourtant Bias,* peig-
nant un excellent estat de famille: de laquelle, dit-il, le
maistre soit tel au dedans, par luy-mesme, comme il est au
dehors par la crainte de la loy et du dire des hommes.   Et fut
une digne parole de Julius Drusus * aux ouvriers qui luy
offroient pour trois mille escus mettre sa maison en tel poinct
que ses voisins n'y auroient plus la veuë qu'ils y avoient: Je
vous en donneray, dit-il, six mille, et faictes que chacun y
voye de toutes parts.   On remarque avec honneur l'usage
d'Agesilaus,* de prendre en voyageant son logis dans les
Eglises, affin que le peuple et les dieux mesmes vissent dans

---

[1] "You must use your own judgment. . . .   In the weighing of virtue and
vice the conscience is all important; take that away and everything collapses"
(Cicero, *Tusc.*, I, 23; and *De Nat. Deor.*, III, 35).   [2] disclaimer.

[3] "Why did I not think as a boy as I think to-day?   Or why with these
thoughts does not the bloom return to my cheeks?" (Horace, *Od.*, IV, 10, 7 f.).

[4] play the mountebank.   [5] stage.

ses actions privées. Tel a esté miraculeux au monde, auquel
sa femme et son valet n'ont rien veu seulement de remercable. Peu d'hommes ont esté admirez par leurs domestiques [1].

C   Nul a esté prophete non seulement en sa maison, mais en
son païs, dict l'experience des histoires. De mesmes aux
choses de neant. Et en ce bas exemple se void l'image des
grands. En mon climat de Gascongne, on tient pour drolerie
de me veoir imprimé. D'autant que la connoissance qu'on
prend de moy s'esloigne de mon giste, j'en vaux d'autant
mieux. J'achette les imprimeurs en Guiene, ailleurs ils
m'achettent. Sur cet accident [2] se fondent ceux qui se
cachent, vivants et presents, pour se mettre en credit, trespassez et absents. J'ayme mieux en avoir moins. Et ne
me jette au monde que pour la part que j'en tire. Au partir
de là, je l'en quitte [3].

B   Le peuple reconvoye celuy-là [4], d'un acte public [5], avec
estonnement, jusqu'à sa porte: il laisse avec sa robbe ce rolle,
il en retombe d'autant plus bas qu'il s'estoit plus haut monté;
au dedans, chez luy, tout est tumultuaire et vile. Quand
le reglement s'y trouveroit [6], il faut un jugement vif et bien
trié pour l'appercevoir en ces actions basses et privées. Joint
que l'ordre est une vertu morne et sombre. Gaigner une
bresche, conduire une ambassade, regir un peuple, ce sont
actions esclatantes. Tancer, rire, vendre, payer, aymer,
hayr et converser avec les siens et avec soymesme doucement et justement, ne relácher point [7], ne se desmentir poinct,
c'est chose plus rare, plus difficile et moins remerquable.
Les vies retirées soustiennent par là, quoy qu'on die, des
devoirs autant ou plus aspres et tendus que ne font les autres
C   vies. ▲ Et les privez, dict Aristote, servent la vertu plus
difficilement et hautement que ne font ceux qui sont en

---

[1] household.   [2] circumstance.

[3] I would rather have less credit (i.e. after my death). And I only come before
the public for the share of credit that I get from it at present. After that, when I
leave it, I ask nothing more of it.

[4] i.e. the hero *miraculeux au monde*. (The intervening paragraph is, of course,
an interpolation.)   [5] coming from a public function.

[6] i.e. in his house and private life.   [7] not to lose control of one's self.

magistrats [1]. ▲ Nous nous preparons aux occasions emin-   B
entes plus par gloire que par conscience. ▲ La plus courte   C
façon d'arriver à la gloire, ce seroit faire par conscience ce
que nous faisons pour la gloire. ▲ Et la vertu d'Alexandre   B
me semble representer assez moins [2] de vigueur en son
theatre, que ne fait celle de Socrates en cette exercitation [3]
basse et obscure.   Je conçois aisément Socrates en la place
d'Alexandre; Alexandre en celle de Socrates, je ne puis.
Qui demandera à celuy-là ce qu'il sçait faire, il respondra:
subjuguer le monde; qui le demandera à cettuy-cy, il dira
mener l'humaine vie conformément à sa naturelle condition:
science bien plus generale, plus poisante et plus legitime.
Le pris de l'ame ne consiste pas à aller haut, mais ordonnéement.

Sa grandeur ne s'exerce pas en la grandeur, c'est en la   C
mediocrité.   Ainsi que ceux qui nous jugent et touchent au
dedans, ne font pas grand' recette de la lueur de noz actions
publiques, et voyent que ce ne sont que filets et pointes
d'eau fine rejallies d'un fond au demeurant limonneux et
poisant, en pareil cas, ceux qui nous jugent par cette brave
apparance, concluent de mesmes de nostre constitution
interne, et ne peuvent accoupler des facultez populaires et
pareilles aux leurs, à ces autres facultez qui les estonnent, si
loin de leur visée.   Ainsi donnons nous aux demons des
formes sauvages.   Et qui non à Tamburlan des sourcils
eslevez, des nazeaux ouverts, un visage affreux et une taille
desmesurée, comme est la taille de l'imagination qu'il en a
conceuë par le bruit de son nom?   Qui m'eut faict veoir
Erasme * autrefois, il eust esté malaisé que je n'eusse prins
pour adages et apophthegmes tout ce qu'il eust dict à son
valet et à son hostesse.   Nous imaginons bien plus sortable-
mant un artisan sur sa garderobe [4] ou sur sa femme qu'un
grand President, venerable par son maintien et suffisance.
Il nous semble que de ces hauts thrones ils ne s'abaissent pas
jusques à vivre.

Comme les ames vicieuses sont incitées souvent à bien   B

---

[1] in the office of magistrate.   [2] beaucoup moins.   [3] action.
[4] closet.

faire par quelque impulsion estrangere, aussi sont les vertueuses à faire mal.   Il les faut doncq juger par leur estat
rassis, quand elles sont chez elles, si quelque fois elles y sont;
ou aumoins quand elles sont plus voisines du repos et de leur
naifve assiette.   Les inclinations naturelles s'aident et forti-
fient par institution; mais elles ne se changent guiere et surmontent.   Mille natures, de mon temps, ont eschappé vers
la vertu ou vers le vice au travers d'une discipline contraire:

> *Sic ubi desuetæ silvis in carcere clausæ*
> *Mansuevere feræ, et vultus posuere minaces,*
> *Atque hominem didicere pati, si torrida parvus*
> *Venit in ora cruor, redeunt rabiesque furorque,*
> *Admonitæque tument gustato sanguine fauces;*
> *Fervet, et a trepido vix abstinet ira magistro.*[1]

On n'extirpe pas ces qualitez originelles, on les couvre, on
les cache.   Le langage latin * m'est comme naturel, je
l'entens mieux que le François, mais il y a quarante ans que
je ne m'en suis du tout poinct servy à parler, ny à escrire: si
est-ce que à des extremes et soudaines esmotions où je suis
tombé deux ou trois fois en ma vie, et l'une, voyent mon pere
tout sain se renverser sur moy, pasmé, j'ay tousjours eslancé
du fond des entrailles les premieres paroles Latines: ▲ nature
se sourdant et s'exprimant à force, à l'encontre d'un long
usage.   ▲ Et cet exemple se dict d'assez d'autres.

Ceux qui ont essaié de r'aviser [2] les meurs du monde, de
mon temps, par nouvelles opinions, reforment les vices de
l'apparence; ceux de l'essence, ils les laissent là, s'ils ne les
augmentent: et l'augmentation y est à craindre; on se se-
journe [3] volontiers de tout autre bien faire sur ces reformations externes arbitraires, de moindre coust et de plus grand
merite; et satisfait-on par là à bon marché les autres vices
naturels consubstantiels et intestins.   Regardez un peu comment s'en porte nostre experience: il n'est personne, s'il

C

B

---

[1] "So when wild beasts taken from the woods and confined in cages have grown
tame and laid aside their threatening aspect and learnt to endure the rule of man;
yet when a spot of blood touches their inflamed lips, their rage and fury returns,
their throat swells excited by the taste, their wrath blazes up and barely restrains
itself from attacking their trembling keeper" (Lucan, IV, 237).

[2] reform.   [3] abstain from.

s'escoute, qui ne descouvre en soy une forme sienne, une forme maistresse, qui luicte contre l'institution, et contre la tempeste des passions qui luy sont contraires.   De moy, je ne me sens guere agiter par secousse, je me trouve quasi tousjours en ma place, comme font les corps lourds et poisans.   Si je ne suis chez moy, j'en suis tousjours bien pres. Mes desbauches ne m'emportent pas fort loing.   Il n'y a rien d'extreme et d'estrange; et si ay des ravisemens [1] sains et vigoureux.

La vraie condamnation et qui touche la commune façon de nos hommes, c'est que leur retraicte mesme est pleine de corruption et d'ordure; l'idée de leur amendement, chafourrée [2]; leur penitence, malade et en coulpe, autant à peu pres que leur peché.   Aucuns, ou pour estre colléz au vice d'une attache naturelle, ou par longue accoustumance, n'en trouvent plus la laideur.   A d'autres (duquel regiment je suis) le vice poise, mais ils le contrebalancent avec le plaisir ou autre occasion, et le souffrent et s'y prestent à certain prix: vitieusement pourtant et laschement.   Si ce pourroit-il à l'advanture imaginer si esloignée disproportion de mesure où avec justice le plaisir excuseroit le peché, comme nous disons de l'utilité; non seulement s'il estoit accidental et hors du peché, comme au larrecin, mais en l'exercice mesme d'iceluy, comme en l'accointance des femmes, où l'incitation est violente, et, dit-on, par fois invincible.

En la terre d'un mien parent, l'autre jour que j'estois en Armaignac, je vy un paisan que chacun surnomme le larron. Il faisoit ainsi le conte de sa vie; qu'estant né mendiant, et trouvant que à gaigner son pain au travail de ses mains il n'arriveroit jamais à se fortifier assez contre l'indigence, il s'advisa de se faire larron; et avoit employé à ce mestier toute sa jeunesse en seureté, par le moyen de sa force corporelle: car il moissonnoit et vendangeoit des terres d'autruy, mais c'estoit au loing et à si gros monceaux qu'il estoit inimaginable qu'un homme en eust tant rapporté en une nuict sur ses espaules; et avoit soing outre cela d'egaler et

[1] reactions (cf. *raviser* above, p. 154).
[2] blurred.

disperser le dommage qu'il faisoit, si que la foule [1] estoit
moins importable [2] à chaque particulier.   Il se trouve à
cette heure, en sa vieillesse, riche pour un homme de sa
condition, mercy à cette trafique, dequoy il se confesse ouvertement; et, pour s'accommoder avec Dieu de ses acquets,
il dict estre tous les jours apres à satisfaire par bien-faicts
aux successeurs de ceux qu'il a desrobez; et, s'il n'acheve
(car d'y pourvoir tout à la fois il ne peut), qu'il en chargera
ses heritiers, à la raison de [3] la science qu'il a luy seul du
mal qu'il a faict à chacun.   Par cette description, soit vraye
ou fauce, cettuy-cy regarde le larrecin comme action des-
honneste et le hayt, mais moins que l'indigence; s'en repent
bien simplement, mais, en tant qu'elle estoit ainsi contre-
balancée et compencée, il ne s'en repent pas.   Cela, ce n'est
pas cette habitude qui nous incorpore au vice et y conforme
nostre entendement mesme, ny n'est ce vent impetueux qui
va troublant et aveuglant à secousses nostre ame, et nous
precipite pour l'heure, jugement et tout, en la puissance du
vice.

   Je fay coustumierement entier ce que je fay, et marche
tout d'une piece; je n'ay guere de mouvement qui se cache
et desrobe à ma raison, et qui ne se conduise à peu pres par
le consentement de toutes mes parties, sans division, sans
sedition intestine: mon jugement en a la coulpe ou la louange
entiere; et la coulpe qu'il a une fois, il l'a tousjours, car
quasi dés sa naissance il est un: mesme inclination, mesme
route, mesme force.   Et en matiere d'opinions universelles,
dés l'enfance je me logeay au poinct où j'avois à me tenir.

   Il y a des pechez impetueux, prompts et subits: laissons
les à part.   Mais en ces autre pechez à tant de fois reprins,
deliberez et consultez, ou pechez de complexion, ▲ voire
pechez de profession et de vacation, ▲ je ne puis pas concevoir qu'ils soient plantez si long temps en un mesme
courage sans que la raison et la conscience de celuy qui les
possede, le veuille constamment et l'entende ainsi; et le
repentir qu'il se vante luy en venir à certain instant prescript, m'est un peu dur à imaginer et former.

---

[1] the damage (i.e. by trampling).   [2] serious.   [3] in proportion to.

Je ne suy pas la secte de Pythagoras, que les hommes   C
prennent une ame nouvelle quand ils approchent les simu-
lacres des Dieux pour recueuillir leurs oracles. Si non
qu'il voulust dire cela mesme, qu'il faut bien qu'elle soit
estrangere, nouvelle et prestée pour le temps: la leur [1]
montrant si peu de signe de purification et netteté condigne [2]
à cet office.

Ils font tout à l'opposite des preceptes Stoiques, qui nous   B
ordonnent bien de corriger les imperfections et vices que
nous reconnoissons en nous, mais nous deffendent d'en estre
marris et desplaisants. Ceux-cy nous font à croire qu'ils
en ont grand regret et remors au dedans. Mais d'amendement et correction, ny d'interruption, ils ne nous en font
rien apparoir. Si n'est-ce pas guerison si on ne se descharge
du mal. Si la repentance pesoit sur le plat de la balance,
elle en-porteroit le peché. Je ne trouve aucune qualité si
aysée à contrefaire que la devotion, si on n'y conforme les
meurs et la vie: son essence est abstruse et occulte; les apparences, faciles et pompeuses.

Quant à moy, je puis desirer en general estre autre; je
puis condamner et me desplaire de ma forme universelle, et
supplier Dieu pour mon entiere reformation et pour l'excuse de ma foiblesse naturelle. Mais cela, je ne le doits
nommer repentir, ce me semble, non plus que le desplaisir
de n'estre ny Ange ny Caton. Mes actions sont reglées
et conformes à ce que je suis et à ma condition. Je ne puis
faire mieux. Et le repentir ne touche pas proprement les
choses qui ne sont pas en nostre force, ouy bien le regretter.
J'imagine infinies natures plus hautes et plus reglées que la
mienne; je n'amande pourtant mes facultez: comme ny mon
bras ny mon esprit ne deviennent plus vigoreux pour en
concevoir un autre qui le soit. Si d'imaginer et desirer un
agir plus noble que le nostre produisoit la repentance du
nostre, nous aurions à nous repentir de nos operations plus
innocentes: d'autant que nous jugeons bien qu'en la nature
plus excellente elles auroyent esté conduites d'une plus
grande perfection et dignité; et voudrions faire de mesme.

---

[1] theirs (i.e. their soul).   [2] befitting.

Lors que je consulte des deportemens de ma jeunesse avec
ma vieillesse, je trouve que je les ay communément con-
duits avec ordre, selon moy; c'est tout ce que peut ma resistance.   Je ne me flatte pas: à circonstances pareilles, je
seroy tousjours tel.   Ce n'est pas macheure [1], c'est plustost
une teinture universelle qui me tache.   Je ne cognoy pas
de repentance superficielle, moyenne et de ceremonie.   Il
faut qu'elle me touche de toutes pars avant que je la nomme
ainsin, et qu'elle pinse mes entrailles et les afflige autant
profondement que Dieu me voit, et autant universellement.

Quant aux negoces, il m'est eschappé plusieurs bonnes
avantures à faute d'heureuse conduitte.   Mes conseils ont
pourtant bien choisi, selon les occurrences qu'on leur presentoit; leur façon est de prendre tousjours le plus facile et
seur party.   Je trouve qu'en mes deliberations passées j'ay,
selon ma regle, sagement procedé pour l'estat du subject
qu'on me proposoit; et en ferois autant d'icy à mille ans en
pareilles occasions.   Je ne regarde pas quel il est à cette
heure, mais quel il estoit quand j'en consultois.

C   La force de tout conseil gist au temps; les occasions et
les matieres roulent et changent sans cesse.   J'ay encouru
quelques lourdes erreurs en ma vie et importantes, non par
faute de bon advis, mais par faute de bon heur.   Il y a des
parties secrettes aux objects qu'on manie et indivinables,
signamment, en la nature des hommes, des conditions
muettes, sans montre, inconnues par fois du possesseur
mesme, qui se produisent [2] et esveillent par des occasions
survenantes.   Si ma prudence ne les a peu penetrer et
prophetizer, je ne luy en sçay nul mauvais gré; sa charge
B   se contient en ses limites; l'evenement me bat: et ▲ s'il [3]
favorise le party que j'ay refusé, il n'y a remede; il n'y a remede; il n'y a remede; je ne m'en
prens pas à moy; j'accuse ma fortune, non pas mon ouvrage:
cela ne s'appelle pas repentir.

Phocion * avoit donné aux Atheniens certain advis qui ne
fut pas suyvi.   L'affaire pourtant se passant contre son
opinion avec prosperité, quelqu'un luy dict: Et bien, Pho-

[1] properly a mark in the pile of a velvet.
[2] show themselves.   [3] i.e. the outcome.

cion, es tu content que la chose aille si bien? — Bien suis-je content, fit-il, qu'il soit advenu cecy, mais je ne me repens point d'avoir conseillé cela.   Quand mes amis s'adressent à moy pour estre conseillez, je le fay librement et clairement, sans m'arrester, comme faict quasi tout le monde, à ce que, la chose estant hazardeuse, il peut advenir au rebours de mon sens, par où ils ayent à me faire reproche de mon conseil: dequoy il ne me chaut.   Car ils auront tort, et je n'ay deu leur refuser cet office.

Je n'ay guere à me prendre de mes fautes ou infortunes   C
à autre qu'à moy.   Car, en effect, je me sers rarement des advis d'autruy, si ce n'est par honneur de ceremonie, sauf où j'ay besoing d'instruction de science ou de la connoissance du faict.   Mais, és choses où je n'ay à employer que le jugement, les raisons estrangeres peuvent servir à m'appuyer, mais peu à me destourner.   Je les escoute favorablement et decemment toutes; mais, qu'il m'en souvienne, je n'en ay creu jusqu'à cette heure que les miennes.   Selon moy, ce ne sont que mousches et atomes qui promeinent [1] ma volonté.   Je prise peu mes opinions, mais je prise aussi peu celles des autres.   Fortune me paye dignement.   Si je ne reçoy pas de conseil, j'en donne encores moins.   J'en suis fort peu enquis [2]; mais j'en suis encore moins creu; et ne sache nulle entreprinse publique ny privée que mon advis aie redressée et ramenée.   Ceux mesmes que la fortune y avoit aucunement attachez, se sont laissez plus volontiers manier à toute autre cervelle.   Comme celuy qui suis bien autant jaloux des droits de mon repos que des droits de mon auctorité, je l'ayme mieux ainsi: me laissant là, on faict selon ma profession [3], qui est de m'establir et contenir tout en moy; ce m'est plaisir d'estre desinteressé des affaires d'autruy et desgagé de leur gariement [4].

En tous affaires, quand ils sont passés, comment que ce   B
soit, j'y ay peu de regret.   Car cette imagination me met hors de peine, qu'ils devoyent ainsi passer: les voylà dans le grand cours de l'univers et dans l'encheinure des causes

[1] distract.   [2] Mine is little sought for.   [3] the attitude which I profess.
[4] of responsibility for them (old dialect form of *garantie*).

Stoïques; * vostre fantasie n'en peut, par souhait et imagination, remuer un point, que tout l'ordre des choses ne renverse, et le passé, et l'advenir.

Au demeurant, je hay cet accidental repentir que l'aage apporte. Celuy qui disoit * anciennement estre obligé aux années dequoy elles l'avoyent deffaict de la volupté, avoit autre opinion que la mienne: je ne scauray jamais bon

C gré à l'impuissance de bien qu'elle me face. ▲ *«Nec tam aversa unquam videbitur ab opere suo providentia, ut debilitas

B inter optima inventa sit.»* [1] ▲ Nos appetits sont rares en la vieillesse; une profonde satieté nous saisit apres: en cela je ne voy rien de conscience; le chagrin et la foiblesse nous impriment une vertu lache et catarreuse.   Il ne nous faut pas laisser emporter si entiers aux alterations naturelles, que d'en abastardir nostre jugement.   La jeunesse et le plaisir n'ont pas faict autrefois que j'aie m'escogneu le visage du vice en la volupté; ny ne faict à cette heure le degoust que les ans m'apportent, que je mescognoisse celuy de la volupté au vice.   Ores que je n'y suis plus, j'en juge comme si j'y

C estoy. ▲ Moy qui la secouë vivement et attentivement,

B trouve que ▲ ma raison est celle mesme que j'avoy en l'aage plus licencieux, sinon, à l'avanture, d'autant qu'elle s'est

C affoiblie et empirée en vieillissant; ▲ et trouve que ce qu'elle refuse de m'enfourner à ce plaisir en consideration de l'interest de ma santé corporelle, elle ne le feroit non plus qu'autre-

B fois pour la santé spirituelle. ▲ Pour la voir hors de combat, je ne l'estime pas plus valeureuse.   Mes tentations sont si cassées et mortifiées qu'elles ne valent pas qu'elle s'y oppose.   Tandant seulement les mains audevant, je les conjure.   Qu'on luy remette en presence cette ancienne concupiscence, je crains qu'elle auroit moins de force à la soustenir, qu'elle n'avoit autrefois.   Je ne luy voy rien juger apar soy, que lors elle ne jugeast; ny aucune nouvelle clarté. Parquoy, s'il y a convalescence, c'est une convalescence maleficiée [2].

---

[1] "And Providence will never seem so hostile to its own handiwork, that feebleness may be ranked among the qualities of greatest value" (Quintilian, *Inst. Orat.*, V, 12).   [2] infirm.

Miserable sorte de remede, devoir à la maladie sa santé!
Ce n'est pas à nostre malheur de faire cet office; c'est au
bon heur de nostre jugement.   On ne me faict rien faire
par les offenses et afflictions, que les maudire.   C'est aux
gents [1] qui ne s'esveillent qu'à coups de fouët.   Ma raison
a bien son cours plus delivre [2] en la prosperité.   Elle est
bien plus distraitte et occupée à digerer les maux que les
plaisirs.   Je voy bien plus clair en temps serain.   La santé
m'advertit, comme plus alaigrement, aussi plus utilement que
la maladie.   Je me suis avancé le plus que j'ay peu vers ma
reparation et reglement [3] lors que j'avoy à en jouir.   Je
seroy honteux et envieux que la misere et desfortune de ma
decrepitude eut à se preferer à mes bonnes années saines,
esveillées, vigoureuses; et qu'on eust à m'estimer non par
où j'ay esté, mais par où j'ay cessé d'estre.   A mon advis
c'est le vivre heureusement, non, comme disoit Antisthenes,*
le mourir heureusement qui faict l'humaine felicité.   Je ne
me suis pas attendu d'attacher monstrueusement la queuë
d'un philosophe à la teste et au corps d'un homme perdu;
ny que ce chetif bout eust à desadvouër et desmentir la plus
belle, entiere et longue partie de ma vie.   Je me veux presenter et faire veoir par tout uniformément.   Si j'avois à
revivre, je revivrois comme j'ay vescu; ny je ne pleins le
passé, ny je ne crains l'advenir.   Et si je ne me deçoy, il
est allé du dedans environ comme du dehors.   C'est une
des principales obligations que j'aye à ma fortune, que le
cours de mon estat corporel ayt esté conduit chasque chose
en sa saison.   J'en ay veu l'herbe et les fleurs et le fruit;
et en vois la secheresse.   Heureusement, puisque c'est
naturellement.   Je porte bien plus doucement les maux que
j'ay, d'autant qu'ils sont en leur poinct, et qu'ils me font
aussi plus favorablement souvenir de la longue felicité de
ma vie passée.

Pareillement ma sagesse peut bien estre de mesme taille
en l'un et l'autre temps; mais elle estoit bien de plus d'exploit [4] et de meilleure grace, verte, gaye, naïve, qu'elle n'est

---

[1] that is good enough for those . . .   [2] free.
[3] the amendment and regulation of my life.   [4] It was much more impressive.

à present: croupie, grondeuse, laborieuse.   Je renonce donc
à ces reformations casuelles et douloureuses.

B   Il faut que Dieu nous touche le courage.   Il faut que
nostre conscience s'amende d'elle mesme par renforcement
de nostre raison, non par l'affoiblissement de nos appetits.
La volupté n'en est en soy ny pasle ny descolorée, pour estre
aperceuë par des yeux chassieux et troubles.   On doibt
aymer la temperance par elle mesme et pour le respect de
Dieu, qui nous l'a ordonnée, et la chasteté; celle que les
catarres nous prestent et que je doibts au benefice de ma
cholique [1], ce n'est ny chasteté, ny temperance.   On ne
peut se vanter de mespriser et combatre la volupté, si on ne
la voit, si on l'ignore, et ses graces, et ses forces, et sa beauté,
plus attrayante [2].   Je cognoy l'une et l'autre, c'est à moy à
le dire.   Mais il me semble qu'en la vieillesse nos ames
sont subjectes à des maladies et imperfections plus impor-
tunes qu'en la jeunesse.   Je le disois estant jeune; lors on
me donnoit de mon menton par le nez [3].   Je le dis encores
à cette heure que mon poil gris m'en donne le credit.   Nous
appellons sagesse la difficulté de nos humeurs, le desgoust
des choses presentes.   Mais, à la verité, nous ne quittons
pas tant les vices, comme nous les changeons, et, à mon
opinion, en pis.   Outre une sotte et caduque fierté, un babil
ennuyeux, ces humeurs espineuses et inassociables, et la
superstition, et un soin ridicule des richesses lors que l'usage
en est perdu, j'y trouve plus d'envie, d'injustice et de malignité.   Elle nous attache plus de rides en l'esprit qu'au
visage; et ne se void point d'ames, ou fort rares, qui en
vieillissant ne sentent à l'aigre et au moisi.   L'homme
marche entier vers son croist et vers son décroist.

C   A voir la sagesse de Socrates et plusieurs circonstances
de sa condamnation, j'oseroy croire qu'il s'y presta aucunement luy mesme par prevarication, à dessein, ayant de si
pres, aagé de soixante et dix ans, à souffrir l'engourdissement
des riches allures de son esprit et l'esblouissement de sa
clairté accoustumée.

B   Quelles Metamorphoses * luy voy-je faire tous les jours

[1] stone.   [2] la plus . . .   [3] they cast my beardless chin in my teeth.

en plusieurs de mes cognoissans! C'est une puissante maladie, et qui se coule naturellement et imperceptiblement. Il y faut grande provision d'estude et grande precaution pour eviter les imperfections qu'elle nous charge, ou aumoins affoiblir leur progrets. Je sens que, nonobstant tous mes retranchemens, elle gaigne pied à pied sur moy. Je soustien tant que je puis. Mais je ne sçay en fin où elle me menera moy-mesme. A toutes avantures, je suis content qu'on sçache d'où je seray tombé.

CHAPITRE VI

This essay was probably written in 1586. Both Stapfer and Ruel [1] have selected it as an example of Montaigne's art in composition, and Ruel (pp. 374 ff.) has given a detailed analysis of it. (See A. Tilley, *Literature of the French Renaissance*, II, 173 ff.) M. Villey's estimate (*Sources et Évolution*, II, 285 ff.) is more critical. He thinks that the disorder, which is often a deliberate effect of Montaigne's art, is here somewhat exaggerated, and he shows how the whole essay has been built up round three texts, each of which is a distinct source of meditation. The essay, with its title, was evidently suggested by a passage from Petrus Crinitus, *De honesta disciplina*, Bk. XVI, c. 10 (one of the class of books mentioned above, pp. xiv, v), about the strange teams used at Rome for coaches. The second theme which provoked Montaigne's meditation was the account of the amphitheatre in Lipsius, *De Amphitheatro* (Antwerp, 1584), where he found all the quotations from Calpurnius. In the two themes, however, Montaigne found a common thought—namely, the difference between extravagance and true liberality—and this is discussed in a long passage which forms the transition between the excerpts from Crinitus and Lipsius.

Then Montaigne took down from his shelves a very different book, one which made a deep impression on him, and from which he borrows in several essays. This was the *Historias de las Indias*, by Francesco Lopez de Gómara, the chaplain of Hernán Cortés, published at Saragossa in 1552 and translated into French by Martin Fumée in 1569. Montaigne evidently had the 5th edition of Fumée's work, for in this there appeared for the first time a translation of the *Conquista de Mexico y de la Nueva España*.[2] Again, the idea of pomp suggested by Gómara's

---

[1] Paul Stapfer, *Montaigne*, 1895; Ruel, *Du Sentiment artistique dans la morale de Montaigne*, 1901.

[2] See Villey, *Livres d'Histoire utilisés par Montaigne*, pp. 76 ff., where the parallel passages are set out.

account of Peruvian and Mexican civilization enables Montaigne to link up this third line of meditation with the preceding one. Compared with the ancient world, he says, our modern world shows signs of decrepitude and exhaustion. But a new and infant world, in no way inferior to ours in magnificence, has been recently discovered. The passage in which he introduces this new world is one of singular beauty and eloquence; equally eloquent is the passage (*Que n'est tombée sous Alexandre,* etc., p. 179) in which he attacks the Spaniards for the cruelty and inhumanity with which they carried out their conquest.

Finally, Montaigne bethinks himself of the title of his essay, *Retombons à nos coches*. In Peru they do not use coaches, but litters. The last king of Peru was captured in battle while he was being carried in a litter. The abruptness of this return to the main theme is happily compared by Ruel to the close of a long movement by Beethoven.

DES COCHES

B   Il est bien aisé à verifier que les grands autheurs, escrivant des causes, ne se servent pas seulement de celles qu'ils estiment estre vraies, mais de celles encores qu'ils ne croient pas, pourveu qu'elles ayent quelque invention et beauté. Ils disent assez veritablement et utilement, s'ils disent ingenieusement. Nous ne pouvons nous asseûrer de la maistresse cause *; nous en entassons plusieurs, voir si par rencontre elle se trouvera en ce nombre,

> *namque unam dicere causam*
> *Non satis est, verum plures, unde una tamen sit.*[1]

Me demandez vous d'où vient cette coustume de benire ceux qui estrenuent?[2] Nous produisons trois sortes de vent: celuy qui sort par embas est trop sale; celuy qui sort par la bouche porte quelque reproche de gourmandise; le troisiesme est l'estrenuement; et, parce qu'il vient de la teste et est sans blasme, nous luy faisons cet honneste recueil[3]. Ne vous moquez pas de cette subtilité; elle est (dict-on) d'Aristote.

Il me semble avoir veu en Plutarque (qui est de tous les autheurs que je cognoisse celuy qui a mieux meslé l'art à la nature et le jugement à la science), rendant la cause du

[1] "For it is not enough to assign one cause, but you must give several, one of which is at the same time the real cause" (Lucretius, VI, 704). [2] *éternuent.* [3] *accueil.*

souslevement d'estomac qui advient à ceux qui voyagent en
mer, que cela leur arrive de crainte, ayant trouvé quelque
raison par laquelle il prouve que la crainte peut produire un
tel effect.   Moy, qui y suis fort subjet, sçay bien que cette
cause ne me touche pas, et le sçay non par argument, mais
par necessaire experience.   Sans alleguer ce qu'on m'a dict,
qu'il en arrive de mesme souvent aux bestes, et notamment
aux pourceaux, hors de toute apprehension de danger; et ce
qu'un mien connoissant m'a tesmoigné de soy, qu'y estant
fort subjet, l'envie de vomir luy estoit passée deux ou trois
fois, se trouvant pressé de fraieur en grande tourmente,
comme à cet ancien; «*Pejus vexabar quam ut periculum*   C
mihi succurreret» [1]: ▲ je n'eus jamais peur sur l'eau, comme   B
je n'ay aussi ailleurs (et s'en est assez souvent offert de
justes, si la mort l'est) qui m'ait aumoins troublé ou esblouy.
Elle naist par fois de faute de jugement, comme de faute
de cœur.   Tous les dangers que j'ay veu, ç'a esté les yeux
ouverts, la veuë libre, saine et entiere: encore faut-il du
courage à craindre.   Il me servit autrefois,* au pris d'autres, pour conduire et tenir en ordre ma fuite, qu'elle fut
sinon sans crainte, toutesfois ▲ sans effroy et sans eston-   CB
nement [2]: elle estoit esmeue, mais non pas estourdie ny
esperdue.

Les grandes ames vont bien plus outre, et representent
des fuites non rassises seulement et saines, mais fieres.
Disons celle qu'Alcibiades recite de Socrates,* son compagnon d'armes: Je le trouvay (dict-il) apres la route [3] de
nostre armée, luy et Lachez, des derniers entre les fuyans;
et le consideray tout à mon aise et en seureté, car j'estois
sur un bon cheval et luy à pied, et avions ainsi combatu.
Je remerquay premierement combien il montroit d'avise-
ment [4] et de resolution au pris de Lachez, et puis la braverie
de son marcher, nullement different du sien ordinaire, sa
veue ferme et reglée, considerant et jugeant ce qui se passoit
autour de luy, regardant tantost les uns, tantost les autres,
amis et ennemis, d'une façon qui encourageoit les uns et

[1] "I was too much disordered to think of danger" (Seneca, *Ep.*, 53).
[2] dismay.   [3] rout.   [4] presence of mind.

signifioit aux autres qu'il estoit pour vendre bien cher son
sang et sa vie à qui essayeroit de la luy oster; et se sauverent
ainsi: car volontiers on n'ataque pas ceux-cy; on court apres
les effraiez. Voilà le tesmoignage de ce grand capitaine,
qui nous apprend, ce que nous essayons tous les jours, qu'il
n'est rien qui nous jette tant aux dangers qu'une faim in-
c considerée de nous en mettre hors. ▲ «*Quo timoris minus est,
B *eo minus ferme periculi est.*» [1] ▲ Nostre peuple a tort de dire:
celuy-là craint la mort, quand il veut exprimer qu'il y songe
et qu'il la prevoit. La prevoyance convient egallement à
ce qui nous touche en bien et en mal. Considerer et juger
le danger est aucunement le rebours de s'en estonner.

Je ne me sens pas assez fort pour soustenir le coup et
l'impetuosité de cette passion de la peur, ny d'autre vehemente. Si j'en estois un coup vaincu et atterré, je ne m'en
releverois jamais bien entier. Qui auroit fait perdre pied à
mon ame, ne la remettroit jamais droicte en sa place; elle
se retaste et recherche trop vifvement et profondement, et
pourtant, ne lairroit jamais ressouder et consolider la plaie
qui l'auroit percée. Il m'a bien pris qu'aucune maladie ne
me l'ayt encore desmise. A chaque charge qui me vient,
je me presente et oppose en mon haut appareil [2]; ainsi, la
premiere qui m'emporteroit me mettroit sans resource. Je
n'en faicts poinct à deux [3]: par quelque endroict que le
ravage fauçast ma levée [4], me voylà ouvert et noyé sans
c remede. ▲ Epicurus dict que le sage ne peut jamais passer
à un estat contraire. J'ay quelque opinion de l'envers de
cette sentence, que, qui aura esté une fois bien fol, ne sera
nulle autre fois bien sage.

B Dieu donne le froid selon la robe, et me donne les passions selon le moien que j'ay de les soustenir. Nature,
m'ayant descouvert d'un costé, m'a couvert de l'autre;
m'ayant desarmé de force, m'a armé d'insensibilité et d'une
apprehension [5] reiglée ou mousse.

Or je ne puis souffrir long temps (et les souffrois plus

---

[1] "Where there is less fear there is ordinarily less danger" (Livy, XXII, 5).
[2] fully armed.   [3] i.e. I have no second defence.
[4] were to break my banks.   [5] presentiment of danger.

difficilement en jeunesse) ny coche, ny littiere, ny bateau;
et hay toute autre voiture [1] que de cheval, et en la ville et
aux champs. Mais je puis souffrir la lictiere moins qu'un
coche et, par mesme raison, plus aiséement une agitation
rude sur l'eau, d'où se produict la peur, que le mouvement
qui se sent en temps calme. Par cette legere secousse que
les avirons donnent, desrobant le vaisseau soubs nous, je me
sens brouiller, je ne sçay comment, la teste et l'estomac,
comme je ne puis souffrir soubs moy un siege tremblant.
Quand la voile ou le cours de l'eau nous emporte esgalement
ou qu'on nous touë [2], cette agitation unie ne me blesse
aucunement: c'est un remuement interrompu qui m'offence,
et plus quand il est languissant.* Je ne sçaurois autrement
peindre sa forme. Les medecins m'ont ordonné de me
presser et sangler d'une serviette le bas du ventre pour
remedier à cet accident; ce que je n'ay point essayé, ayant
accoustumé de luicter les deffauts qui sont en moy et les
dompter par moymesme.

Si j'en avoy la memoire suffisamment informée, je ne   c
pleindroy mon temps [3] à dire icy l'infinie varieté que les
histoires nous presentent de l'usage des coches au service
de la guerre, divers selon les nations, selon les siecles, de
grand effect, ce me semble, et necessité: si que c'est merveille
que nous en ayons perdu toute connoissance. J'en diray
seulement cecy que tout freschement, du temps de nos peres,
les Hongres les mirent tres-utilement en besongne contre les
Turcs, en chacun y ayant un rondellier [4] et un mousque-
taire, et nombre de harquebuzes rengées, prestes et chargées:
le tout couvert d'une pavesade [5] à la mode d'une galliotte.
Ils faisoient front à leur bataille de trois mille tels coches,
et, apres que le canon avoit joué, les faisoient tirer avant et
avaller aux ennemys cette salve avant que de taster le reste,
qui n'estoit pas un leger avancement; ou les descochoient
dans leurs escadrons [6] pour les rompre et y faire jour, outre
le secours qu'ils en pouvoient tirer pour flanquer en lieu

---

[1] means of transport.
[2] we are towed.
[3] I would not regret spending my time.
[4] a targeteer.
[5] pavesade (*pavoisade*), a fence of shields (*pavois*).
[6] i.e. the Turkish squadrons.

chatouilleux les troupes marchant en la campagne, ou à couvrir un logis [1] à la haste et le fortifier.   De mon temps, un Gentil-homme, en l'une de nos frontieres, impost [2] de sa personne et ne trouvant cheval capable de son poids, ayant une querelle, marchoit par païs en coche de mesme cette peinture [3], et s'en trouvoit tres-bien.   Mais laissons ces coches guerriers.   Les Roys de nostre premiere race marchoient en païs sur un charriot trainé par quatre bœufs.

B   Marc Antoine fut le premier qui se fit mener à Romme, et une garse menestriere quand et luy, par des lyons attelez à un coche.   Heliogabalus en fit dépuis autant, se disant Cibelé, la mere des dieux, et aussi par des tigres, contrefaisant le Dieu Bacchus; il attela aussi par fois deux cerfs à son coche, et une autre fois quattre chiens, et encore quattre garses nues, se faisant trainer par elles en pompe tout nud. L'empereur Firmus fit mener son coche à des autruches de merveilleuse grandeur, de maniere qu'il sembloit plus voler que rouler.   L'estrangeté de ces inventions me met en teste cett' autre fantasie: que c'est une espece de pusillanimité aux monarques, et un tesmoignage de ne sentir point assez ce qu'ils sont, de travailler à se faire valloir et paroistre par despences excessives.   Ce seroit chose excusable en pays estranger; mais, parmy ses subjects, où il peut tout, il tire de sa dignité le plus extreme degré d'honneur où il puisse arriver.   Comme à un gentil homme, il me semble qu'il est superflu de se vestir curieusement en son privé [4]; sa maison, son trein, sa cuysine, respondent assez de luy.

C   Le conseil qu'Isocrates * donne à son Roy ne me semble sans raison: Qu'il soit splendide en meubles et ustensiles, d'autant que c'est une despence de durée, qui passe jusques à ses successeurs; et qu'il fuye toutes magnificences qui s'escoulent incontinent et de l'usage et de la memoire.

B   J'aymois à me parer, quand j'estoy cabdet,* à faute d'autre parure, et me sioit [5] bien: il en est sur qui les belles robes pleurent.   Nous avons des comptes merveilleux de la frugalité de nos Roys au tour de leur personne et en leurs

---

[1] fortified camp.   [2] unwieldy.   [3] like these I have described.
[4] in his own home.   [5] from *seoir*, to suit.

dons; grands Roys en credit, en valeur et en fortune.　Demostenes combat à outrance la loy de sa ville qui assignoit les deniers publics aux pompes des jeux et de leurs festes; il veut que leur grandeur se montre en quantité de vaisseaux bien equipez et bonnes armées bien fournies.

Et a lon raison d'accuser Theophrastus * d'avoir establi, en son livre des richesses, un advis contraire, et maintenu telle nature de despence estre le vray fruit de l'opulence. Ce sont plaisirs, dict Aristote, qui ne touchent que la plus basse commune [1], qui s'evanouissent de memoire aussi tost qu'on en est rassasié et desquels nul homme judicieux et grave ne peut faire estime.　L'emploitte [2] me sembleroit bien plus royale comme plus utile, juste et durable, en ports, en havres, fortifications et murs, en bastiments sompteux, en eglises, hospitaux, colleges, reformation de ruës et chemins: en quoy le pape Gregoire * treziesme a laissé sa memoire recommandable de mon temps, et en quoy nostre Royne Catherine * tesmoigneroit à longues années sa liberalité naturelle et munificence, si ses moyens suffisoient à son affection [3].　La Fortune m'a faict grand desplesir d'interrompre la belle structure du Pont neuf de nostre grand' ville et m'oster l'espoir avant de mourir d'en veoir en train l'usage.

Outre ce, il semble aus subjects, spectateurs de ces triomphes, qu'on leur faict montre de leurs propres richesses, et qu'on les festoye à leurs despens.　Car les peuples presument volontiers des Roys, comme nous faisons de nos valets, qu'ils doivent prendre soing de nous aprester en abondance tout ce qu'il nous faut, mais qu'ils n'y doyvent aucunement toucher de leur part.　Et pourtant l'Empereur Galba, ayant pris plaisir à un musicien pendant son souper, se fit aporter sa boëte et luy donna en sa main une poignée d'escus qu'il y pescha, avec ces paroles: Ce n'est pas du public, c'est du mien.　Tant y a qu'il advient le plus souvant que le peuple a raison, et qu'on repaist ses yeux de ce dequoy il avoit à paistre son ventre.　La liberalité mesme n'est pas bien en son lustre en mains souveraines; les privez y ont plus de

C

B

---

[1] the lowest of the people.　　[2] *emploi*.　　[3] inclination.

droict [1]: car, à le prendre exactement, un Roy n'a rien proprement sien; il se doibt soy-mesmes à autruy.

c   La jurisdiction ne se donne point en faveur du juridiciant, c'est en faveur du juridicié. On faict un superieur, non jamais pour son profit, ains pour le profit de l'inferieur, et un medecin pour le malade, non pour soy. Toute magistrature, comme toute art, jette sa fin hors d'elle: «nulla ars in se versatur.» [2]

b   Parquoy les gouverneurs de l'enfance des princes, qui se piquent à leur imprimer cette vertu de largesse, et les preschent de ne sçavoir rien refuser et n'estimer rien si bien employé que ce qu'ils donneront (instruction que j'ay veu en mon temps fort en credit), ou ils regardent plus à leur proufit qu'à celuy de leur maistre, ou ils entendent mal à qui ils parlent. Il est trop aysé d'imprimer la liberalité en celuy qui a dequoy y fournir autant qu'il veut, aus despens c   d'autruy. ▲ Et son estimation se reglant non à la mesure du present, mais à la mesure des moyens de celuy qui l'exerce, elle vient à estre vaine en mains si puissantes. Ils se trou-b   vent prodigues avant qu'ils soient liberaux. ▲ Pourtant est elle de peu de recommandation, au pris d'autres vertus royalles, et la seule, comme disoit le tyran Dionysius, qui se comporte bien avec la tyrannie mesme. Je luy apprendroy plustost ce verset du laboureur ancien:

Τῇ χειρὶ δεῖ σπείρειν, ἀλλά μὴ ὅλῳ τῷ θυλακῷ [3],

qu'il faut, à qui en veut retirer fruict, semer de la main, c   non pas verser du sac ▲ (il faut espandre le grain, non pas b   le respandre) ▲; et qu'ayant à donner, ou, pour mieux dire, à paier et rendre à tant de gens selon qu'ils l'ont deservy [4], il en doibt estre loyal et avisé dispensateur. Si la liberalité d'un prince est sans discretion et sans mesure, je l'aime mieux avare.

La vertu Royalle semble consister le plus en la justice; et

---

[1] i.e. to be generous.
[2] "No art is confined to itself" (Cicero, De fin., V, 6).
[3] Translated in the following line (quoted from Corinna by Plutarch, Moralia).
[4] according as they have deserved it.

de toutes les parties de la justice celle là remarque mieux
les Roys, qui accompaigne la liberalité: car ils l'ont particulierement reservée à leur charge, là où toute autre justice,
ils l'exercent volontiers par l'entremise d'autruy. L'immoderée largesse est un moyen foible à leur acquerir bienveuillance: car elle rebute plus de gens qu'elle n'en practique [1]:
«*Quo in plures usus sis, minus in multos uti possis. Quid*
autem est stultius quam quod libenter facias, curare ut id diutius
facere non possis?» [2]   ▲ Et, si elle est employée sans respect
du merite, fait vergongne à qui la reçoit; et se reçoit sans
grace [3].   Des tyrans ont esté sacrifiez à la hayne du peuple
par les mains de ceux mesme lesquels ils avoyent iniquement
avancez, telle maniere d'hommes estimans asseurer la possession des biens indeuement receuz en montrant avoir à
mespris et hayne celuy de qui ils les tenoyent, et se raliant
au jugement et opinion commune en cela.

Les subjects d'un prince excessif en dons se rendent
excessifs en demandes; ils se taillent non à la raison, mais à
l'exemple.   Il y a certes souvant dequoy rougir de nostre
impudence; nous sommes surpayez selon justice quand la
recompence esgalle nostre service, car n'en devons nous
rien à nos princes d'obligation naturelle? S'il porte nostre
despence, il faict trop; c'est assez qu'il l'ayde: le surplus
s'appelle bienfaict, lequel ne se peut exiger, car le nom
mesme de liberalité sonne [4] liberté.   A nostre mode, ce n'est
jamais faict; le reçeu ne se met plus en compte; on n'ayme
la liberalité que future: parquoy plus un Prince s'espuise en
donnant, plus il s'apouvrit d'amys.

Comant assouviroit il des envies qui croissent à mesure
qu'elles se remplissent?   Qui a sa pensée à prendre,[5] ne l'a
plus à ce qu'il a prins.   La convoitise n'a rien si propre
que d'estre ingrate.   L'exemple de Cyrus ne duira [6] pas mal
en ce lieu pour servir aux Roys de ce temps de touche [7] à
reconnoistre leurs dons, bien ou mal employez, et leur faire

---

[1] wins over.
[2] "The more widely you extend your bounty, the less bountiful can you be to
the many.   And what can be more foolish than to so manage that you cannot do
for long what you have pleasure in doing" (Cicero, *De Off.*, II, 15).
[3] thanks.   [4] *dit*.   [5] whose thoughts are set upon taking.
[6] will serve.   [7] as a touchstone.

veoir combien cet Empereur les assenoit [1] plus heureusement
qu'ils ne font.   Par où ils sont reduits de faire leurs emprunts sur les subjects inconnus et plustost sur ceux à qui
ils ont faict du mal, que sur ceux à qui ils ont faict du bien;
et n'en reçoivent aydes où il y aye rien de gratuit que le
nom.   Crœsus luy reprochoit sa largesse, et calculoit à
combien se monteroit son thresor, s'il eust eu les mains plus
restreintes.   Il eut envie de justifier sa liberalité; et, de-
speschant de toutes parts vers les grands de son estat, qu'il
avoit particulierement avancez, pria chacun de le secourir
d'autant d'argent qu'il pourroit à une sienne necessité, et le
luy envoyer par declaration [2].   Quand touts ces bordereaux
luy furent apportez, chacun de ses amis, n'estimant pas que
ce fut assez faire de luy en offrir autant seulement qu'il en
avoit receu de sa munificence, y en meslant du sien plus
propre beaucoup, il se trouva que cette somme se montoit
bien plus que l'espargne de Crœsus.   Sur quoy luy dict
Cyrus: Je ne suis pas moins amoureux des richesses que les
autres Princes, et en suis plus-tost plus mesnager.   Vous
voyez à combien peu de mise [3] j'ay acquis le thresor ines-
timable de tant d'amis; et combien ils me sont plus fideles
thresoriers que ne seroient des hommes mercenaires sans
obligation, sans affection: et ma chevance [4] mieux logée
qu'en des coffres, appellant [5] sur moy la haine, l'envie et le
mespris des autres princes.

B   Les Empereurs tiroient excuse à la superfluité de leurs
jeux et montres publiques, de ce que leur authorité dependoit
aucunement (aumoins par apparence) de la volonté du peuple
Romain, lequel avoit de tout temps accoustumé d'estre
flaté par telle sorte de spectacles et excez.   Mais c'estoyent
particuliers qui avoyent nourry cette coustume de gratifier
leurs concitoyens et compaignons principalement sur leur
bourse par telle profusion et magnificence: elle eust tout
autre goust quand ce furent les maistres qui vindrent à
l'imiter.

C   *Pecuniarum translatio a justis dominis ad alienos non debet*

[1] distributed (*assignare*).   [2] i.e. of how much he could send.
[3] outlay.   [4] property.   [5] where it would call down.

liberalis videri.» [1] Philippus,* de ce que son fils essayoit par presents de gaigner la volonté des Macedoniens, l'en tança par une lettre en cette maniere: Quoy? as tu envie que tes subjects te tiennent pour leur boursier, non pour leur Roy? Veux tu les prattiquer [2]? prattique les des bienfaicts de ta vertu, non des bienfaicts de ton coffre.

C'estoit pourtant une belle chose, d'aller faire apporter et **B** planter en la place aus arenes une grande quantité de gros arbres, tous branchus et tous verts, representans une grande forest ombrageuse, despartie en belle symmetrie, et, le premier jour, jetter là dedans mille austruches, mille cerfs, mille sangliers et mille dains, les abandonnant à piller au peuple; le lendemain, faire assomer en sa presence cent gros lions, cent leopards, et trois cens ours, et, pour le troisiesme jour, faire combatre à outrance trois cens pairs de gladiateurs, comme fit l'Empereur Probus. C'estoit aussi belle chose à voir ces grands amphitheatres encroustez de marbre au dehors, labouré [3] d'ouvrages et statues, le dedans reluisant de plusieurs rares enrichissemens,

Baltheus en gemmis, en illita porticus auro [4];

tous les coustez de ce grand vuide remplis et environnez, depuis le fons jusques au comble, de soixante ou quattre vingts rangs d'eschelons, aussi de marbre, couvers de carreaus [5],

exeat, inquit,
Si pudor est, et de pulvino surgat equestri,
Cujus res legi non sufficit [6];

où se peut renger cent mille hommes assis à leur aise; et la place du fons, où les jeux se jouoyent, la faire premierement,

---

[1] "The transferring of money from the lawful owners to others ought not to be deemed liberality" (Cicero, *De Off.*, I, 14).
[2] bribe.   [3] garnished (worked over with).
[4] "Behold the surrounding wall with its precious stones and the colonnade covered with gold" (Calpurnius, *Eclog.*, 47).
[5] cushions.
[6] "For very shame let those whose poverty is below the legal limit, remove themselves from the seats set apart for the equestrian order" (Juvenal, *Sat.*, III, 153).

par art, entr'ouvrir et fendre en crevasses representant des
antres qui vomissoient les bestes destinées au spectacle, et
puis secondement l'innonder d'une mer profonde, qui
charrioit force monstres marins, chargée de vaisseaux armez,
à representer une bataille navalle; et, tiercement, l'aplanir
et assecher de nouveau pour le combat des gladiateurs; et,
pour la quatriesme façon, la sabler de vermillon et de storax [1],
au lieu d'arene, pour y dresser un festin solemne à tout ce
nombre infiny de peuple: le dernier acte d'un seul jour;

> quoties nos descendentis arenæ
> Vidimus in partes, ruptaque voragine terræ
> Emersisse feras, et iisdem sæpe latebris
> Aurea cum croceo creverunt arbuta libro.
> Nec solum nobis silvestria cernere monstra
> Contigit, æquoreos ego cum certantibus ursis
> Spectavi vitulos, et equorum nomine dignum,
> Sed deforme pecus.[2]

Quelquefois on y a faict naistre une haute montaigne plaine
de fruitiers et arbres verdoyans, rendans par son feste [3] un
ruisseau d'eau, comme de la bouche d'une vive fontaine.
Quelquefois on y promena un grand navire qui s'ouvroit et
desprenoit de soymesmes, et, apres avoir vomy de son ventre
quatre ou cinq cens bestes à combat, se resserroit et s'esva-
nouissoit, sans ayde.   Autresfois, du bas de cette place, ils
faisoyent eslancer des surgeons [4] et filets d'eau qui rejalisso-
yent contremont [5], et, à cette hauteur infinie, alloyent arrou-
sant et embaumant cette infinie multitude.   Pour se couvrir
de l'injure du temps, ils faisoient tendre cette immense
capacité, tantost de voiles de pourpre labourez à l'eguille,
tantost de soye d'une ou autre couleur, et les avançoyent et
retiroyent en un moment, comme il leur venoit en fantasie:

---

[1] or styrax, a vanilla-scented balsam.

[2] "How often have we seen part of the arena sink and wild beasts suddenly
emerge from the abyss of the earth, while often from the same hidden depths have
sprung up golden shrubs with yellow bark.   Nor did it fall to us only to behold
monsters of the forest: I have seen seals fighting with bears, and the unsightly
form of the hippopotamus" (Calpurnius, ib., VII, 65 ff.).

[3] faîte.   [4] springs.   [5] upwards.

Quamvis non modico caleant spectacula sole,
Vela reducuntur, cum venit Hermogenes.[1]

Les rets aussi qu'on mettoit au devant du peuple, pour le defendre de la violence de ces bestes eslancées, estoyent tyssus d'or:

auro quoque torta refulgent
Retia.[2]

S'il y a quelque chose qui soit excusable en tels excez, c'est où l'invention et la nouveauté fournit d'admiration, non pas la despence.

En ces vanitez mesme nous descouvrons combien ces siecles estoyent fertiles d'autres espris que ne sont les nostres. Il va de cette sorte de fertilité comme il faict de toutes autres productions de la nature. Ce n'est pas à dire qu'elle y ayt lors employé son dernier effort. Nous n'allons point, nous rodons plustost, et tournoions çà et là. Nous nous promenons sur nos pas. Je crains que nostre cognoissance soit foible en tous sens, nous ne voyons ny gueres loin, ny guere arriere; elle embrasse peu et vit peu, courte et en estandue de temps et en estandue de matiere:

Vixere fortes ante Agamemnona
Multi, sed omnes illachrimabiles
Urgentur ignotique longa
Nocte.[3]

Et supera bellum Trojanum et funera Trojæ,
Multi alias alii quoque res cecinere poetæ.[4]

Et la narration de Solon, sur ce qu'il avoit apprins des   c
prestres d'Ægypte de la longue vie de leur estat et maniere d'apprendre et conserver les histoires estrangeres, ne me

---

[1] "Although the amphitheatre is scorched by the full force of the sun, the awnings are drawn back, when Hermogenes appears" (Martial, XII, 29, 15). H. was a well-known thief (i.e. he might have stolen even awnings).

[2] "And nets of golden wire glisten" (Calpurnius, *ib.*, V, 53).

[3] "Many brave men lived before Agamemnon, but all are buried in a long night unwept and unknown" (Horace, *Od.*, IV, 9, 25).

[4] "Before the Trojan war and the fall of Troy many poets, as well, sung of other themes" (Lucretius, V, 327). (Montaigne has altered *cur* to *et* and *non* to *multi*, thus purposely altering the sense.) Modern texts read *Thebanum.*

semble tesmoignage de refus en cette consideration. «*Si interminatam in omnes partes magnitudinem regionum videremus et temporum, in quam se injiciens animus et intendens ita late longeque peregrinatur ut nullam oram ultimi videat in qua possit insistere: in hac immensitate infinita vis innumerabilium appareret formarum.*»[1]

B   Quand tout ce qui est venu par rapport du passé jusques à nous seroit vray et seroit sçeu par quelqu'un, ce seroit moins que rien au pris de ce qui est ignoré. Et de cette mesme image du monde qui coule pendant que nous y sommes, combien chetive et racourcie est la cognoissance des plus curieux! Non seulement des evenemens particuliers que fortune rend souvant exemplaires et poisans[2], mais de l'estat des grandes polices et nations, il nous en eschappe cent fois plus qu'il n'en vient à nostre science. Nous nous escriïons du miracle de l'invention de nostre artillerie, de nostre impression ;[3] d'autres hommes, un autre bout du monde à la Chine, en jouyssoient mille ans auparavant. Si nous voyons autant du monde comme nous n'en voyons pas, nous apercevrions, comme il est à croire, une perpetuele multiplication et vicissitude de formes. Il n'y a rien de seul et de rare eu esgard à nature, ouy bien eu esgard à nostre cognoissance, qui est un miserable fondement de nos regles et qui nous represente volontiers une tres-fauce image des choses. Comme vainement nous concluons aujourd'hui l'inclination[4] et la decrepitude du monde par les arguments que nous tirons de nostre propre foiblesse et decadence,

Jamque adeo affecta est ætas, affectaque tellus[5];

ainsi vainement concluoit cettuy-là sa naissance et jeunesse, par la vigueur qu'il voyoit aux espris de son temps, abondans en nouvelletez et inventions de divers arts:

---

[1] "If we could see that boundless extent of countries and ages, on which the mind being fixed and intent travels so far and wide without meeting any limit to its vision, we should discover innumerable forms in that infinite immensity" (Cicero, *De Nat. Deo.*, I, 20).

[2] important.   [3] printing.   [4] decline.

[5] "Even now the age is enfeebled and the earth exhausted by bearing" (Lucretius, II, 1151).

Verum, ut opinor, habet novitatem summa, recensque
Natura est mundi, neque pridem exordia cœpit:
Quare etiam quædam nunc artes expoliuntur,
Nunc etiam augescunt, nunc addita navigiis sunt
Multa.[1]

Nostre monde vient d'en trouver un autre (et qui nous respond si c'est le dernier de ses freres, puis que les Dæmons, les Sybilles et nous, avons ignoré cettuy-cy jusqu'asture [2]?) non moins grand, plain [3] et membru que luy, toutesfois si nouveau et si enfant qu'on luy aprend encore son a, b, c: il n'y a pas cinquante ans qu'il ne sçavoit ny lettres, ny pois, ny mesure, ny vestements, ny bleds, ny vignes. Il estoit encore tout nud au giron, et ne vivoit que des moyens de sa mere nourrice. Si nous concluons bien de nostre fin [4], et ce poëte [5] de la jeunesse de son siecle, cet autre monde ne faira qu'entrer en lumiere quand le nostre en sortira. L'univers tombera en paralisie; l'un membre sera perclus, l'autre en vigueur. Bien crains-je que nous aurons bien fort hasté sa declinaison et sa ruyne par nostre contagion, et que nous luy aurons bien cher vendu nos opinions et nos arts. C'estoit un monde enfant; si ne l'avons nous pas foité et soubmis à nostre discipline par l'avantage de nostre valeur et forces naturelles, ny ne l'avons practiqué [6] par nostre justice et bonté, ny subjugué par nostre magnanimité. La plus part de leurs responces et des negotiations faictes avec eux tesmoignent qu'ils ne nous devoyent rien en clarté d'esprit naturelle et en pertinence. L'espouventable magnificence des villes de Cusco * et de Mexico, et, entre plusieurs choses pareilles, le jardin de ce Roy où tous les arbres, les fruicts et toutes les herbes, selon l'ordre et grandeur qu'ils ont en un jardin, estoyent excellemment formez en or; comme, en son cabinet, tous les animaux qui naissoient en

---

[1] "The truth, methinks, is that the sum of things has but a recent date and the nature of the world is new and has but lately had its commencement. Wherefore even now some arts are receiving their last polish; some are even in course of growth, just as now many improvements have been made in ships" (Lucretius, V, 331).
[2] *à cette heure.* [3] complete. [4] i.e. that we at the end of the world.
[5] i.e. Lucretius as quoted above. [6] tried to win it over.

son estat et en ses mers; et la beauté de leurs ouvrages en pierrerie, en plume, en cotton, en la peinture, montrent qu'ils ne nous cedoient non plus en l'industrie. Mais, quant à la devotion, observance des loix, bonté, liberalité, loyauté, franchise, il nous a bien servy de n'en avoir pas tant qu'eux: ils se sont perdus par cet advantage, et vendus, et trahis eux mesme. Quant à la hardiesse et courage, quant à la fermeté, constance, resolution contre les douleurs et la faim et la mort, je ne craindrois pas d'opposer les exemples que je trouverois parmy eux aux plus fameux exemples anciens que nous ayons aus memoires de nostre monde par deçà. Car, pour ceux qui les ont subjuguez, qu'ils ostent les ruses et batelages [1] dequoy ils se sont servis à les piper, et le juste estonnement [2] qu'aportoit à ces nations là de voir arriver si inopinéement des gens barbus, divers [3] en langage, religion, en forme et en contenance, d'un endroict du monde si esloigné et où ils n'avoyent jamais imaginé qu'il y eust habitation quelconque, montez sur des grands monstres incogneuz, contre ceux qui n'avoyent non seulement jamais veu de cheval, mais beste quelconque duicte [4] à porter et soustenir homme ny autre charge; garnis d'une peau luysante et dure [5] et d'une arme trenchante et resplendissante, contre ceux qui, pour le miracle de la lueur d'un miroir ou d'un cousteau, alloyent eschangeant une grande richesse en or et en perles, et qui n'avoient ny science ny matiere par où tout à loisir [6] ils sçeussent percer nostre acier; adjoustez y les foudres et tonnerres de nos pieces et harquebouses, capables de troubler Cæsar mesme, qui l'en eust [7] surpris autant inexperimenté, et à cett' heure, contre des peuples nuds, si ce n'est où l'invention estoit arrivée de quelque tissu de cotton, sans autres armes pour le plus que d'arcs, pierres, bastons

CB et boucliers de bois; ▲ des peuples surpris, soubs couleur d'amitié et de bonne foy, par la curiosité de veoir des choses estrangeres et incogneues: contez, dis-je, aux conquerans [8] cette disparité, vous leur ostez toute l'occasion de tant de

[1] frauds.   [2] dismay.   [3] different from them.   [4] trained.
[5] i.e. their armour.   [6] even with time at their disposal.
[7] si on l'en eût.   [8] puts to the account of the conquerors.

victoires. Quand je regarde cette ardeur indomptable dequoy tant de milliers d'hommes, femmes et enfans, se presentent et rejettent à tant de fois aux dangers inevitables, pour la deffence de leurs dieux et de leur liberté; céte genereuse obstination de souffrir toutes extremitez et difficultez, et la mort, plus volontiers que de se soubmettre à la domination de ceux de qui ils ont esté si honteusement abusez, et aucuns choisissans plustost de se laisser defaillir par faim et par jeusne, estans pris, que d'accepter le vivre [1] des mains de leurs ennemis, si vilement victorieuses, je prevois que, à qui les eust attaquez pair à pair, et d'armes, et d'experience, et de nombre, il y eust faict [2] aussi dangereux, et plus, qu'en autre guerre que nous voyons.

Que n'est tombée soubs Alexandre ou soubs ces anciens Grecs et Romains une si noble conqueste, et une si grande mutation et alteration de tant d'empires et de peuples soubs des mains qui eussent doucement poly et defriché ce qu'il y avoit de sauvage, et eussent conforté et promeu [3] les bonnes semences que nature y avoit produit, meslant non seulement à la culture des terres et ornement des villes les arts de deçà, en tant qu'elles y eussent esté necessaires, mais aussi meslant les vertus Grecques et Romaines aux originelles du pays! Quelle reparation eust-ce esté, et quel amendement à toute cette machine [4], que les premiers exemples et deportemens nostres qui se sont presentez par delà eussent appelé ces peuples à l'admiration et imitation de la vertu et eussent dressé entre eux et nous une fraternele societé et intelligence! Combien il eust esté aisé de faire son profit d'ames si neuves, si affamées d'apprentissage, ayant pour la plus part de si beaux commencemens naturels! Au rebours, nous nous sommes servis de leur ignorance et inexperience à les plier plus facilement vers la trahison, luxure, avarice et vers toute sorte d'inhumanité et de cruauté, à l'exemple et patron de nos meurs. Qui mit jamais à tel pris le service de la mercadence [5] et de la trafique? Tant de villes rasées, tant de nations exterminées, tant de millions de peuples passez au

---

[1] food.   [2] there would have been as dangerous a passage of arms . .
[3] strengthened and developed.   [4] i.e. the world.   [5] commerce.

fil de l'espée, et la plus riche et belle partie du monde boule-
versée pour la negotiation des perles et du poivre: mechan-
niques [1] victoires.   Jamais l'ambition, jamais les inimitiez
publiques ne pousserent les homme les uns contre les autres
à si horribles hostilitez et calamitez si miserables.

En costoyant * la mer à la queste de leurs mines, aucuns
Espagnols prindrent terre en une contrée fertile et plaisante,
fort habitée, et firent à ce peuple leurs remonstrances accoustumées: Qu'ils estoient gens paisibles, venans de loingtains
voyages, envoyez de la part du Roy de Castille, le plus grand
Prince de la terre habitable, auquel le Pape, representant
Dieu en terre, avoit donné la principauté de toutes les Indes;
Que, s'ils vouloient luy estre tributaires, ils seroient tres-
benignement traictez; leur demandoient des vivres pour leur
nourriture et de l'or pour le besoing de quelque medecine;
leur remontroient au demeurant la creance d'un seul Dieu
et la verité de nostre religion, laquelle ils leur conseilloient
d'accepter, y adjoustans quelques menasses.   La responce
fut telle: Que, quand à estre paisibles, ils n'en portoient pas
la mine, s'ils l'estoient; Quand à leur Roy, puis qu'il demandoit, il devoit estre indigent et necessiteux; et celuy qui luy
avoit faict cette distribution, homme aymant dissention,
d'aller donner à un tiers chose qui n'estoit pas sienne, pour
le mettre en debat contre les anciens possesseurs; Quant aux
vivres, qu'ils leur en fourniroient; D'or, ils en avoient peu,
et que c'estoit chose qu'ils mettoient en nulle estime, d'autant
qu'elle estoit inutile au service de leur vie, là où [2] tout leur
soin regardoit seulement à la passer heureusement et plaisamment; pourtant ce qu'ils en pourroient trouver, sauf ce qui
estoit employé au service de leurs dieux, qu'ils le prinssent
hardiment; Quant à un seul Dieu, le discours leur en avoit
pleu, mais qu'ils ne vouloient changer leur religion, s'en
estans si utilement servis si long temps, et qu'ils n'avoient
accoustumé prendre conseil que de leurs amis et connoissans;
Quant aux menasses, c'estoit signe de faute de jugement
d'aller menassant ceux desquels la nature et les moyens
estoient inconneux; Ainsi qu'ils se despeschassent prompte-

1 mean.   2 whereas.

ment de vuyder leur terre [1], car ils n'estoient pas accoustumez de prendre en bonne part les honnestetez et remonstrances de gens armez et estrangers; autrement, qu'on feroit d'eux comme de ces autres, leur montrant les testes d'aucuns hommes justiciez autour de leur ville.   Voilà un exemple de la balbucie de cette enfance [2].   Mais tant y a que ny en ce lieu-là ny en plusieurs autres, où les Espagnols ne trouverent les marchandises qu'ils cerchoient, ils ne feirent arrest ny entreprise, quelque autre commodité qu'il y eust, tesmoing mes Cannibales.*

Des deux les plus puissans monarques de ce monde là, et, à l'avanture, de cettuy-cy, Roys de tant de Roys, les derniers qu'ils en chasserent, celuy du Peru,* ayant esté pris en une bataille et mis à une rançon si excessive qu'elle surpasse toute creance, et celle là fidellement payée, et avoir donné par sa conversation signe d'un courage franc, liberal et constant, et d'un entendement net et bien composé, il print envie aux vainqueurs, apres en avoir tiré un million trois cens vingt cinq mille cinq cens poisant d'or, outre l'argent et autres choses qui ne monterent pas moins, si que leurs chevaux n'alloient plus ferrez que d'or massif, de voir encores, au pris de quelque desloyauté que ce fut, quel pouvoit estre le reste des thresors de ce Roy, ▲ et jouyr librement de ce   C qu'il avoit reservé.   ▲ On luy apposta [3] une fauce accusation   B et preuve, qu'il desseignoit [4] de faire souslever ses provinces pour se remettre en liberté.   Surquoy, par beau jugement de ceux mesme qui luy avoient dressé cette trahison, on le condemna à estre pendu et estranglé publiquement, luy ayant faict racheter le tourment d'estre bruslé tout vif par le baptesme qu'on luy donna au supplice mesme.   Accident horrible et inouy, qu'il souffrit pourtant sans se démentir ny de contenance ny de parole, d'une forme et gravité vrayement royale.   Et puis, pour endormir les peuples estonnez et transis de chose si estrange, on contrefit un grand deuil de sa mort, et luy ordonna l'on des sompteuses funerailles.

L'autre, Roy de Mexico,* ayant long temps defendu sa

---

[1] quit.   [2] these children (note the irony).   [3] forged.   [4] schemed.

ville assiegée et montré en ce siege tout ce que peut et la souffrance [1] et la perseverance, si onques prince et peuple le montra, et son malheur l'ayant rendu vif entre les mains des ennemis, avec capitulation d'estre traité en Roy (aussi ne leur fit-il rien voir, en la prison, indigne de ce tiltre); ne trouvant poïnct apres cette victoire tout l'or qu'ils s'estoient promis, apres avoir tout remué et tout fouillé, se mirent à en cercher des nouvelles par les plus aspres geines dequoy ils se peurent adviser, sur les prisonniers qu'ils tenoient. Mais, n'ayant rien profité, trouvant des courages plus forts que leurs torments, ils en vindrent en fin à telle rage que, contre leur foy [2] et contre tout droit des gens, ils condamnerent le Roy mesme et l'un des principaux seigneurs de sa court à la geine en presence l'un de l'autre. Ce seigneur, se trouvant forcé de la douleur, environné de braziers ardens, tourna sur la fin piteusement sa veue vers son maistre, comme pour luy demander mercy de ce qu'il n'en pouvoit plus. Le Roy, plantant fierement et rigoureusement les yeux sur luy, pour reproche de sa lascheté et pusillanimité, luy dict seulement ces mots, d'une voix rude et ferme: Et moy, suis-je dans un bain? suis-je pas plus à mon aise que toy? Celuy-là, soudain apres, succomba aux douleurs et mourut sur la place. Le Roy, à demy rosty, fut emporté de là, non tant par pitié (car quelle pitié toucha jamais des ames qui, pour la doubteuse information de quelque vase d'or à piller, fissent griller devant leurs yeux un homme, non qu'un Roy [3] si grand et en fortune et en merite), mais ce fut que sa constance rendoit de plus en plus honteuse leur cruauté. Ils le pendirent depuis, ayant courageusement entrepris de se delivrer par armes d'une si longue captivité et subjection, où il fit sa fin digne d'un magnanime prince.

A une autrefois, ils mirent brusler pour un coup, en mesme feu, quatre cens soixante hommes tous vifs, les quatre cens du commun peuple, les soixante des principaux seigneurs d'une province, prisonniers de guerre simplement. Nous tenons d'eux-mesmes ces narrations, car ils ne les

---

[1] endurance.   [2] word of honour.   [3] and what is more.

advouent pas seulement, ils s'en ventent et les preschent.
Seroit-ce pour tesmoignage de leur justice ou zele envers la
religion? Certes, ce sont voyes trop diverses [1] et ennemies
d'une si saincte fin. S'ils se fussent proposés d'estendre
nostre foy, ils eussent considéré que ce n'est pas en possession
de terres qu'elle s'amplifie, mais en possession d'hommes,
et se fussent trop contentez des meurtres que la necessité de
la guerre apporte, sans y mesler indifferemment une boucherie, comme sur des bestes sauvages, universelle, autant
que le fer et le feu y ont peu attaindre, n'en ayant conservé
par leur dessein qu'autant qu'ils en ont voulu faire de miserables esclaves pour l'ouvrage et service de leurs minieres:
si que plusieurs des chefs ont esté punis à mort, sur les lieux
de leur conqueste, par ordonnance des Rois de Castille,
justement offencez de l'horreur de leurs deportemens, et
quasi tous desestimez et mal-voulus [2]. Dieu a meritoire-
ment permis que ces grands pillages se soient absorbez par
la mer en les transportant, ou par les guerres intestines
dequoy ils se sont entremangez entre eux, et la plus part
s'enterrerent sur les lieux, sans aucun fruict de leur victoire.

Quant à ce que la recepte, et entre les mains d'un prince
mesnager et prudent,* respond si peu à l'esperance qu'on
en donna à ses predecesseurs, et à cette premiere abondance
de richesses qu'on rencontra à l'abord de ces nouvelles terres
(car, encore qu'on en retire beaucoup, nous voyons que ce
n'est rien au pris de ce qui s'en devoit attendre), c'est que
l'usage de la monnoye estoit entierement inconneu, et que
par consequent leur or se trouva tout assemblé, n'estant en
autre service que de montre et de parade, comme un meuble
reservé de pere en fils par plusieurs puissants Roys, qui
espuisoient tousjours leurs mines pour faire ce grand mon-
ceau de vases et statues à l'ornement de leurs palais et de
leurs temples, au lieu que nostre or est tout en emploite [3] et
en commerce. Nous le menuisons et alterons en mille
formes, l'espandons et dispersons. Imaginons que nos Roys
amoncelassent ainsi tout l'or qu'ils pourroient trouver en
plusieurs siecles, et le gardassent immobile.

[1] opposed.   [2] hated.   [3] *emploi.*

Ceux du Royaume de Mexico estoient aucunement plus civilisez et plus artistes que n'estoient les autres nations de là. Aussi jugeoient-ils, ainsi que nous, que l'univers fut proche de sa fin, et en prindrent pour signe la desolation que nous y apportames. Ils croyoyent que l'estre [1] du monde se depart [2] en cinq aages et en la vie de cinq soleils consecutifs, desquels les quatre avoient desjà fourny leur temps, et que celuy qui leur esclairoit estoit le cinquiesme. Le premier perit avec toutes les autres creatures par universelle inondation d'eaux; le second, par la cheute du ciel sur nous, qui estouffa toute chose vivante, auquel aage ils assignent les geants, et en firent voir aux Espagnols des ossements à la proportion desquels la stature des hommes revenoit à vingt paumes de hauteur; le troisiesme, par feu qui embrasa et consuma tout; le quatriesme, par une émotion d'air et de vent [3] qui abbatit jusques à plusieurs montaignes: les hommes n'en moururent poinct, mais ils furent changez en magots (quelles impressions ne souffre [4] la lácheté de l'humaine creance!); apres la mort de ce quatriesme Soleil, le monde fut vingt-cinq ans en perpetuelles tenebres, au quinziesme desquels fut creé un homme et une femme qui refeirent l'humaine race; dix ans apres, à certain de leurs jours, le Soleil parut nouvellement creé; et commence, depuis, le compte de leurs années par ce jour là. Le troisiesme jour de sa creation, moururent les Dieux anciens; les nouveaux sont nays depuis, du jour à la journée [5]. Ce qu'ils estiment de la maniere que ce dernier Soleil perira, mon autheur n'en a rien appris. Mais leur nombre de ce quatriesme changement rencontre à [6] cette grande conjonction des astres qui produisit, il y a huict cens tant d'ans, selon que les Astrologiens estiment, plusieurs grandes alterations et nouvelletez au monde.

Quant à la pompe et magnificence, par où je suis entré en ce propos, ny Græce, ny Romme ny Ægypte ne peut, soit en utilité, ou difficulté, ou noblesse, comparer aucun de ses ouvrages au chemin qui se voit au Peru, dressé par

---

[1] life, existence.   [2] is divided.   [3] tempest.
[4] what opinions are not accepted by.   [5] gradually.   [6] coincides with.

les Roys du pays, depuis la ville de Quito jusques à celle
de Cusco (il y a trois cens lieuës), droict, uny, large de
vingt-cinq pas, pavé, revestu de costé et d'autre de belles et
hautes murailles, et le long d'icelles, par le dedans, deux
ruisseaux perennes, bordez de beaux arbres qu'ils nomment
molly.   Où ils ont trouvé des montaignes et rochers, il les
ont taillez et applanis, et comblé les fondrieres de pierre
et chaux.   Au chef de chasque journée [1], il y a de beaux
palais fournis de vivres, de vestements et d'armes, tant pour
les voyageurs que pour les armées qui ont à y passer.   En
l'estimation de cet ouvrage, j'ay compté la difficulté, qui est
particulierement considerable en ce lieu là.   Ils ne bastis-
soient poinct de moindres pierres que de dix pieds en carré;
il n'avoient autre moyen de charrier [2] qu'à force de bras,
en traînant leur charge; et pas seulement l'art d'eschafauder,
n'y sçachant autre finesse que de hausser autant de terre
contre leur bastiment, comme il s'esleve, pour l'oster apres.

Retombons à nos coches.   En leur place [3], et de toute
autre voiture, ils se faisoient porter par les hommes et sur
leurs espaules.   Ce dernier Roy du Peru, le jour qu'il fut
pris, estoit ainsi porté sur des brancars d'or, et assis dans
une cheze d'or, au milieu de sa bataille [4].   Autant qu'on
tuoit de ces porteurs pour le faire choir à bas, car on le
vouloit prendre vif, autant d'autres, et à l'envy, prenoient
la place des morts, de façon qu'on ne le peut onques abbatre,
quelque meurtre qu'on fit de ces gens là, jusques à ce qu'un
homme de cheval l'alla saisir au corps, et l'avalla par terre [5].

CHAPITRE VIII

Pascal calls Montaigne "l'incomparable auteur de l'art de con-
férer."   It is in this essay that Montaigne appears as a precursor of
honnêteté, the art of social intercourse, which in the seventeenth century
occupied the attention of some of the best minds of the time.   He does so
by implication, for he is here chiefly concerned with one type of inter-

---

[1] at the end of each day's march.   [2] to transport.   [3] instead of them.
[4] battle-array.   [5] brought him to the ground.

course, and even, one may say, one type of conversation, namely, the exchange of opinions by *discussion*, a term which seems to render more correctly than any other the precise meaning here given to the word *conférence*. But this subject—the contact of one mind with another—treated by an intelligence such as Montaigne's, enlarges itself quite naturally into a treatment of the fundamentals of all intercourse with our fellows. The essay may be supplemented by another, *Des Trois Commerces* (III, 3); and just as that essay ends by discussing the pleasures of reading and by telling us how and where Montaigne reads, by describing his tower and his library, so we end here with his reflexions on re-reading Tacitus.

Incidentally, this ending helps us to date the essay, for we know with fair certainty that our author was re-reading Tacitus in 1586 and the early months of 1587. According to M. Villey, it is also likely that the friend who induced him to reopen his copy of the Annals was Louis de Foix, Comte de Gurson, or one of his brothers (v. p. 61, note on). As all three brothers were killed on the same day in July, 1587, this essay was presumably written before that date.

DE L'ART DE CONFERER [1]

B C'est un usage de nostre justice, d'en condamner aucuns pour l'advertissement des autres.

C De les condamner par ce qu'ils ont failly, ce seroit bestise, comme dict Platon. Car, ce qui est faict, ne se peut deffaire; mais c'est affin qu'ils ne faillent plus de mesmes, ou qu'on fuye l'exemple de leur faute.

B On ne corrige pas celuy qu'on pend, on corrige les autres par luy. Je faicts de mesmes. Mes erreurs sont tantost naturelles et incorrigibles: mais, ce que les honnestes hommes profitent au public en se faisant imiter, je le profiteray à l'avanture à me faire eviter:

> *Nonne vides Albi ut male vivat filius, utque*
> *Barrus inops? magnum documentum, ne patriam rem*
> *Perdere quis velit.* [2]

Publiant et accusant mes imperfections, quelqu'un apprendra de les craindre. Les parties que j'estime le plus en moy, tirent plus d'honneur de m'accuser que de me recommander.

[1] of discussion.

[2] "Do you see how miserably the son of Albius lives, and how Barrus is become a pauper? A mighty example to deter one from wishing to squander the family fortune" (Horace, *Sat.*, I, 4, 109).

Voilà pourquoi j'y retombe et m'y arreste plus souvant.
Mais, quand tout est conté, on ne parle jamais de soy sans
perte.   Les propres condemnations [1] sont tousjours accruës,
les louanges mescruës.

Il en peut estre aucuns de ma complexion, qui m'instruis
mieux par contrarieté que par exemple, et par fuite que par
suite.   A cette sorte de discipline regardoit le vieux Caton,
quand il dict que les sages ont plus à apprendre des fols que
les fols des sages; et cet ancien joueur de lyre, que Pausanias
recite avoir accoustumé contraindre ses disciples d'aller ouyr
un mauvais sonneur [2] qui logeoit vis à vis de luy, où ils
apprinsent à hayr ses desaccords et fauces mesures.   L'horreur de la cruauté me rejecte plus avant en la clemence
qu'aucun patron [3] de clemence ne me sçauroit attirer.   Un
bon escuyer ne redresse pas tant mon assiete, comme faict un
procureur ou un Venitien à cheval; et une mauvaise façon
de langage reforme mieux la mienne que ne faict la bonne.
Tous les jours la sotte contenance d'un autre m'advertit et
m'advise.   Ce qui poind [4], touche et esveille mieux que ce
qui plaist.   Ce temps n'est propre à nous amender qu'à
reculons, par disconvenance plus que par accord, par difference que par similitude.   Estant peu aprins par les bons
exemples, je me sers des mauvais, desquels la leçon est ordinaire.   ▲ Je me suis efforcé de me rendre autant aggreable   C
comme j'en voyoy de fascheux, aussi ferme que j'en voyoy
de mols, aussi doux que j'en voyoy d'aspres.   Mais je me
proposoy des mesures invincibles.

Le plus fructueux et naturel exercice de nostre esprit,   B
c'est à mon gré la conference.   J'en trouve l'usage plus
doux que d'aucune autre action de nostre vie; et c'est la
raison pourquoy, si j'estois asture [5] forcé de choisir, je con-
sentirois plustost, ce crois-je, de perdre la veuë que l'ouir
ou le parler.   Les Atheniens, et encore les Romains, con-
servoient en grand honneur cet exercice en leurs Academies.
De nostre temps, les Italiens en retiennent quelques ves-
tiges, à leur grand profict, comme il se voit par la comparai-

---

[1] self-accusations.   [2] performer on an instrument.   [3] model.
[4] irritates.   [5] à cette heure.

son de nos entendemens aux leurs. L'estude des livres, c'est un mouvement languissant et foible qui n'eschauffe poinct: là où [1] la conference apprend et exerce en un coup. Si je confere avec une ame forte et un roide jousteur, il me presse les flancs, me pique à gauche et à dextre, ses imaginations eslancent les miennes. La jalousie, la gloire, la contention [2] me poussent et rehaussent au dessus de moymesmes. Et l'unisson est qualité du tout ennuyeuse en la conference.

Comme nostre esprit se fortifie par la communication des esprits vigoureux et reiglez, il ne se peut dire combien il perd et s'abastardit par le continuel commerce et frequentation que nous avons avec les esprits bas et maladifs. Il n'est contagion qui s'espande comme celle-là. Je sçay par assez d'experience combien en vaut l'aune. J'ayme à contester et à discourir, mais c'est avec peu d'hommes et pour moy. Car de servir de spectacle aux grands et faire à l'envy parade de son esprit et de son caquet, je trouve que c'est un mestier tres-messeant, à un homme d'honneur.

La sottise est une mauvaise qualité; mais de ne la pouvoir supporter, et s'en despiter et ronger, comme il m'advient, c'est une autre sorte de maladie qui ne doit guere à la sottise en importunité; et est ce qu'à present je veux accuser du mien [3].

J'entre en conference et en dispute avec grande liberté et facilité, d'autant que l'opinion trouve en moy le terrein mal propre à y penetrer et y pousser de hautes [4] racines. Nulles propositions m'estonnent, nulle creance me blesse, quelque contrarieté qu'elle aye à la mienne. Il n'est si frivole et si extravagante fantasie qui ne me semble bien sortable à la production de l'esprit humain. Nous autres [5], qui privons nostre jugement du droict de faire des arrests, regardons mollement les opinions diverses [6], et, si nous n'y prestons le jugement, nous y prestons aiséement l'oreille. Où l'un plat est vuide du tout en la balance, je laisse vaciller l'autre, sous les songes d'une vieille. Et me semble estre

---

[1] whereas.   [2] strife.   [3] in myself.
[4] deep.   [5] i.e. sceptics.   [6] opposed to ours.

excusable si j'accepte plustost le nombre impair: Le jeudy
au pris du vendredy: Si je m'aime mieux douziesme ou
quatorziesme que treziesme à table: Si je vois plus volontiers
un lievre costoyant que traversant mon chemin quand je
voyage: Et donne plustost le pied gauche que le droict à
chausser. Toutes telles ravasseries, qui sont en credit
autour de nous, meritent aumoins qu'on les escoute. Pour
moy, elles emportent seulement l'inanité [1], mais elles l'emportent. Encores sont en poids les opinions vulgaires et
casuelles [2] autre chose que rien en nature. Et, qui ne s'y
laisse aller jusques là, tombe à l'avanture au vice de l'opiniastreté pour eviter celui de la superstition.

Les contradictions donc des jugemens ne m'offencent ny
m'alterent; elles m'esveillent seulement et m'exercent.
Nous fuyons à la correction [3], il s'y faudroit presenter et
produire [4], notamment quand elle vient par forme de con-
ferance, non de rejance [5]. A chaque opposition, on ne
regarde pas si elle est juste, mais, à tort ou à droit, comment
on s'en deffera. Au lieu d'y tendre les bras, nous y tendons
les griffes. Je souffrirois estre rudement heurté par mes
amis: Tu es un sot, tu resves. J'ayme, entre les galans
hommes, qu'on s'exprime courageusement, que les mots
aillent où va la pensée. Il nous faut fortifier l'ouie et la
durcir contre cette tandreur du son ceremonieux des parolles.
J'ayme une societé et familiarité forte et virile, une amitié
qui se flatte en l'aspreté et vigueur de son commerce, comme
l'amour, és morsures et esgratigneures sanglantes.

Elle n'est pas assez vigoureuse et genereuse, si elle n'est   C
querelleuse, si elle est civilisée et artiste [6], si elle craint le
hurt [7] et a ses allures contreintes.

«Neque enim disputari sine reprehensione potest.» [8]

Quand on me contrarie [9], on esveille mon attention,   B
non pas ma cholere; je m'avance vers celuy qui me con-

---

[1] they only just lift up the empty scale of the balance. ⸫ [2] i.e. unfounded.
[3] from being corrected.   [4] go to meet it.
[5] lesson (given by a *régent*).   [6] artificial.   [7] *heurt.*
[8] "For there can be no discussion without contradiction" (Cicero, *De fin.*, I, 8).
[9] contradict.

tredit, qui m'instruit.   La cause de la verité devroit estre
la cause commune à l'un et à l'autre.   Que respondra-il?
la passion du courroux lui a desjà frappé le jugement.   Le
trouble s'en est saisi avant la raison.   Il seroit utile qu'on
passast par gageure la decision [1] de nos disputes: Qu'il y eut
une marque materielle de nos pertes: affin que nous en tins-
sions estat: et que mon valet me peut dire: Il vous costa [2],
l'année passée, cent escus à vingt fois d'avoir esté ignorant
et opiniastre.

Je festoie et caresse [3] la verité en quelque main que je la
trouve: et m'y rends alaigrement, et luy tends mes armes
vaincues, de loing que je la vois approcher.   ▲ Et, pourveu
qu'on n'y procede d'une troigne [4] trop imperieuse et magistrale [5], je preste l'espaule aux reprehensions que l'on faict
en mes escrits; et les ay souvent changez plus par raison de
civilité que par raison d'amendement; aymant à gratifier
et nourrir la liberté de m'advertir par la facilité de ceder;
ouy, à mes despans.   Toutefois il est certes malaisé d'y
attirer les hommes de mon temps: ils n'ont pas le corage
de corriger, par ce qu'ils n'ont pas le corage de souffrir à
l'estre, et parlent tousjours avec dissimulation en presence
les uns des autres.   Je prens si grand plaisir d'estre jugé et
cognu, qu'il m'est comme indifferent en quelle des deux
formes je le soys.

Mon imagination se contredit elle mesme si souvent et
condamne, que ce m'est tout un qu'un autre le face: veu
principalement que je ne donne à sa reprehension que
l'authorité que je veux.   Mais je romps paille [6] avec celuy
qui se tient si haut à la main [7], comme j'en cognoy quelqu'un
qui plaint [8] son advertissement, s'il n'en est creu, et prend
à injure si on estrive [9] à le suivre.   Ce que Socrates recueil-
loit [10], tousjours riant, les contradictions qu'on faisoit à son
discours, on pourroit dire que sa force en estoit cause, et que,
l'avantage ayant à tumber certainement de son costé, il les

----

[1] if our disputes were decided by wager.
[2] coûta.   [3] welcome.   [4] face.   [5] schoolmasterly.
[6] fall out (from the mediæval custom of breaking a straw in token of disagreement).   [7] rides the high horse.   [8] regrets.
[9] kicks at.   [10] welcomed.

acceptoit comme matiere de nouvelle gloire. Mais' nous
voyons au rebours qu'il n'est rien qui nous y rende le sentiment si delicat, que l'opinion de la préeminence [1] et desdaing
de l'adversaire. Et que, par raison, c'est au foible plustost
d'accepter de bon gré les oppositions qui le redressent et
rabillent [2]. ▲ Je cerche à la verité plus la frequentation   B
de ceux qui me gourment que de ceux qui me craignent.

C'est un plaisir fade et nuisible d'avoir affaire à gens qui
nous admirent et facent place. Antisthenes commanda à
ses enfans de ne sçavoir jamais gré ny grace à homme qui les
louat. Je me sens bien plus fier de la victoire que je gaigne
sur moy quand, en l'ardeur mesme du combat, je me faicts
plier soubs la force de la raison de mon adversaire, que je ne
me sens gré de la victoire que je gaigne sur luy par sa foiblesse.

En fin, je reçois et advoue toute sortes d'atteinctes qui
sont de droict fil [3], pour foibles qu'elles soient, mais je suis
par trop impatient [4] de celles qui se donnent sans forme. Il
me chaut peu de la matiere, et me sont les opinions unes,
et la victoire du subject à peu prés indifferente. Tout un
jour je contesteray paisiblement, si la conduicte du debat se
suit avec ordre. ▲ Ce n'est pas tant la force et la subtilité   C
que je demande, comme l'ordre. L'ordre qui se voit tous
les jours aux altercations des bergers et des enfans de boutique, jamais entre nous. S'ils se detraquent, c'est en
incivilité; si faisons nous bien [5]. Mais leur tumulte et
impatiance ne les devoye pas de leur theme: leur propos suit
son cours. S'ils previenent l'un l'autre, s'ils ne s'attendent
pas, aumoins ils s'entendent. On respond tousjours trop
bien pour moy, si on respond à propos. ▲ Mais quand la   B
dispute est trouble et des-reglée, je quitte la chose [6] et m'attache à la forme avec despit et indiscretion, et me jette à
une façon de debattre testue, malicieuse et imperieuse,
dequoy j'ay à rougir apres.

Il est impossible de traitter de bonne foy avec un sot.   C
Mon jugement ne se corrompt pas seulement à la main
d'un maistre si impetueux, mais aussi ma conscience.

---

[1] belief in our own superiority.   [2] mend his views.   [3] well aimed.
[4] intolerant.   [5] and so do we.   [6] the subject.

Noz disputes devoient estre defendues et punies comme
d'autres crimes verbaux. Quel vice n'esveillent elles et
n'amoncellent, tousjours regies et commandées par la
cholere! Nous entrons en inimitié, premierement contre
les raisons, et puis contre les hommes. Nous n'aprenons à
disputer [1] que pour contredire, et, chascun contredisant et
estant contredict, il en advient que le fruit du disputer c'est
perdre et aneantir la verité. Ainsi Platon, en sa republique, prohibe cet exercice aux esprits ineptes et mal nays.

B   A quoy faire [2] vous mettez vous en voie de quester ce
qui est [3] avec celuy qui n'a ny pas ny alleure qui vaille?
On ne faict poinct tort au subject, quand on le quicte pour
voir du moyen de le traicter; je ne dis pas moyen scholastique et artiste, je dis moyen naturel, d'un sain entendement. Que sera-ce en fin? L'un va en orient, l'autre en
occident; ils perdent le principal, et l'escartent dans la presse
des incidens [4]. Au bout d'une heure de tempeste, ils ne
sçavent ce qu'ils cerchent; l'un est bas, l'autre haut, l'autre
costié [5]. Qui se prend à un mot et une similitude; qui ne
sent plus ce qu'on luy oppose, tant il est engagé en sa course;
et pense à se suyvre, non pas à vous. Qui, se trouvant
foible de reins, craint tout, refuse tout, mesle des l'entrée

C   et confond le propos; ▲ ou, sur l'effort [6] du debat, se mutine à
se faire tout plat [7]: par une ignorance despite [8], affectant un
orgueilleux mespris, ou une sottement modeste fuite de

B   contention [9]. ▲ Pourveu que cettuy-cy frappe, il ne luy
chaut combien il se descouvre. L'autre compte ses mots, et
les poise pour raisons. Celuy-là n'y emploie que l'advantage de sa voix et de ses poulmons. En voilà qui conclud
contre soy-mesme. Et cettuy-cy, qui vous assourdit de

C   prefaces et digressions inutiles. ▲ Cet autre s'arme de
pures injures et cherche une querelle d'Alemaigne [10], pour
se deffaire de la societé et conference d'un esprit qui presse

B   le sien. ▲ Ce dernier ne voit rien en la raison, mais il vous

---

[1] debate.   [2] what use is there.   [3] to search for the truth.
[4] incidental points.   [5] to the side (metaphor from archery).
[6] Gasconism for *sur le fort* (cf. *au plus fort*).
[7] he sulks to the point of holding his tongue.   [8] spiteful.
[9] giving up the struggle.   [10] groundless quarrel.

tient assiegé sur la closture dialectique de ses clauses et sur les formules de son art.

Or qui n'entre en deffiance des sciences, et n'est en doubte s'il s'en peut tirer quelque solide fruict au besoin de la vie, à considerer l'usage que nous en avons: ▲ *«nihil sanantibus*   C
litteris [1]»?   ▲ Qui a pris de l'entendement en la logique?   B
où sont ses belles promesses?   ▲ *«Nec ad melius vivendum*   C
nec ad commodius disserendum.» [2]   ▲ Voit-on plus de bar-   B
bouillage au caquet des harengeres qu'aux disputes publiques des hommes de cette profession? J'aimeroy mieux que mon fils apprint aux tavernes à parler, qu'aux escholes de la parlerie. Ayez un maistre és arts [3], conferez avec luy: que ne nous faict-il sentir cette excellence [4] artificielle, et ne ravit les femmes et les ignorans, comme nous sommes, par l'admiration de la fermeté de ses raisons, de la beauté de son ordre? que ne nous domine-il et persuade comme il veut? Un homme si avantageux [5] en matiere et en conduicte [6], pourquoy mesle-il à son escrime les injures, l'indiscretion et la rage? Qu'il oste son chapperon [7], sa robbe et son latin; qu'il ne batte pas nos aureilles d'Aristote tout pur et tout cru, vous le prendrez pour l'un d'entre nous, ou pis. Il me semble, de cette implication [8] et entrelasseure de langage, par où ils nous pressent, qu'il en va comme des joueurs de passe-passe: leur souplesse combat et force nos sens, mais elle n'esbranle aucunement nostre creance; hors ce baste-lage, ils ne font rien qui ne soit commun et vile. Pour estre plus sçavans, ils n'en sont pas moins ineptes.

J'ayme et honore le sçavoir autant que ceux qui l'ont; et, en son vray usage, c'est le plus noble et puissant acquest des hommes. Mais en ceux là (et il en est un nombre infiny de ce genre) qui en establissent leur fondamentale suffisance et valeur, qui se raportent [9] de leur entendement à leur memoire, ▲ *«sub aliena umbra latentes* [10]*,»* ▲ et ne peuvent   CB

---

[1] "learning which cures nothing" (Seneca, *Ep.*, 59).
[2] "Leading neither to better living nor more apt reasoning" (Cicero, *De fin.*, I, 19).   [3] a professor of the humanities and philosophy.
[4] how he excels in his art.   [5] advantaged.   [6] in conducting a discussion.
[7] (academic) hood.   [8] intricacy.   [9] appeal from.
[10] "lurking beneath some other man's shadow" (Seneca, *Ep.*, 33).

rien que par livre, je le hay, si je l'ose dire, un peu plus que la
bestise.   En mon pays, et de mon temps, la doctrine amande
assez les bourses, rarement les ames.   Si elle les rencontre
mousses, elle les aggrave [1] et suffoque, masse crue et in-
digeste; si desliées, elle les purifie volontiers, clarifie et sub-
tilise jusques à l'exinanition [2].   C'est chose de qualité à peu
pres indifferente; tres-utile accessoire à une ame bien née,
pernicieux à une autre ame et dommageable; ou plustost
chose de tres precieux usage, qui ne se laisse pas posseder à
vil pris; en quelque main, c'est un sceptre; en quelque autre,
une marotte [3].   Mais suyvons.

Quelle plus grande victoire attendez-vous, que d'apprendre
à vostre ennemy qu'il ne vous peut combatre?   Quand vous
gaignez l'avantage de vostre proposition, c'est la verité qui
gaigne; quand vous gaignez l'avantage de l'ordre et de la
C   conduite, c'est vous qui gaignez.   ▲ Il m'est advis qu'en
Platon et en Xenophon Socrates dispute plus en faveur des
disputants qu'en faveur de la dispute, et, pour instruire
Euthydemus et Protagoras * de la connoissance de leur
impertinence plus que de l'impertinence de leur art.   Il
empoigne la premiere matiere comme celuy qui a une fin
plus utile que de l'esclaircir, assavoir esclaircir les esprits
B   qu'il prend à manier et exercer.   ▲ L'agitation et la chasse
est proprement de nostre gibier: nous ne sommes pas excusables de la conduire mal et impertinemment; de faillir à
la prise, c'est autre chose.   Car nous sommes nais à quester
la verité; il appartient de la posseder à une plus grande puissance.   Elle n'est pas, comme disoit Democritus, cachée
dans le fons des abismes, mais plustost eslevée en hauteur
C   infinie en la cognoissance divine.   ▲ Le monde n'est qu'une
B   escole d'inquisition [4].   ▲ Ce n'est pas à qui mettra dedans [5],
mais à qui faira les plus belles courses.   Autant peut faire
le sot celuy qui dict vray, que celuy qui dict faux: car nous
sommes sur la maniere, non sur la matiere du dire.   Mon
humeur est de regarder autant à la forme qu'à la substance,

---

[1] makes them duller.   [2] exhaustion.
[3] a fool's bauble.   [4] research.
[5] hit the middle of the mark (in jousting at a ring).

autant à l'advocat qu'à la cause, comme Alcibiades ordonnoit
qu'on fit.

Et tous les jours m'amuse à lire en des autheurs, sans   C
soin de leur science, y cherchant leur façon, non leur subject.   Tout ainsi que je poursuy la communication de
quelque esprit fameux, non pour qu'il m'enseigne, mais pour
que je le cognoisse.

Tout homme peut dire veritablement; mais dire ordon-   B
néement, prudemment [1] et suffisamment, peu d'hommes le
peuvent.   Par ainsi, la faulceté qui vient d'ignorance ne
m'offence point, c'est l'ineptie.   J'ay rompu plusieurs marchez
qui m'estoyent utiles, par l'impertinence de la contestation
de ceux avec qui je marchandois.   Je ne m'esmeus pas une
fois l'an des fautes de ceux sur lesquels j'ay puissance; mais,
sur le poinct de la bestise et opiniastreté de leurs allegations,
excuses et defences asnieres et brutales [2], nous sommes tous
les jours à nous en prendre à la gorge.   Ils n'entendent ny
ce qui se dict ny pourquoy, et respondent de mesme; c'est
pour desesperer.   Je ne sens heurter rudement ma teste que
par une autre teste, et entre plustost en composition avec [3]
le vice de mes gens qu'avec leur temerité [4], importunité, et
leur sottise.   Qu'ils facent moins, pourveu qu'ils soyent
capables de faire: vous vivez en esperance d'eschauffer leur
volonté; mais d'une souche il n'y a ny qu'esperer ny que
jouyr qui vaille.

Or quoi, si je prens les choses autrement qu'elles ne sont?
Il peut estre; et pourtant j'accuse mon impatience, et tiens
premierement qu'elle est également vitieuse en celuy qui a
droict comme en celuy qui a tort: car c'est tousjours un'
aigreur tyrannique de ne pouvoir souffrir une forme diverse
à la sienne; et puis, qu'il n'est [5], à la verité, point de plus
grande fadese [6], et plus constante, que de s'esmouvoir et piquer
des fadeses du monde, ny plus heteroclite.   Car elle nous
formalise [7] principallement contre nous; et ce philosophe [8]
du temps passé n'eust jamais eu faute d'occasion à ses pleurs,
tant qu'il se fût considéré.   ▲ Mison, l'un des sept sages,   C

---

[1] wisely.   [2] brutish.   [3] put up with.   [4] thoughtlessness.
[5] and (I hold) that there is not . . .   [6] folly.   [7] irritates.   [8] i.e. Heraclitus.

d'une humeur Timoniene et Democritiene [1], interrogé
dequoy il rioit tout seul: De ce mesmes que je ris tout seul,
respondit-il.

B   Combien de sottises dis-je et respons-je tous les jours,
selon moy; et volontiers donq combien plus frequentes, selon

C   autruy! ▲ Si je m'en mors les levres, qu'en doivent faire
les autres?   Somme, il faut vivre entre les vivants, et laisser
courre la riviere sous le pont sans nostre soing, ou, à tout

B   le moins, sans nostre alteration.   ▲ Voyre mais, pourquoy,
sans nous esmouvoir, rencontrons nous quelqu'un qui ayt le
corps tortu et mal basty, et ne pouvons souffrir le rencontre
d'un esprit mal rengé sans nous mettre en cholere?   Cette
vitieuse aspreté tient plus au juge qu'à la faute.   Ayons

C   tousjours en la bouche ce mot de Platon: ▲ Ce que je treuve
mal sain, n'est-ce pas pour estre moy mesmes mal sain?

B   Ne suis-je pas moy mesmes en coulpe? mon advertissement
se peut-il pas renverser contre moy?   Sage et divin refrein,
qui fouete la plus universelle et commune erreur des hommes.

C   Non seulement les reproches que nous faisons les uns aux
autres, mais nos raisons aussi et nos arguments és matieres
controverses sont ordinerement contournables vers nous [2],
et nous enferrons de nos armes.   Dequoy l'ancienneté m'a

B   laissé assez de graves exemples.   ▲ Ce fut ingenieusement
bien dict et tres à propos par celuy qui l'inventa:

Stercus cuique suum bene olet. [3]

C   Noz yeux ne voient rien en derriere.   Cent fois du jour,
nous nous moquons de nous sur le subject de nostre voisin
et detestons en d'autres les defauts qui sont en nous plus
clairement, et les admirons [4] d'une marveilleuse impudence
et inadvertance.   Encores hier je fus à mesmes de veoir un
homme d'entendement et gentil [5] personnage se moquant
aussi plaisamment que justement de l'inepte façon d'un autre
qui rompt la teste à tout le monde de ses genealogies et alli-

---

[1] Timon and Democritus both laughed at human folly.
[2] can be turned against us.
[3] "Every man's ordure smelleth well to his own nostril" (Erasmus, *Adagia*,
III, 4, 2).   [4] are astonished at them.   [5] well-born.

ances plus de moitié fauces (ceux-là se jettent plus volontiers
sur tels sots propos qui ont leurs qualitez plus doubteuses et
moins seures); et luy, s'il eust reculé sur soy, se fut trouvé
non guere moins intemperant et ennuyeus à semer et faire
valoir les prerogatives de la race de sa femme.   O importune
presomption de laquelle la femme se voit armée par les mains
de son mary mesme!   S'ils entendoient latin, il leur faudroit
dire:

> *Age! si hæc non insanit satis sua sponte, instiga.*[1]

Je n'entens pas que nul n'accuse qui ne soit net, car nul
n'accuseroit; voire ny net en mesme sorte de coulpe.   Mais
j'entens que nostre jugement, chargeant sur un autre duquel
pour lors il est question, ne nous espargne pas d'une interne
jurisdiction.   C'est office de charité que qui ne peut oster
un vice en soy cherche à l'oster ce neantmoins en autruy,
où il peut avoir moins maligne et revesche semence.   Ny
ne me semble responce à propos à celuy qui m'advertit de
ma faute, dire qu'elle est aussi en luy.   Quoy pour cela?
Tousjours l'advertissement est vray et utile.   Si nous avions
bon nez, nostre ordure nous devroit plus puïr[2] d'autant
qu'elle est nostre.   Et Socrates est d'advis que qui se trouveroit coulpable, et son fils, et un estranger, de quelque
violence et injure, devroit comancer par soy à se presenter
à la condamnation de la justice et implorer, pour se purger,
le secours de la main du bourreau, secondement pour son
fils et dernierement pour l'estranger.   Si ce precepte prend
le ton un peu trop haut, au moins se doibt-il presenter le
premier à la punition de sa propre conscience.

Les sens sont nos propres et premiers juges, qui n'apper-
çoivent les choses que par les accidens externes; et n'est
merveille si, en toutes les pieces du service de nostre societé,
il y a un si perpetuel et universel meslange de ceremonies et
apparences superficielles; si que[3] la meilleure et plus effectuelle part des polices[4] consiste en cela.   C'est tousjours à

B

---

[1] "Come! if she is not mad enough of herself, egg her on" (Terence, *Andria*,
IV, 2).
[2] *puer*.   [3] so much so that.   [4] social ordinances.

l'homme que nous avons affaire, duquel la condition est merveilleusement corporelle. Que ceux [1] qui nous ont voulu bastir, ces années passées, un exercice de religion si contemplatif et immateriel, ne s'estonnent point s'il s'en trouve qui pensent qu'elle fut eschapée et fondue entre leurs doigts, si elle ne tenoit parmy nous comme marque, tiltre et instrument de division et de part [2], plus que par soy-mesmes. Comme en [3] la conference: la gravité, la robbe et la fortune de celuy qui parle donne souvent credit à des propos vains et ineptes; il n'est pas à presumer qu'un monsieur si suivy, si redouté, n'aye au dedans quelque suffisance autre que populaire, et qu'un homme à qui on donne tant de commissions et de charges, si desdaigneux et si morguant [4], ne soit plus habile que cet autre qui le salue de si loing et que personne n'employe.   Non seulement les mots, mais aussi les grimaces de ces gens là se considerent et mettent en compte, chacun s'appliquant à y donner quelque belle et solide interpretation.   S'ils se rabaissent à la conference commune et qu'on leur presente autre chose qu'aprobation et reverence, il vous assomment de l'authorité de leur experience: ils ont ouy, ils ont veu, ils ont faict; vous estes accablé d'exemples.   Je leur dircis volontiers que le fruict de l'experience d'un chirurgien n'est pas l'histoire de ses practiques,[5] et se souvenir qu'il a guery quatre empestez et trois gouteux, s'il ne sçait de cet usage tirer dequoy former son jugement, et ne nous sçait faire sentir qu'il en soit devenu plus sage à l'usage de son

C   art.   ▲ Comme, en un concert d'instruments, on n'oit pas un leut [6], une espinete et la flutte, on oyt une harmonie en

B   globe, l'assemblage et le fruict de tout cet amas.   ▲ Si les voyages et les charges les ont amendez, c'est à la production de leur entendement de le faire paroistre.   Ce n'est pas assez de compter les experiences, il les faut poiser et assortir [7], et les faut avoir digerées et alambiquées [8], pour en tirer les raisons et conclusions qu'elles portent [9].   Il ne fut jamais tant d'historiens.   Bon est il tousjours et utile de les ouyr,

---

[1] i.e. the Reformers.   [2] division.   [3] similarly in.
[4] supercilious.   [5] patients.   [6] *luth*.
[7] sort them out.   [8] distilled.   [9] imply.

car ils nous fournissent tout plain de belles instructions et louables du magasin de leur memoire; grande partie, certes, au secours de la vie; mais nous ne cerchons pas cela pour cette heure, nous cerchons si ces recitateurs et recueilleurs sont louables eux mesme.

Je hay toute sorte de tyrannie, et la parliere, et l'effectuelle[1]. Je me bande[2] volontiers contre ces vaines circonstances qui pipent nostre jugement par les sens; et, me tenant au guet de ces grandeurs extraordinaires, ay trouvé que ce sont, pour le plus, des hommes comme les autres,

> *Rarus enim ferme sensus communis in illa*
> *Fortuna.*[3]

A l'avanture, les estime l'on et aperçoit moindres qu'ils ne sont, d'autant qu'ils entreprennent plus et se montrent plus: ils ne respondent point au faix qu'ils ont pris. Il faut qu'il y ayt plus de vigueur et de pouvoir au porteur qu'en la charge. Celuy qui n'a pas remply sa force, il vous laisse deviner s'il a encore de la force au delà, et s'il a esté essayé jusques à son dernier point; celuy qui succombe à sa charge, il descouvre sa mesure et la foiblesse de ses espaules. C'est pourquoy on voit tant d'ineptes[4] ames entre les sçavantes, et plus que d'autres: il s'en fut faict des bons hommes de mesnage, bons marchans, bons artizans; leur vigueur naturelle estoit taillée à cette proportion. C'est chose de grand poix que la science; ils fondent dessoubs: pour estaller et distribuer cette noble et puissante matiere, pour l'employer et s'en ayder, leur engin[5] n'a ny assez de vigueur, ny assez de maniement: elle ne peut[6] qu'en une forte nature; or elles sont bien rares. ▲ Et les foibles, dict Socrates, corrompent la dignité de la philosophie en la maniant. Elle paroist et inutile et vicieuse quand elle est mal estuyée[7]. Voilà comment ils se gastent et affolent[8],

C

B

---

[1] both in word and deed. [2] steel myself.
[3] "for common sense is truly rare in that high state" (Juvenal, VIII, 75).
[4] incapable. [5] mind. [6] has no force.
[7] lodged. [8] lose their heads.

Humani qualis simulator simius oris,
Quem puer arridens pretioso stamine serum
Velavit, nudásque nates ac terga reliquit,
Ludibrium mensis.[1] *

A ceux pareillement qui nous regissent et commandent, qui tiennent le monde en leur main, ce n'est pas assez d'avoir un entendement commun, de pouvoir ce que nous pouvons; ils sont bien loing au dessoubs de nous, s'ils ne sont bien loing au dessus.   Comme ils promettent plus, ils doivent aussi plus; et pourtant leur est le silence non seulement contenance de respect [2] et gravité, mais encore souvent de profit et de mesnage [3]: car Megabysus, estant allé voir Appelles * en son ouvrouer [4], fut long temps sans mot dire, et puis commença à discourir de ses ouvrages, dont il receut cette rude reprimende: Tandis que tu as gardé silence, tu semblois quelque grande chose à cause de tes cheines et de ta pompe; mais maintenant qu'on t'a ouy parler, il n'est pas jusques aux garsons de ma boutique qui ne te mesprisent. Ces magnifiques atours, ce grand estat, ne luy permettoient point d'estre ignorant d'une ignorance populaire, et de parler impertinemment de la peinture: il devoit maintenir, muet, cette externe et præsomptive suffisance [5].   A combien de sottes ames, en mon temps, a servy une mine froide et taciturne de tiltre de prudence et de capacité!

Les dignitez, les charges, se donnent necessairement plus par fortune que par merite; et a l'on tort souvent de s'en prendre aux Roys.   Au rebours, c'est merveille qu'ils y aient tant d'heur, y ayant si peu d'adresse:

C   *Principis est virtus maxima nosse suos* [6];

B   car la nature ne leur a pas donné la veuë qui se puisse estendre à tant de peuples, pour discerner de la precellence [7], et perser

---

[1] "Like the ape, that imitates the human face, whom a boy in fun has clothed with some precious web of silk, but left his back and buttocks bare, the jest of all the table" (Claudian, I, 303).

[2] appearance of solemnity.   [3] economical.   [4] workshop.

[5] appearance of ability.

[6] "The greatest virtue of a prince is to know his subjects" (Martial, VIII, 15).

[7] pre-eminence.

nos poitrines, où loge la cognoissance de nostre volonté et
de nostre meilleure valeur.   Il faut qu'ils nous trient par
conjecture et à tastons, par la race, les richesses, la doctrine,
la voix du peuple: tres-foibles argumens.   Qui pourroit
trouver moien qu'on en peut juger par justice, et choisir les
hommes par raison, establiroit de ce seul trait une parfaite
forme de police.

Ouy, mais il a mené à point ce grand affaire.   C'est dire
quelque chose, mais ce n'est pas assez dire: car cette sentence
est justement receuë, qu'il ne faut pas juger les conseils [1] par
les evenemens.   ▲ Les Carthaginois punissoient les mauvais   c
advis de leurs capitaines, encore qu'ils fussent corrigez par
une heureuse issue.   Et le peuple Romain a souvent refusé
le triomphe à des grandes et tres utiles victoires par ce que
la conduitte du chef ne respondoit point à son bon heur.
On s'aperçoit ordinairement aux actions du monde que   B
la fortune, pour nous apprendre combien elle peut en toutes
choses, et qui prent plaisir à rabatre nostre presomption,
n'aiant peu faire les malhabiles sages, elle les fait heureux,
à l'envy de la vertu.   Et se mesle volontiers à favoriser les
executions [2] où la trame est plus purement sienne.   D'où
il se voit tous les jours que les plus simples d'entre nous
mettent à fin de tresgrandes besongnes, et publiques et
privées.   Et, comme Sirannez le Persien respondit à ceux
qui s'estonnoient comment ses affaires succedoient si mal,
veu que ses propos [3] estoient si sages, qu'il estoit seul maistre
de ses propos, mais du succez de ses affaires c'estoit la fortune, ceux-cy peuvent respondre de mesme, mais d'un
contraire biais.   La plus part des choses du monde se font
par elles mesmes,

Fata viam inveniunt.[4]

L'issuë authorise souvent une tresinepte conduite.   Nostre
entremise [5] n'est quasi qu'une routine, et plus communéement consideration d'usage et d'exemple que de raison.
Estonné de la grandeur de l'affaire, j'ay autrefois sceu par

---

[1] plans.   [2] actions.   [3] plans.
[4] "The Fates find a way" (Virgil, III, 395).   [5] intervention.

ceux qui l'avoient mené à fin leurs motifs et leur addresse [1]: je n'y ay trouvé que des advis vulgaires; et les plus vulgaires et usitez sont aussi peut estre les plus seurs et plus commodes à la pratique, sinon à la montre.

Quoy, si les plus plattes raisons sont les mieux assises, les plus basses et lasches, et les plus battues, se couchent mieux aux affaires?   Pour conserver l'authorité du Conseil des Roys, il n'est pas besoing que les personnes profanes y participent et y voyent plus avant que de la première barriere. Il se doibt reverer à credit et en bloc, qui en veut nourrir la reputation.[2]   Ma consultation [3] esbauche un peu la matiere, et la considere legierement par ses premiers visages; le fort et principal de la besongne, j'ay accoustumé de le resigner au ciel:

> *Permitte divis cætera.*[4]

L'heur et le mal'heur sont à mon gré deux souveraines puissances.   C'est imprudence d'estimer que l'humaine prudence puisse remplir le rolle de la fortune.   Et vaine est l'entreprise de celuy qui presume d'embrasser et causes et consequences, et mener par la main le progrez de son faict [5]; vaine sur tout aux deliberations guerrieres.   Il ne fut jamais plus de circonspection et prudence militaire qu'il s'en voit par fois entre nous: seroit ce qu'on crainct de se perdre en chemin, se reservant à la catastrophe de ce jeu?

Je dis plus, que nostre sagesse mesme * et consultation suit pour la plus part la conduicte du hazard.   Ma volonté et mon discours se remue tantost d'un air, tantost d'un autre, et y a plusieurs de ces mouvemens qui se gouvernent sans moy.   Ma raison a des impulsions et agitations journallieres et casuelles [6]:

> *Vertuntur species animorum, et pectora motus*
> *Nunc alios, alios dum nubila ventus agebat,*
> *Concipiunt.*[7]

---

[1] procedure.   [2] it (the council) ought to be respected on trust and as a whole, if you want to maintain its reputation.   [3] deliberations.

[4] "Leave the rest to the Gods" (Horace, *Od.*, I, 9).

[5] his affair.   [6] accidental.

[7] "The phases of their minds change, their hearts conceive now these emotions, now others, when the wind drives the clouds before it" (Virgil, *Georg.*, I, 420).

Qu'on regarde qui sont les plus puissans aus villes, et qui font mieux leurs besongnes: on trouvera ordinairement que ce sont les moins habiles.   Il est advenu aux femmes, aux enfans et aux insensez, de commander des grands estats, à l'esgal des plus suffisans Princes.   ▲ Et y rencontrent [1],   c dict Thucydides, plus ordinairement les grossiers que les subtils.   ▲ Nous attribuons les effects de leur bonne fortune   B à leur prudence.

Ut quisque fortuna utitur   c
Ita præcellet, atque exinde sapere illum omnes dicimus. [2]

Parquoy je dis bien, en toutes façons, que les envenemens   B sont maigres tesmoings de nostre pris et capacité.

Or j'estois sur ce point, qu'il ne faut que voir un homme eslevé en dignité: quand nous l'aurions cogneu trois jours devant homme de peu, il coule insensiblement en nos opinions une image de grandeur, de suffisance, et nous persuadons que, croissant de trein et de credit, il est creu de merite. Nous jugeons de luy, non selon sa valeur, mais, à la mode des getons, selon la prerogative de son rang.   Que la chanse tourne aussi, qu'il retombe et se remesle à la presse, chacun s'enquiert avec admiration [3] de la cause qui l'avoit guindé [4] si haut.   Est-ce luy? faict on; n'y sçavoit il autre chose quand il y estoit? les Princes se contentent ils de si peu? nous estions vrayment en bonnes mains.   C'est chose que j'ay vu souvant de mon temps.   Voyre et le masque des grandeurs, qu'on represente aus comedies, nous touche aucunement et nous pipe.   Ce que j'adore moy-mesmes aus Roys, c'est la foule de leurs adorateurs.   Toute inclination et soubmission leur est deuë, sauf celle de l'entendement.   Ma raison n'est pas duite à se courber et flechir, ce sont mes genoux.

Melanthius interrogé ce qu'il luy sembloit de la tragedie de Dionysius: Je ne l'ay, dict-il, point veuë, tant elle est offusquée [5] de langage.   Aussi la pluspart de ceux qui

---

[1] succeed.

[2] "As each man makes use of his fortune, so he will excel, and from doing so, we all say he is wise" (Plautus, *Pseudolus*, II, 3).

[3] astonishment.   [4] raised.   [5] obscured.

jugent les discours des grans debvroient dire: Je n'ay point
entendu son propos, tant il estoit offusqué de gravité, de
grandeur et de majesté.

Antisthenes suadoit [1] un jour aus Atheniens qu'ils com-
mandassent que leurs asnes fussent aussi bien employez au
labourage des terres, comme estoyent les chevaux; surquoy
il luy fut respondu que cet animal n'estoit pas nay à un tel
service: C'est tout un, repliqua il, il n'y va que [2] de vostre
ordonnance; car les plus ignorans et incapables hommes que
vous employez aus commandemens de vos guerres, ne laissent
pas d'en devenir incontinent tres-dignes, parce que vous les
y employez.

A quoy touche l'usage de tant de peuples,* qui canonizent
le Roy qu'ils ont faict d'entre eux, et ne se contentent point
de l'honnorer s'ils ne l'adorent.   Ceux de Mexico, depuis
que les ceremonies de son sacre sont parachevées, n'osent
plus le reĝarder au visage: ains, comme s'ils l'avoyent deifié
par sa royauté, entre les sermens qu'ils luy font jurer de
maintenir leur religion, leurs loix, leurs libertez, d'estre
vaillant, juste et debonnaire, il jure aussi de faire marcher
le soleil en sa lumiere accoustumée, desgouster les nuées en
temps oportun, courir aux rivieres leur cours, et faire porter
à la terre toutes choses necessaires à son peuple.

Je suis divers [3] à cette façon commune, et me deffie plus
de la suffisance quand je la vois accompaignée de grandeur
de fortune et de recommandation [4] populaire.   Il nous faut
prendre garde combien c'est de parler à son heure, de choisir
son point, de rompre le propos ou le changer d'une authorité
magistrale, de se deffendre des oppositions d'autruy par un
mouvement de teste, un sous-ris ou un silence, devant une
assistance qui tremble de reverence et de respect.

Un homme de monstrueuse fortune, venant mesler son
advis à certain leger propos qui se demenoit tout láchement
en sa table, commença justement ainsi: Ce ne peut estre
qu'un menteur ou ignorant qui dira autrement que, etc.
Suyvez cette pointe philosophique, un pouignart à la main.

Voicy un autre advertissement duquel je tire grand usage:

---

[1] advised.   [2] it only depends.   [3] opposed to.   [4] esteem.

c'est qu'aus disputes et conferences, tous les mots qui nous semblent bons ne doivent pas incontinent estre acceptez.   La plus part des hommes sont riches d'une suffisance estrangere.   Il peut advenir à tel de dire un beau traict, une bonne responce et sentence, et la mettre en avant sans en cognoistre la force.   ▲ Qu'on ne tient pas tout ce qu'on   C emprunte, à l'adventure se pourra il verifier par moy mesme. Il n'y faut point tousjours ceder, quelque verité ou beauté   B qu'elle ait.   Ou il la faut combatre à escient, ou se tirer arriere, soubs couleur de ne l'entendre pas, pour taster de toutes parts comment elle est logée en son autheur.   Il peut advenir que nous nous enferrons, et aidons au coup outre sa portée.   J'ay autrefois employé à la necessité et presse du combat des revirades qui ont faict faucée outre mon dessein [1] et mon esperance: je ne les donnois qu'en nombre, on les recevoit en pois.   Tout ainsi comme quand je debats contre un homme vigoureux je me plais d'anticiper ses conclusions, je luy oste la peine de s'interpreter, j'essaye de prevenir son imagination imparfaicte encores et naissante (l'ordre et la pertinence de son entendement m'advertit et menace de loing), de ces autres je faicts tout le rebours: il ne faut rien entendre que par eux, ny rien presupposer. S'ils jugent en parolles universelles [2]: Cecy est bon, cela ne l'est pas, et qu'ils rencontrent [3], voyez si c'est la fortune qui rencontre pour eux.

Qu'ils circonscrivent et restreignent un peu leur sentence: C pourquoy c'est, par où c'est.   Ces jugements universels que je vois si ordinaires ne disent rien.   Ce sont gents qui saluent tout un peuple en foulle et en troupe.   Ceux qui en ont vraye cognoissance le saluent et remarquent nommément et particulierement.   Mais c'est une hazardeuse entreprinse.   D'où j'ay veu, plus souvent que tous les jours, advenir que les esprits foiblement fondez, voulant faire les ingenieux à remarquer en la lecture de quelque ouvrage le point de la beauté, arrestent leur admiration d'un si mauvais choix qu'au lieu de nous apprendre l'excellence de l'autheur,

[1] repartees which carried further than I expected; an expression borrowed from jousting.   [2] general terms   [3] hit on the truth.

il nous apprennent leur propre ignorance.   Cette exclamation est seure: Voylà qui est beau! ayant oüy une entiere
page de Vergile.   Par là se sauvent les fins.   Mais d'entreprendre à le suivre par espaulettes [1], et de jugement expres
et trié vouloir remarquer par où un bon autheur se surmonte,
par où se rehausse, poisant les mots, les phrases, les inventions une apres l'autre, ostez vous de là.[2] «*Videndum est non
modo quid quisque loquatur, sed etiam quid quisque sentiat,
atque etiam qua de causa quisque sentiat.*»[3]   J'oy journelle-
B   ment dire à des sots des mots non sots: ▲ ils disent une
bonne chose; sçachons jusques où ils la cognoissent, voyons
par où ils la tiennent.   Nous les aydons à employer ce beau
mot et cette belle raison qu'ils ne possedent pas; ils ne l'ont
qu'en garde: ils l'auront produicte à l'avanture et à tastons;
nous la leur mettons en credit et en pris.   Vous leur prestez
la main.   A quoy faire?   Ils ne vous en sçavent nul gré, et
en deviennent plus ineptes.   Ne les secondez pas, laisses les
aller: ils manieront cette matiere comme gens qui ont peur
de s'eschauder; ils n'osent luy changer d'assiete et de jour,
ny l'enfoncer [4].   Croslez [5] la tant soit peu, elle leur eschappe:
ils vous la quittent, toute forte et belle qu'elle est.   Ce sont
belles armes, mais elles sont mal emmanchées.   Combien de
fois en ay-je veu l'experience?   Or, si vous venez à les
esclaircir et confirmer, ils vous saisissent et desrobent incontinent cet avantage de vostre interpretation: C'estoit ce que
je voulois dire; voylà justement ma conception; si je ne l'ay
ainsin exprimé, ce n'est que faute de langue.   Souflez.[6]   Il
faut employer la malice mesme à corriger cette fiere bestise.
C   Le dogme d'Hegesias,* qu'il ne faut ny haïr ny accuser,
B   ains instruire, a de la raison ailleurs; mais icy ▲ c'est injustice et inhumanité de secourir et redresser celuy qui n'en
a que faire, et qui en vaut moins.   J'ayme à les laisser
embourber et empestrer encore plus qu'ils ne sont, et si
avant, s'il est possible, qu'en fin ils se recognoissent.

[1] line by line.   [2] "get you hence" (Cotgrave).
[3] "Not only what each man says, but what he thinks and why must be examined" (Cicero, *De off.*, I, 61).
[4] set it in a new light, nor probe its meaning.   [5] *secouez.*
[6] "His words are but wind". (Cotgrave).

La sottise et desreglement de sens n'est pas chose guerissable par un traict d'advertissement. ▲ Et pouvons proprement dire de cette reparation [1] ce que Cyrus respond à celuy qui le presse d'enhorter son ost [2] sur le point d'une bataille: que les hommes ne se rendent pas courageux et belliqueux sur le champ par une bonne harangue, non plus qu'on ne devient incontinent musicien pour ouyr une bonne chanson.   Ce sont apprentissages qui ont à estre faicts avant la main, par longue et constante institution.

Nous devons ce soing aux nostres, et cette assiduité de correction et d'instruction; mais d'aller prescher le premier passant et regenter l'ignorance ou ineptie du premier rencontré, c'est un usage auquel je veux grand mal.   Rarement le fais-je, aus propos mesme qui se passent avec moy, et quite plustost tout que de venir à ces instructions reculées [3] et magistrales [4].   ▲ Mon humeur n'est propre, non plus à parler qu'à escrire, pour les principians [5].   ▲ Mais aux choses qui se disent en commun [6] ou entre autres [7], pour fauces et absurdes que je les juge, je ne me jette jamais à la traverse ny de parolle ny de signe.   Au demeurant, rien ne me despite tant en la sottise que dequoy elle se plaist plus que aucune raison ne se peut raisonnablement plaire.

C'est mal'heur que la prudence vous deffend de vous satisfaire et fier de vous et vous en envoye tousjours mal content et craintif là où l'opiniastreté et la temerité remplissent leurs hostes d'esjouïssance et d'asseurance.   C'est aux plus mal habiles de regarder les autres hommes par dessus l'espaule, s'en retournans tousjours du combat plains de gloire et d'allegresse.   Et le plus souvent encore cette outrecuidance de langage et gayeté de visage leur donne gaigné à l'endroit de l'assistance, qui est communément foible et incapable de bien juger et discerner les vrays avantages. L'obstination et ardeur d'opinion est la plus seure preuve de bestise.   Est il rien certain, resolu, desdeigneux, contemplatif, grave, serieux comme l'asne?

Pouvons nous pas mesler au tiltre de la conference et

[1] correction.   [2] army.   [3] far-fetched.   [4] pedantic.
[5] beginners.   [6] in company.   [7] before third parties.

communication les devis pointus et coupez que l'alegresse et
la privauté introduict entre les amis, gossans et gaudissans
plaisamment et vifvement les uns les autres?   Exercice auquel
ma gayeté naturelle me rend assez propre; et s'il n'est aussi
tendu et serieux que cet autre exercice que je viens de dire,

C il n'est pas moins aigu et ingenieux, ▲ ny moins profitable,
B comme il sembloit à Lycurgus.   ▲ Pour mon regard, j'y
apporte plus de liberté que d'esprit, et y ay plus d'heur que
d'invention; mais je suis parfaict en la souffrance, car j'endure la revanche, non seulement aspre, mais indiscrete aussi,
sans alteration.   Et à la charge qu'on me faict, si je n'ay
dequoy repartir brusquement sur le champ, je ne vay pas
m'amusant à suivre cette pointe, d'une contestation ennuyeuse et lasche, tirant à [1] l'opiniastreté: je la laisse passer et,
baissant joyeusement les oreilles, remets d'en avoir ma raison
à quelque heure meilleure.   N'est pas marchant [2] qui tousjours gaigne.   La plus part changent de visage et de voix
où la force leur faut [3], et par une importune cholere, au lieu
de se venger, accusent [4] leur foiblesse ensemble et leur impatience.   En cette gaillardise nous pinçons par fois des
cordes secrettes de nos imperfections, lesquelles, rassis, nous
ne pouvons toucher sans offence; et nous entreadvertissons
utillement de nos deffauts.

Il y a d'autres jeux de mains [5], indiscrets et aspres, à la
Françoise, que je hay mortellement: j'ay la peau tendre et
sensible; j'en ay veu en ma vie enterrer deux Princes de

C nostre sang royal.*   ▲ Il faict laid se battre en s'esbatant.
B Au reste, quand je veux juger de quelqu'un, je luy
demande combien il se contente de soy, jusques où son parler
et sa besongne luy plaist.   Je veux eviter ces belles excuses:
Je le fis en me joüant;

Ablatum mediis opus est incudibus istud [6];

je n'y fus pas une heure; je ne l'ay reveu depuis. — Or, fais-
je, laissons donc ces pieces, donnez m'en une qui vous represente bien entier, par laquelle il vous plaise qu'on vous

---

[1] bordering on.   [2] there is no merchant.
[3] fails them.   [4] reveal.   [5] practical jokes.
[6] "This work was taken unfinished from the anvil" (Ovid, *Trist.*, I, 7).

mesure. Et puis: Que trouvez vous le plus beau en vostre ouvrage? Est-ce ou cette partie, ou cette cy? la grace, ou la matiere, ou l'invention, ou le jugement, ou la science? Car ordinairement je m'aperçoy qu'on faut autant à juger de sa propre besongne que de celle d'autruy; non seulement pour l'affection qu'on y mesle, mais pour n'avoir la suffisance de la cognoistre et distinguer. L'ouvrage, de sa propre force et fortune, peut seconder l'ouvrier outre son invention et connoissance et le devancer. Pour moy, je ne juge la valeur d'autre besongne plus obscurement que de la mienne: et loge les Essais tantost bas, tantost haut, fort inconstamment et doubteusement.

Il y a plusieurs livres utiles à raison de leurs subjects, desquels l'autheur ne tire aucune recommandation, et des bons livres, comme des bons ouvrages, qui font honte à l'ouvrier. J'escriray la façon de nos convives [1] et de nos vestemens, et l'escriray de mauvaise grace; je publieray les edits de mon temps et les lettres des Princes qui passent és mains publiques; je feray un abbregé sur un bon livre (et tout abbregé sur un bon livre est un sot abregé), lequel livre viendra à se perdre, et choses semblables. La posterité retirera utilité singuliere de telles compositions; moy, quel honneur, si n'est de ma bonne fortune? Bonne part des livres fameux sont de cette condition.

Quand je leus Philippe de Comines, il y a plusieurs années, tresbon autheur certes, j'y remarquay ce mot pour non vulgaire: qu'il se faut bien garder de faire tant de service à son maistre, qu'on l'empesche d'en trouver la juste recompence. Je devois louer l'invention, non pas luy; je la r'encontray en Tacitus, il n'y a pas long temps: «*Beneficia eo usque læta sunt dum videntur exolvi posse; ubi multum antevenere, pro gratia odium redditur.*» [2] ▲ Et Seneque vigoureusement: «*Nam qui putat esse turpe non reddere, non vult esse cui reddat.*» [3]

C

---

[1] feasts.

[2] "Benefits are only acceptable in so far as it seems possible to return them: when they pass far beyond that limit, they are repaid with hatred rather than gratitude" (Tacitus, *Ann.*, IV, 13).

[3] "For he who thinks it disgraceful not to repay, would rather not be beholden to any man" (Seneca, *Ep.*, 81).

Q. Cicero d'un biais [1] plus lâche: «*Qui se non putat satis-
facere, amicus esse nullo modo potest.*» [2]

B   Le suject, selon qu'il est, peut faire trouver un homme
sçavant et memorieux [3], mais pour juger en luy les parties
plus siennes et plus dignes, la force et beauté de son ame, il
faut sçavoir ce qui est sien et ce qui ne l'est point, et en ce qui
n'est pas sien combien on luy doibt en consideration du
chois, disposition, ornement et langage qu'il y a fourny.
Quoy? s'il a emprunté la matiere et empiré la forme,
comme il advient souvent.   Nous autres, qui avons peu
de practique avec les livres, sommes en cette peine que, quand
nous voyons quelque belle invention en un poëte nouveau,
quelque fort argument en un prescheur, nous n'osons
pourtant les en louer que nous n'ayons prins instruction
de quelque sçavant si cette piece leur est propre ou si elle
est estrangere; jusques lors je me tiens tousjours sur mes
gardes.

Je viens de courre d'un fil l'histoire de Tacitus * (ce qui ne
m'advient guere: il y a vint ans que je ne mis en livre une
heure de suite), et l'ay faict à la suasion d'un gentil'homme
que la France estime beaucoup,* tant pour sa valeur propre
que pour une constante forme de suffisance et bonté qui se
voit en plusieurs freres qu'ils sont.   Je ne sçache point d'autheur qui mesle à un registre public tant de consideration
C   des meurs et inclinations particulieres.   ▲ Et me semble le
rebours de ce qu'il luy semble à luy, que, ayant specialement
à suivre les vies des Empereurs de son temps, si diverses [4] et
extremes en toute sorte de formes, tant de notables actions
que nommément [5] leur cruauté produisit en leurs subjects,
il avoit une matiere plus forte et attirante à discourir et à
narrer que s'il eust eu à dire des batailles et agitations universelles: si que souvent je le trouve sterile, courant par dessus
ces belles morts comme s'il craignoit nous fascher [6] de leur
multitude et longueur.

B   Cette forme d'Histoire est de beaucoup la plus utile.   Les

---

[1] point of view.
[2] "He who does not think he is paying you back cannot be your friend" (Q.
Cicero, *De pet. consulat.*, IX).   [3] of retentive memory.
[4] strange.   [5] in particular.   [6] tire us.

mouvemens publics dependent plus de la conduicte de la fortune, les privez de la nostre. C'est plustost un jugement que deduction [1] d'Histoire; il y a plus de preceptes que de contes. Ce n'est pas un livre à lire, c'est un livre à estudier et apprendre; il est si plain de sentences qu'il y en a à tort et à droict: c'est une pepiniere de discours ethiques et politiques, pour la provision et ornement de ceux qui tiennent rang au maniement du monde. Il plaide tousjours par raisons solides et vigoreuses, d'une façon pointue et subtile, suyvant le stile affecté du siecle: ils aymoyent tant à s'enfler qu'où ils ne trouvoyent de la pointe et subtilité aux choses, ils l'empruntoyent des parolles. Il ne retire [2] pas mal à l'escrire de Seneque: il me semble plus charnu, Seneque plus aigu. Son service est plus propre à un estat trouble et malade, comme est le nostre present: vous diriez souvent qu'il nous peinct et qu'il nous pinse [3]. Ceux qui doubtent de sa foy [4] s'accusent assez de luy vouloir mal d'ailleurs. Il a les opinions saines et pend du bon party aux affaires Romaines. Je me plains un peu toutesfois dequoy il a jugé de Pompeius plus aigrement que ne porte [5] l'advis des gens de bien qui ont vescu et traicté avec luy, de l'avoir estimé du tout pareil à Marius et à Sylla, sinon d'autant qu'il estoit plus couvert [6]. On n'a pas exempté d'ambition son intention au gouvernement des affaires, ny de vengeance, et ont crainct ses amis mesme que la victoire l'eust emporté outre les bornes de la raison, mais non pas jusques à une mesure si effrenée: il n'y a rien en sa vie qui nous ayt menassé d'une si expresse cruauté et tyrannie. Encores ne faut-il pas contrepoiser [7] le soubçon à l'evidence: ainsi je ne l'en crois pas [8]. Que ses narrations soient naifves et droictes, il se pourroit à l'avanture argumenter de cecy mesme qu'elles ne s'appliquent pas tousjours exactement aux conclusions de ses jugements, lesquels il suit selon la pente qu'il y a prise, souvent outre la matiere qu'il nous montre, laquelle il n'a daigné incliner d'un seul air [9]. Il n'a pas besoing d'excuse d'avoir approuvé la religion de

---

[1] a narrative. [2] resemble. [3] criticize. [4] sincerity.
[5] allows. [6] reserved. [7] balance . . . against . . .
[8] i.e. Tacitus. [9] change in the least respect.

son temps, selon les loix qui luy commandoient, et ignoré la vraye.   Cela, c'est son malheur, non pas son defaut.

J'ay principalement consideré son jugement, et n'en suis pas bien esclarcy par tout.   Comme ces mots de la lettre que Tibere vieil et malade envoyoit au Senat: Que vous escriray-je, messieurs, ou comment vous escriray-je, ou que ne vous escriray-je poinct en ce temps?   Les dieux et les deesses me perdent [1] pirement que je ne me sens tous les jours perir, si je le sçay; je n'apperçois pas pourquoy il les applique si certainement à un poignant remors qui tourmente la conscience de Tibere; au moins lors que j'estois à mesme [2], je ne le vis point.   Cela m'a semblé aussi un peu lâche, qu'ayant eu à dire qu'il avoit exercé certain honorable magistrat [3] à Romme, il s'aille excusant que ce n'est point par ostentation qu'il l'a dit.   Ce traict me semble bas de poil [4] pour une ame de sa sorte.   Car le n'oser parler rondement de soy a quelque faute de cœur.   Un jugement roide et hautain et qui juge sainement et seurement, il use à toutes mains [5] des propres [6] exemples ainsi que de chose estrangere, et tesmoigne franchement de luy comme de chose tierce.   Il faut passer par dessus ces regles populaires de la civilité en faveur de la

C   verité et de la liberté.   J'ose non seulement parler de moy, mais parler seulement de moy: je fourvoye quand j'escry d'autre chose et me desrobe à mon subject.   Je ne m'ayme pas si indiscretement et ne suis si attaché et meslé à moy que je ne me puisse distinguer et considerer à quartier [7]: comme un voisin, comme un arbre.   C'est pareillement faillir de ne veoir pas jusques où on vaut, ou d'en dire plus qu'on n'en void.   Nous devons plus d'amour à Dieu qu'à nous et le cognoissons moins, et si en parlons tout nostre saoul.

B   Si ses escris rapportent aucune chose de ses conditions, c'estoit un grand personnage, droicturier et courageux, non d'une vertu superstitieuse, mais philosophique et genereuse. On le pourra trouver hardy en ses tesmoignages: comme où il tient qu'un soldat portant un fais de bois, ses mains se

---

[1] let them (subjunctive).   [2] in a position to do so (i.e. in reading the text).
[3] office.   [4] unworthy.   [5] at every turn.   [6] personal.   [7] objectively.

roidirent de froid et se collerent à sa charge, si qu'elles y demeurent attachées et mortes, s'estants departies [1] des bras. J'ay accoustumé en telles choses de plier soubs l'authorité de si grands tesmoings. Ce qu'il dict aussi que Vespasian, par la faveur du Dieu Serapis, guarit en Alexandrie une femme aveugle en luy oignant les yeux de sa salive, et je ne sçay quel autre miracle, il le faict par l'exemple et devoir de tous bons historiens; ils tiennent registre des evenements d'importance; parmy les accidens publics sont aussi les bruits et opinions populaires. C'est leur rolle de reciter les communes creances, non pas de les regler. Cette part touche [2] les Theologiens et les philosophes directeurs des consciences. Pourtant tressagement, ce sien compaignon et grand homme comme luy: *«Equidem plura transcribo quam credo: nam nec affirmare sustineo, de quibus dubito, nec subducere quæ accepi»* [3]; ▲ et l'autre: *«Hæc neque affirmare, neque refellere operæ pretium est: famæ rerum standum est»* [4]; et escrivant en un siecle auquel la creance des prodiges commençoit à diminuer, il dict ne vouloir pourtant laisser d'inserer en ses annales et donner pied à chose receuë de tant de gens de bien et avec si grande reverence de l'antiquité. ▲ C'est tresbien dict. Qu'ils nous rendent l'histoire plus selon qu'ils reçoivent que selon qu'ils estiment. Moy qui suis Roy de la matiere que je traicte, et qui n'en dois conte à personne, ne m'en crois pourtant pas du tout: je hasarde souvent des boutades de mon esprit, desquelles je me deffie, ▲ et certaines finesses verbales, dequoy je secoue les oreilles; ▲ mais je les laisse courir à l'avanture. ▲ Je voys qu'on s'honore de pareilles choses. Ce n'est pas à moy seul d'en juger. Je me presente debout et couché, le devant et le derriere, à droite et à gauche, et en tous mes naturels plis. ▲ Les esprits, voire pareils en force, ne sont pas tousjours pareils en application [5] et en goust.

C

B

C
B
C

B

---

[1] having come away from.   [2] this function concerns.

[3] "In truth I set down more than I believe: for I cannot endure either to affirm things I doubt nor to suppress things I have heard" (*Quintus Curtius*, IX, 1).

[4] "These things are not worth while affirming or refuting; we have to accept what is reported of events" (Livy, *Ann.*, I, preface).

[5] in applying their intelligence.

Voilà ce que la memoire m'en represente en gros, et assez incertainement. Tous jugemens en gros sont lâches et imparfaicts.

CHAPITRE XIII

This essay, written between February 1587 and the following February when Montaigne set out for Paris with the completed manuscript of the Third Book, may be regarded as the most mature, and in some ways the widest expression of his philosophy and outlook. Its general theme is simply what personal experience, over the fifty-four years of his life, had taught him. This then is the explanation of its extreme diversity, and, at the outset, the reason for his criticism of intellectual constructions whether they are systems of law or of philosophy which disguise the truth from us. "Know thyself" is to know mystery enough, and provokes yet another onslaught on cocksure dogmatism, while Montaigne's knowledge of himself leads to a fuller picture of the man than ever before, one in which profundity and frivolity are exquisitely mixed. Alongside dozens of details on his table manners, on his government of himself in health and disease, we have the avowal of the kind of career in which he thinks he might have been a success, and the fullest statement of his conception of wisdom—to follow nature (not without regard to one's own individual nature), to make of one's body a friend not an enemy, to cultivate consciousness without which there can be no high degree of pleasure in any life. The final models to which Montaigne looks are Epaminondas and Socrates, to whom we must even add that *galant homme*, Alcibiades.

The text of this essay, revised on the photographic copy of the Bordeaux edition, is instructive. At the end of his life Montaigne cut up his sentences more and more into short phrases, separated by full stops and colons. His prose thus approximates ever more nearly to the disjointed pithiness of the spoken word. We may see in this final revision the last refinement of *Les Essais*, to reproduce his own voice for us, though the diligence with which this cutting up has been pursued may testify also to the "Senecan amble" of the Dutch scholar, Justin Lipsius, with whom he was then in correspondence and which was to influence prose style all over Europe.

DE L'EXPERIENCE.

B   Il n'est desir plus naturel que le desir de connoissance. Nous essayons tous les moyens qui nous y peuvent mener.

Quand la raison nous faut [1], nous y employons l'experience,

Per varios usus artem experientia fecit:
Exemplo monstrante viam [2],   C

qui est un moyen plus foible et moins digne; mais la verité   B
est chose si grande, que nous ne devons desdaigner aucune
entremise qui nous y conduise.   La raison a tant de formes,
que nous ne sçavons à laquelle nous prendre: l'experience
n'en a pas moins.   La consequence que nous voulons tirer
de la ressemblance des evenemens est mal seure, d'autant
qu'ils sont tousjours dissemblables.   Il n'est aucune qualité
si universelle en cette image des choses que la diversité et
varieté.   Et les Grecs, et les Latins, et nous, pour le plus
expres exemple de similitude, nous servons de celuy des œufs.
Toutesfois il s'est trouvé des hommes, et notamment un en
Delphes, qui recognoissoit des marques de difference entre
les œufs, si qu'il n'en prenoit jamais l'un pour l'autre: ▲ et   C
y ayant plusieurs poules, sçavoit juger de laquelle estoit
l'œuf.   ▲ La dissimilitude s'ingere d'elle mesme en nos   B
ouvrages; nul art peut arriver à la similitude.   Ny Perrozet
ny autre ne peut si soigneusement polir et blanchir l'envers
de ses cartes qu'aucuns joueurs ne les distinguent, à les voyr
seulement couler par les mains d'un autre.   La ressemblance
ne faict pas tant un [3] comme la difference faict autre.
Nature s'est obligée à ne rien faire autre, qui ne fust   C
dissemblable.

  Pourtant l'opinion de celuy-là [4] ne me plaist guiere, qui   B
pensoit par la multitude des loix brider l'authorité des juges,
en leur taillant leurs morceaux: il ne sentoit [5] point qu'il y a
autant de liberté et d'estendue à l'interpretation des loix qu'à
leur façon [6].   Et ceux là se moquent, qui pensent appetisser
nos debets et les arrester en nous r'appellant à l'expresse
parolle de la Bible.   D'autant que nostre esprit ne trouve
pas le champ moins spatieux à contreroller le sens d'autruy

----

  [1] fails.
  [2] By various applications Experience has made Art, example showing the way
(Manilius, I, 59).
  [3] alike.   [4] i.e. Justinian.   [5] realise.   [6] in their making.

qu'à representer le sien, et comme s'il y avoit moins d'animosité et d'aspreté à gloser qu'à inventer. Nous voyons combien il se trompoit. Car nous avons en France plus de loix que tout le reste du monde ensemble, et plus qu'il n'en faudroit à reigler tous les mondes d'Epicurus, ▲ «*ut olim flagitiis, sic nunc legibus laboramus* [1]»; ▲ et si avons tant laissé à opiner et decider à nos juges, qu'il ne fut jamais liberté si puissante et si licencieuse. Qu'ont gaigné nos legislateurs à choisir cent mille especes et faicts particuliers, et y attacher cent mille loix? Ce nombre n'a aucune proportion avec l'infinie diversité des actions humaines. La multiplication de nos inventions n'arrivera pas à la variation des exemples. Adjoustez y en cent fois autant: il n'adviendra pas pourtant que, des evenemens à venir, il s'en trouve aucun qui, en tout ce grand nombre de milliers d'evenemens choisis et enregistrez, en rencontre un auquel il se puisse joindre et apparier si exactement, qu'il n'y reste quelque circonstance et diversité qui requiere diverse consideration de jugement. Il y a peu de relation de nos actions, qui sont en perpetuelle mutation, avec les loix fixes et immobiles. Les plus desirables, ce sont les plus rares, plus simples et generales; et encore crois-je qu'il vaudroit mieux n'en avoir point du tout que de les avoir en tel nombre que nous avons.

Nature les donne tousjours plus heureuses que ne sont celles que nous nous donnons. Tesmoing la peinture de l'aage doré des poëtes: et l'estat où nous voyons vivre les nations qui n'en ont point d'autres. En voylà qui, pour tous juges, employent en leurs causes le premier passant qui voyage le long de leurs montaignes. Et ces autres eslisent le jour du marché quelqu'un d'entre eux, qui sur le champ decide tous leurs proces. Quel danger y auroit-il que les plus sages vuidassent [2] ainsi les nostres, selon les occurrences et à l'œil: sans obligation d'exemple et de consequence [3]? A chaque pied son soulier. Le Roy Ferdinand, envoyant des colonies aux Indes, pourveut [4] sagement qu'on n'y menast aucuns

---

[1] "As formerly it was from crimes we suffered, so now from laws". (Tacitus, III, 25).   [2] should settle.
[3] without being tied to precedents and issues.   [4] *pourvut*.

escholiers de la jurisprudence: de crainte que les proces ne peuplassent en ce nouveau monde, comme estant science, de sa nature, generatrice d'altercation et division: jugeant avec Platon, que c'est une mauvaise provision de pays que jurisconsultes et medecins.

Pourquoy est-ce que nostre langage commun, si aisé à tout autre usage, devient obscur et non intelligible en contract et testament, et que celuy qui s'exprime si clairement, quoy qu'il die et escrive, ne trouve en cela aucune maniere de se declarer qui ne tombe en doubte et contradiction? Si ce n'est que les princes de cet art, s'appliquans d'une peculiere attention à trier des mots solemnes [1] et former des clauses artistes [2] ont tant poisé chaque sillabe, espluché si primement [3] chaque espece de cousture [4], que les voilà enfrasquez [5] et embrouillez en l'infinité des figures et si menuës partitions, qu'elles ne peuvent plus tomber soubs aucun reiglement et prescription ny aucune certaine intelligence. ▲ *«Confusum est quidquid usque in pulverem sectum est* [6].*»* ▲ Qui a veu des enfans esseyans de renger à certain nombre une masse d'argent vif [7] ? Plus ils le pressent et pestrissent et s'estudient à le contraindre à leur loy, plus ils irritent la liberté de ce genereux metal. Il fuit à leur art et se va menuisant et esparpillant au delà de tout compte. C'est de mesme, car, en subdivisant ces subtilitez, on apprend aux hommes d'accroistre les doubtes. On nous met en trein d'estendre et diversifier les difficultez. On les alonge, on les disperse. En semant les questions et les retaillant, on faict fructifier et foisonner le monde en incertitude et en querelles, ▲ comme la terre se rend fertile plus elle est esmiée [8] et profondément remuée. *«Difficultatem facit doctrina* [9].*»* ▲ Nous doubtions sur Ulpian, redoutons encore sur Bartolus et Baldus*. Il falloit effacer la trace de cette diversité innumerable d'opinions: non poinct s'en parer et en entester [10] la posterité.

C

B

C

B

---

[1] *solennels.* [2] *artificielles.* [3] exactly. [4] combination. [5] trammelled.
[6] "Whatever is divided until it becomes a dust is confused (Seneca, *Ep.*, 89).
[7] . . . to arrange a lump of quicksilver into a given number of parts.
[8] *émiettée.*
[9] "It is learning which creates difficulties" (Quintilian, *Inst. Orat.*, X, 3).
[10] stuff the heads of . . .

Je ne sçay qu'en dire.   Mais il se sent par experience que tant d'interprétations dissipent la verité et la rompent. Aristote a escrit pour estre entendu; s'il ne l'a peu, moins le fera un moins habile et un tiers que celuy qui traite sa propre imagination.   Nous ouvrons [1] la matiere et l'espandons en la destrempant.   D'un subject nous en faisons mille.   Et retombons, en multipliant et subdivisant, à l'infinité des atomes d'Epicurus.   Jamais deux hommes ne jugerent pareillement de mesme chose, et est impossible de voir deux opinions semblables exactement.   Non seulement en divers hommes, mais en mesme homme à diverses heures.   Ordinairement je trouve à doubter en ce que le commentaire n'a daigné toucher.   Je bronche plus volontiers en pays plat; comme certains chevaux que je connois, qui chopent [2] plus souvent en chemin uny.

Qui ne diroit que les glosses augmentent les doubtes et l'ignorance, puis qu'il ne se voit aucun livre, soit humain, soit divin, auquel le monde s'embesongne, duquel l'interpretation face tarir la difficulté?   Le centiesme commentaire le renvoye à son suivant, plus espineux et plus scabreux [3] que le premier ne l'avoit trouvé.   Quand est-il convenu entre nous: ce livre en a assez; il n'y a meshuy [4] plus que dire? Cecy se voit mieux en la chicane [5].   On donne authorité de loy à infinis docteurs, infinis arrests, et à autant d'interpretations.   Trouvons nous pourtant quelque fin au besoin d'interpreter?   S'y voit-il quelque progres et advancement vers la tranquillité?   Nous faut-il moins d'advocats et de juges que lors que cette masse de droict estoit encore en sa premiere enfance?   Au rebours, nous obscurcissons et ensevelissons l'intelligence; nous ne la descouvrons plus qu'à la mercy de tant de clostures et barrieres [6].   Les hommes mescognoissent la maladie naturelle de leur esprit.   Il ne faict que fureter et quester.   Et va sans cesse tournoiant, bastissant et s'empestrant en sa besongne, comme nos vers de soye, et s'y estouffe: «*Mus in pice* [7].»   Il pense remarquer de loing je ne sçay quelle

---

[1] *manions, œuvrons.*   [2] stumble.   [3] difficult, delicate.   [4] henceforth.
[5] practice of the law.   [6] except as so many hedges and fences admit.
[7] "A mouse in the pitch" (Erasmus, *Ad.* II, 3, 68).

apparence de clarté et verité imaginaire; mais, pendant qu'il y court, tant de difficultez luy traversent la voye, d'empesche-mens et de nouvelles questes qu'elles l'esgarent et l'enyvrent. Non guiere autrement qu'il advint aux chiens d'Esope: lesquels, descouvrant quelque apparence de corps mort floter en mer, et ne le pouvant approcher, entreprindrent de boire cette eau, d'assecher le passage, et s'y estouffarent. ▲ A quoy se   C rencontre ce qu'un Crates* disoit des escrits de Heraclitus, qu'ils avoient besoin d'un lecteur bon nageur, afin que la profondeur et pois de sa doctrine ne l'engloutist et suffucast.

Ce n'est rien que foiblesse particuliere qui nous faict   B contenter de ce que d'autres ou que nous-mesmes avons trouvé en cette chasse de cognoissance. Un plus habile ne s'en contentera pas. Il y a tousjours place pour un suyvant, ouy et pour nous mesmes, ▲ et route par ailleurs. Il n'y   CB a point de fin en nos inquisitions; nostre fin est en l'autre monde. ▲ C'est signe de racourciment d'esprit quand il se   C contente, ou de lasseté. Nul esprit genereux ne s'arreste en soy: il pretend tousjours [1] et va outre ses forces; il a des eslans au delà de ses effects; s'il ne s'avance et ne se presse et ne s'accule et ne se choque, il n'est vif qu'à demy. ▲ Ses   B poursuites sont sans terme, et sans forme; son aliment c'est ▲ admiration [2], chasse, ▲ ambiguité. Ce que de-   CB claroit assez Apollo, parlant tousjours à nous doublement, obscurement et obliquement. Ne nous repaissant pas, mais nous amusant et embesongnant. C'est un mouvement irregulier ▲ perpetuel, sans patron, et sans but. Ses in-   CB ventions s'eschauffent, se suyvent, et s'entreproduisent l'une l'autre.

> *Ainsi voit l'on, en un ruisseau coulant,*
> *Sans fin l'une eau apres l'autre roulant,*
> *Et tout de rang, d'un eternel conduict,*
> *L'une suit l'autre, et l'une l'autre fuyt,*
> *Par cette-cy celle-là est poussée,*
> *Et cette-cy par l'autre est devancée:*
> *Tousjours l'eau va dans l'eau, et tousjours est-ce*
> *Mesme ruisseau, et tousjours eau diverse [3].*

---

[1] *tend toujours plus en avant.*   [2] wonder.   [3] From a poem by La Boëtie.

Il y a plus affaire à interpreter les interpretations qu'à interpreter les choses: et plus de livres sur les livres que sur autre
subject: nous ne faisons que nous entregloser.

C   Tout fourmille de commentaires; d'auteurs, il en est grand
cherté [1]. Nos opinions s'entent les unes sur les autres.
La premiere sert de tige à la seconde, la seconde à la
tierce. Nous eschellons ainsi de degré en degré [2]. Et advient de là que le plus haut monté a souvent plus d'honneur que de merite; car il n'est monté que d'un grain [3] sur
les espaules du penultime. Le principal et plus fameux
sçavoir de nos siecles, est-ce pas sçavoir entendre les
sçavans? Est-ce pas la fin commune et derniere de tous
estudes?

B   Combien souvent et sottement à l'avanture ay-je estandu
C   mon livre à parler de soy? ▲ Sottement; quand ce ne
seroit que pour cette raison qu'il me devoit souvenir de ce
que je dy des autres qui en font de mesmes. Que ces
œillades si frequentes à leur ouvrage tesmoignent que le
cœur leur frissonne de son amour. Et les rudoyements
mesmes desdaigneus, dequoy ils le battent, que ce ne sont
que mignardises et affetteries d'une faveur maternelle,
suivant Aristote, à qui et se priser et se mespriser naissent
souvent de pareil air d'arrogance. Car mon excuse, que je
doy avoir en cela plus de liberté que les autres, d'autant qu'à
poinct nommé j'escry de moy et de mes escrits comme de mes
autres actions, que mon theme se renverse en soy, je ne sçay
si chacun la prendra.

B   J'ay veu en Alemagne que Luther a laissé autant de
divisions et d'altercations sur le doubte de ses opinions, et
plus, qu'il n'en esmeut [4] sur les escritures sainctes. Nostre
contestation est verbale. Je demande que c'est que nature,
volupté, cercle, et substitution [5]. La question est de parolles,
et se paye de mesme. Une pierre c'est un corps. Mais qui
presseroit [6]: Et corps qu'est-ce?—Substance,—Et substance
quoy? ainsi de suitte, acculeroit en fin le respondant au bout

---

[1] dearth.   [2] we climb stairwise from step to step.
[3] one barleycorn higher.   [4] émut, souleva.
[5] entail.   [6] But if anyone were to insist.

de son calepin [1].   On eschange un mot pour un autre mot,
et souvent plus incogneu.   Je sçay mieux que c'est qu'homme
que je ne sçay que c'est animal, ou mortel, ou raisonnable.
Pour satisfaire à un doubte, ils m'en donnent trois: c'est la
teste de Hydra.   Socrates demandoit à Memnon* que c'estoit
que vertu: Il y a, fit Memnon, vertu d'homme et de femme,
de magistrat et d'homme privé, d'enfant et de vieillart.—
Voicy qui va bien! s'escria Socrates: nous estions en cherche
d'une vertu, en voicy un exaim. [2]   Nous communiquons une
question, on nous en redonne une ruchée.   Comme nul
evenement et nulle forme ressemble entierement à une autre,
aussi ne differe nulle de l'autre entierement.   ▲ Ingenieux   c
meslange de nature.   Si nos faces n'estoient semblables, on
ne sçauroit discerner l'homme de la beste; si elles n'estoient
dissemblables, on ne sçauroit discerner l'homme de l'homme.
Toutes choses se tiennent par quelque similitude.   Tout   B
exemple cloche.   Et la relation qui se tire de l'experience
est tousjours defaillante et imparfaicte; on joinct toutesfois
les comparaisons par quelque coin.   Ainsi servent les loix,
et s'assortissent ainsin à chacun de nos affaires, par quelque
interpretation ▲ destournée, ▲ contrainte et biaise.   CB

Puisque les loix ethiques, qui regardent le devoir particulier de chacun en soy, sont si difficiles à dresser, comme
nous voyons qu'elles sont, ce n'est pas merveille si celles qui
gouvernent tant de particuliers le sont d'avantage.   Con-
siderez la forme de cette justice qui nous regit.   C'est un
vray tesmoignage de l'humaine imbecillité[3]: tant il y a de
contradiction et d'erreur.   Ce que nous trouvons faveur et
rigueur en la justice, et y en trouvons tant que je ne sçay si
l'entredeux s'y trouve si souvent, ce sont parties maladives et
membres injustes du corps mesmes et essence de la justice.
Des paysans viennent de m'advertir en haste qu'ils ont laissé
presentement en une forest qui est à moy un homme meurtry
de cent coups, qui respire encores, et qui leur a demandé de
l'eau par pitié et du secours pour le soubslever.   Disent qu'ils
n'ont osé l'approcher et s'en sont fuis, de peur que les gens de
la justice ne les y attrapassent, et, comme il se faict de ceux

---

[1] (in sense of) dictionary.   [2] *essaim.*   [3] frailty.

qu'on rencontre pres d'un homme tué, ils n'eussent à rendre compte de cet accident à leur totale ruyne: n'ayant ny suffisance, ny argent, pour deffendre leur innocence. Que leur eussé-je dict? Il est certain que cet office d'humanité les eust mis en peine.

Combien avons nous descouvert d'innocens avoir esté punis, je dis sans la coulpe des juges; et combien en y a-il eu que nous n'avons pas descouvert? Cecy est advenu de mon temps: certains sont condamnez à la mort pour un homicide, l'arrest, sinon prononcé, au moins conclud et arresté. Sur ce poinct, les juges sont advertis par les officiers d'une court subalterne voisine, qu'ils tiennent quelques prisonniers, lesquels advouent disertement [1] cet homicide, et apportent à tout ce faict une lumiere indubitable. On delibere si pourtant on doit interrompre et differer l'exécution de l'arrest donné contre les premiers. On considere la nouvelleté de l'exemple, et sa consequence pour accrocher [2] les jugemens: que la condemnation est juridiquement passée: les juges privez de repentance [3]. Somme, ces pauvres diables sont consacrez aux formules [4] de la justice. Philippus* ou quelque autre, prouveut [5] à un pareil inconvenient en cette maniere: il avoit condamné en grosses amendes un homme envers un autre, par un jugement resolu [6]. La verité se descouvrant quelque temps apres, il se trouva qu'il avoit iniquement jugé. D'un costé estoit la raison de la cause, de l'autre costé la raison des formes judiciaires. Il satisfit aucunement à toutes les deux, laissant en son estat la sentence, et recompensant de sa bourse l'interest [7] du condamné. Mais il avoit affaire à un accident reparable; les miens furent pendus irreparablement. ▲Combien ay-je veu de condemnations, plus crimineuses que le crime?

Tout cecy me faict souvenir de ces anciennes opinions: qu'il est forcé de faire tort en detail qui veut [8] faire droict en gros, et injustice en petites choses qui veut venir à chef de faire

---

[1] clearly.   [2] for the suspension of . . .
[3] deprived of the power of changing their minds.
[4] sacrificed to the forms.   [5] *pourvut.*
[6] already rendered.   [7] compensating from his purse for the loss . . .
[8] whoever wishes (to do justice).

justice és grandes ; que l'humaine justice est formée au modelle de la medecine, selon laquelle tout ce qui est utile est aussi juste et honneste; et de ce que tiennent les Stoiciens, que nature mesme procede contre justice, en la plus part de ses ouvrages; ▲ et de ce que tiennent les Cyrenaïques,* qu'il n'y a rien juste de soy, que les coustumes et loix forment la justice; et des Theodoriens,* qui trouvent juste au sage le larrecin, le sacrilege, toute sorte de paillardise, s'il connoit qu'elle luy soit profitable.

C

Il n'y a remede. J'en suis là, comme Alcibiades: que je ne me representeray [1] jamais, que je puisse, à homme qui decide de ma teste: où mon honneur et ma vie depende de l'industrie et soing de mon procureur plus que de mon innocence. Je me hazarderois à une telle justice qui me reconneut du bien faict comme du malfaict, où j'eusse autant à esperer que à craindre. L'indemnité [2] n'est pas monnoye suffisante à un homme qui faict mieux que de ne faillir point. Nostre justice ne nous presente que l'une de ses mains, et encore la gauche. Quiconque il soit, il en sort avecques perte.

B

En la Chine, duquel royaume la police et les arts, sans commerce [3] et cognoissance des nostres, surpassent nos exemples en plusieurs parties d'excellence, et duquel l'histoire m'apprend combien le monde est plus ample et plus divers que ny les anciens ny nous ne penetrons [4], les officiers deputez par le Prince pour visiter l'estat de ses provinces, comme ils punissent ceux qui malversent en leur charge, ils remunerent aussi de pure liberalité ceux qui s'y sont bien portez, outre la commune sorte et outre la necessité de leur devoir. On s'y presente, non pour garantir seulement, mais pour y acquerir, ny simplement pour estre payé, mais pour y estre aussi estrené [5].

C

Nul juge n'a encore, Dieu mercy, parlé à moy comme juge, pour quelque cause que ce soit, ou mienne ou tierce, ou criminelle ou civile. Nulle prison m'a receu: non pas seulement pour m'y promener.* L'imagination m'en rend la veue, mesme du dehors, desplaisante. Je suis si affady

B

---

[1] *présenterai.* [2] *Le fait d'être indemne.*
[3] without communication. [4] *comprenons.* [5] receive a gift.

apres [1] la liberté, que qui me deffenderoit [2] l'accez de quelque coin des Indes, j'en vivroys aucunement plus mal à mon aise. Et tant que je trouveray terre ou air ouvert ailleurs, je ne croupiray en lieu où il me faille cacher. Mon Dieu ! que mal pourroy je souffrir la condition où je vois tant de gens, clouez à un quartier [3] de ce Royaume: privés de l'entrée des villes principalles et des courts et de l'usage des chemins publics: pour avoir querellé nos loix! Si celles que je sers me menassoient seulement le bout du doigt, je m'en irois incontinent en trouver d'autres, où que ce fut. Toute ma petite prudence en ces guerres civiles où nous sommes, s'employe à ce qu'elles n'interrompent ma liberté d'aller et venir.

Or les loix se maintiennent en credit, non par ce qu'elles sont justes, mais par ce qu'elles sont loix. C'est le fondement mystique de leur authorité; elles n'en ont poinct d'autre. ▲ Qui bien leur sert [4]. Elles sont souvent faictes par des sots, plus souvent par des gens qui, en haine d'equalité, ont faute d'equité, mais tousjours par des hommes, autheurs vains et irresolus. Il n'est rien si lourdement et largement fautier que les loix, ny si ordinairement. ▲ Quiconque leur obeyt parce qu'elles sont justes, ne leur obeyt pas justement par où il doibt. Les nostres françoises prestent aucunement la main, par leur desreiglement et deformité, au desordre et corruption qui se voit en leur dispensation et execution. Le commandement est si trouble et inconstant qu'il excuse aucunement et la desobeyssance et le vice de l'interpretation, de l'administration et de l'observation. Quel que soit donq le fruict que nous pouvons avoir de l'experience, à peine servira beaucoup à nostre institution celle [5] que nous tirons des exemples estrangers, si nous faisons si mal nostre proffict de celle que nous avons de nous mesme, qui nous est plus familiere, et certes suffisante à nous instruire de ce qu'il nous faut.

Je m'estudie plus qu'autre subject. C'est ma metaphisique, c'est ma phisique.

---

[1] hungry for.   [2] si l'on me défendait.   [3] district.
[4] Nor does this serve them ill.   [5] that (experience) which we derive, etc.

Qua Deus hanc mundi temperet arte domum,
Qua venit exoriens, qua deficit, unde coactis
    Cornibus in plenum menstrua luna redit;
Unde salo superant venti, quid flamine captet
    Eurus, et in nubes unde perennis aqua.

Sit ventura dies mundi quæ subruat arces.   C

Quærite quos agitat mundi labor [1].   B

En ceste université [2], je me laisse ignoramment et negli-   C
gemment manier à la loy generale du monde.   Je la sçauray
assez quand je la sentiray.   Ma science ne luy sçauroit faire
changer de route; elle ne se diversifiera [3] pas pour moi.   C'est
folie de l'esperer, et plus grand folie de s'en mettre en peine,
puis qu'elle est necessairement semblable, publique et commune.

La bonté et capacité du gouverneur nous doit à pur et à
plein descharger du soing de son gouvernement.

Les inquisitions et contemplations philosophiques ne
servent que d'aliment à nostre curiosité.   Les philosophes,
avec grand raison, nous renvoyent aux regles de Nature;
mais elles n'ont que faire de [4] si sublime cognoissance: ils les
falsifient et nous presentent son visage peint trop haut en
couleur et trop sophistiqué, d'où naissent tant de divers pour-
traits d'un subject si uniforme.   Comme elle nous a fourni
de pieds à marcher, aussi a elle de prudence à nous guider en
la vie; prudence, non tant ingenieuse, robuste et pompeuse
comme celle de leur invention, mais à l'advenant facile et
salutaire, et qui faict tresbien ce que l'autre dict, en celuy qui
a l'heur de sçavoir s'employer naïvement et ordonnément,
c'est à dire naturellement.   Le plus simplement se commettre à nature, c'est s'y commettre le plus sagement.   O
que c'est un doux et mol chevet [5], et sain, que l'ignorance et
l'incuriosité [6], à reposer une teste bien faicte.

[1] "By what skill God governs this world which is our dwelling: how waxing
comes, how wanes the monthly moon, whence, joining her horns she returns
to the full again; whence winds pass o'er the sea, what Eurus seizes with his blast,
and how the eternal waters turn to cloud ...   Whether a day will come to
overthrow the bulwarks of this world" (Propertius III, V, 26).   ". . . Seek, ye,
whom the workings of the world torment" (Lucan, I, 417).

[2] *universalité.*   [3] will not modify itself.
[4] *(ces règles) n'ont rien à faire avec ...*   [5] *oreiller.*   [6] *insouciance.*

B   J'aymerois mieux m'entendre bien en moy qu'en Ciceron [1].
De l'experience que j'ay de moy, je trouve assez dequoy
me faire sage, si j'estoy bon escholier.   Qui remet en sa
memoire l'excez de sa cholere passée, et jusques où cette
fiévre l'emporta, voit la laideur de cette passion mieux que
dans Aristote, et en conçoit une haine plus juste.   Qui se
souvient des maux qu'il a couru, de ceux qui l'ont menassé,
des legeres occasions qui l'ont remué d'un estat à autre, se
prepare par là aux mutations futures et à la recognoissance de
sa condition.   La vie de Cæsar n'a poinct plus d'exemple
que la nostre pour nous; et emperière et populaire [2], c'est
tousjours une vie que tous accidents humains regardent [3].
Escoutons y seulement: nous nous disons [4] tout ce de quoy
nous avons principalement besoing.   Qui se souvient de
s'estre tant et tant de fois mesconté de [5] son propre jugement
est-il pas un sot de n'en entrer pour jamais en deffiance?
Quand je me trouve convaincu par la raison d'autruy d'une
opinion fauce, je n'apprens pas tant ce qu'il m'a dict de
nouveau et cette ignorance particuliere (ce seroit peu
d'acquest), comme en general j'apprens ma debilité et la
trahison de mon entendement; d'où je tire la reformation
de toute la masse.   En toutes mes autres erreurs je faits de
mesme: et sens de cette reigle grande utilité à la vie.   Je ne
regarde pas l'espece et l'individu còmme une pierre où j'aye
bronché.   J'apprens à craindre mon alleure par tout, et
C   m'attens [6] à la reigler.   ▲ D'apprendre qu'on a dict ou faict
une sottise, ce n'est rien que cela.   Il faut apprendre qu'on
n'est qu'un sot, instruction bien plus ample et importante.
B   Les faux pas que ma memoire m'a fait si souvant, lors
mesme qu'elle s'asseure le plus de soy, ne se sont pas inutilement perduz : elle a beau me jurer à cette heure et m'asseurer, je secoüe les oreilles; la premiere opposition qu'on
faict à son tesmoignage me met en suspens.   Et n'oserois me
fier d'elle en chose de poix, ny la garentir sur le faict d'autruy.

---

[1] In 1588 we read *Platon* instead of *Cicéron*.
[2] *Que ce soit la vie d'un empereur ou celle d'un homme du peuple.*
[3] *sujette à tous les accidents humains.*
[4] *notre propre expérience nous dit . . .*   [5] *trompé d'après . . .*   [6] strive.

Et n'estoit que ce que je fay par faute de memoire, les autres
le font encore plus souvant par faute de foy [1], je prendrois
tousjours en chose de faict la verité de la bouche d'un autre
plustost que de la mienne.   Si chacun espioit de pres les effects
et circonstances des passions qui le regentent, comme j'ay
faict de celle à qui j'estois tombé en partage, il les verroit venir,
et ralantiroit un peu leur impetuosité et leur course.   Elles
ne nous sautent pas tousjours au colet d'un prinsaut [2]; il y a
de la menasse et des degretz.

> *Fluctus uti primo cœpit cum albescere ponto,*
> *Paulatim sese tollit mare, et altius undas*
> *Erigit, inde imo consurgit ad æthera fundo .*[3]

Le jugement tient chez moy un siege magistral, au moins il
s'en efforce soingneusement.   Il laisse mes appetis aller leur
trein, et la haine et l'amitié, voire et celle que je me porte à
moy-mesme, sans s'en alterer et corrompre.   S'il ne peut
reformer les autres parties selon soy, au moins ne se laisse il
pas difformer à elles [4].   Il faict son jeu à part.

L'advertissement à chacun de se cognoistre doibt estre
d'un important effect, puisque ce Dieu de science et de
lumiere le fit planter au front de son temple * comme com-
prenant tout ce qu'il avoit à nous conseiller.   ▲ Platon dict   C
aussi que prudence n'est autre chose que l'execution de cette
ordonnance, et Socrates le verifie [5] par le menu en Xenophon.
Les difficultez et l'obscurité ne s'aperçoivent en chacune   B
science que par ceux qui y ont entrée.   Car encore faut il
quelque degré d'intelligence à pouvoir remarquer qu'on
ignore.   Et faut pousser à une porte pour sçavoir qu'elle
nous est close.   ▲ D'où naist cette Platonique subtilité que,   C
ny ceux qui sçavent n'ont à s'enquerir, d'autant qu'ils
sçavent, ny ceux qui ne sçavent, d'autant que pour s'enquerir
il faut sçavoir de quoy on s'enquiert.   ▲ Ainsin en cette-cy   B
de se cognoistre soy mesme, ce que [6] chacun se voit si resolu

---

[1] good faith.   [2] *d'un premier saut.*

[3] "As when a wave begins with the first swell, to whiten, gradually the sea
heaves up, and higher rears its billows, thence from the lowest deep flings itself
up to heaven." (Virgil, *Aen.*, VII, 528.)

[4] *par elles.*   [5] proves it.   [6] the fact that . . .

et satisfaict, ce que chacun y pense estre suffisamment entendu,

C signifie que chacun n'y entend rien du tout, ▲ comme
B Socrates apprend à Euthydeme en Xenophon. ▲ Moy qui
ne faicts autre profession, y trouve une profondeur et varieté
si infinie, que mon apprentissage n'a autre fruict que de me
faire sentir combien il me reste à apprendre. A ma foiblesse
si souvent recogneuë je doibts l'inclination que j'ay à la
modestie, à l'obeyssance des creances qui me sont prescrites,
à une constante froideur et moderation d'opinions; et la
hayne à cette arrogance importune et quereleuse, se croyant et
fiant toute à soy, ennemye capitale de discipline et de verité.
Oyez les regenter. Les premieres sotises qu'ils mettent
en avant, c'est au stile qu'on establit les religions et les

C loix. ▲ *Nil hoc est turpius quàm cognitioni et perceptioni assertio-*
B *nem approbationemque præcurrere .*[1] ▲ Aristarchus * disoit
qu'anciennement à peine se trouva il sept sages au monde, et
que de son temps à peine se trouvoit il sept ignorans. Aurions
nous pas plus de raison que luy de le dire en nostre temps?
L'affirmation et l'opiniastreté sont signes exprez de bestise.
Cettuy-cy aura donné du nez à terre cent fois pour un jour:
le voylà sur ses ergots, aussi resolu et entier que devant; vous
diriez qu'on luy a infuz depuis quelque nouvelle ame et
vigueur d'entendement, et qu'il luy advient comme à cet
ancien fils de la terre [2], qui reprenoit nouvelle fermeté et se
renforçoit par sa cheute,

> *cui, cum tetigere parentem,*
> *Jam defecta vigent renovato robore membra* [3].

Ce testu indocile pense il pas reprendre un nouvel esprit pour
reprendre une nouvelle dispute? C'est par mon experience
que j'accuse l'humaine ignorance. Qui est, à mon advis,
le plus seur party de l'escole du monde. Ceux qui ne la
veulent conclurre en eux par un si vain exemple que le mien

C ou que le leur; qu'ils la recognoissent par Socrates, ▲ le
maistre des maistres. Car le philosophe Antisthenes à ses

---

[1] "Nothing is more discreditable than for assertion and approval to precede knowledge and comprehension" (Cicero, *Acad.*, I, 12). [2] Antaeus.
[3] "Whose already failing limbs, once they have touched this mother earth, flourish with strength renewed" (Lucan, IV, 599).

disciples: Allons, disoit-il, vous et moy ouyr Socrates; là je seray disciple avec vous. Et, soustenant ce dogme de sa secte Stoïque, que la vertu suffisoit à rendre une vie pleinement heureuse et n' ayant besoin de chose quelconque: Sinon de la force de Socrates, adjoustoit il.

Cette longue attention que j'employe à me considerer me dresse à juger aussi passablement des autres; et est peu de choses dequoy je parle plus heureusement et excusablement. Il m'advient souvant de voir et distinguer plus exactement les conditions de mes amys qu'ils ne font eux mesmes. J'en ay estonné quelqu'un par la pertinence de ma description, et l'ay adverty de soy. Pour m'estre, dés mon enfance, dressé à mirer ma vie dans celle d'autruy, j'ay acquis une complexion studieuse en cela, et, quand j'y pense, je laisse eschaper au tour de moy peu de choses qui y servent: contenances, humeurs, discours. J'estudie tout: ce qu'il me faut fuyr, ce qu'il me faut suyvre. Ainsin à mes amys je descouvre, par leurs productions [1], leurs inclinations internes; non pour renger cette infinie varieté d'actions, si diverses et si descoupées [2], à certains genres et chapitres, et distribuer distinctement mes partages et divisions en classes et regions cogneuës,

> *Sed neque quam multæ species, et nomina quæ sint,*
> *Est numerus .*[3]

Les sçavans partent et denotent leurs fantasies plus specifique-ment, et par le menu. Moy, qui n'y voy qu'autant que l'usage m'en informe, sans regle, presante generalement [4] les miennes, et à tastons. Comme en cecy: ▲ je prononce ma sentence par articles descousus: ainsi que de chose qui ne se peut dire à la fois et en bloc. La relation et la conformité ne se trouvent poinct en telles ames que les nostres, basses et communes. La sagesse est un bastiment solide et entier, dont chaque piece tient son rang et porte sa marque: ▲ « *Sola sapientia in se tota conversa est* [5].» ▲ Je laisse aux artistes, et ne sçay s'ils en viennent à bout en chose si meslée, si menue et

B

C

B

C

B

---

[1] outer manifestations. [2] disconnected.

[3] "Nor how many kinds and what their names are, is there any telling" (Virgil, *Georg.*, II, 103). [4] in the gross.

[5] "Only wisdom is wholly contained within itself" (Cicero, *De finibus*, III, 7).

fortuite, de renger en bandes cette infinie diversité de visages [1], et arrester nostre inconstance et la mettre par ordre. Non seulement je trouve mal-aisé d'attacher nos actions les unes aux autres, mais chacune à part soy je trouve mal-aysé de la designer proprement par quelque qualité principalle; tant elles sont doubles et bigarrées à divers lustres [2].

C   Ce qu'on remarque pour rare au Roy de Macedoine Perseus, que son esprit, ne s'attachant à aucune condition, alloit errant par tout genre de vie et representant des mœurs si essorées [3] et vagabondes qu'il n'estoit cogneu ny de luy ny d'autre quel homme ce fust, me semble à peu pres convenir à tout le monde.   Et par dessus tous j'ai veu quelque autre de sa taille à qui cete conclusion s'appliqueroit plus proprement encore, ce croy-je.   Nulle assiette moyenne, s' emportant tousjours de l'un à l'autre extreme par occasions [4] indivinables: nulle espece de train sans traverse et contrarieté merveilleuse, nulle faculté simple; si que, le plus vraysemblablement qu'on en pourra feindre [5] un jour, ce sera qu'il affectoit et estudioit de se rendre cogneu par estre mescognoissable [6].

B   Il faict besoing des oreilles bien fortes pour s'ouyr franche-ment juger; et, par ce qu'il en est peu qui le puissent souffrir sans morsure, ceux qui se hazardent de l'entreprendre envers nous nous montrent un singulier effect d'amitié; car c'est aimer sainement d'entreprendre à blesser et offencer pour proffiter [7].   Je trouve rude de juger celluy-là en qui les
C   mauvaises qualitez surpassent les bonnes.   ▲ Platon ordonne trois parties à qui veut examiner l'ame d'un autre: science, bienveillance, hardiesse.

B   Quelque fois on me demandoit à quoy j'eusse pensé estre bon, qui se fut advisé [8] de se servir de moy pendant que j'en avois l'aage,

> Dum melior vires sanguis dabat, æmula necdum
> Temporibus geminis canebat sparsa senectus [9].

---

[1] aspects.   [2] points of view.   [3] flighty.   [4] causes.
[5] . . . that one day the likeliest supposition which may be made about him . . .
[6] known by being unknowable.   [7] to be of service.
[8] si quelqu'un s'était avisé.
[9] "While better blood gave strength, and before envious old age had whitened both my brows" (Virgil, Aen., V, 415).

—A rien, fis-je.   Et m'excuse volontiers de ne sçavoir faire
chose qui m'esclave à autruy.   Mais j'eusse dict ses veritez
à mon maistre, et eusse contrerrolé ses meurs[1], s'il eust voulu.
Non en gros, par leçons scholastiques, que je ne sçay point
(et n'en vois naistre aucune vraye reformation en ceux qui les
sçavent).   Mais les observant pas à pas, à toute oportunité,
et en jugeant à l'œil piece à piece, simplement et naturellement, luy faisant voyr quel il est en l'opinion commune,
m'opposant à ses flateurs.   Il n'y a nul de nous qui ne valut
moins que les Roys, s'il estoit ainsi continuellement corrompu, comme ils sont de cette canaille de gens.   Comment,
si [2] Alexandre, ce grand et Roy et philosophe, ne s'en peut
deffendre!   J'eusse eu assez de fidelité, de jugement et de
liberté pour cela.   Ce seroit un office sans nom; autrement il
perdroit son effect et sa grace.   Et est un rolle qui ne peut
indifferemment appartenir à tous.   Car la verité mesme n'a
pas ce privilege d'estre employée à toute heure et en toute
sorte: son usage, tout noble qu'il est, a ses circonscriptions et
limites.   Il advient souvent, comme le monde est, qu'on la
láche à l'oreille du prince, non seulement sans fruict mais
dommageablement, et encore injustement.   Et ne me fera
l'on pas accroire qu'une sainte remontrance ne puisse estre
appliquée vitieusement.   Et que l'interest de la substance ne
doive souvent ceder à l'interest de la forme.   Je voudrois à
ce mestier un homme content de sa fortune,

Quod sit esse velit, nihilque malit [3],

et nay de moyenne fortune; d'autant que, d'une part, il
n'auroit point de craincte de toucher vifvement et profondement le cœur du maistre pour ne perdre par là le cours de son
advancement: et d'autre part, pour estre d'une condition
moyenne, il auroit plus aysée communication à toute sorte de
gens.   ▲ Je le [4] voudroy à un homme seul, car respandre le   c
privilege de cette liberté et privauté à plusieurs engendreroit

---

[1] *mœurs.*   [2] What can one expect, if . . .
[3] "Who desires to be what he is and wishes nothing more" (Martial, X,
47, 12).   [4] i.e. *Ce métier.*

une nuisible irreverence.   Ouy, et de celuy là je requerroy
surtout la fidelité du silence.

B   Un Roy n'est pas à croire quand il se vante de sa constance à attendre le rencontre de l'ennemy pour le service de sa
gloire, si pour son proffit et amendement il ne peut souffrir la
liberté des parolles d'un amy; qui n'ont autre effort que de luy
pincer l'ouye; le reste de leur effect estant en sa main.   Or
il n'est aucune condition d'hommes qui ayt si grand besoing
que ceux-là de vrays et libres advertissemens.   Ils soustiennent une vie publique, et ont à agreer à l'opinion de tant de
spectateurs, que, comme on a accoustumé de leur taire tout ce
qui les divertit de leur route [1], ils se trouvent, sans le sentir,
engagez en la hayne et detestation de leurs peuples pour des
occasions souvent qu'ils eussent peu eviter, à nul interest [2]
de leurs plaisirs mesme, qui [3] les en eut advisez et redressez à
temps.   Communement leurs favorits regardent à soy plus
qu'au maistre; et il leur va de bon.   D'autant qu'à la verité
la plus part des offices de la vraye amitié sont envers le souverain en un rude et perilleus essay [4], de maniere qu'il y faict
besoing non seulement beaucoup d'affection et de franchise,
mais encore de courage.

En fin, toute cette fricassée que je barbouille icy n'est
qu'un registre des essais [5] de ma vie: qui est, pour l'interne
santé, exemplaire assez à prendre l'instruction à contre-poil [6].
Mais quant à la santé corporelle, personne ne peut fournir
d'experience plus utile que moy, qui la presente pure,
nullement corrompue et alterée par art et par opination [7].
L'experience est proprement sur son fumier au subject de la
medecine, où la raison luy quite toute la place [8].   Tibere
disoit que quiconque avoit vescu vingt ans se debvoit respondre des choses qui lui estoyent nuisibles ou salutaires, et
C   se sçavoir conduire sans medecine.   ▲ Et le pouvoit avoir
apprins de Socrates, lequel, conseillant à ses disciples, soigneusement et comme un tres principal estude, l'estude de

---

[1] turns them from their plans.   [2] without prejudice to.
[3] if someone had . . .   [4] test.
[5] experiences.   [6] exemplary enough if the lesson is taken by contraries.
[7] theory.   [8] i.e. give way to experience.

leur santé, adjoustoit qu'il estoit malaisé qu'un homme d'entendement, prenant garde à ses exercices, à son boire et à son manger, ne discernast mieux que tout medecin ce qui luy estoit bon ou mauvais.   ▲ Si faict la B
medecine profession d'avoir tousjours l'experience pour touche [1] de son operation.   Ainsi Platon avoit raison de dire que pour estre vray medecin, il seroit necessaire que celuy qui l'entreprendroit eust passé par toutes les maladies qu'il veut guarir et par tous les accidens et circonstances dequoy il doit juger.   C'est raison qu'ils prennent la verole s'ils la veulent sçavoir penser [2].   Vrayement je m'en fierois à celuy là.   Car les autres nous guident comme celuy qui peint les mers, les escueils et les ports, estant assis sur sa table et y faict promener le modele d'un navire en toute seureté.   Jettez-le à l'effect, il ne sçait par où s'y prendre.   Ils font telle description de nos maux que faict un trompette de ville qui crie un cheval ou un chien perdu: tel poil, telle hauteur, telle oreille; mais presentez le luy, il ne le cognoit pas pourtant.

Pour Dieu, que la medecine me face un jour quelque bon et perceptible secours, voir comme je crieray de bonne foy:

Tandem efficaci do manus scientiæ [3]*!*

Les arts qui promettent de nous tenir le corps en santé et l'âme en santé, nous promettent beaucoup; mais aussi n'en est il point qui tiennent moins ce qu'elles promettent.   Et en nostre temps, ceux qui font profession de ces arts entre nous en montrent moins les effects que tous autres hommes.   On peut dire d'eus pour le plus, qu'ils vendent les drogues medecinales; mais qu'ils soient medecins, cela ne peut on dire.

J'ay assez vescu, pour mettre en compte l'usage qui m'a conduict si loing.   Pour qui en voudra gouster, j'en ay faict l'essay, son eschançon [4].   En voicy quelques articles, comme la souvenance me les fournira.   ▲ (Je n'ay point de façon [5] qui C
ne soit allée variant selon les accidents, mais j'enregistre celles

---

[1] touch-stone.   [2] *panser, soigner.*
[3] "At length I surrender to an efficacious science" (Horace, *Epod.*, XVII, 4).
[4] For any who would like to partake, I have made trial, (and can be) his cupbearer.   [5] habits.

B que j'ay plus souvent veu en train, qui ont eu plus de possession en moy [1] jusqu'à cette heure.)   ▲ Ma forme de vie est
pareille en maladie comme en santé.   Mesme lict, mesmes
heures, mesmes viandes [2] me servent, et mesme breuvage.   Je
n'y adjouste du tout rien, que la moderation du plus et du
moins, selon ma force et appetit.   Ma santé, c'est maintenir
sans destourbier [3] mon estat accoustumé.   Je voy que la
maladie m'en desloge d'un costé? si je crois les medecins, ils
m'en destourneront de l'autre: et par fortune et par art, me
voylà hors de ma route.   Je ne croys rien plus certainement
que cecy: que je ne sçauroy estre offencé par l'usage des choses
que j'ay si long temps accoustumées.

C'est à la coustume de donner forme à nostre vie, telle
qu'il lui plaist; elle peut tout en cela: c'est le breuvage de
Circé, qui diversifie notre nature comme bon luy semble.
Combien de nations, et à trois pas de nous, estiment ridicule
la crainte du serain, qui nous blesse si apparemment; et nos
bateliers et nos paysans s'en moquent.   Vous faites malade
un Aleman de le coucher sur un matelas: comme un Italien
sur la plume; et un François sans rideau et sans feu.   L'estomac d'un Espagnol ne dure pas à nostre forme de manger;
ny le nostre à boire à la Souysse.

Un Aleman me fit plaisir, à Auguste [4], de combatre
l'incommodité de noz fouyers par ce mesme argument dequoy
nous nous servons ordinairement à condamner leurs poyles.
Car à la verité, cette chaleur croupie [5], et puis la senteur de
cette matiere reschauffée dequoy ils sont composez, enteste [6]
la plus part de ceux qui n'y sont experimentez.   A moy non.
Mais au demeurant, estant cette challeur eguale, constante
et universelle, sans lueur, sans fumée, sans le vent que l'ouver-
ture de nos cheminées nous apporte, elle a bien par ailleurs
dequoi se comparer à la nostre.   Que n'imitons nous l'architecture Romaine?   Car on dict que anciennement le feu ne
se faisoit en leurs maisons que par le dehors, et au pied
d'icelles: d'où s'inspiroit la chaleur à tout le logis par les
tuyaux practiquez dans l'espais du mur, lesquels alloient

---

[1] have prevailed in me.   [2] food.   [3] discomfort.
[4] Augsburg.   [5] heavy.   [6] give a headache to . . .

embrassant les lieux qui en devoient estre eschauffez; ce que j'ay veu clairement signifié, je ne sçay où, en Seneque. Cettuy-cy [1], m'oyant louër les commoditez et beautez de sa ville, qui le merite certes, commença à me plaindre dequoy j'avois à m'en esloigner.   Et des premiers inconveniens qu'il m'allega, ce fut la poisanteur de teste que m'apporteroient les cheminées ailleurs.   Il avoit ouï faire cette plainte à quelqu'un, et nous l'attachoit, estant privé par l'usage de l'appercevoir chez luy.   Toute chaleur qui vient du feu m'affoiblit et m'appesantit: si disoit Evenus, que le meilleur condiment de la vie estoit le feu: je prens plustost toute autre façon d'eschaper au froid.

Nous craingnons les vins au bas [2], en Portugal cette fumée [3] est en delices, et est le breuvage des princes.   En somme, chaque nation a plusieurs coustumes et usances qui sont, non seulement incogneuës, mais farouches et miraculeuses à quelque autre nation.

Que ferons nous à ce peuple qui ne fait recepte que de tesmoignages imprimez, qui ne croit les hommes s'ils ne sont en livre.   Ny la verité si elle n'est d'aage competant? Nous mettons en dignité nos bestises quand nous les mettons en moule [4].   ▲ Il y a bien pour luy autre poix, de dire: je l'ai leu; que si vous dictes; je l'ay ouy dire.   Mais moy, qui ne mescrois non plus la bouche que la main des hommes, et qui sçay qu'on escript autant indiscretement qu'on parle, et qui estime ce siecle comme un autre passé; j'allegue aussi volontiers un mien amy que Aulugele et que Macrobe; et ce que j'ay veu que ce qu'ils ont escrit.   ▲ Et, comme ils tiennent de la vertu qu'elle n'est pas plus grande pour estre plus longue, j'estime de mesme de la verité que, pour estre plus vieille, elle n'est pas plus sage.   ▲ Je dis souvent que c'est pure sottise qui nous fait courir apres les exemples estrangers et scholastiques.   Leur fertilité est pareille à cette heure à celle du temps d'Homere et de Platon.   Mais n'est ce pas que nous cherchons plus l'honneur de l'allegation que la verité du discours? comme si c'estoit plus d'emprunter de la

---

[1] i.e. the German at Augsburg.   [2] when the cask is low.
[3] ce fumet.   [4] set them in type.

boutique de Vascosan ou de Plantin * nos preuves, que de ce qui se voit en nostre village.   Ou bien certes, que nous n'avons pas l'esprit d'esplucher et faire valoir ce qui se passe devant nous, et le juger assez vifvement pour le tirer en exemple?   Car, si nous disons que l'authorité nous manque pour donner foy à nostre tesmoignage, nous le disons hors de propos.   D'autant qu'à mon advis, des plus ordinaires choses et plus communes et cogneuës, si nous sçavions trouver leur jour, se peuvent former les plus grands miracles de nature et les plus merveilleux exemples, notamment sur le subject des actions humaines.

    Or sur mon subject, laissant les exemples que je sçay
C par les livres ▲ et ce que dict Aristote d'Andron, Argien, qu'il traversoit sans boire les arides sablons de la Lybie.
B Un gentil-homme,* qui s'est acquité dignement de plusieurs charges, disoit où j'estois qu'il estoit allé de Madrid à Lisbonne en plain esté sans boire.   Il se porte vigoureusement pour son aage, et n'a rien d'extraordinaire en l'usage de sa vie que cecy d'estre deux ou trois mois, voire un an, ce m'a-il dict, sans boire.   Il sent de l'alteration,[1] mais il la laisse passer, et tient que c'est un appetit qui s'alanguit aiséement de soy-mesme; et boit plus par capricce que pour le besoing ou pour le plaisir.

    En voicy d'un autre.   Il n'y a pas long temps que je rencontray l'un des plus sçavans hommes de France, entre ceux de non mediocre fortune, estudiant au coin d'une sale qu'on luy avoit rembarré[2] de tapisserie; et autour de luy un
C tabut[3] de ses valets plain de licence.   Il me dict, ▲ et
B Seneque quasi autant de soy, ▲ qu'il faisoit son profit de ce tintamarre.   Comme si, battu de ce bruict, il se ramenast et reserrast plus en soy pour la contemplation, et que cette tempeste de voix repercutast ses pensées au dedans.   Estant escholier à Padoue, il eust son estude si long temps logé à la batterie[4] des coches et du tumulte de la place qu'il se forma non seulement au mespris mais à l'usage du bruit, pour le
C service de ses estudes.   ▲ Socrates respondoit à Alcibiades,

[1] feels thirst.   [2] shut off.   [3] a hubbub.
[4] (close) to the rattle . . .

s'estonnant comme il pouvoit porter [1] le continuel tintamarre de la teste [2] de sa femme: Comme ceux qui sont accoustumez à l'ordinaire son des roues à puiser l'eau. ▲ Je suis bien au contraire: j'ay l'esprit tendre et facile à prendre l'essor; Quand il est empesché à part soy, le moindre bourdonnement de mouche l'assassine.

Seneque en sa jeunesse, ayant mordu chaudement à l'exemple de Sextius de ne manger chose qui eust prins mort, s'en passoit dans un an avec plaisir, comme il dict. Et s'en laissa [3] seulement pour n'estre soupçonné d'emprunter cette regle d' aucunes religions nouvelles, qui la semoyent. Il print quand et quand des preceptes d' Attalus de ne se coucher plus sur des loudiers qui enfondrent [4], et continua jusqu'à sa vieillesse ceux qui ne cedent point au corps. Ce que l'usage de son temps luy faict conter à rudesse [5], le nostre nous le faict tenir à mollesse.

Regardez la difference du vivre de mes valets à bras à la mienne: les Scythes et les Indes n'ont rien plus esloingné de ma force et de ma forme. Je sçay avoir retiré de l'aumosne des enfans pour m'en servir, qui bien tost apres m'ont quicté, et ma cuisine et leur livrée, seulement pour se rendre à leur premiere vie. Et en trouvay un, amassant depuis des moules emmy la voirie [6] pour son disner, que par priere ny par menasse je ne sceu distraire [7] de la saveur et douceur qu'il trouvoit en l'indigence. Les gueux ont leurs magnificences et leurs voluptez, comme les riches; et, dict-on, leurs dignitez et ordres politiques. Ce sont effects de l'accoustumance. Elle nous peut duire non seulement à telle forme qu'il luy plaist (pourtant, disent les sages, nous faut-il planter à la meilleure qu'elle nous facilitera incontinent), mais au changement aussi et à la variation. Qui est le plus noble et le plus utile de ses apprentissages. La meilleure de mes complexions corporelles c'est d'estre flexible et peu opiniastre: j'ay des inclinations plus propres et ordinaires et plus agreables que d'autres. Mais avec bien peu d'effort je m'en destourne,

---

[1] *supporter.*   [2] ill-nature.   [3] left off.
[4] *matelas qui s'enfoncent.*   [5] austerity.
[6] in the midst of the gutter.   [7] detach, dissuade.

et me coule aiséement à la façon contraire.   Un jeune homme
doit troubler ses regles pour esveiller sa vigueur: la garder de
moisir et s'apoltronir.   Et n'est train de vie si sot et si debile
que celuy qui se conduict par ordonnance et discipline,

> *Ad primum lapidem vectari cùm placet, hora*
> *Sumitur ex libro; si prurit frictus ocelli*
> *Angulus, inspecta genesi collyria quærit .*[1]

Il se rejettera souvent aux excez mesme, s'il m'en croit.
Autrement la moindre desbauche le ruyne.   Il se. rend
incommode et desaggreable en conversation.   La plus contraire qualité à un honneste homme, c'est la delicatesse et
obligation à certaine façon particulière.   Et elle est particuliere si elle n'est ploiable et souple.   Il y a de la honte de
laisser à faire par impuissance ou de n'oser ce qu'on voit faire
à ses compaignons.   Que telles gens gardent leur cuisine.
Par tout ailleurs il est indecent; mais à un homme de guerre
il est vitieux et insupportable, lequel, comme disoit Philopœmen,* se doit accoustumer à toute diversité et inegalité
de vie.

Quoy que j'aye esté dressé autant qu'on a peu à la liberté
et à l'indifference, si est-ce que par nonchalance, m'estant en
vieillissant plus arresté sur certaines formes (mon aage est hors
d'institution [2] et n'a desormais dequoy regarder ailleurs que
à se maintenir), la coustume a desjà, sans y penser, imprimé
si bien en moy son caractere en certaines choses, que j'appelle
excez de m'en despartir.   Et, sans m'essaier [3], ne puis ny
dormir sur jour; ny faire collation entre les repas; ny des-
C jeuner; ny m'aller coucher sans grand intervalle, ▲ comme
B de trois bonnes heures, ▲ apres le soupper; ny faire des enfans
qu'avant le sommeil; ny les faire debout; ny porter ma sueur;
ny m'abreuver d'eau pure ou de vin pur; ny me tenir nud
teste long temps, ny me faire tondre apres disner; et me
passerois autant malaiséement de mes gans que de ma chemise,
et de me laver à l'issuë de table et à mon lever, et de ciel et

---

[1] "Whenever it pleases him to be driven to the first mile-stone, the hour must
be taken from the almanach: if the corner of his eye should itch from rubbing,
only when he has consulted his horoscope can he ask for an eye-salve" (Juvenal,
VI, 576).   [2] beyond the age of learning.   [3] without an effort.

rideaux à mon lict, comme de choses bien necessaires. Je
disnerois sans nape; mais à l'alemande, sans serviette blanche,
tres-incommodéement. Je les souïlle plus qu'eux et les
Italiens ne font; et m'ayde peu de cullier et de fourchete.
Je plains [1] qu'on n'aye suyvy un train que j'ay veu commencer à l'exemple des Roys; qu'on nous changeast de
serviette selon les services, comme d'assiette. Nous tenons
de ce laborieux soldat Marius que, vieillissant, il devint
delicat en son boire et ne le prenoit qu'en une sienne couppe
particuliere. Moy je me laisse aller aussi à certaine forme
de verres, et ne boy pas volontiers en verre commun, non plus
que d'une main commune. Tout métal m'y desplait au pris
d' une matiere claire et transparente. ▲ Que mes yeux y   C
tastent aussi, selon leur capacité.

Je dois plusieurs telles mollesses à l'usage. Nature m'a   B
aussi, d'autre part, apporté les siennes: comme de ne soustenir
plus deux plains repas en un jour sans surcharger mon
estomac; ny l'abstinence pure de l'un des repas sans me
remplir de vents, assecher ma bouche, estonner [2] mon appetit;
de m'offenser d'un long serain [3]. Car depuis quelques
années, aux courvées de la guerre, quand toute la nuict y
court, comme il advient communément, apres cinq ou six
heures l'estomac me commence à troubler, avec vehemente
douleur de teste, et n'arrive poinct au jour sans vomir.
Comme les autres s'en vont desjeuner je m'en vay dormir, et
au partir de la aussi gay qu'au paravant. J'avois tousjours
appris que le serain ne s'espandoit qu'à la naissance de la nuict;
mais, hantant ces années passées familierement et long temps
un seigneur imbu de cette creance, que le serain est plus aspre
et dangereux sur l'inclination [4] du soleil une heure ou deux
avant son coucher, lequel il evite songneusement et mesprise
celuy de la nuyct, il m'a cuidé imprimer non tant son discours
que son sentiment . [5]

Quoy! que [6] le doubte mesme et inquisition frappe nostre

[1] regret.   [2] upsetting.
[3] suffering from long exposure to the evening (or night) dew.   [4] decline.
[5] has almost implanted in me not so much his conviction as his sensibility.
[6] i.e. Must one admit that . . .

imagination et nous change?   Ceux qui cedent tout à coup
à ces pentes attirent l'entiere ruyne sur eux: et plains plusieurs
gentils-hommes qui, par la sottise de leurs medecins, se sont
mis en chartre [1] tous jeunes et entiers.   Encores vaudroit-il
mieux souffrir un reume que de perdre pour jamais par
desaccoutumance le commerce de la vie commune, en action

C de si grand usage [2].   ▲ Fascheuse science, qui nous descrie

B les plus douces heures du jour.   ▲ Estendons nostre possession jusque aux derniers moyens.   Le plus souvent on s'y
durcit en s'opiniastrant, et corrige l'on sa complexion, comme
fit Cæsar le haut mal, à force de le mespriser et corrompre [3].
On se doit adonner aux meilleures regles, mais non pas s'y
asservir; si ce n'est à celles, s'il y en a quelqu'une, ausquelles
l'obligation et servitude soit utile.

Et les Roys et les philosophes fientent, et les dames aussi.
Les vies publiques se doivent à la ceremonie; la mienne,
obscure et privée, jouit de toute dispence naturelle; soldat et
Gascon sont qualitez aussi un peu subjettes à l'indiscretion.
Parquoy je diray cecy de cette action: qu'il est besoing de la
renvoyer à certaines heures prescriptes et nocturnes, et s'y
forcer par coustume et assubjectir, comme j'ay faict; mais
non s'assujectir, comme j'ay faict en vieillissant, au soing de
particuliere commodité de lieu et de siege pour ce service, et
le rendre empeschant par longueur et mollesse.   Toutesfois
aux plus sales services, est-il pas aucunement excusable de

C requerir plus de soing et de netteté?   ▲ «*Naturâ homo
mundum et elegans animal est* [4].»   De toutes les actions
naturelles, c'est celle que je souffre plus mal volontiers

B m'estre interrompue.   ▲ J'ay veu beaucoup de gens de
guerre incommodez du desreiglement de leur ventre; le mien
et moy ne nous faillons jamais au poinct de nostre assignation,
qui est au saut du lict; si quelque violente occupation ou
maladie ne nous trouble.

Je ne juge donc point, comme je disois, où les malades se

---

[1] have made prisoners of themselves.
[2] i.e. the habit of going out in the evening or at night.
[3] fighting against it.
[4] "Man is by nature a dainty and cleanly animal" (Seneca, *Ep.*, XCII).

puissent mettre mieux en seurté qu'en se tenant quoy [1] dans le train de vie où ils se sont eslevez et nourris. Le changement, quel qu'il soit, estonne [2] et blesse. Allez croire que les chastaignes nuisent à un Perigourdin ou à un Lucquois, et le laict et le fromage aux gens de la montaigne. On leur va ordonnant, une non seulement nouvelle, mais contraire forme de vie. Mutation qu'un sain ne pourroit souffrir. Ordonnez de l'eau à un Breton de soixante dix ans, enfermez dans une estuve un homme de marine [3], deffendez le promener à un laquay basque. Ils les privent de mouvement, et en fin d'air et de lumiere.

An vivere tanti est? [4]

Cogimur a suetis animum suspendere rebus,
Atque, ut vivamus, vivere desinimus.

Hos superesse rear, quibus et spirabilis aer
Et lux qua regimur redditur ipsa gravis? [5]

S'ils ne font autre bien, ils font aumoins cecy, qu'ils preparent de bonne heure les patiens à la mort, leur sapant peu à peu et retranchant l'usage de la vie.

Et sain et malade, je me suis volontiers laissé aller aux appetits qui me pressoient. Je donne grande authorité à mes desirs et propensions. Je n'ayme point à guarir [6] le mal par le mal; je hay les remedes qui importunent plus que la maladie. D'estre subject à la cholique [7] et subject à m'abstenir du plaisir ʋe manger des huitres, ce sont deux maux pour un. Le mal nous pinse d'un costé, la regle de l'autre. Puisque on est au hazard de se mesconter, hazardons nous plustost à la suitte du plaisir. Le monde faict au rebours, et ne pense rien utile qui ne soit penible: la facilité luy est suspecte. Mon appetit en plusieurs choses s'est assez heureusement accommodé par soymesme et rangé à la santé de mon estomac. L'acrimonie [8] et la pointe des

---

[1] *coi.*   [2] disturbs.   [3] *de mer.*
[4] "Is mere existence of so great a worth?" (Anon.)
[5] "We are forced to suspend our mind from its wonted interests, and cease to live that we may continue to live ... Should I consider those men to survive to whom the very air they breathe, the very day that lights their way are made a burden" (Maximinianus, I, 155:247).
[6] *guérir.*   [7] gravel or stone.   [8] the bitter taste.

C   sauces m'agréerent estant jeune; mon estomac s'en ennuyant
depuis, le goust l'a incontinent suyvy.   ▲ Le vin nuit aux
malades: c'est la première chose de quoy ma bouche se des-
B   gouste, et d'un degoust invincible.   ▲ Quoy que je
reçoive desagreablement me nuit, et rien ne me nuit que je
face avec faim et allegresse.   Je n'ay jamais receu nuisance
d'action qui m'eust esté bien plaisante.   Et si ay faict ceder
à mon plaisir, bien largement, toute conclusion [1] medicinalle.
Et me súis jeune,

> *Quem circumcursans huc atque huc sæpe Cupido*
> *Fulgebat, crocina splendidus in tunica* [2],

presté autant licentieusement et inconsideréement qu'autre
au desir qui me tenoit saisi,

> *Et militavi non sine gloria* [3]

plus toutesfois en continuation et en durée qu'en saillie:

> *Sex me vix memini sustinuisse vices* .[4]

Il y a du malheur certes, et du miracle, à confesser en quelle
foiblesse d'ans [5] je me rencontray premierement en sa subjection.   Ce fut bien rencontre; car ce fut long temps avant
l'aage de choix et de cognoissance.   Il ne me souvient point
de moy de sï loing.   Et peut on marier ma fortune à celle de
Quartilla, qui n'avoit point memoire de son fillage.

> *Inde tragus celerésque pili, mirandáque matri*
> *Barba meæ* [6].

Les medecins ploient ordinairement avec utilité leurs regles
à la violence des envies aspres qui surviennent aux malades;
ce grand desir ne se peut imaginer si estranger et vicieux que
nature ne s'y applique.   Et puis: combien est-ce de con-

---

[1] decision.

[2] "Round whom Cupid often hovered and flashed gleaming in his yellow
cloak" (Catullus LXXVIII, 133.)

[3] "And I have served in that war not without glory" (Horace, *Odes*, III, 26).

[4] "I scarce remember once attaining six" (Ovid, *Am.* III, VII, 26).

[5] at how young an age.

[6] "From that time had I precocious hairs beneath the arm-pit and a beard that
surprised my mother" (Martial XI, xxii, 7).

tenter la fantasie: à mon opinion cette piece [1] là importe de tout, aumoins au delà de toute autre. Les plus griefs et ordinaires maux sont ceux que la fantasie nous charge. Ce mot Espagnol me plaist à plusieurs visages: *«Defienda me Dios de my [2].»* Je plains [3], estant malade, dequoy je n'ay quelque desir qui me donne ce contentement de l'assouvir; à peine m'en destourneroit la medecine. Autant en fay-je sain [4]: je ne vois guere plus qu'esperer et vouloir. C'est pitié d'estre alanguy et affoibly jusques au souhaiter.

L'art de medecine n'est pas si resolue [5] que nous soyons sans authorité, quoy que nous facions: elle change selon les climats: et selon les Lunes: selon Farnel et selon l'Escale.* Si vostre medecin ne trouve bon que vous dormez, que vous usez de vin ou de telle viande, ne vous chaille [6]: je vous en trouveray un autre qui ne sera pas de son advis. La diversité des arguments et opinions medicinales embrasse toute sorte de formes. Je vis un miserable malade crever et se pasmer d'alteration pour se guarir; et estre moqué depuis par un autre medecin: condamnant ce conseil comme nuisible. Avoit-il pas bien employé sa peine? Il est mort freschement [7] de la pierre un homme de ce mestier [8], qui s'estoit servy d'extreme abstinence à combatre son mal; ses compagnons disent qu'au rebours ce jeusne l'avoit asseché et luy avoit cuit le sable dans les roignons.

J'ai aperceu qu'aux blesseures et aux maladies, le parler m'esmeut et me nuit autant que desordre que je face. La voix me couste et me lasse; car je l'ay haute et efforcée. Si que, quand je suis venu à entretenir l'oreille des grands d'affaires de poix, je les ay mis souvent en soing de moderer ma voix. Ce compte merite de me divertir [9]: quelqu'un, en certaine eschole grecque, parloit haut, comme moy; le maistre des ceremonies lui manda qu'il parlast plus bas: Qu'il m'envoye, fit-il, le ton auquel il veut que je parle. L'autre luy replica qu'il print son ton des oreilles de celuy à qui il parloit. C'estoit

---

[1] *c.à.d. la fantaisie.*   [2] "God defend me from myself."
[3] I regret.   [4] . . . when in good health.   [5] certain.
[6] *ne vous en souciez pas.*   [7] recently.   [8] i.e. a doctor.
[9] is worthy of a digression.

bien dict; pourveu qu'il s'entende [1]: Parlez selon ce que vous
avez affaire à vostre auditeur. Car si c'est à dire: suffise vous
qu'il vous oye, ou, reglez vous par luy; je ne trouve pas que
ce fut raison. Le ton et mouvement de la voix a quelque
expression et signification, de mon sens; c'est à moy à le conduire pour me representer [2]. Il y a voix pour instruire, voix
pour flater, ou pour tancer. Je veux que ma voix, non seulement arrive à luy, mais à l'avanture qu'elle le frape et
qu'elle le perse. Quand je mastine [3] mon laquay d'un ton
aigre et poignant [4], il feroit bon qu'il vint à me dire: Mon

C maistre parlez plus doux, je vous oys bien. ▲«*Est quædam
vox ad auditùm accommodata, non magnitudine, sed pro-*

B *prietate* [5].» ▲ La parole est moitié à celuy qui parle,
moitié à celuy qui l'escoute. Cettuy-cy se doibt preparer à
la recevoir selon le branle qu'elle prend. Comme entre
ceux qui jouent à la paume, celuy qui soustient [6] se des-
marche [7] et s'apreste selon qu'il voit remuer celuy qui luy
jette le coup et selon la forme du coup.

L'experience m'a encores appris cecy, que nous nous
perdons d'impatience. Les maux ont leur vie et leurs

C bornes, ▲ leurs maladies et leur santé. La constitution des
maladies est formée au patron de la constitution des animaux.
Elles ont leur fortune [8] limitée dés leur naissance, et leurs
jours [9]; qui essaye de les abbreger imperieusement par force,
au travers de leur course, il les allonge et multiplie, et les
harselle au lieu de les appaiser. Je suis de l'advis de Crantor,
qu'il ne faut ny obstinéement s'opposer aux maux, et à
l'estourdi, ny leur succomber de mollesse, mais qu'il leur faut
ceder naturellement, selon leur condition et la nostre.

B On doit donner passage aux maladies; et je trouve qu'elles
arrestent moins chez moy, qui les laisse faire. Et en ay
perdu, de celles qu'on estime plus opiniastres et tenaces, de
leur propre decadence: sans ayde et sans art: et contre ses

---

[1] that it be understood as follows:
[2] to make my meaning clear.   [3] scold.   [4] sharp.
[5] "There is a kind of voice adapted to the hearing not by its volume but by
its quality" (Quintilian, *De Orat.*, XI, iii).
[6] takes the ball (that has been served).   [7] shifts his position.
[8] outcome.   [9] their length (in days).

reigles [1].   Laissons faire un peu à nature: elle entend mieux ses affaires que nous.—Mais un tel en mourut.—Si fairés vous [2]: sinon de ce mal là, d'un autre.   Et combien n'ont pas laissé d'en mourir, ayant trois medecins à leur cul? L'exemple est un miroüer vague, universel et à tout sens.   Si c'est une medecine voluptueuse, acceptez la; c'est tousjours autant de bien present.   ▲ Je ne m'arresteray ny au nom ny à la   C couleur, si elle est delicieuse et appetissante.   Le plaisir est des principales especes du profit.

J'ay laissé envieillir et mourir en moy de mort naturelle   B des reumes; defluxions gouteuses; relaxation; battement de cœur; micraines; et autres accidens, que j'ai perdu quand je m'estois à demy formé à les nourrir.   On les conjure mieux par courtoisie que par braverie [3].   Il faut souffrir doucement les loix de nostre condition.   Nous sommes pour vieillir, pour affoiblir, pour estre malades, en despit de toute medecine. C'est la première leçon que les Mexicains font à leurs enfans, quand, au partir du ventre des meres, ils les vont saluant ainsin: Enfant, tu és venu au monde pour endurer; endure, souffre, et tais toy.

C'est injustice de se douloir qu'il soit advenu à quelqu'un ce qui peut advenir à chacun, ▲ «*indignare si quid in te iniquè*   C *propriè constitutum est* [4].»   ▲ Voyez un vieillart, qui demande   B à Dieu qu'il luy maintienne sa santé entiere et vigoreuse, c'est à dire qu'il le remette en jeunesse.

Stulte, quid hæc frustra votis puerilibus optas [5]?

N'est-ce pas folie? Sa condition ne le porte pas.   ▲ La   C goutte, la gravelle, l'indigestion sont symptomes des longues années, comme des longs voyages la chaleur, les pluyes et les vents.   Platon ne croit pas qu'Æsculape se mist en peine de prouvoir [6] par regimes à faire durer la vie en un corps gasté et imbecille, inutile à son pays, inutile à sa vacation et à produire des enfans sains et robustes: et ne trouve pas ce soing

---

[1] i.e. the rules of medicine.   [2] So will you.   [3] defiance.

[4] "You may be indignant if anything is decreed unjustly against you alone" (Seneca, *Ep.*, XCI).

[5] "Fool, to what end do you desire in vain these things with childish prayers?" (Ovid, *Tristes* III, viii, ii.)   [6] *pourvoir.*

convenable à la justice et prudence divine, qui doit conduire
B toutes choses à utilité. ▲ Mon bon homme, c'est faict: on ne
CB vous sçauroit redresser; on vous plastrera ▲ pour le plus ▲ et
C estançonnera un peu, ▲ et allongera-on de quelque heure
vostre misere.

B
> *Non secus instantem cupiens fulcire ruinam,*
> *Diversis contra nititur obicibus,*
> *Donec certa dies, omni compage soluta,*
> *Ipsum cum rebus subruat auxilium* [1].

Il faut apprendre à souffrir ce qu'on ne peut eviter.
Nostre vie est composée, comme l'armonie du monde, de
choses contraires, aussi de divers tons, douz et aspres, aigus
et plats, mols et graves [2]. Le musicien qui n'en aymeroit
que les uns, que voudroit il dire? Il faut qu'il s'en sçache
servir en commun: et les mesler. Et nous aussi les biens
et les maux, qui sont consubstantiels à nostre vie. Nostre
estre ne peut[3] sans ce meslange. Et y est l'une bande non
moins necessaire que l'autre. D'essayer à regimber
contre la necessité naturelle, c'est representer [4] la folie de
Ctesiphon, qui entreprenoit de faire à coups de pied [5] avec
sa mule.

Je consulte peu des alterations que je sens. Car ces
gens icy [6] sont avantageux [7] quand ils vous tiennent à leur
misericorde. Ils vous gourmandent les oreilles de leurs
prognostiques. Et, me surprenant autre fois affoibly du mal,
m'ont injurieusement traicté de leurs dogmes et troigne
magistrale: me menassant tantost de grandes douleurs: tantost
de mort prochaine. Je n'en estois abbatu ny deslogé de ma
place, mais j'en estois heurté et poussé; si mon jugement
n'en est ny changé ny troublé, au moins il en estoit empesché.
C'est tousjours agitation et combat.

Or je trete [8] mon imagination le plus doucement que je
puis. Et la deschargerois, si je pouvois, de toute peine et

---

[1] "Not otherwise than one who, eager to support a house on the point of ruin,
strives against this with various bolts, until the inevitable day when every joint
is loosened and the props themselves come down with the building" (Maximinianus I, 171). [2] soothing or violent, sharp or flat, high or low.
[3] *ne peut subsister.* [4] imitate. [5] have a kicking match.
[6] i.e. doctors. [7] imperious. [8] *traite.*

contestation.   Il la faut secourir et flatter, et piper qui peut [1].
Mon esprit est propre à ce service.   Il n'a point faute
d'apparences par tout.   S'il persuadoit comme il presche,
il me secourroit heureusement.

Vous en plaict-il un exemple?   Il dict que c'est pour
mon mieux que j'ay la gravele; que les bastimens de mon
aage ont naturellement à souffrir quelque goutiere[2].   Il est
temps qu'ils commencent à se lácher et desmentir[3]; c'est
une commune necessité.   Et n'eust on pas faict pour moy
un nouveau miracle?   Je paye par là le loyer deu à la vieillesse,
et ne sçaurois en avoir meilleur compte.   Que la compaignie
me doibt consoler; estant tombé en l'accident le plus ordinaire
des hommes de mon temps.   J'en vois par tout d'affligez
de mesme nature de mal, et m'en est la societé honorable,
d'autant qu'il se prend plus volontiers aux grands: son
essence a de la noblesse et de la dignité.   Que des hommes
qui en sont frapez, il en est peu de quittes à meilleure raison.
Et si, il leur couste la peine d'un facheux regime: et la prise
ennuieuse, et quotidienne, des drogues medicinales: là où je
le doy[4] purement à ma bonne fortune.   Car quelques
bouillons communs de l'eringium et herbe du turc[5], que deux
ou trois fois j'ay avalé en faveur des dames, qui, plus gratieusement que mon mal n'est aigre, m'en offroyent la moitié du
leur, m'ont semblé également faciles à prendre et inutiles en
operation.   Ils ont à payer mille veux à Esculape, et autant
d'escus à leur médecin, de la profluvion[6] du sable aysée et
abondante que je reçoy souvent par le benefice de nature.
La decence mesme de ma contenance en compagnie   C
ordinaire n'en est pas troublée, et porte mon eau dix heures   B
et aussi longtemps qu'un autre.   ▲ La crainte de ce mal,
faict-il[7], t'effraioit autrefois, quand il t'estoit incogneu: les
cris et le desespoir de ceux qui l'aigrissent par leur impatience
t'en engendroient l'horreur.   C'est un mal qui te bat les
membres par lesquels tu as le plus failly.   Tu és homme de
conscience.

---

[1] whenever one can.   [2] leaky gutter.   [3] deteriorate.
[4] i.e. I owe my relatively good state.   [5] rupturewort.
[6] ejection.   [7] says my mind.

Quæ venit indignè pæna, dolenda venit [1].

Regarde ce chastiement; il est bien doux au pris d'autres, et d'une faveur paternelle. Regarde sa tardiveté: il n'incommode et occupe que la saison de ta vie qui, ainsi comme ainsin [2], est mes-huy [3] perdue et sterile; ayant faict place [4] à la licence et plaisirs de ta jeunesse, comme par composition [5]. La crainte et pitié que le peuple a de ce mal te sert de matiere de gloire; qualité, de laquelle si tu as le jugement purgé et en as guery ton discours: tes amys pourtant en recognoissent encore quelque teinture en ta complexion. Il y a plaisir à ouyr dire de soy: Voylà bien de la force. Voylà bien de la patience. On te voit suer d'ahan, pallir, rougir, trembler, vomir jusques au sang, souffrir des contractions et convulsions estranges; degouter par foys de grosses larmes des yeux; rendre les urines espesses, noires et effroyables; ou les avoir arrestées par quelque pierre espineuse et herissée qui te pouinct [6] et escorche cruellement le col de la verge. Entretenant cependant les assistans d'une contenance commune, bouffonnant à pauses avec tes gens: tenant ta partie en un discours tendu: excusant de parolle ta douleur: et rabatant de ta souffrance. Te souvient il de ces gens du temps passé, qui recerchoyent les maux avec si grand faim, pour tenir leur vertu en haleine et en exercice? Mets le cas [7] que nature te porte et te pousse à cette glorieuse escole: en laquelle tu ne fusses jamais entré de ton gré. Si tu me dis que c'est un mal dangereux et mortel. Quels autres ne le sont? Car c'est une piperie [8] medecinale, d'en excepter aucuns, qu'ils disent n'aller point de droict fil à la mort. Qu'importe, s'ils y vont par accident; et s'ils glissent et

c   gauchissent ayséement vers la voye qui nous y meine. ▲ Mais tu ne meurs pas de ce que tu es malade; tu meurs de ce que tu es vivant. La mort te tue bien sans le secours de la maladie. Et à d'aucuns les maladies ont esloigné la mort, qui ont plus vescu de ce qu'il leur sembloit s'en aller mourants. Joint

---

[1] "Only the punishment that comes undeserved is to be grieved for" (Ovid, *Heroides*, V, 8).   [2] in any case.   [3] henceforth.

[4] *laissé le champ libre.*   [5] as if by agreement.   [6] *pique.*

[7] Assume.   [8] trickery.

qu'il est, comme des playes aussi des maladies medecinales et
salutaires.   ▲ La cholique [1] est souvent non moins vivace   B
que vous.   Il se voit des hommes ausquels elle a continué
depuis leur enfance jusques à leur extreme vieillesse; et, s'ils
ne luy eussent failly de compaignie, elle estoit pour les assister
plus outre; vous la tuez plus souvent qu'elle ne vous tue.
Et quand elle te presenteroit l'image de la mort voisine,
feroit ce pas un bon office à un homme de tel aage de le
ramener aux cogitations de sa fin? ▲ Et qui pis est, tu n'as   C
plus pour qui [2] guerir.   Ainsi comme ainsin, au premier jour
la commune necessité t'appelle.   ▲ Considere combien   B
artificielement [3] et doucement elle te desgouste de la vie et
desprend [4] du monde: non te forçant d'une subjection tyrannique, comme tant d'autres maux que tu vois aux vieillarts,
qui les tiennent continuellement entravez et sans reláche de
foyblesses et douleurs.   Mais par advertissemens et instructions reprises à intervalles; entremeslant des longues pauses
de repos, comme pour te donner moyen de mediter et repeter
sa leçon à ton ayse; pour te donner moyen de juger sainement
et prendre party en homme de cœur, elle te presente l'estat
de ta condition entiere, et en bien et en mal; et en mesme
jour une vie tres-alegre tantost, tantost insupportable.   Si tu
n'accoles la mort, au moins tu luy touches en paume [5] une
fois le moys.   ▲ Par où tu as de plus à esperer qu'elle t'attrap-   C
pera un jour sans menace, et que, estant si souvent conduit
jusques au port, te fiant d'estre encore aux termes accoustumez [6], on t'aura et ta fiance passé l'eau [7] un matin inopiné-
ment.   ▲ On n'a point à se plaindre des maladies qui parta-   B
gent loyallement le temps avec la santé.

   Je suis obligé à la fortune de quoy elle m'assaut si souvent
de mesme sorte d'armes: elle m'y façonne et m'y dresse par
usage, m'y durcit et habitue.   Je sçay à peu pres mes-huy en
quoi j'en doibts estre quitte.   ▲ A faute de memoire naturelle   C
j'en forge de papier; et comme quelque nouveau symp-
tome survient à mon mal, je l'escris.   D'où il advient qu'à

---

[1] the gravel.   [2] *quoi* (any reason to wish to be cured).   [3] artfully.
[4] *détache*.   [5] shake hands.   [6] in your usual state.
[7] you and your confidence will have passed the water (of Styx).

cette heure, estant quasi passé par toute sorte d'exemples, si quelque estonnement me menace, feuilletant ces petits brevets [1] descousus comme des feuilles Sybillines, je ne faux plus de trouver où me consoler de quelque prognostique favorable en mon experience passée. ▲ Me sert aussi l'accoustumance à mieux esperer pour l'advenir. Car, la conduicte de ce vuidange ayant continué si long temps, il est à croire que nature ne changera point ce trein et n'en adviendra autre pire accident que celuy que je sens. En outre, la condition de cette maladie n'est point mal advenaute à ma complexion prompte et soudaine. Quand elle m'assaut mollement elle me faict peur, car c'est pour long temps. Mais naturellement elle a des excez vigoreux et gaillarts. Elle me secouë à outrance pour un jour ou deux. Mes reins ont duré un aage sans alteration: il y en a tantost un autre qu'ils ont changé d'estat.* Les maux ont leur periode comme les biens: à l'avanture est cet accident à sa fin. L'aage affoiblit la chaleur de mon estomac: sa digestion en estant moins parfaicte, il renvoye cette matiere cruë à mes reins. Pourquoy ne pourra estre, à certaine revolution, affoiblie pareillement la chaleur de mes reins, si qu'ils ne puissent plus petrifier mon flegme, et nature s'acheminer à prendre quelque autre voye de purgation? Les ans m'ont evidemment faict tarir aucuns reumes. Pourquoy non ces excremens, qui fournissent de matiere à la grave [2]?

Mais est-il rien doux au pris de cette soudaine mutation: quand d'une douleur extreme je viens, par le vuidange de ma pierre, à recouvrer comme d'un esclair la belle lumière de la santé, si libre et si pleine, comme il advient en nos soudaines et plus aspres choliques: y a-t-il rien en cette douleur soufferte qu'on puisse contrepoiser au plaisir d'un si prompt amandement? De combien la santé me semble plus belle apres la maladie, si voisine et si contigue que je les puis recognoistre en presence l'une de l'autre en leur plus haut appareil, où elles se mettent à l'envy comme pour se faire teste et contrecarre [3]! Tout ainsi que les Stoyciens disent que les vices sont utilement introduicts pour donner pris et faire espaule

---

[1] notes.   [2] the gravel.   [3] as if defying and opposing each other.

à [1] la vertu: nous pouvons dire, avec meilleure raison et conjecture moins hardie, que nature nous a presté la douleur pour l'honneur et service de la volupté et indolence .[2]   Lors que Socrates, apres qu'on l'eust deschargé de ses fers, sentit la friandise de cette demangeson que leur pesanteur avoit causé en ses jambes, il se resjouyt à considerer l'estroitte alliance de la douleur à la volupté, comme elles sont associées d'une liaison necessaire, si qu'à tours elles se suyvent et s'entr'engendrent; et s'escrioit au bon Esope qu'il deut [3] avoir pris de cette consideration un corps [4] propre à une belle fable.

Le pis que je voye aux autres maladies, c'est qu'elles ne sont pas si griefves en leur effect comme elles sont en leur yssue: on est un an à se ravoir, tousjours plein de foiblesse et de crainte.   Il y a tant de hazard et tant de degrez à se reconduire à sauveté que ce n'est jamais faict.   Avant qu'on vous aye deffublé[5] d'un couvrechef et puis d'une calote, avant qu'on vous aye rendu l'usage de l'air, et du vin, et de vostre femme, et des melons, c'est grand cas [6] si vous n'estes reçheu en quelque nouvelle misere.   Cette-cy a ce privilege qu'elle s'emporte tout net.   Là où les autres laissent tousjours quelque impression et alteration qui rend le corps susceptible de nouveau mal, et se prestent la main les uns aux autres.   Ceux là sont excusables qui se contentent de leur possession sur nous, sans l'estendre et sans introduire leur sequele.   Mais courtois et gratieux sont ceux de qui le passage nous apporte quelque utile consequence.   Depuis ma cholique je me trouve deschargé d'autres accidens, plus ce me semble que je n'estois auparavant, et n'ay point eu de fievre depuis. J'argumente que les vomissemens extremes et frequens que je souffre me purgent: et d'autre costé mes degoustemens [7] et les jeunes estranges que je passe digerent mes humeurs peccantes: et nature vuide en ces pierres ce qu'elle a de superflu et nuysible.   Qu'on ne me die point que c'est une medecine trop cher vendue: car quoy [8], tant de puans breuvages,

---

[1] aid.   [2] painlessness.   [3] *aurait dû.*   [4] subject.
[5] *désaffublé.*   [6] a mere chance.   [7] loss of appetite.
[8] what will you say of . . .

cauteres, incisions, suées, sedons [1], dietes, et tant de formes de guarir qui nous apportent souvent la mort pour ne pouvoir soustenir leur violence et importunité?   Par ainsi, quand je suis atteint, je le prens à medecine: quand je suis exempt, je le prens à constante et entiere delivrance.

Voicy encore une faveur de mon mal, particuliere: c'est qu'à peu prez il faict son jeu à part: et me laisse faire le mien: ou il ne tient qu'à faute de courage.   En sa plus grande esmotion, je l'ay tenu dix heures à cheval.   Souffrez seulement, vous n'avez que faire d'autre regime: jouez, disnez, courez, faictes cecy et faites encore cela, si vous pouvez; vostre desbauche y servira plus qu'elle n'y nuira.   Dictes en autant à un verolé, à un gouteux, à un hernieux.   Les autres maladies ont des obligations plus universelles [2]; geinent bien autrement nos actions; troublent tout nostre ordre; et engagent à leur consideration tout l'estat de la vie.   Cette-cy ne faict que pinser la peau; elle vous laisse l'entendement et la volonté en vostre disposition, et la langue, et les pieds, et les mains. Elle vous esveille plustost qu'elle ne vous assopit. L'ame est frapée de l'ardeur d'une fievre; et atterrée d'une epilepsie; et disloquée par une aspre micraine: et en fin estonnée [3] par toutes les maladies qui blessent la masse et les plus nobles parties.   Icy, on ne l'ataque point.   S'il luy va mal, à sa coulpe [4]; elle se trahit elle mesme, s'abandonne et se desmonte.   Il n'y a que les fols qui se laissent persuader que ce corps dur et massif qui se cuyt en nos roignons se puisse dissoudre par breuvages; parquoy, dépuis qu'il est esbranlé, il n'est que de luy donner passage; aussi bien le prendra il.

Je remarque encore cette particuliere commodité: que c'est un mal auquel nous avons peu à diviner.   Nous sommes dispensez du trouble auquel les autres maus nous jettent par l'incertitude de leurs causes et conditions et progrez. Trouble infiniement penible.   Nous n'avons que faire de consultations et interpretations doctorales: les sens nous montrent que c'est, et où c'est.

[1] seton (counter-irritant).   [2] a more general constraint.   [3] upset.
[4] it is its own fault.

Par tels arguments, et forts et foibles, comme Cicero le
mal de sa vieillesse *, j'essaye d'endormir et amuser mon
imagination, et greffer ses playes.   Si elles s'empirent demain,
demain nous y pourvoyerons d'autres eschapatoires.

Qu'il soit vray [1].   Voicy depuis, de nouveau, que les   c
plus legers mouvements espreignent [2] le pur sang de mes
reins.   Quoy, pour cela je ne laisse de me mouvoir comme
devant et picquer apres mes chiens d'une juvenile ardeur, et
insolente.   Et trouve que j'ay grand raison [3] d'un si important accident, qui ne me couste qu'une sourde poisanteur et
alteration en cette partie.   C'est quelque grosse pierre qui
foule et consomme la substance de mes roignons, et ma vie
que je vuide peu à peu, non sans quelque naturelle douceur,
comme un excrement hormais superflu et empeschant.
Or sens je quelque chose qui crosle?   Ne vous attendez   B
pas que j'aille m'amusant à recognoistre mon pous et mes
urines pour y prendre quelque prevoyance ennuyeuse.   Je
seray assez à temps à sentir le mal, sans l'alonger par le mal
de la peur.   ▲ Qui craint de souffrir, il souffre desjà de ce   c
qu'il craint [4].   Joint que la dubitation et ignorance de ceux
qui se meslent d'expliquer les ressorts de Nature, et ses internes
progrez, et tant de faux prognostiques de leur art, nous doit
faire cognoistre qu'ell' a ses moyens infiniment incognuz.
Il y a grande incertitude, varieté et obscurité de ce qu'elle
nous promet ou menace.   Sauf la vieillesse, qui est un signe
indubitable de l'approche de la mort, de tous les autres
accidents, je voy peu de signes de l'advenir sur quoy nous
ayons à fonder nostre divination.

Je ne me juge que par vray sentiment, non par discours.   B
A quoy faire, puisque je n'y veux apporter que l'attente et la
patience?   Voulez vous sçavoir combien je gaigne à cela?
Regardez ceux qui font autrement et qui dependent de tant de
diverses persuasions et conseils: combien souvent l'imagination les presse sans le corps!   J'ay maintes fois prins plaisir,
estant en seurté et delivre [5] de ces accidens dangereux, de les
communiquer aux medecins comme naissans lors en moy.

---

[1] For proof of it.   [2] forces out.   [3] come off cheaply.
                [4] because of his fear.   [5] *libre.*

Je souffrois l'arrest de leurs horribles conclusions bien à mon aise: et en demeurois de tant plus obligé à Dieu de sa grace et mieux instruict de la vanité de cet art.

Il n'est rien qu'on doive tant recommander à la jeunesse que l'activeté et la vigilance.   Notre vie n'est que mouvement: je m'esbranle difficilement, et suis tardif par tout: à me lever, à me coucher, et à mes repas; c'est matin pour moy que sept heures, et, où je gouverne, je ne disne ny avant onze, ny ne soupe qu'apres six heures.   J'ay autrefois attribué la cause des fiévres et maladies où je suis tombé à la pesanteur et assoupissement que le long sommeil m'avoit apporté, et me

C   suis tousjours repenty de me r'endormir le matin.   ▲ Platon veut plus de mal à l'excés du dormir qu'à l'excés du boire.

B   J'ayme à coucher dur et seul, voire sans femme, à la royalle; un peu bien couvert; on ne bassine jamais mon lict; mais, depuis la vieillesse, on me donne quand j'en ay besoing, des draps à eschauffer les pieds et l'estomach.   On trouvoit à redire au grand Scipion d'estre dormart, non à mon advis pour autre raison, sinon qu'il faschoit aux hommes qu'en luy seul il n'y eust aucune chose à redire.   Si j'ay quelque curiosité en mon traictement, c'est plustost au coucher qu'à autre chose; mais je cede et m'accommode en general, autant que tout autre, à la necessité.   Le dormir a occupé une grande partie de ma vie, et le continuë encores en cet aage huict ou neuf heures d'une halaine.   Je me retire [1] avec utilité de cette propension paresseuse, et en vauts evidemmen mieux; je sens un peu le coup de la mutation, mais c'es faict en trois jours.   Et n'en voy guieres qui vive à moin quand il est besoin, et qui s'exerce plus constamment, ny qui les corvées poisent moins: mon corps est capable d'un agitation ferme mais non pas vehemente et soudaine.   J fuis meshuy les exercices violents, et qui me meinent à sueur: mes membres se lassent avant qu'ils s'eschauffen Je me tiens debout tout le long d'un jour, et ne m'ennu

C   poinct à me promener; mais sur le pavé, ▲ depuis m

B   premier aage, ▲ je n'ay aymé d'aller qu'à cheval; à pi je me crotte jusques aux fesses; et les petites gens sont subj

[1] am weaning myself.

par ces ruës à estre choquez ▲ et coudoyez ▲ à faute d'appa-   cв
rence.   Et ay aymé à me reposer, soit couché, soit assis, les
jambes autant ou plus hautes que le siege.

Il n'est occupation plaisante comme la militaire; occupation et noble en execution car la plus forte, genereuse et
superbe de toutes les vertus est la vaillance.   Et noble en sa
cause; il n'est point d'utilité ny plus juste, ny plus universelle
que la protection du repos et grandeur de son pays.   La
compaignie de tant d'hommes vous plaist, nobles, jeunes,
actifs, la veue ordinaire de tant de spectacles tragiques, la
liberté de cette conversation sans art, et une façon de vie
masle et sans ceremonie, la varieté de mille actions diverses,
cette courageuse harmonie de la musique guerriere qui vous
entretient et eschauffe et les oreilles et l'ame, l'honneur de cet
exercice, son aspreté mesme et sa difficulté, ▲ que Platon   c
estime si peu, qu'en sa republique il en faict part aux femmes
et aux enfans.   ▲ Vous vous conviez aux rolles et hazards   в
particuliers selon que vous jugez de leur esclat et de leur
importance, ▲ soldat volontaire ▲ : et voyez quand la vie   cв
mesme y est excusablement employée,

> *pulchrúmque mori succurrit in armis* [1].

De craindre les hazards communs qui regardent une si grande
presse, de n'oser ce que tant de sortes d'ames osent, c'est à
faire à un cœur mol et bas outre mesure.   La compagnie
asseure jusques aux enfans.   Si d'autres vous surpassent en
science, en grace, en force, en fortune, vous avez des causes
tierces à qui vous en prendre; mais de leur ceder en fermeté
d'ame, vous n'avez à vous en prendre qu'à vous.   La mort
est plus abjecte, plus languissante et penible dans un lict qu'en
un combat; les fiévres et les catarres autant doleureux et mortels qu'une harquebusade.   Qui seroit faict à porter valeureusement les accidents de la vie commune, n'auroit poinct
à grossir son courage pour se rendre gendarme [2].   ▲ *«Vivere,*   c
mi Lucilli, militare est [3].*»*   Il ne me souvient point de m'estre
jamais veu galleux.   Si est la gratterie des gratifications de

---

[1] "It comes to mind that it is beautiful to die fighting" (Virgil, *Aen.* II, 317).
[2] soldier.   [3] "To live, my Lucilius, is to die" (Seneca, *Ep.*, XCVI).

Nature les plus douces et autant à main [1].   Mais ell' a la
penitance trop importunément voisine.   Je l'exerce plus aux
oreilles que j'ay au dedans pruantes [2] par saisons.

B   Je suis nay de tous les sens entiers quasi à la perfection.
Mon estomac est commodéement bon, comme est ma teste,
et le plus souvent se maintiennent au travers de mes fiévres,
C   et aussi mon haleine.   J'ay outrepassé ▲ tantost de six ans
B   le cinquantiesme, ▲ auquel des nations, non sans occasion,
avoient prescript une si juste fin à la vie qu'elles ne permettoient point qu'on l'excedat.   Si ay-je encore des
remises, quoy qu'inconstantes et courtes, si nettes, qu'il y a
peu à dire de la santé et indolence [3] de ma jeunesse.   Je ne
parle pas de la vigueur et allegresse; ce n'est pas raison qu'elle
me suyve hors ses limites:

> *Non hæc amplius est liminis, aut aquæ*
> *Cœlestis, patiens latus* [4].

C   Mon visage me descouvre incontinent, ▲ et mes yeux.
B   Tous mes changemens commencent par là, et un peu
plus aigres qu'ils ne sont en effect; je faits souvent pitié à
mes amis avant que j'en sente la cause.   Mon miroir ne
m'estonne pas, car, en la jeunesse mesme, il m'est advenu
plus d'une fois de chausser ainsin un teinct et un port trouble
et de mauvais prognostique sans grand accident; en maniere
que les medecins, qui ne trouvoient au dedans cause qui
respondit à cette alteration externe, l'attribuoient à l'esprit
et à quelque passion secrete qui me rongeast au dedans; ils se
trompoient.   Si le corps se gouvernoit autant selon moy que
faict l'ame, nous marcherions un peu plus à nostre aise.   Je
l'avois lors, non seulement exempte de trouble, mais encore plaine de satisfaction et de feste, comme elle est le
plus ordinairement, moytié de sa complexion, moytié de
son dessein:

> *Nec vitiant artus ægræ contagia mentis* [5].

---

[1] within reach.   [2] itchy.   [3] freedom from pain.
[4] "My body shall no longer patiently endure (lying) at your door, or the
pouring rain" (Horace, *Od.* III, 10, 19).
[5] "Nor are my limbs affected by the contagion of a sick mind" (Ovid, *Trist.*
III, VIII, 15).

Je tiens que cette sienne temperature [1] a relevé maintesfois le corps de ses cheutes: il est souvent abbatu; que si elle n'est enjouée, elle est au moins en estat tranquille et reposé. J'eus la fiévre quarte quatre ou cinq mois, qui m'avoit tout desvisagé; l'esprit alla tousjours non paisiblement seulement, mais plaisamment.   Si la douleur est hors de moy, l'affoiblissement et langueur ne m'attristent guiere.   Je vois plusieurs defaillances corporelles, qui font horreur seulement à nommer, que je craindrois moins que mille passions et agitations d'esprit que je vois en usage.   Je prens party de ne plus courre, c'est assez que je me traine; ny ne me plains de la decadence naturelle qui me tient,

Quis tumidum guttur miratur in Alpibus [2]?

Non plus que je ne regrette que ma durée ne soit aussi longue et entiere que celle d'un chesne.   Je n'ay poinct à me plaindre de mon imagination: j'ay eu peu de pensées en ma vie qui m'ayent seulement interrompu le cours de mon sommeil, si elles n'ont esté du désir, qui m'esveillat sans m'affliger.   Je songe peu souvent; et lors c'est des choses fantastiques et des chimeres produictes communément de pensées plaisantes, plustost ridicules que tristes.   Et tiens qu'il est vray que les songes sont loyaux interpretes de nos inclinations mais il y a de l'art à les assortir et entendre.

> *Res quæ in vita usurpant homines, cogitant, curant, vident,*
> *Quæque agunt vigilantes, agitántque, ea sicut in somno accidunt,*
> *Minus mirandum est [3].*

C

Platon dict davantage que c'est l'office de la prudence d'en tirer des instructions divinatrices pour l'advenir.   Je ne voy rien à cela, sinon les merveilleuses experiences, que Socrates, Xenophon, Aristote en recitent, personnages d'authorité irreprochable.   Les histoires disent que les Atlantes * ne songent jamais, qui ne mangent aussi rien qui

---

[1] temperament.

[2] "Why does not marvel to see amid the Alps the tumid goitre" (Juvenal, XIII, 162).

[3] "It is hardly to be wondered at that those things which occupy men in life, which they think on, are worried about, behold, indeed whatever they do and discuss waking, so occur in dreams" (Cicero, *De Divin.*, I, XXII).

aye prins mort; ce que j'y adjouste, d'autant que c'est, à l'adventure, l'occasion [1] pourquoy ils ne songent point. Car Pythagoras ordonnoit certaine preparation de nourriture pour faire les songes à propos [2]. Les miens sont tendres et ne m'apportent aucune agitation de corps ny expression de voix. J'ay veu plusieurs de mon temps en estre merveilleusement agitez. Theon le philosophe se promenoit en songeant, et le válet de Pericles sur les tuilles mesmes et faiste de la maison.

B Je ne choisis guiere à table, et me prens à la premiere chose et plus voisine, et me remue mal volontiers d'un goust à un autre. La presse des plats et des services me desplaist autant qu'autre presse. Je me contente aiséement de peu de mets; et hay l'opinion de Favorinus qu'en un festin il faut qu'on vous desrobe la viande [3] où vous prenez appetit, et qu'on vous en substitue tousjours une nouvelle, et que c'est un miserable souper si on n'a saoulé [4] les assistans de croupions de divers oiseaux, et que le seul bequefigue merite qu'on le mange entier. J'use familierement de viandes sallées; si ayme je mieux le pain sans sel, et mon boulanger chez moy n'en sert pas d'autre pour ma table, contre l'usage du pays. On a eu en mon enfance principalement à corriger le refus que je faisois des choses que communement on ayme le mieux en cet aage: sucres, confitures, pieces de four. Mon gouverneur combatit cette hayne de viandes delicates comme une espece de delicatesse. Aussi n'est elle autre chose que difficulté de goust, où qu'il s'applique. Qui oste à un enfant certaine particuliere et obstinée affection au pain bis et au lart, ou à l'ail, il luy oste la friandise [5]. Il en est qui font les laborieux et les patiens pour [6] regretter le bœuf et le jambon parmy les perdris. Ils ont bon temps: c'est la delicatesse des delicats; c'est le goust d'une molle fortune qui s'affadit aux choses ordinaires et accoustumées,

CB «*per quæ luxuria divitiarum tædio ludit* [7].» ▲ Laisser à faire

---

[1] the cause. [2] of set purpose. [3] the food.
[4] satisfied. [5] *la gourmandise.* [6] in as much as they . . .
[7] "By which luxury strives to cheat the tedium of wealth" (Seneca, *Ep.*, XVIII).

bonne chere de ce qu'un autre la faict, avoir un soing curieux de son traictement, c'est l'essence de ce vice:

Si modica cœnare times olus omne patella [1].

Il y a bien vrayment cette difference, qu'il vaut mieux obliger [2] son desir aux choses plus aisées à recouvrer: mais c'est tousjours vice de s'obliger. J'appellois autresfois delicat un mien parent, qui avoit desapris en nos galeres à se servir de nos licts et se despouiller [3] pour se coucher.

Si j'avois des enfans masles, je leur desirasse volontiers ma fortune. Le bon pere que Dieu me donna (qui n'a de moy que la recognoissance de sa bonté, mais certes bien gaillarde) m'envoia dés le berceau nourrir à un pauvre village des siens [4], et m'y tint autant que je fus en nourrisse, et encores au delà, me dressant à la plus basse et commune façon de vivre. ▲ «*Magna pars libertatis est bene moratus venter* [5].» Ne prenez jamais, et donnez encore moins à vos femmes, la charge de leur nourriture: laissez les former à la fortune soubs des loix populaires et naturelles, laissez à la coustume de les dresser à la frugalité et à l'austerité, qu'ils ayent plustost à descendre de l'aspreté qu'à monter vers elle. Son humeur visoit encore à une autre fin: de me ralier avec le peuple et cette condition d'hommes qui a besoin de nostre ayde; et estimoit que je fusse tenu de regarder plutost vers celuy qui me tend les bras que vers celuy qui me tourne le dos. Et fut cête raison pourquoy aussi il me donna à tenir sur les fons [6] à des personnes de la plus abjecte [7] fortune, pour m'y obliger et attacher.

Son dessein n'a pas du tout mal succedé: je m'adonne volontiers aux petits, soit pour ce qu'il y a plus de gloire, soit par naturelle compassion, qui peut infiniement en moy. Le party que je condemneray en noz guerres, je le condemneray plus asprement fleurissant et prospere; il sera pour me concilier aucunement à soy quand je le verray miserable et

---

[1] "If you fear to sup on some vegetable whatever it be in a modest dish" (Horace, *Ep.*, I, V, 2).   [2] restrict.   [3] undress.
[4] Traditionally at Papessus a village close to Montaigne.
[5] "A well-behaved stomach is a great part of liberty" (Seneca, *Ep.*, LXXIII).
[6] *fonts baptismaux.*   [7] lowest (no pejorative sense).

accablé.   Combien volontiers je considere la belle humeur
de Chelonis, fille et femme de Roys de Sparte.   Pendant que
Cleombrotus son mary, aux desordres de sa ville, eust avantage sur Leonidas son pere, elle fit la bonne fille, se r'allia
avec [1] son pere en son exil, en sa misere, s'opposant au
victorieux.   La chance vint elle à tourner? la voilà changée
de vouloir avec la fortune, se rangeant courageusement à son
mary, lequel elle suivit par tout où sa ruine le porta, n'ayant,
ce semble, autre chois que de se jetter au party où elle faisoit
le plus de besoin [2] et où elle se montroit plus pitoyable.   Je
me laisse plus naturellement aller apres l'exemple de
Flaminius, qui se prestoit à ceux qui avoient besoin de luy
plus qu'à ceux qui luy pouvoient bien-faire, que je ne fais à
celuy de Pyrrus*, propre à s'abaisser soubs les grans et à s'enor-
gueillir sur les petis.

CB   Les longues tables [3] me ▲ faschent et me ▲ nuisent:
car, soit pour m'y estre accoustumé enfant, à faute de meilleure contenance, je mange autant que j'y suis.   Pourtant
CB chez moy, ▲ quoy qu'elle soit des courtes, ▲ je m'y mets
volontiers un peu apres les autres, sur la forme [4] d'Auguste;
mais je ne l'imite pas en ce qu'il en sortoit aussi avant les
autres.   Au rebours, j'ayme à me reposer long temps apres
et en ouyr conter: pourveu que je ne m'y mesle point: car je
me lasse et me blesse de parler l'estomac plain, autant
comme je trouve l'exercice de crier et contester [5] avant le
C repas tressalubre et plaisant.   ▲ Les anciens Grecs et
Romains avoyent meilleure raison que nous, assignans à la
nourriture, qui est une action principale de la vie, si autre
extraordinaire occupation ne les en divertissoit, plusieurs
heures et la meilleure partie de la nuict, mangeans et beuvans
moins hastivement que nous, qui passons en poste [6] toutes noz
actions, et estandans ce plaisir naturel à plus de loisir et
d'usage, y entresemans divers offices de conversation utiles
et aggreables.

B   Ceux qui doivent avoir soing de moy pourroyent à bon
marché me desrober ce qu'ils pensent m'estre nuisible: car

---

[1] allied herself with.   [2] was most useful.   [3] long-drawn out meals.
        [4] after the manner.   [5] argue.   [6] post-haste.

en telles choses, je ne desire jamais ny ne trouve à dire ce
que je ne vois pas; mais aussi de celles qui se presentent, ils
perdent leur temps de m'en prescher l'abstinence.   Si que [1],
quand je veus jeuner, il me faut mettre à part des soupeurs,
et qu'on me presente justement autant qu'il est besoin pour
une reglée collation; car si je me mets à table, j'oublie ma
resolution.   Quand j'ordonne qu'on change d'aprest à
quelque viande, mes gens sçavent que c'est à dire, que mon
appetit est alangui et que je n'y toucheray point.   En toutes
celles qui le peuvent souffrir, je les ayme peu cuites et les
ayme fort mortifiées, et jusques à l'alteration de la senteur
en plusieurs.   Il n'y a que la dureté qui generalement me
fache (de toute autre qualité je suis aussi nonchalant [2] et
souffrant qu'homme que j'aye cogneu), si que, contre
l'humeur commune, entre les poissons mesme il m'advient
d'en trouver et de trop frais et de trop fermes.   Ce n'est pas
la faute de mes dents, que j'ay eu tousjours bonnes jusques à
l'excellence, et que l'aage ne commence de menasser qu'a
cête heure.   J'ay aprins dés l'enfance à les froter de ma
serviette, et le matin, et à l'entrée et issuë de la table.

   Dieu faict grace à ceux à qui il soustrait la vie par le
menu; c'est le seul benefice de la vieillesse.   La derniere
mort en sera d'autant moins plaine et nuisible: elle ne tuera
plus qu'un demy ou un quart d'homme.   Voilà une dent
qui me vient de choir, sans douleur, sans effort: c'estoit le
terme naturel de sa durée.   Et cette partie de mon estre et
plusieurs autres sont desjà mortes; autres demy mortes, des
plus actives et qui tenoient le premier rang pendant la vigueur
de mon aage.   C'est ainsi que je fons et eschape à moy.
Quelle bestise sera-ce a mon entendement de sentir le saut
de cette cheute, desjà si avancée, comme si elle estoit entiere?
Je ne l'espere pas.

   A la verité, je reçoy une principale consolation, aux   c
pensées de ma mort, qu'elle soit des justes et naturelles, et que
mes-huy je ne puisse en cela requerir ny esperer de la
destinée faveur qu'illegitime.   Les hommes se font accroire
qu'ils ont eu autrefois, comme la stature, la vie aussi plus

----

[1] *Si bien que.*   [2] indifferent.

grande.   Mais Solon, qui est de ces vieux temps-là, en taille
pourtant l'extreme durée à soixante dix ans.   Moy, qui ay
tant adoré, et si universellement, cet ἄριστον μέτρον [1] du temps
passé et ay pris pour la plus parfaicte la moyenne mesure,
pretendray-je une desmesurée et monstrueuse [2] vieillesse?
Tout ce qui vient au revers du cours de nature peut estre
fascheux, mais ce qui vient selon elle doibt estre tousjours
plaisant.   «*Omnia, quæ secundum naturam fiunt, sunt habenda
in bonis* [3].»   Par ainsi, dict Platon, la mort, que les playes ou
maladies apportent soit violante [4], mais celle, qui nous
surprend, la vieillesse nous y conduisant, est de toutes la plus
legere et aucunement delicieuse.   «*Vitam adolescentibus vis
aufert, senibus maturitas* [5].»

B   La mort se mesle et confond par tout à nostre vie: le
declin præoccupe [6] son heure et s'ingere au cours de nostre
avancement mesme.   J'ay des portraits de ma forme de
vingt et cinq et de trente cinq ans; je les compare avec celuy
d'asteure [7]: combien de fois ce n'est plus moy! combien est
mon image presente plus esloingnée de celles là que de celle
de mon trespas!   C'est trop abusé de nature de la tracasser si
loing, qu'elle soit contrainte de nous quitter et abandonner
nostre conduite, nos yeux, nos dens, nos jambes et le reste à
la mercy d'un secours estranger et mandié, et nous resigner
entre les mains de l'art, lasse de nous suivre.

Je ne suis excessivement desireux ny de salades ny de fruits,
sauf les melons.   Mon pere haïssoit toute sorte de sauces;
je les aime toutes.   Le trop manger m'empeche; mais, par sa
qualité, je n'ay encore cognoissance bien certaine qu'aucune
viande [8] me nuise; comme aussi je ne remarque ny lune plaine
ny basse, ny l'automne du printemps.   Il y a des mouvemens
en nous, inconstans et incogneus; car des refors [9], pour
exemple, je le say trouvez premierement commodes [10], depuis
facheux, à present de rechef commodes.   En plusieurs

---

[1] golden mean.   [2] unnatural.
[3] "Everything which happens according to nature should be accounted good"
(Cicero, *De Senect.*, XIX).   [4] may be considered violent.
[5] "Force snatches life from the young, ripeness takes it from the old" (ib., id.).
[6] anticipates.   [7] *d'à présent* (*à cette heure*).
[8] food.   [9] *raiforts*.   [10] to agree with me.

choses je sens mon estomac et mon appetit aller ainsi diversi-
fiant: j'ay rechangé du blanc au clairet, et puis du clairet au
blanc. Je suis friant de poisson et fais mes jours gras des
maigres, et mes festes des jours de jeusne; je croy ce
qu'aucuns disent, qu'il est de plus aisée digestion que la chair.
Comme je fais conscience de manger de la viande le jour de
poisson, aussi fait mon goust de mesler le poisson à la chair:
cette diversité me semble trop esloingnée.

Dés ma jeunesse, je desrobois par fois quelque repas: ou
affin d'esguiser mon appetit au lendemain, (car, comme
Epicurus jeusnoit et faisoit des repas maigres pour accoustumer sa volupté à se passer de l'abondance, moy, au rebours,
pour dresser ma volupté à faire mieux son profit et se servir
plus alaigrement de l'abondance) ou je jeusnois pour conserver
ma vigueur au service de quelque action de corps ou d'esprit,
car l'un et l'autre s'apparesse cruellement en moy par la
repletion (et sur tout je hay ce sot accouplage d'une Deesse [1]
si saine et si alegre avec ce petit Dieu [2] indigest et roteur, tout
bouffy de la fumée de sa liqueur) ou pour guarir mon estomac
malade; ou pour estre sans compaignie propre [3]. Car je dy,
comme ce mesme Epicurus, qu'il ne faut pas tant regarder ce
qu'on mange qu'avec qui on mange, et louë Chilon de n'avoir
voulu promettre de se trouver au festin de Periander avant
que d'estre informé qui estoyent les autres conviez.* Il n'est
point de si doux apprest pour moy, ny de sauce si appetissante,
que celle qui se tire de la societé.

Je croys qu'il est plus sain de menger plus bellement [4] et
moins, et de ménger plus souvent. Mais je veux faire valoir
l'appetit et la faim: je n'aurois nul plaisir à trainer, à la
medecinale [5], trois ou quatre chetifs repas par jour ainsi
contrains. ▲ Qui m'assureroit que le goust ouvert que j'ay   C
ce matin je le retrouvasse encore à souper? Prenons, sur
tout les vieillards [6], prenons le premier temps opportun qui
nous vient. Laissons aux faiseurs d'almanachs les ephe-
merides, et aux medecins. ▲ L'extreme fruict de ma   B
santé c'est la volupté: tenons nous à la premiere presente et

---

[1] i.e. Venus.   [2] i.e. Bacchus.   [3] congenial.   [4] more daintily.
[5] according to doctor's orders.   [6] sc. *nous autres vieillards*.

cogneuë. J'evite la constance en ces loix de jeusne. Qui veut qu'une forme [1] lui serve fuye à [2] la continuer; nous nous y durcissons, nos forces s'y endorment; six mois apres, vous y aurez si bien acoquiné votre estomac que vostre proffit ce ne sera que d'avoir perdu la liberté d'en user autrement sans dommage.

Je ne porte les jambes et les cuisses non plus couvertes en hyver qu'en esté, un bas de soye tout simple. Je me suis laissé aller pour le secours de mes reumes à tenir la teste plus chaude, et le ventre pour ma cholique; mes maux s'y habituarent en peu de jours et desdaignarent mes ordinaires provisions [3]. J'estois monté d'une coife à un couvrechef, et d'un bonnet à un chapeau double. Les embourreures de mon pourpoint ne me servent plus que de garbe [4]: ce n'est rien, si je n'y adjouste une peau de lievre ou de vautour, une calote à ma teste. Suyvez cette gradation, vous irez beau train. Je n'en feray rien, et me desdirois volontiers du commencement que j'y ay donné, si j'osois. Tombez vous en quelque inconvenient nouveau? cette reformation ne vous sert plus: vous y estes accoustumé; cerchez en une autre. Ainsi se ruinent ceux qui se laissent empestrer à des regimes contraincts, et s'y astreignent superstitieusement: il leur en faut encore, et encore apres d'autres au delà; ce n'est jamais faict.

Pour nos occupations et le plaisir, il est beaucoup plus commode, comme faisoyent les anciens, de perdre le disner et remettre à faire bonne chere à l'heure de la retraicte et du repos, sans rompre [5] le jour: ainsi le faisois-je autrefois. Pour la santé, je trouve despuis par experience, au rebours, qu'il vaut mieux disner et que la digestion se faict mieux en veillant.

Je ne suis guiere subject à estre alteré, ny sain ny málade: j'ay bien volontiers lors la bouche seche, mais sans soif. Communement je ne bois que du desir qui m'en vient en mangeant, et bien avant dans le repas. Je bois assez bien pour un homme de commune façon: en esté et en un repas

---

[1] habit.   [2] let him avoid.   [3] precautions.
[4] for ornament.   [5] interrompre.

appetissant, je n'outrepasse poinct seulement les limites d'Auguste, qui ne beuvoit que trois fois precisement; mais, pour n'offenser la reigle de Democritus, qui deffendoit de s'arrester à quattre comme à un nombre mal fortuné, je coule à un besoing jusques à cinq, trois demysetiés [1] environ; car les petis verres sont les miens favoris, et me plaict de les vuider, ce que d'autres evitent comme chose mal seante. Je trempe mon vin plus souvent à moitié, par fois au tiers d'eau. Et quand je suis en ma maison, d'un antien usage que son medecin ordonnoit à mon pere et à soy, on mesle celuy qu'il me faut des la somelerie, deux ou trois heures avant qu'on serve. ▲ Ils disent que Cranaus, Roy des Atheniens, fut C inventeur de cet usage de tremper le vin d'eau; utilement ou non, j'en ay veu debattre. J'estime plus decent et plus sain que les enfans n'en usent qu'apres seize ou dix-huict ans. ▲ La B forme de vivre plus usitée et commune est la plus belle: toute particularité m'y semble à eviter, et haïrois autant un aleman qui mit de l'eau au vin qu'un françois qui le boiroit pur. L'usage publiq donne loy à telles choses.

Je crains un air empesché et fuys mortellement la fumée (la premiere reparation où je courus chez moy, ce fut aux cheminées et aux retrets,[2] vice commun des vieux bastimens et insupportable) et entre les difficultez de la guerre compte ces espaisses poussieres dans lesquelles on nous tient enterrez au chault [3], tout le long d'une journée. J'ay la respiration libre et aisée, et se passent mes morfondements [4] le plus souvent sans offence du poulmon, et sans toux.

L'aspreté [5] de l'esté m'est plus ennemie que celle de l'hyver: car, outre l'incommodité de la chaleur, moins remediable que celle du froid, et outre le coup que les rayons du soleil donnent à la teste, mes yeux s'offencent de toute lueur esclatante: je ne sçaurois à cette heure disner assiz vis à vis d'un feu ardent et lumineux. Pour amortir la blancheur du papier, au temps que j'avois plus accoustumé de lire, je couchois sur mon livre une piece de verre, et m'en trouvois fort soulagé. J'ignore jusques à present l'usage des lunettes;

---

[1] = three-quarters of a litre. [2] privies.
[3] in hot weather. [4] colds. [5] rigour.

et vois aussi loin que je fis onques, et que tout autre.   Il est vray que sur le declin du jour je commence à sentir du trouble et de la foiblesse à lire, dequoy l'exercice a tousjours
C travaillé mes yeux, mais sur tout nocturne.   ▲ Voylà un pas en arriere, à toute peine [1] sensible.   Je reculeray d'un autre, du second au tiers, du tiers au quart, si coïement [2] qu'il me faudra estre aveugle formé avant que je sente la decadence et vieillesse de ma veuë.   Tant les Parques destordent artificiellement [3] nostre vie.   Si suis je en doubte que mon ouïe marchande [4] à s'espaissir, et verrez que je l'auray demy perdue que je m'en prandray encore à la voix de ceux qui parlent à moy.   Il faut bien bander l'ame pour luy faire sentir comme elle s'escoule.

B   Mon marcher est prompt et ferme; et ne sçay lequel des deux, ou l'esprit ou le corps, ay arresté plus mal-aiséement en mesme point.   Le prescheur est bien de mes amys, qui oblige mon attention tout un sermon.   Aux lieux de ceremonie, où chacun est si bandé [5] en contenance, où j'ay veu les dames tenir leurs yeux mesme si certains [6], je ne suis jamais venu à bout que quelque piece des miennes [7] n'extravague tousjours;
C encore que j'y sois assis, j'y suis peu rassis [8].   ▲ Comme la chambriere du philosophe Chrysippus disoit de son maistre qu'il n'estoit yvre que par les jambes (car il avoit cette coustume de les remuer en quelque assiette qu'il fust, et elle le disoit lors que le vin esmouvant les autres luy n'en sentoit aucune alteration), on a peu dire aussi dés mon enfanse que j'avoy de la follie aux pieds, ou de l'argent vif, tant j'y ay de remuement et d'inconstance en quelque lieu que je les place.

B   C'est indecence, outre ce qu'il nuit à la santé, voire et au plaisir, de manger gouluement, comme je fais: je mors souvent ma langue, par fois mes doits, de hastiveté.   Diogenes, rencontrant un enfant qui mangeoit ainsin, en donna un
C soufflet à son precepteur.   ▲ Il y avoit à Rome des gens qui enseignoyent à mascher, comme à marcher, de bonne

---

[1] à peine.   [2] gently.   [3] subtly.   [4] threatens.
[5] constrained.   [6] steady.   [7] some part of me.
[8] In 1588 M. had added: et pour la gesticulation, ne me trouve guiere sans baguette à la main, soit à cheval ou à pied.

grace.   ▲ J'en pers le loisir de parler, qui est un si doux   B
assaisonnement des tables: pourveu que ce soyent des propos
de mesme [1], plaisans et courts.

Il y a de la jalousie et envie entre nos plaisirs: ils se
choquent et empechent l'un l'autre.   Alcibiades, homme
bien entendu à faire bonne chere, chassoit la musique
mesme des tables, à ce qu'elle [2] ne troublat la douceur des
devis, ▲ par la raison, que Platon luy preste, que c'est un   C
usage d'hommes populaires d'appeller des joüeurs d'instruments et des chantres à leurs festins, à faute de bons discours
et agreables entretiens, de quoy les gens d'entendement sçavent
s'entrefestoyer.   ▲ Varro* demande cecy au convive [3]:   B
l'assemblée de personnes belles de presence et agreables de
conversation, qui ne soyent ny muets ny bavarts, netteté et
delicatesse aux vivres et au lieu, et le temps serain.   ▲ Ce   C
n'est pas une feste peu artificielle [4] et peu voluptueuse qu'un
bon traittement de table: ny les grands chefs de guerre, ny les
grands philosophes n'en ont refusé l'usage et la science.   Mon
imagination en a donné trois en garde à ma memoire, que la
fortune me rendit de principale douceur en divers temps de
mon aage plus fleurissant, car chacun des conviez y apporte
la principale grace, selon la bonne trampe de corps et d'ame
en quoy il se trouve.   Mon estat present m'en forclost.

Moy, qui ne manie que terre à terre [5], hay cette inhu-   B
maine sapience [6] qui nous veut rendre desdaigneux et ennemis
de la culture du corps.   J'estime pareille injustice prendre
à contre cœur les voluptez naturelles que de les prendre trop
à cœur.   ▲ Xerxes estoit un fat [7], qui, enveloppé en toutes   C
les voluptez humaines, alloit proposer pris à qui luy en
trouveroit d'autres.   Mais non guere moins fat est celuy
qui retranche celles que nature luy a trouvées.   ▲ Il ne les   B
faut ny suyvre, ny fuir: il les faut recevoir.   Je les reçois un
peu plus grassement et gratieusement, et me laisse plus volontiers aller vers la pante naturelle.   ▲ Nous n'avons que faire   C
d'exagerer leur inanité; elle se faict assez sentir et se produit [8]

---

[1] in keeping.   [2] afin qu'elle.   [3] banquet.
[4] artless entertainment.   [5] keep close to the earth.
[6] wisdom.   [7] an imbecile.   [8] show itself.

assez: mercy à nostre esprit maladif, rabat-joye, qui nous desgoute d'elles comme de soy-mesme. Il traitte et soy et tout ce qu'il reçoit tantost avant tantost arriere, selon son estre insatiable, vagabond et versatile.

Sincerum est nisi vas, quodcumque infundis, acescit. [1]

Moy qui me vente d'embrasser si curieusement les commoditez de la vie, et si particulierement, n'y trouve, quand j'y regarde ainsi finement, à peu pres que du vent. Mais quoy, nous sommes par tout vent. Et le vent encore, plus sagement que nous, s'ayme à bruire, à s'agiter, et se contente en ses propres offices, sans desirer la stabilité, la solidité, qualitez non siennes.

Les plaisirs purs de l'imagination, ainsi que les desplaisirs, disent aucuns, sont les plus grands, comme l'exprimoit la balance de Critolaüs.* Ce n'est pas merveille: elle les compose à sa poste [2] et se les taille en plein drap [3]. J'en voy tous les jours des exemples insignes, et à l'adventure desirables. Mais moy, d'une condition mixte, grossier, ne puis mordre si à faict [4] à ce seul object [5], si simple que je ne me laisse tout lourdement aller aux plaisirs presents, de la loy humaine et generale, intellectuellement sensibles, sensiblement intellectuels. Les Philosophes Cyrenaïques * tiennent, comme les douleurs, aussi les plaisirs corporels plus puissants, et comme doubles [6] et comme plus justes.

Il en est qui d'une farouche stupidité, comme dict Aristote,* en sont desgoutez. J'en cognoy qui par ambition le font; que ne renoncent ils encores au respirer? que ne vivent-ils du leur, et ne refusent la lumiere, de ce qu'elle est gratuite et ne leur coute ny invention ny vigueur?

B   Que Mars, ou Pallas, ou Mercure les sustantent pour
C   voir, au lieu de Venus, de Cerez et de Bacchus. ▲ Chercheront ils pas la quadrature du cercle, juchez sur leurs

---

[1] "Unless the vessel be clean, it turns sour whatever you pour into it" (Horace. *Ep.*, I, 2, 54). [2] at will. Cf. note 1, p. 87.
  [3] i.e. imagination provides the matter as well as the form of the pleasures of the mind. [4] so whole-heartedly.
  [5] i.e. object presented by the imagination.
  [6] i.e. being at once mental and physical, since the mind perceives them.

femmes! ▲ Je hay qu'on nous ordonne d'avoir l'esprit aus   B
nues pendant que nous avons le corps à table. Je ne veux
pas que l'esprit s'y cloue ny qu'il s'y veautre, mais je veux
qu'il s'y applique, ▲ qu'il s'y sée [1], non qu'il s'y couche.   C
Aristippus ne defendoit que le corps, comme si nous n'avions
pas d'ame; Zenon * n'embrassoit que l'ame, comme si nous
n'avions pas de corps. Tous deux vicieusement. Pythagoras, disent-ils, a suivy une philosophie toute en contemplation, Socrates toute en meurs et en action; Platon en a
trouvé le temperament [2] entre les deux. Mais ils le disent
pour en conter, et le vray temperament se trouve en
Socrates, et Platon est bien plus Socratique que Pythagorique,
et luy sied mieux.

Quand je dance, je dance; quand je dors, je dors; voyre et   B
quand je me promeine solitairement en un beau vergier, si
mes pensées se sont entretenues des occurrences estrangieres
quelque partie du temps; quelque autre partie je les rameine
à la promenade, au vergier, à la douceur de cette solitude et
à moy. Nature a maternellement observé cela, que les
actions qu'elle nous a enjoinctes pour nostre besoing nous
fussent aussi voluptueuses: et nous y convie non seulement
par la raison mais aussi par l'appetit: c'est injustice de corrompre ses regles.

Quand je vois, et Cæsar, et Alexandre, au plus espais de sa
grande besongne, jouyr si plainement des plaisirs ▲ naturels   C
et par consequent necessaires et justes, ▲ je ne dicts pas que   B
ce soit relascher son ame, je dicts que c'est la roidir, sous-
metant par vigueur de courage à l'usage de la vie ordinaire
ces violentes occupations et laborieuses pensées. ▲ Sages,   C
s'ils eussent creu que c'estoit là leur ordinaire vacation, cette-
cy l'extraordinaire. Nous sommes de grands fols: Il a passé
sa vie en oisiveté, disons nous; je n'ay rien faict d'aujourd'huy.
—Quoy, avez vous pas vescu? C'est non seulement la
fondamentale mais la plus illustre de vos occupations.—Si
on m'eust mis au propre des grands maniements [3], j'eusse
montré ce que je sçavoy faire.—Avez vous sceu mediter et

---

[1] sit at it; from *seoir* (*sedere*).
[2] mean.   [3] in a position to manage great affairs.

manier vostre vie? vous avez faict la plus grande besoigne de toutes.   Pour se montrer et exploicter [1] nature n'a que faire de fortune [2].   Elle se montre egallement en tous estages et derriere, comme sans rideau.   Composer nos meurs est nostre office, non pas composer des livres, et gaigner, non pas des batailles et provinces, mais l'ordre et tranquillité à nostre conduite.   Nostre grand et glorieux chef-d'œuvre c'est vivre à propos.   Toutes autres choses, regner, thesauriser, bastir, n'en sont qu'appendicules et adminicules [3] pour

B   le plus.   ▲ Je prens plaisir de voir un general d'armée au pied d'une breche qu'il veut tantost attaquer, se prestant tout

C   entier et délivre [4] à son disuer à son devis, entre ses amys; ▲ et Brutus, ayant le ciel et la terre conspirez à l'encontre de luy et de la liberté Romaine, desrober à ses rondes quelque heure de nuict, pour lire et breveter [5] Polybe en toute securité.

B   C'est aux petites ames, ensepvelies du pois des affaires, de ne s'en sçavoir purement [6] desmesler, de ne les sçavoir et laisser et reprendre:

> o fortes pejoraque passi
> Mecum sæpe viri, nunc vino pellite curas;
> Cras ingens iterabimus æquor. [7]

Soit par gosserie [8], soit à certes [9], que le vin theologal et Sorbonique * est passé en proverbe, et leurs festins: je trouve que c'est raison qu'ils en disnent d'autant plus commodéement et plaisamment qu'ils ont utilement et serieusement employé la matinée à exercice de leur escole.   La conscience d'avoir bien dispensé [10] les autres heures est un juste et savoureux condimant des tables.   Ainsin ont vescu les sages.   Et cette inimitable contention à la vertu qui nous estonne en l'un et l'autre Caton,* cett' humeur severe jusques à l'importunité, s'est ainsi mollement submise et pleue aux loix de l'humaine

C   condition et de Venus et de Bacchus, ▲ suivant les preceptes de leur secte: qui demandent le sage parfaict, autant expert et

---

[1] i.e. s'exploiter; show itself in action.   [2] has no need of a great destiny.
[3] small props.   [4] with a free mind.   [5] summarize.   [6] completely.
[7] "Brave spirits who have often shared with me worse dangers, dispel now care with wine.   To-morrow we will again sail over the vast sea" (Horace, Od., I, 7, 30).   [8] gausserie.   [9] seriously.   [10] employed.

entendu à l'usage des voluptez naturelles qu'en tout autre devoir de la vie. *«Cui cor sapiat, ei et sapiat palatus.»* [1]

Le relachement et facilité honore, ce semble, à merveilles   B et sied mieux à une ame forte et genereuse. Epaminondas n'estimoit pas que de se mesler à la dance des garçons de sa ville, ▲ de chanter, de sonner [2], ▲ et s'y embesongner avec   CB attention fut chose qui desrogeat à l'honneur de ses glorieuses victoires et à la parfaicte reformation de meurs qui estoit en luy. Et parmy tant d'admirables actions de Scipion ▲ l'ayeul,   C personnage digne de l'opinion d'une origine celeste, ▲ il   B n'est rien qui luy donne plus de grace que de le voir nonchalamment et puerilement baguenaudant [3] à amasser et choisir des coquilles, et jouer à cornichon va devant [4] le long de la marine [5] avec Lælius. Et, s'il faisoit mauvais temps, s'amusant et se chatouillant à representer par escript en comedies * les plus populaires et basses actions des hommes, et, la teste pleine ▲ de cette merveilleuse entreprinse d'Annibal et   C d'Afrique, visitant les escholes en Sicile, et se trouvant aux leçons de la philosophie jusques à en avoir armé les dents de l'aveugle envie de ses ennemis à Rome. ▲ Ny chose plus   B remercable en Socrates que ce que, tout vieil, il trouve le temps de se faire instruire à baller [6] et jouer des instrumens, et le tient pour bien employé.

Cettui-cy s'est veu en ecstase, debout, un jour entier et une nuict, en presence de toute l'armée grecque, surpris et ravi par quelque profonde pensée. Il s'est veu, ▲ le premier   C parmy tant de vaillants hommes de l'armée, courir au secours d'Alcibiades accablé des ennemis: le couvrir de son corps et le descharger de la presse à vive force d'armes: et le premier emmy tout le peuple d'Athenes, outré comme luy d'un si indigne spectacle, se presenter à recourir [7] Theramenes, que les trente tyrans faisoyent mener à la mort par leurs satellites. Et ne desista cette hardie entreprinse qu'à la remontrance de Theramenes mesme, quoy qu'il ne fust suivy que de deux

---

[1] "Let him who can discriminate in his heart discriminate also with his palate" (Cicero, *De fin.*, II, 8. 24). [2] to play (on an instrument). [3] disporting themselves. [4] a game consisting of picking up different objects in the quickest time. [5] seaside.   [6] to dance.   [7] *secourir.*

en tout.   Il s'est veu, recherché par une beauté de laquelle
il estoit esprins, maintenir au besoing une severe abstinence.
Il s'est veu, en la bataille Delienne, relever et sauver Xeno-
B   phon, renversé de son cheval.   Il s'est veu ▲ continuellement
CB   marcher à la guerre ▲ et fouler la glace ▲ les pieds nus: porter
mesme robe en hyver et en esté: surmonter tous ses compaignons en patience de travail, ne menger point autrement en
C   festin qu'en son ordinaire.   ▲ Il s'est veu, vingt et sept ans,
de pareil visage, porter la faim, la pauvreté, l'indocilité de
ses enfans, les griffes de sa femme.   Et enfin la calomnie, la
B   tyrannie, la prison, les fers et le venin.   ▲ Mais cet homme
là estoit-il convié de boire à lut [1] * par devoir de civilité,
c'estoit aussi celuy de l'armée à qui en demeuroit l'avantage.
Et ne refusoit ny à jouer aux noysettes [2] avec les enfans, ny à
courir avec eux sur un cheval de bois; et y avoit bonne grace;
car toutes actions, dict la philosophie, siéent également bien
et honnorent egallement le sage.   On a de quoy, et ne doibt
on jamais se lasser de presenter l'image de ce personnage à
C   tous patrons et formes de perfection.   ▲ Il est fort peu
d'exemples de vie pleins et purs, et faict on tort à nostre
instruction, de nous en proposer tous les jours d'imbecilles et
manqués [3], à peine bons à un seul ply [4], qui nous tirent arriere
plustost, corrupteurs plustost que correcteurs.

B   Le peuple se trompe: on va bien plus facilement par les
bouts, où l'extremité sert de borne d'arrest et de guide, que par
la voye du millieu, large et ouverte, et selon l'art que selon
nature: mais bien moins noblement aussi, et moins recom-
C   mandablement.   ▲ La grandeur de l'ame n'est pas tant tirer
à mont et tirer avant comme sçavoir se ranger et circonscrire.
Elle tient pour grand tout ce qui est assez, et montre sa
hauteur à aimer mieux les choses moyennes que les emin-
B   entes.   ▲ Il n'est rien si beau et legitime que de faire bien
C   l'homme et deuëment.   Ny science si ardue que de bien ▲ et
B   naturellement ▲ sçavoir vivre cette vie: et de nos maladies
la plus sauvage c'est mespriser nostre estre.   Qui veut
escarter son ame le face hardiment, s'il peut, lors que le corps

---

[1] drink deep.   [2] at knucklebones.   [3] imperfect.
[4] in any single bent.

se portera mal, pour la descharger de cette contagion.
Ailleurs au contraire, qu'elle l'assiste et favorise et ne refuse
point de participer à ses naturels plaisirs et de s'y complaire
conjugalement: y apportant, si elle est plus sage, la moderation, de peur que par indiscretion ils ne se confondent avec le
desplaisir. ▲ L'intemperance est peste de la volupté, et la   c
temperance n'est pas son fleau: c'est son assaisonnement.
Eudoxus,* qui en establissoit [1] le souverain bien, et ses compaignons, qui la montarent à si haut pris, la savourerent en sa
plus gracieuse douceur par le moyen de la temperance, qui fut
en eux singuliere et exemplaire. ▲ J'ordonne à mon ame de   B
regarder et la douleur et la volupté de veuë pareillement ▲ re-   c
glée («*eodem enim vitio est effusio animi in lætitia, quo in dolore
contractio*» [2]) et pareillement ▲ ferme: mais gayement l'une,   B
l'autre severement: et, selon ce qu'elle y peut aporter, autant
songneuse d'en esteindre l'une que d'estendre l'autre. ▲ Le   c
voir sainement les biens tire apres soi le voir sainement les
maux.   Et la douleur a quelque chose de non evitable en son
tendre commencement, et la volupté quelque chose d'evitable
en sa fin excessive.   Platon les accouple, et veut que ce soit
pareillement l'office de la fortitude combatre à l'encontre de
la douleur et à l'encontre des immoderées et charmeresses
blandices [3] de la volupté.   Ce sont deux fontaines ausquelles
qui puise, d'où, quand et combien il faut, soit cité, soit
homme, soit beste, il est bien heureux.   La premiere, il la
faut prendre par medecine et par necessité, plus escharse-
ment [4]; l'autre, par soif, mais non jusques à l'ivresse.   La
douleur, la volupté, l'amour, la haine sont les premieres choses
que sent un enfant; si, la raison survenant, elles s'appliquent [5]
à elle, cela c'est vertu.

J'ay un dictionnaire tout à part moy [6].   Je passe le temps,   B
quand il est mauvais et incommode.   Quand il est bon, je ne
le veux pas passer, je le retaste, je m'y tiens.   Il faut courir
le mauvais et se rassoir au bon.   Cette fraze ordinaire de

---

[1] i.e. for whom pleasure was the sovereign good.
[2] "The overflowing of the heart from joy is as bad as its contraction from
grief" (Cicero, *Tusc.*, IV, 31).   [3] blandishments.   [4] sparingly.
[5] conform.   [6] I use words in a special sense (e.g. *passer le temps*).

T

passe-temps et de passer le temps represente l'usage de ces prudentes [1] gens, qui ne pensent point avoir meilleur compte de leur vie que de la couler et eschapper, de la passer, gauchir et, autant qu'il est en eux, ignorer et fuir, comme chose de qualité ennuyeuse et desdaignable.   Mais je la cognois autre, et la trouve et prisable et commode, voyre en son dernier decours [2], où je la tiens; et nous l'a nature mise en main garnie de telles circonstances, et si favorables, que nous n'avons à nous plaindre qu'à nous si elle nous presse et si elle

C   nous eschappe inutilement.   ▲ «*Stulti vita ingrata est, tre-*
B   *pida est, tota in futurum fertur.*» [3]   ▲ Je me compose pourtant à la perdre sans regret: mais comme perdable de sa con-
C   dition, non comme moleste [4] et importune.   ▲ Aussi ne sied il proprement bien de ne se desplaire à mourir qu'à ceux
B   qui se plaisent à vivre.   ▲ Il y du mesnage[5] à la jouyr.   Je la jouys au double des autres: car la mesure en la jouyssance depend du plus ou moins d'application que nous y prestons. Principallement à cette heure que j'apercoy la mienne si briefve en temps, je la veux estendre en pois.   Je veus arrester la promptitude de sa fuite par la promptitude de ma sesie: et par la vigueur de l'usage compenser la hastiveté de son escoulement.   A mesure que la possession du vivre est plus courte, il me la faut rendre plus profonde et plus pleine.

   Les autres sentent la douceur d'un contentement et de la prosperité; je la sens ainsi qu'eux: mais ce n'est pas en passant et glissant.   Si la faut il estudier, savourer et ruminer, pour en rendre graces condignes [6] à celuy qui nous l'ottroye. Ils jouyssent les autres plaisirs comme ils font celluy du sommeil, sans les cognoistre.   A celle fin que le dormir mesme ne m'eschapat ainsi stupidement, j'ay autresfois trouvé bon qu'on me le troublat pour que je l'entrevisse.   Je consulte [7] d'un contentement avec moy, je ne l'escume pas; je le sonde: et plie ma raison à le recueillir, devenue chagreigne [8] et desgoutée.   Me trouve-je en quelque assiete

---

[1] (ironical).   [2] decline.
[3] "The life of a fool is unpleasant, feverish, wholly bent upon the future" (Seneca, *Ep.*, 15).   [4] disagreeable.   [5] skill, management.
[6] due, worthy.   [7] I ponder over.   [8] *chagrine.*

tranquille? y a il quelque volupté qui me chatouille? je ne la laisse pas friponer aux sens [1], j'y associe mon ame: Non pas pour s'y engager, mais pour s'y agreer: Non pas pour s'y perdre, mais pour s'y trouver: Et l'employe de sa part à se mirer dans ce prospere estat: à en poiser et estimer le bon heur et amplifier. Elle mesure combien c'est qu'elle doibt à Dieu d'estre en repos de sa conscience et d'autres passions intestines: d'avoir le corps en sa disposition naturelle, jouyssant ordonnéement et competemmant des functions molles [2] et flateuses, par lesquelles il luy plait compenser da sa grace les douleurs de quoy sa justice nous bat à son tour: Combien luy vaut d'estre logée en tel point que, où qu'elle jette sa veuë, le ciel est calme autour d'elle: nul desir, nulle crainte ou doubte qui luy trouble l'air: aucune difficulté ▲ passée, presente, future ▲ par dessus laquelle son imagination ne passe sans offence. Cette consideration prent grand lustre de la comparaison des conditions differentes. Ainsi je me propose [3], en mille visages, ceux que la fortune ou que leur propre erreur emporte et tempeste: Et encores ceux-cy, plus pres de moy, qui reçoyvent si láchement et incurieusement [4] leur bonne fortune. Ce sont gens qui passent voyrement leur temps; ils outrepassent [5] le present et ce qu'ils possedent, pour servir à [6] l'esperance: et pour des ombrages et vaines images que la fantasie met au devant,

> *Morte obita quales fama est volitare figuras,*
> *Aut quæ sopitos deludunt somnia sensus,*[7]

lesquelles hastent et allogent leur fuite à mesme [8] qu'on les fuit. Le fruit et but de leur poursuitte c'est poursuivre: comme Alexandre disoit que la fin de son travail c'estoit travailler,

> *Nil actum credens cum quid superesset agendum.*[9]

C
B

---

[1] I do not allow my senses to steal it from me.
[2] soothing.   [3] bring to mind.   [4] with such languor and indifference.
[5] Montaigne is still playing on the word *passer*.   [6] to be slaves to.
[7] "Like the shapes which are said to flit round after death, or the dreams which delude the sleep-laden senses" (Virgil, *Aen.*, X, 691).   [8] *à mesure.*
[9] "Believing that he had done nothing when anything remained to be done" (Lucan, II, 657).

Pour moy donc, j'ayme la vie et la cultive telle qu'il a
pleu à Dieu nous l'octroier.   Je ne vay pas desirant qu'elle

C   eust à dire ¹ la necessité de boire et de manger, ▲ et me sembleroit faillir non moins excusablement de desirer qu'elle
l'eust double («*Sapiens divitiarum naturalium quæsitor acer-*

B   *rimus*» ²), ny ▲ que nous nous sustentissions mettant seulement en la bouche un peu de cette drogue par laquelle
Epimenides * se privoit d'appetit et se maintenoit: Ny qu'on
produisit stupidement des enfans par les doigts ou par les talons,

C   ains, parlant en reverence, plus tost qu'on les produise
encore voluptueusement par les doigts et par les talons: ny

B   que le corps fut sans desir et sans chatouillement.   Ce sont
CB   plaintes ingrates ▲ et iniques.   ▲ J'accepte de bon cœur,
CB   et recognoissant, ▲ ce que nature a faict pour moy, et
m'en agrée et m'en loue.   On fait tort à ce grand et tout
puissant donneur de refuser son don, l'annuller et des-

C   figurer.   ▲ Tout bon, il a faict tout bon.   «*Omnia quæ
secundum naturam sunt, æstimatione digna sunt*».³

B   Des opinions de la philosophie, j'embrasse plus volontiers
celles qui sont les plus solides, c'est à dire les plus humaines
et nostres: mes discours sont, conforméement à mes meurs,

C   bas et humbles.   ▲ Elle faict bien l'enfant, à mon gré,
quand elle se met sur ses ergots ⁴ pour nous prescher que c'est
une farrouche alliance de marier le divin avec le terrestre, le
raisonnable avec le desraisonnable, le severe à l'indulgent,
l'honneste au des-honneste.   Que volupté est qualité brutale,
indigne que le sage la gouste: le seul plaisir, qu'il tire de la
jouyssance d'une belle jeune espouse, c'est le plaisir de sa
conscience, de faire une action selon l'ordre, comme de chausser ses bottes pour une utile chevauchée.   N'eussent ses
suyvans ⁵ non plus de droit et de nerfs et de suc au depucelage
de leurs femmes qu'en a sa leçon.   Ce n'est pas ce que dict
Socrates, son precepteur et le nostre.   Il prise, comme il

---

¹ it should lack.
² "The wise man is an eager searcher after the rich gifts of nature" (Lucan,
II, 657).
³ "All things that are according to nature are worthy of esteem" (Cicero, *De
fin.*, III, 6).
⁴ mounts its high horse.   ⁵ May her followers have.

doit, la volupté corporelle, mais il prefere celle de l'esprit, comme ayant plus de force, de constance [1], de facilité, de varieté, de dignité. Cette cy va nullement seule selon luy (il n'est pas si fantastique), mais seulement premiere. Pour luy, la temperance est moderatrice, non adversaire des voluptez.

Nature est un doux guide, mais non pas plus doux que prudent et juste. ▲ «*Intrandum est in rerum naturam, et penitus quid ea postulet, pervidendum.*» [2]   ▲ Je queste partout sa piste: nous l'avons confonduë de traces artificielles; ▲ et ce souverain bien Academique et Peripatetique,* qui est vivre selon icelle, devient à cette cause difficile à borner et exprimer; et celuy des Stoïciens, voisin à celuy là, qui est consentir à nature. ▲ Est-ce pas erreur d'estimer aucunes actions moins dignes de ce qu'elles sont necessaires? Si ne m'osteront-ils pas de la teste que ce ne soit un tres-convenable mariage du plaisir avec la necessité, ▲ avec laquelle, dict un ancien,* les Dieux complottent tousjours. ▲ A quoy faire desmembrons nous en divorce un bastiment tissu d'une si joincte et fraternelle correspondance? Au rebours, renouons le par mutuels offices: que l'esprit esveille et vivifie la pesanteur du corps, le corps arreste la legereté de l'esprit et la fixe. ▲ «*Qui velut summum bonum laudat animæ naturam, et tanquam malum naturam carnis accusat, profecto et animam carnaliter appetit et carnem carnaliter fugit, quoniam id vanitate sentit humana, non veritate divina.*» [3] Il n'y a piece indigne de nostre soin en ce present que Dieu nous a faict; nous en devons conte jusques à un poil. Et n'est pas une commission par acquit [4] à l'homme de conduire l'homme selon sa condition: elle est expresse, naïve ▲ et tres principale, ▲ et nous l'a le createur donnée serieusement et severement.   ▲ L'authorité peut seule envers les communs

---

[1] durability.

[2] "We must search into nature and examine thoroughly what she requires" (Cicero, *De fin.*, V, 16).

[3] "He who commends the (nature of the) soul as the supreme good, and accuses the (nature of the) flesh as evil, does certainly carnally affect the soul and carnally fly from the flesh: seeing that he holds such belief through human vanity and not by divine truth" (Augustine, *De civ. Dei*, XIV, 5).

[4] formal.

entendemens, et poise plus en langage peregrin [1]. Res-
chargeons en ce lieu. «*Stultitiæ proprium quis non dixerit,
ignave et contumaciter facere quæ facienda sunt, et alio corpus
impellere, alio animum, distrahique inter diversissimos motus.*» [2]

B   Or sus, pour voir, faictes vous dire un jour les amuse-
mens et imaginations que celuy là met en sa teste, et pour
lesquelles il destourne sa pensée d'un bon repas et plainct
l'heure qu'il employe à se nourrir; vous trouverez qu'il n'y a
rien si fade, en tous les mets de vostre table, que ce bel entretien de son ame (le plus souvent il nous vaudroit mieux
dormir tout à faict que de veiller à ce à quoy nous veillons),
et trouverez que son discours et intentions ne valent pas
vostre capirotade.[3] Quand ce seroient les ravissemens
d'Archimedes mesme, que seroit-ce? Je ne touche pas icy
et ne mesle point à cette marmaille [4] d'hommes que nous
sommes et à cette vanité de desirs et cogitations qui nous divertissent, ces ames venerables, eslevées par ardeur de devotion
et religion à une constante et conscientieuse meditation des
C   choses divines, ▲ lesquelles, preoccupans [5] par l'effort d'une
vifve et vehemente esperance l'usage de la nourriture eter-
nelle, but final et dernier arrest des Chrestiens desirs, seul
plaisir constant, incorruptible, desdaignent de s'attendre à [6]
nos necessiteuses commoditez, fluides et ambigues: et resïg-
nent facilement au corps le soin et l'usage de la pasture sen-
BC   suelle et temporelle. ▲ C'est un estude privilegé. ▲ Entre
nous, ce sont choses que j'ay tousjours veuës de singulier
accord: les opinions supercelestes et les meurs sousterraines.
BCB   Esope, ▲ ce grand homme, ▲ vit son maistre qui pissoit
en se promenant: Quoy donq, fit-il, nous faudra-il chier en
courant? Mesnageons le temps, encore nous en reste-il
beaucoup d'oisif et mal employé. Nostre esprit n'a volontiers [7] pas assez d'autres heures à faire ses besongnes, sans se
desassocier du corps en ce peu d'espace qu'il luy faut pour sa

---

[1] foreign.

[2] "Who would not say that it is the property of folly to perform slothfully and
contumaciously what one has to do; and to bind the body one way and the mind
another and to be distracted among most contrary motions" (Seneca, *Ep.*, 74).

[3] (or *capilotade*) fricassee.   [4] rabble.   [5] anticipating.

[6] attend to.   [7] usually.

necessité.   Ils veulent se mettre hors d'eux et eschapper à
l'homme.   C'est folie.   Au lieu de se transformer en anges,
ils se transforment en bestes; au lieu de se hausser, ils s'abat-
tent.   ▲ Ces humeurs transcendents m'effrayent, comme   c
les lieux hautains et inaccessibles; et rien ne m'est à digerer
fascheux en la vie de Socrates que ses ecstases et ses demon-
eries, rien si humain en Platon que ce pourquoy ils disent
qu'on l'appelle divin.*   ▲ Et de nos sciences, celles-là me   b
semblent plus terrestres et basses qui sont le plus haut mon-
tées.   Et je ne trouve rien si humble [1] et si mortel en la vie
d'Alexandre que ses fantasies autour de son immortalisation.
Philotas * le mordit plaisamment par sa responce.   Il s'estoit
conjouy [2] avec luy par lettre de l'oracle de Jupiter Hammon
qui l'avoit logé entre les Dieux.   Pour ta consideration j'en
suis bien aise, mais il y a de quoy plaindre les hommes qui
auront à vivre avec un homme et luy obeyr, lequel outrepasse
et ne se contente de la mesure d'un homme.   ▲ «*Diis te*   c
minorem quod geris, imperas.» [3]
     La gentille inscription de quoy les Atheniens honorerent   b
la venue de Pompeius en leur ville, se conforme á mon sens:

> *D'autant es tu Dieu comme*
> *Tu te recognois homme.*

C'est une absolue perfection, et comme divine, de scavoyr
jouyr loiallement de son estre.   Nous cherchons d'autres
conditions, pour n'entendre [4] l'usage des nostres, et sortons
hors de nous, pour ne sçavoir quel il y fait.   ▲ Si avons nous   c
beau monter sur des eschasses, car sur des eschasses encores
faut-il marcher de nos jambes.   Et au plus eslevé throne du
monde si ne sommes assis que sus nostre cul.
     Les plus belles vies sont, à mon gré, celles qui se rangent [5]   b
au modelle commun ▲ et humain, avec ordre, mais ▲ sans   cb
miracle et sans extravagance.   Or la vieillesse a un peu
besoin d'estre traictée plus tendrement.   Recommandons

---

[1] paltry.   [2] rejoiced together with.
[3] "You rule the world, because you submit yourself to the gods" (Horace, *Od.*,
III, 6, 5).
[4] because we do not understand.   [5] conform.

la à ce Dieu [1], protecteur de santé et de sagesse, mais gaye et sociale:

> *Frui paratis et valido mihi,*
> *Latoe, dones, et, precor, integra*
> *Cum mente, nec turpem senectam*
> *Degere, nec cythara carentem.* [2]

---

[1] i.e. Apollo.

[2] "Grant me, Latona's son, I beseech you, to enjoy my possessions with sound body and mind, and to be spared an old age which brings contempt, or which is a stranger to the lyric Muse" (Horace, *Od.*, I, 31, 17).

LIVRE I

CHAPITRE XXVI

[It is for the publishers' convenience that this celebrated Essay has been added at the end of the other selected chapters. Its position could almost be defended on intrinsic grounds.] The essay is one of the last in the first two Books to be written, and one of those which received the most ample additions after 1588. It also embodies Montaigne's ideal in a very special sense. Undoubtedly one of his great disappointments was to have no son. We have sometimes to admit that the *peinture du moi* involves more than a trace of self-justification, but here, writing for the unborn child of the Comtesse de Gurson, whose huge castle still dominates the south-east horizon seen from the terrace of Montaigne's *manoir*, he gives us something more than pedagogical advice, namely a very clear idea of the kind of man he would have liked his own son to be. Nor does any essay show more clearly the exact attraction which Plutarch had for him as a repertory of practical examples of "moral philosophy". It is because of the same practical angle that Seneca continues to hold Montaigne's admiration (as many quotations here testify) right to the end of his life. It is these writers and the Ancients in general whom he refers to (p. 292) as *mes maistres*.

De l'Institution des Enfants is rightly famous in the history of educational theory. Yet it is not a treatise but an essay, and Montaigne takes much for granted. He writes for a young man of noble extraction. Hence the importance of the tutor. But this allows him to expose the disadvantages of the alternative solutions for the aristocracy, namely the page system or a college. He also, no doubt, would think it impertinent for a mere layman to discuss the religious education of the child. He is thus free to insist on lay-morals in a way which had more than a little influence on *honnêteté* as it was conceived in the following century. Among the many ideas raised in these pages perhaps I may single out the following as of most importance. (1) judgment as the object of education rather than a training of the memory. Here he was swimming with the tide, but where others pay lip-service, he is in earnest. This is shown by (2) the importance attached by him to object lessons. More crucial still is (3) the pedagogical ideal of coaxing and inspiring rather than "driving" and intimidating children—together with the need to find the child's level in any subject. This is linked with his devastating and, in the main, justified attack on *les colleges*. In the final revision of the text M. has deleted once or twice the phrase *dans les colleges*, not at all, I think, because his condemnation now seems to him too sweeping, but because the features he condemns were some of them to be found even outside those *geôles de jeunesse*. Finally, however, it is usually forgotten that (4) Montaigne wants boys to be "stretched", to tackle what is difficult and discouraging with obstinacy and spirit.   But he wants this to happen on the physical plane, in sport and games for example.   It is there, not in his lessons, that one can "drive" any boy who has it in him to be something better than a pastrycook.   This is perhaps the most profound and original advice of the whole essay.

DE L'INSTITUTION DES ENFANTS

A Madame Diane de Foix, Contesse de Gurson. *

A   Je ne vis jamais pere, pour teigneux ou bossé [1] que fut son fils, qui laissast de l'avoüer [2].   Non pourtant, s'il n'est du tout enyvré de cet' affection, qu'il ne s'aperçoive de sa defaillance; mais tant y a qu'il est sien.   Aussi moy, je voy, mieux que tout autre, que ce ne sont icy que resveries d'homme qui n'a gousté des sciences que la crouste premiere, en son enfance, et n'en a retenu qu'un general et informe visage: un peu de chaque chose, et rien du tout [3] à la Françoise.   Car, en somme, je sçay qu'il y a une Medecine, une Jurisprudence, quatre parties en la Mathematique, et

C   grossierement ce à quoy elles visent.   ▲ Et à l'adventure encore sçay-je la pretention des sciences en general au service

A   de nostre vie.   ▲ Mais, d'y enfoncer plus avant, de m'estre

C   rongé les ongles à l'estude d'Aristote [4], ▲ monarque de la

A   doctrine moderne, ▲ ou opiniatré apres quelque science, je

C   ne l'ay jamais faict; ▲ ny n'est art dequoy je sceusse peindre seulement les premiers lineaments.   Et n'est enfant des classes moyennes, qui ne se puisse dire plus sçavant que moy, qui n'ay seulement pas dequoy l'examiner sur sa premiere leçon: au moins selon icelle.   Et, si l'on m'y force, je suis contraint, assez ineptement, d'en tirer quelque matiere de propos universel, sur quoy j'examine son jugement naturel: leçon qui leur est autant incognue, comme à moy la leur.

Je n'ay dressé commerce avec aucun livre solide, sinon Plutarque et Seneque, où je puyse comme les Danaïdes, remplissant et versant sans cesse.   J'en attache quelque chose à ce papier; à moy, si peu que rien.

---

[1] however mangy or hunch-backed.   [2] to acknowledge him.
[3] nothing thoroughly.
[4] In earlier editions M. says: *"Platon ou Aristote."*

L'Histoire, c'est plus mon gibier, ou la poësie que j'ayme   A
d'une particuliere inclination. Car, comme disoit Cleantes,*
tout ainsi que la voix [1], contrainte [2] dans l'étroit canal d'une
trompette, sort plus aiguë et plus forte, ainsi me semble il que
la sentence [3], pressée aux pieds nombreux de la poësie, s'eslance
bien plus brusquement et me fiert [4] d'une plus vive secousse.
Quant aux facultez naturelles qui sont en moy, dequoy c'est
icy l'essay, je les sens flechir sous la charge. Mes conceptions et mon jugement ne marche qu'à tastons, chancelant,
bronchant et chopant [5]; et, quand je suis allé le plus avant
que je puis, si ne me suis-je aucunement satisfaict: je voy
encore du païs au delà, mais d'une veuë trouble et en nuage,
que je ne puis desmeler. Et, entreprenant de parler indifferemment de tout ce qui se presente à ma fantasie et n'y
employant que mes propres et naturels moyens, s'il m'advient,
comme il faict souvent, de rencontrer de fortune dans les
bons autheurs ces mesmes lieux [6] que j'ay entrepris de traiter,
comme je vien de faire chez Plutarque tout presentement
son discours de la force de l'imagination* : à me reconnoistre,
au prix de ces gens là, si foible et si chetif, si poisant et si
endormy, je me fay pitié ou desdain à moy mesmes. Si me
gratifie-je de cecy, que mes opinions ont cet honneur de
rencontrer souvent aux leurs; ▲ et que je vais au moins   C
de loing apres, disant que voire [7]. ▲ Aussi que j'ay cela,   A
qu'un chacun n'a pas, de connoistre l'extreme difference
d'entre eux et moy. Et laisse ce neantmoins courir mes
inventions ainsi foibles et basses, comme je les ay produites,
sans en replastrer et recoudre les defaux que cette comparaison
m'y a descouvert. ▲ Il faut avoir les reins bien fermes pour   C
entreprendre de marcher front à front avec ces gens là. ▲ Les   A
escrivains indiscrets de nostre siecle, qui, parmy leurs ouvrages
de neant, vont semant des lieux [8] entiers des anciens autheurs
pour se faire honneur, font le contraire. Car cett' infinie
dissemblance de lustres rend un visage si pasle, si terni et si
laid à ce qui est leur, qu'ils y perdent beaucoup plus qu'ils
n'y gaignent.

---

[1] sound.   [2] compressed.   [3] thought.   [4] strikes.
[5] stumbling.   [6] subjects.   [7] *disant combien ils ont raison.*   [8] passages.

C   C'estoit deux contraires fantasies. Le philosophe Chrysippus* mesloit à ses livres, non les passages seulement, mais
des ouvrages entiers d'autres autheurs, et, en un, la Medée
d'Euripides: et disoit Apollodorus* que, qui [1] en retrancheroit
ce qu'il y avoit d'estranger, son papier demeureroit en blanc.
Epicurus au rebours, en trois cens volumes qu'il laissa,
n'avoit pas semé une seule allegation estrangiere.

A   Il m'advint l'autre jour de tomber sur un tel passage.
J'avois trainé languissant apres des parolles Françoises, si
exangues, si descharnées et si vuides de matiere et de sens,
que ce n'estoient voirement que paroles Françoises: au bout
d'un long et ennuyeux chemin, je vins à rencontrer une piece
haute, riche et eslevée jusques aux nuës. Si j'eusse trouvé
la pente douce et la montée un peu alongée, cela eust esté
excusable: c'estoit un precipice si droit et si coupé que, des
six premieres paroles, je conneuz que je m'envolois en
l'autre monde. De là je descouvris la fondriere d'où je
venois, si basse et si profonde, que je n'eus onques plus le cœur
de m'y ravaler [2]. Si j'estoffois l'un de mes discours de ces
riches despouilles, il esclaireroit par trop la bestise des autres.

C   Reprendre en autruy mes propres fautes ne me semble
non plus incompatible que de reprendre, comme je fay
souvent, celles d'autruy en moy. Il les faut accuser par tout
et leur oster tout lieu de franchise [3]. Si sçay-je bien combien audacieusement j'entreprens moy mesmes à tous coups
de m'esgaler à mes larrecins, d'aller pair à pair quand et eux,
non sans une temeraire esperance que je puisse tromper les
yeux des juges à les discerner. Mais c'est autant par le
benefice de mon application que par le benefice de mon
invention et de ma force. Et puis, je ne luitte point en gros
ces vieux champions là, et corps à corps: c'est par reprinses,
menues et legieres attaintes. Je ne m'y aheurte [4] pas; je ne
fay que les taster; et ne vay point tant comme je marchande [5]
d'aller.

Si je leur pouvoy tenir palot [6], je serois honneste homme,
car je ne les entreprens que par où ils sont les plus roides.

---

[1] celui qui . . .   [2] d'y redescendre.   [3] place of sanctuary.
[4] tackle them.   [5] take thought to.   [6] hold a racket with them.

De faire ce que j'ay descouvert d'aucuns, se couvrir des armes d'autruy, jusques à ne montrer pas seulement le bout de ses doigts, conduire son dessein, comme il est aysé aux sçavans en une matiere commune, sous les inventions anciennes rappiecées par cy par là: à ceux qui les veulent cacher et faire propres, c'est premierement injustice et lascheté, que, n'ayant rien en leur vaillant [1] par où se produire, ils cherchent à se presenter par une valeur estrangere, et puis, grande sottise, se contentant par piperie [2] de s'acquerir l'ignorante approbation du vulgaire, se descrier envers les gens d'entendement qui hochent du nez [3] nostre incrustation empruntée, desquels seuls la louange a du poids.   De ma part il n'est rien que je veuille moins faire.   Je ne dis les autres, sinon pour d'autant plus me dire.   Cecy ne touche pas des centons qui se publient pour centons: et j'en ay veu de tres-ingenieux en mon temps, entre autres un, sous le nom de Capilupus,* outre les anciens.   Ce sont des esprits qui se font voir et par ailleurs et par là, comme Lipsius* en ce docte et laborieux tissu de ses Politiques.

Quoy qu'il en soit, veux-je dire, et quelles que soyent ces inepties, je n'ay pas deliberé de les cacher, non plus qu'un mien pourtraict chauve et grisonnant, où le peintre auroit mis, non un visage parfaict, mais le mien.   Car aussi ce sont ici mes humeurs et opinions; je les donne pour ce qui est en ma creance, non pour ce qui est à croire.   Je ne vise icy qu'à découvrir moy mesmes, qui seray par adventure autre demain, si nouveau apprentissage me change.   Je n'ay point l'authorité d'estre creu, ny ne le desire, me sentant trop mal instruit pour instruire autruy.

Quelcun donq', ayant veu l'article precedant, me disoit chez moy, l'autre jour, que je me devoy estre un peu estendu [4] sur le discours de l'institution des enfans.   Or, Madame, si j'avoy quelque suffisance en ce subject, je ne pourroi la mieux employer que d'en faire un present à ce petit homme qui vous menasse de faire tantost une belle sortie de chez vous (vous estes trop genereuse pour commencer autrement que par un

---

[1] in their own resources.   [2] by fraud.   [3] disdain.
[4] *j'aurais dû m'étendre.*

masle).   Car, ayant eu tant de part à la conduite de vostre
mariage,* j'ay quelque droit et interest à la grandeur et
prosperité de tout ce qui en viendra: outre ce que l'ancienne
possession que vous avez sur ma servitude, m'obligent assez à
desirer honneur, bien et advantage à tout ce qui vous touche.
Mais, à la verité, je n'y entens sinon cela, que la plus grande
difficulté et importante de l'humaine science semble estre en
cet endroit où il se traite de la nourriture [1] et institution des
enfans.

C   Tout ainsi qu'en l'agriculture les façons qui vont avant le
planter sont certaines et aysées, et le planter mesme; mais
depuis que ce qui est planté vient à prendre vie, à l'eslever il
y a une grande varieté de façons et difficulté. Pareillement
aux hommes, il y a peu d'industrie à les planter: mais, depuis
qu'ils sont naiz, on se charge d'un soing divers, plein d'enbe-
soignement et de crainte, à les dresser et nourrir.

A   La montre de leurs inclinations est si tendre en ce bas
aage, et si obscure; les promesses si incertaines et fauces, qu'il
est mal-aisé d'y establir aucun solide jugement.

B   Voyez Cimon, voyez Themistocles * et mille autres,
combien ils se sont disconvenuz à eux-mesme.   Les petits
des ours, des chiens, montrent leur inclination naturelle,
mais les hommes, se jettans incontinent en des accoustumances,
en des opinions, en des loix, se changent ou se deguisent
facilement.

A   Si est-il difficile de forcer les propensions naturelles.
D'où il advient que, par faute d'avoir bien choisi leur route,
pour neant se travaille on souvent et employe l'on beaucoup
d'aage [2] à dresser des enfans aux choses ausquelles ils ne
peuvent prendre pied.   Toutesfois, en cette difficulté, mon
opinion est de les acheminer tousjours aux meilleures choses
et plus profitables, et qu'on se doit peu appliquer à ces legieres
divinations et prognostiques que nous prenons des mouvemens
C   de leur enfance.   ▲ Platon mesme, en sa République, me
semble leur donner beaucoup d'autorité.

A   Madame, c'est un grand ornement que la science, et un
util [3] de merveilleux service, notamment aux personnes élevées

---

[1] upbringing.   [2] time.   [3] *outil*.

en tel degré de fortune, comme vous estes.   A la verité, elle n'a point son vray usage en mains viles et basses.   Elle est bien plus fiere de préter ses moyens à conduire une guerre: à commander un peuple: à pratiquer [1] l'amitié d'un prince ou d'une nation estrangiere, qu'à dresser un argument dialectique: ou à plaider un appel: ou ordonner une masse de pillules.   Ainsi, Madame, par ce que je croy que vous n'oublierez pas cette partie en l'institution des vostres, vous qui en avez savouré la douceur, et qui estes d'une race lettrée (car nous avons encore les escrits de ces anciens Comtes de Foix, d'où monsieur le Comte, vostre mary, et vous estes descendus; et François, monsieur de Candale,* vostre oncle, en faict naistre tous les jours d'autres, qui estendront la connoissance de cette qualité de vostre famille à plusieurs siecles). Je vous veux dire là dessus une seule fantasie que j'ay contraire au commun usage: c'est tout ce que je puis conferer à vostre service en cela.

La charge du gouverneur que vous luy donrez, du chois duquel depend tout l'effect de son institution, ell' a plusieurs autres grandes parties; mais je n'y touche point, pour n'y sçavoir rien apporter qui vaille; et de cet article, sur lequel je me mesle de luy donner advis, il m'en croira autant qu'il y verra d'apparence.   A un enfant de maison[2] qui recherche les lettres, non pour le gaing (car une fin si abjecte est indigne de la grace et faveur des Muses, et puis elle regarde et depend d'autruy), ny tant pour les commoditez externes que pour les sienes propres, et pour s'en enrichir et parer au dedans, ayant plustost envie d'en tirer un habil' homme qu'un homme sçavant, je voudrois aussi qu'on fut soigneux de luy choisir un conducteur qui eust plutost la teste bien faicte que bien pleine, et qu'on y requit tous les deux, mais plus les meurs et l'entendement que la science.   Et qu'il se conduisist en sa charge d'une nouvelle maniere.

On ne cesse de criailler à nos oreilles, comme qui verseroit dans un antonnoir, et nostre charge ce n'est que redire ce qu'on nous a dict.   Je voudrois qu'il corrigeast cette partie: et que, de belle arrivée, selon la portée de l'ame qu'il a en

---

[1] acquire.   [2] de maison noble.

main, il commençast à la mettre sur la montre [1], luy faisant gouster les choses, les choisir et discerner d'elle mesme. Quelquefois luy ouvrant chemin, quelquefois le luy laissant ouvrir.   Je ne veux pas qu'il invente et parle seul, je veux

C   qu'il escoute son disciple parler à son tour.   ▲ Socrates et, depuis, Archesilas* faisoient premierement parler leurs disciples, et puis ils parloient à eux.   «*Obest plerumque iis qui discere volunt auctoritas eorum qui docent*» [2].

Il est bon qu'il le face trotter devant luy pour juger de son train, et juger jusques à quel point il se doibt ravaler [3] pour s'accommoder à sa force.   A faute de cette proportion nous gastons tout: et de la sçavoir choisir, et s'y conduire bien mesureement c'est l'une des plus ardues besongnes que je sçache: et est l'affaict d'une haute ame et bien forte, sçavoir condescendre à ses allures pueriles et les guider.   Je marche plus seur et plus ferme à mont qu'a val [4].

Ceux qui, comme porte nostre usage, entreprennent d'une mesme leçon et pareille mesure de conduite regenter [5] plusieurs esprits de si diverses mesures et formes, ce n'est pas merveille si, en tout un peuple d'enfans, ils en rencontrent à peine deux ou trois qui rapportent quelque juste fruit de leur discipline.

A   Qu'il ne luy demande pas seulement compte des mots de sa leçon, mais du sens et de la substance, et qu'il juge du profit qu'il aura fait, non par le tesmoignage de sa memoire, mais de sa vie.   Que ce qu'il viendra d'apprendre, il le lui face mettre en cent visages et accommoder à autant de divers subjets, pour voir s'il l'a encore bien pris et bien faict sien,

C   prenant l'instruction de son progrez des pædagogismes de

A   Platon.   ▲ C'est tesmoignage de crudité et indigestion que de regorger la viande comme on l'a avallée.   L'estomac n'a pas faict son operation, s'il n'a faict changer la façon et la forme à ce qu'on luy avoit donné à cuire.

B   Nostre ame ne branle qu'à credit, liée et contrainte à

---

put him through his paces (like a horse).

[2] "To those who wish to learn the authority of those who teach is often a hindrance" (Cicero, *De Nat. Deor.* I, v).

[3] descend to his level.   [4] uphill than downhill.   [5] to tutor.

l'appetit des fantasies d'autruy, serve et captivée soubs
l'authorité de leur leçon.   On nous a tant assubjectis aux
cordes [1] que nous n'avons plus de franches allures.   Nostre
vigueur et liberté est esteinte.   ▲ «*Nunquam tutelæ suæ*   c
fiunt [2].»   ▲ Je vy privéement à Pise un honneste homme,   B
mais si Aristotélicien, que le plus general de ses dogmes est:
que la touche [3] et regle de toutes imaginations solides et de
toute verité c'est la conformité à la doctrine d'Aristote; que
hors de là ce ne sont que chimeres et inanité; qu'il a tout veu
et tout dict.   Cette proposition, pour avoir esté un peu trop
largement et iniquement interpretée, le mit autrefois et tint
long temps en grand accessoire [4] à l'inquisition à Rome.*

Qu'il luy face tout passer par l'estamine et ne loge rien   A
en sa teste par simple authorité et à credit.   Les principes
d'Aristote ne luy soyent principes, non plus que ceux des
Stoiciens ou Epicuriens.   Qu'on luy propose cette diversité
de jugemens: il choisira s'il peut, sinon il en demeurera en
doubte.   ▲ Il n'y a que les fols certains et resolus.   c

Che non men che saper dubbiar m'aggrada. [5]   A

Car s'il embrasse les opinions de Xenophon et de Platon
par son propre discours, ce ne seront plus les leurs, ce seront
les siennes.   ▲ Qui suit un autre, il ne suit rien.   Il ne   c
trouve rien, voire il ne cerche rien.   «*Non sumus sùb rege;
sibi quisque se vindicet* » [6].   Qu'il sache qu'il sçait, au moins.
Il faut qu'il emboive [7] leurs humeurs, non qu'il aprenne   A
leurs preceptes.   Et qu'il oublie hardiment, s'il veut, d'où il
les tient, mais qu'il se les sçache approprier.   La verité et la
raison sont communes à un chacun, et ne sont non plus à qui
les a dites premierement, qu'à qui les dict apres.   ▲ Ce n'est   c
non plus selon Platon que selon moy, puis que luy et moi
l'entendons et voyons de mesme.   ▲ Les abeilles pillotent [8]   A

----

[1] leading strings.
[2] "They never become their own guardians" (Seneca, *Ep.*, XXXIII).
[3] touch-stone.   [4] danger.
[5] "For doubt, not less than knowledge, pleases me" (Dante, *Inferno* XI, 93—
added in 1582).
[6] "We are not subject to a king: let each man claim his own rights" (Seneca,
Ep., XXXIII).   [7] *s'imbibe de.*   [8] pillage.

deçà delà les fleurs, mais elles en font apres le miel, qui est tout leur; ce n'est plus thin ny marjolaine: ainsi les pieces empruntées d'autruy, il les transformera et confondera, pour en faire un ouvrage tout sien: à sçavoir son jugement.   Son institution, son travail et estude ne vise qu'à le former.

C   Qu'il cele tout ce dequoy il a esté secouru, et ne produise que ce qu'il en a faict.   Les pilleurs, les enprunteurs mettent en parade leurs bastiments, leurs achapts, non pas ce qu'ils tirent d'autruy.   Vous ne voyez pas les espices [1] d'un homme de parlement, vous voyez les alliances qu'il a gaignées et honneurs à ses enfants.   Nul ne met en compte publique sa recette: chacun y met son acquest.

Le guain de nostre estude, c'est en estre devenu meilleur et plus sage.

A   C'est, disoit Epicharmus,* l'entendement qui voyt et qui oyt, c'est l'entendement qui approfite tout, qui dispose tout, qui agit, qui domine et qui regne: toutes autres choses sont aveugles, sourdes et sans ame.   Certes nous le rendons servile et coüard, pour ne luy laisser la liberté de rien faire de soy.

B   Qui demanda jamais à son disciple ce qu'il luy semble ▲ de

A   la Rethorique et de la Grammaire ▲ , de telle ou telle sentence [2] de Ciceron?   On nous les placque en la memoire toutes empennées [3], comme des oracles où les lettres et les

C   syllabes sont de la substance de la chose.   ▲ Sçavoir par cœur n'est pas sçavoir: c'est tenir ce qu'on a donné en garde à sa memoire.   Ce qu'on sçait droittement [4], on en dispose, sans regarder au patron, sans tourner les yeux vers son livre. Facheuse suffisance, qu'une suffisance pure livresque!   Je m'attens [5] qu'elle serve d'ornement, non de fondement, suivant l'advis de Platon, qui dict la fermeté, la foy, la sincerité estre la vraye philosophie, les autres sciences et qui visent ailleurs, n'estre que fard.

A   Je voudrois que le Paluël ou Pompée, ces beaux danseurs de mon temps, apprinsent des caprioles à les voir seulement faire, sans nous bouger de nos places, comme ceux-cy veulent

C   instruire notre entendement, sans l'esbranler: ▲ ou qu'on

---

[1] fees.   [2] dictum.   [3] fully fledged.
[4] truly, correctly.   [5] I look for it (desire it) to . . .

nous apprinst à manier un cheval, ou une pique, ou un luth, ou la voix, sans nous y exercer, comme ceux icy nous veulent apprendre à bien juger et à bien parler, sans nous exercer ny à parler ny à juger. ▲ Or, à cet apprentissage, tout ce qui se A presente à nos yeux sert de livre suffisant: la malice d'un page, la sottise d'un valet, un propos de table, ce sont autant de nouvelles matieres.

A cette cause, le commerce des hommes y est merveilleusement propre, et la visite des pays estrangers. Non pour en rapporter seulement, à la mode de nostre noblesse Françoise, combien de pas a *Santa Rotonda*,* ou la richesse des calessons de la *Signora Livia*, ou, comme d'autres, combien le visage de Neron, de quelque vieille ruyne de là, est plus long ou plus large que celuy de quelque pareille medaille. Mais pour en raporter principalement les humeurs de ces nations et leurs façons, et pour frotter et limer nostre cervelle contre celle d'autruy. Je voudrois qu'on commençast à le promener des sa tendre enfance: Et premierement, pour faire d'une pierre deux coups, par les nations voisines où le langage est plus esloigné du nostre, et auquel, si vous ne la formez de bon' heure la langue ne se peut plier.

Aussi bien est-ce une opinion receuë d'un chacun, que ce n'est pas raison de nourrir un enfant, au giron de ses parents. Cette amour naturelle les [1] attendrist trop et relasche, voire les plus sages. Ils ne sont capables ny de chastier ses fautes, ny de le voir nourry grossierement, comme il faut, et hasardeusement. Ils ne le sçauroient souffrir revenir suant et poudreux de son exercice, ▲ boire chaud, boire froid, ▲ ny CA le voir sur un cheval rebours, ny contre un rude tireur, le floret au poing, ny la premiere harquebouse. Car il n'y a remede, qui en veut faire un homme de bien, sans doubte il ne le faut espargner en cette jeunesse, et souvent choquer les regles de la medecine:

> *vitámque sub dio et trepidis agat* B
> *In rebus* [2].

---

[1] i.e. the parents.
[2] "Let him live under the open sky and amid alarms" (Horace, *Od.*, III, ii, 5).

C   Ce n'est pas assez de luy roidir l'ame; il luy faut aussi roidir les muscles. Elle est trop pressée, si elle n'est secondée, et a trop à faire de seule fournir à deux offices [1]. Je sçay combien ahanne la mienne en compagnie d'un corps si tendre, si sensible, qui se laisse si fort aller sur elle. Et apperçoy souvent en ma leçon [2], qu'en leurs escris mes maistres font valoir, pour magnanimité et force de courage, des exemples qui tiennent volontiers plus de l'espessissure de la peau et durté des os. J'ay veu des hommes, des femmes et des enfans ainsi nays, qu'une bastonade leur est moins qu'à moy une chiquenaude: qui ne remuent ny langue ny sourcil aux coups qu'on leur donne. Quand les Athletes contrefont les philosophes en patience, c'est plus tost vigueur de nerfs que de cœur. Or l'accoustumance à porter le travail est accoustumance à porter la doleur: «*labor callum obducit dolori* [3].» Il le faut rompre à la peine et aspreté des exercices, pour le dresser à le peine et aspreté de la desloueure [4], de la colique, du caustere, et de la geaule, et de la torture. Car de ces dernieres [5] icy encore peut-il estre en prinse, qui regardent les bons selon le temps [6], comme les meschants. Nous en sommes à l'espreuve. Quiconque combat les loix, menace les plus gens de bien d'escourgées [7] et de la corde.

A   Et puis, l'authorité du gouverneur, qui doit estre souveraine sur luy s'interrompt et s'empesche par la presence des parens. Joint que ce respect que la famille [8] luy porte, la connoissance des moyens et grandeurs de sa maison, ce ne sont à mon opinion pas legieres incommoditez en cet aage.

En cette eschole du commerce des hommes, j'ay souvent remarqué ce vice, qu'au lieu de prendre connoissance d'autruy, nous ne travaillons qu'a la donner de nous: et sommes plus en peine d'emploiter [9] nostre marchandise que d'en acquerir de nouvelle. Le silence et la modestie sont qualitez tres-commodes à la conversation. On dressera cet enfant à estre espargnant et mesnagier de sa suffisance, quand

---

[1] i.e. those of the body and also its own.   [2] in my reading.
[3] "Toil produces a skin hardened to pain" (Cicero, *Tusc.*, II, 15).
[4] dislocation.   [5] i.e. prison and torture.
[6] i.e. the time of the Civil Wars.   [7] with scourging.
[8] the household.   [9] employ.

il l'ara acquise; à ne se formalizer point des sottises et fables qui se diront en sa presence.   Car c'est une incivile importunité de choquer tout ce qui n'est pas de nostre appetit.

Qu'il se contente de se corriger soy mesme, et ne semble   c
pas reprocher à autruy tout ce qu'il refuse à faire, ny contraster [1] aux mœurs publiques.   «*Licet sapere sine pompa, sine invidia* [2]».   Fuie ces images regenteuses et inciviles, et cette puerile ambition de vouloir paroistre plus fin pour estre autre, et tirer nom par reprehensions et nouvelletez.   Comme il n'affiert [3] qu'aux grands poetes d'user des licences de l'art, aussi n'est-il supportable qu'aux grandes ames et illustres de se privilegier au dessus de la coustume.   «*Si quid Socrates et Aristippus contra morem et consuetudinem fecerint, idem sibi ne arbitretur licere: magnis enim illi et divinis bonis hanc licentiam assequebantur* [4].»   ▲ On luy apprendra de n'entrer   A
en discours ou contestation que où il verra un champion digne de sa luite: Et là mesmes à n'employer pas tous les tours qui luy peuvent servir, mais ceux-là seulement qui luy peuvent le plus servir.   Qu'on le rende delicat au chois et triage de ses raisons, et aymant la pertinence, et par consequent la briefveté.   Qu'on l'instruise sur tout à se rendre et à quitter les armes à la vérité, tout aussi tost qu'il l'appercevra: soit qu'elle naisse és mains de son adversaire, soit qu'elle naisse en luy mesmes par quelque ravisement [5]. Car il ne sera pas mis en chaise [6] pour dire un rolle prescript. Il n'est engagé à aucune cause, que par ce qu'il l'appreuve. Ny ne fera du mestier où se vent à purs deniers contans la liberté de se pouvoir repentir et reconnoistre.   ▲ «*Neque, ut   c
omnia quæ præscripta et imperata sint defendat, necessitate ulla cogitur* [7].»

Si son gouverneur tient de mon humeur, il luy formera

---

[1] set himself against.

[2] "One can be wise without display, without odium" (Seneca, *Ep.*, CIII *in fin.*).

[3] befits.

[4] "If indeed Socrates and Aristippus acted against custom and usage, let him not suppose the same is his privilege, for these men acquired this privilege by great and superhuman qualities" (Cicero, *De. Offic.*, I, XLI).

[5] *en se ravisant.*   [6] *chaire.*

[7] "Nor is he compelled by any necessity to defend all that is prescribed and commanded" (Cicero, *Acad.*, II, iii).

la volonté à estre tres loyal serviteur de son prince et tres-
affectionné et tres-courageux; mais il luy refroidira l'envie de
s'y attacher autrement que par un devoir publique.   Outre
plusieurs autres inconvenients qui blessent nostre franchise
par ces obligations particulieres, le jugement d'un homme
gagé et achetté, ou il est moins entier et moins libre, ou il est
taché [1] et d'imprudence et d'ingratitude.

Un courtisan ne peut avoir ny loy ni volonté de dire et
penser que favorablement d'un maistre qui, parmi tant de
milliers d'autres subjects, l'a choisi pour le nourrir et eslever
de sa main.   Cette faveur et utilité corrompent non sans
quelque raison sa franchise, et l'esblouissent.   Pourtant void
on coustumierement le langage de ces gens-là divers à tout
autre langage d'un estat, et de peu de foy [2] en telle matiere.

A   Que sa conscience et sa vertu reluisent en son parler,
CA   et n'ayent que la raison pour guide ▲.   Qu'on luy face
entendre que de confesser la faute qu'il descouvrira en son
propre discours, encore qu'elle ne soit aperceuë que par luy,
c'est un effet de jugement et de sincerité, qui sont les princi-
C   pales parties qu'il cherche; ▲ que l'opiniatrer et contester
sont qualitez communes, plus apparentes aux [3] plus basses
ames; que se raviser et se corriger, abandonner un mauvais
party sur le cours de son ardeur, ce sont qualitez rares, fortes
et philosophiques.

A   On l'advertira, estant en compaignie, d'avoir les yeux par
tout; car je trouve que les premiers sieges sont communément
saisis par les hommes moins capables, et que les grandeurs de
fortune ne se trouvent guieres meslées à la suffisance.   J'ay
veu, cependant qu'on s'entretenoit, au haut bout d'une table,
de la beauté d'une tapisserie ou du goust de la malvoisie [4],
se perdre beaucoup de beaux traicts à l'autre bout.   Il sondera
la portée d'un chacun: un bouvier, un masson, un passant:
il faut tout mettre en besongne, et emprunter chacun selon sa
marchandise: car tout sert en mesnage; la sottise mesmes et
foiblesse d'autruy luy sera instruction.   A contreroller les
graces et façons d'un chacun, il s'engendrera envie des
bonnes, et mespris des mauvaises.

[1] tainted.   [2] untrustworthy.   [3] more apparent in . . .   [4] malmsey wine.

Qu'on luy mette en fantasie une honeste curiosité de s'enquerir de toutes choses.   Tout ce qu'il y aura de singulier autour de luy, il le verra.   Un bastiment, une fontaine, un homme, le lieu d'une bataille ancienne, le passage de Cæsar ou de Charlemaigne:

> *Quæ tellus sit lenta gelu, quæ putris ab æstu,*
> *Ventus in Italiam quis bene vela ferat* [1].   3

Il s'enquerra des meurs, des moyens et des alliances de   A
ce Prince, et de celuy-là.   Ce sont choses tres-plaisantes à apprendre et tres-utiles à sçavoir.

En cette practique des hommes, j'entends y comprendre, et principalement, ceux qui ne vivent qu'en la memoire des livres.   Il practiquera, par le moyen des histoires, ces grandes ames des meilleurs siecles.   C'est un vain estude, qui [2] veut; mais qui veut aussi, c'est un estude de fruit inestim-able.   ▲ Et le seul estude, comme dit Platon, que les Lacede-   C
moniens eussent reservé à leur part.   ▲ Quel profit ne fera-il   A
en cette part-là, à la lecture des vies de nostre Plutarque? Mais que mon guide se souvienne où vise sa charge.   Et qu'il n'imprime pas tant à son disciple ▲ la date de la ruine de   C
Carthage que les meurs de Hannibal et de Scipion, ny tant ▲ où mourut Marcellus, que pourquoy il fut indigne   A
de son devoir qu'il mourut là.*   Qu'il ne luy apprenne pas tant les histoires, qu'à en juger.   ▲ C'est à mon gré, entre   C
toutes, la matiere à laquelle nos esprits s'appliquent de plus diverse mesure.   J'ay leu en Tite-Live cent choses que tel n'y a pas leu.   Plutarque en y a leu cent, outre ce que j'y ay sceu lire, et, à l'adventure, outre ce que l'autheur y avoit mis. A d'aucuns c'est un pur estude grammairien; à d'autres, l'anatomie de la philosophie, en laquelle les plus abstruses parties de nostre nature se penetrent.   ▲ Il y a dans   A
Plutarque beaucoup de discours estandus, tres-dignes d'estre sceus, car à mon gré c'est le maistre ouvrier de telle besongne. Mais il y en a mille qu'il n'a que touché simplement.   Il guigne [3] seulement du doigt par où nous irons, s'il nous plaist:

---

[1] "Which land is benumbed by frost, which crumbling with heat, what fair wind drives the sails towards Italy" (Propertius, IV, iii, 39).
[2] *Si l'on.*   [3] points.

et se contente quelquefois de ne donner qu'une attainte dans
le plus vif d'un propos.   Il les faut arracher de là et mettre

B en place marchande.   ▲ Comme ce sien mot, que les habitants
d'Asie servoient à un seul, pour ne sçavoir prononcer une
seule sillabe, qui est Non, donna peut estre la matiere et

A l'occasion à la Boitie de sa Servitude Volontaire.*   ▲ Cela
mesme de luy voir trier une legiere action en la vie d'un
homme, ou un mot, qui semble ne porter pas: cela, c'est un
discours.   C'est dommage que les gens d'entendement
ayment tant la briefveté.   Sans doute leur reputation en vaut
mieux, mais nous en valons moins: Plutarque aime mieux que
nous le vantions de son jugement que de son sçavoir; il ayme
mieux nous laisser desir de soy que satieté.   Il sçavoit qu'és
choses bonnes mesmes on peut trop dire, et que Alexandridas
reprocha justement à celuy qui tenoit aux Ephores * des bons
propos, mais trop longs: O estrangier, tu dis ce qu'il faut,

C autrement qu'il ne faut.   ▲ Ceux qui ont le corps gresle,
le grossissent d'embourrures [1]: ceux qui ont la matiere exile [2],
l'enflent de paroles.

A   Il se tire une merveilleuse clarté, pour le jugement humain,
de la frequentation du monde.   Nous sommes tous con-
traints [3] et amoncellez en nous, et avons la veuë racourcie
à la longueur de nostre nez.   On demandoit à Socrates d'où
il estoit.   Il ne respondit pas: D'Athenes; mais: Du monde.
Luy, qui avoit son imagination plus plaine et plus estanduë,
embrassoit l'univers comme sa ville: jettoit ses connoissances,
sa société et ses affections à tout le genre humain.   Non pas
comme nous qui ne regardons que sous nous.   Quand les
vignes gelent en mon village, mon prebstre en argumente
l'ire de Dieu sur la race humaine, et juge que la pepie en
tienne des-jà les Cannibales.   A voir nos guerres civiles, qui
ne crie que cette machine se bouleverse et que le jour du
jugement nous prent au collet? Sans s'aviser que plusieurs
pires choses se sont veuës, et que les dix mille parts du
monde ne laissent pas de galler le bon temps [4] cependant.

B Moy, selon leur licence et impunité, admire de les voir

A si douces et molles.   ▲ A qui il gresle sur la teste, tout

---

[1] stuffing.   [2] thin.   [3] confined.   [4] make merry.

l'hemisphere semble estre en tempeste et orage. Et disoit le Savoïart que, si ce sot de Roy de France eut sceu bien conduire sa fortune, il estoit homme pour devenir maistre d'hostel de son Duc. Son imagination ne concevoit autre plus eslevée grandeur que celle de son maistre. ▲ Nous sommes insensiblement tous en cette erreur: erreur de grande suite[1] et prejudice. ▲ Mais qui se presente, comme dans un tableau, cette grande image de nostre mere nature en son entiere magesté; qui lit en son visage une si generale et constante varieté; qui se remarque là dedans, et non soy, mais tout un royaume, comme un traict d'une pointe tres delicate: celuy-là seul estime les choses selon leur juste grandeur.

Ce grand monde, que les uns multiplient encore comme especes soubs un genre, c'est le miroüer où il nous faut regarder pour nous connoistre de bon biais. Somme[2], je veux que ce soit le livre de mon escholier. Tant d'humeurs, de sectes, de jugemens, d'opinions, de loix et de coustumes nous apprennent à juger sainement des nostres: et apprennent nostre jugement à reconnoistre son imperfection et sa naturelle foiblesse: qui n'est pas un legier apprentissage. Tant de remuements d'estat et changements de fortune ▲ publique ▲ nous instruisent à ne faire pas grand miracle de la nostre. Tant de noms, tant de victoires et conquestes ensevelies soubs l'oubliance, rendent ridicule l'esperance d'eterniser nostre nom par la prise de dix argolets[3] et d'un pouillier[4] qui n'est conneu que de sa cheute. L'orgueil et la fiereté de tant de pompes estrangieres, la magesté si enflée de tant de cours et de grandeurs, nous fermit et asseure la veüe à soustenir l'esclat des nostres sans siller[5] les yeux. Tant de milliasses d'hommes, enterrez avant nous, nous encouragent à ne craindre d'aller trouver si bonne compagnie en l'autre monde. Ainsi du reste.

Nostre vie, disoit Pythagoras, retire[6] à la grande et populeuse assemblée des jeux Olympiques. Les uns s'y exercent le corps pour en acquerir la gloire des jeux; d'autres

---

[1] consequence.
[2] *En somme.*
[3] troopers (*arquebusiers à cheval*).
[4] hen-house, i.e. ramshackle fort.
[5] *ciller.*
[6] resembles.

y portent des marchandises à vendre pour le gain.   Il en est,
et qui ne sont pas les pires, lesquels ne cerchent autre fruict
que de regarder comment et pourquoy chaque chose se faict,
et estre spectateurs de la vie des autres hommes, pour en juger
et regler la leur.

A   Aux exemples se pourront proprement assortir tous les
plus profitables discours de la philosophie, à laquelle se doivent
toucher les actions humaines comme à leur reigle.   On luy dira,

B   *quid fas optare, quid asper*
            Utile nummus habet; patriæ charisque propinquis
            Quantum elargiri deceat: quem te Deus esse
            Jussit, et humana qua parte locatus es in re;
            Quid sumus, aut quidnam victuri gignimur [1];

A   Que c'est que sçavoir et ignorer, qui [2] doit estre le but de
l'estude;   Que c'est que vaillance, temperance et justice;
Ce qu'il y a à dire entre l'ambition et l'avarice, la servitude
et la subjection, la licence et la liberté;   A quelles marques on
connoit le vray et solide contentement;   Jusques où il faut
craindre la mort, la douleur et la honte,

B   *Et quo quemque modo fugiátque ferátque laborem* [3];

A   Quels ressors nous meuvent, et le moyen de tant divers
branles en nous.   Car il me semble que les premiers discours
dequoy on luy doit abreuver l'entendement, ce doivent estre
ceux qui reglent ses meurs et son sens.   Qui luy apprendront
C   à se connoistre, et à sçavoir bien mourir et bien vivre. ▲Entre
les arts liberaux, commençons par l'art qui nous faict libres.
Elles [4] servent toutes aucunement à l'instruction de nostre
vie et à son usage, comme toutes autres choses y servent
aucunement.   Mais choisissons celle qui y sert directement
et professoirement [5].

    Si nous sçavions restraindre les appartenances de nostre

----

[1] "What it is right to desire, what use hard-won money has, how far one ought
to give generously to one's country and dearest kindred: what God has commanded you to be, and what part has been allotted to you in human society; what
we are, and what the life we were born to lead" (Persius, *Sat.*, III, 67 *et seq.*).
    [2] *ce qui.*
    [3] "And how far he should avoid or endure every kind of hardship" (Virgil,
Aen., III, 439).
    [4] The arts (M. varies as to gender of *art*).   [5] professedly.

vie à leurs justes et naturels limites, nous trouverions que la meilleure part des sciences qui sont en usage, est hors de notre usage. Et en celles-mesmes qui le sont, qu'il y a des estendues et enfonceures tres-inutiles, que nous ferions mieux de laisser là, et, suivant l'institution de Socrates, borner le cours de nostre estude en icelles, où faut l'utilité.

> *sapere aude,*   A
> *Incipe: vivendi qui rectè prorogat horam,*
> *Rusticus expectat dum defluat amnis; at ille*
> *Labitur, et labetur in omne volubilis ævum* [1].

C'est une grande simplesse d'apprendre à nos enfans

> *Quid moveant pisces, animosáque signa leonis,*   B
> *Lotus et Hesperia quid capricornus aqua* [2],

la science des astres et le mouvement de la huitiesme sphere,   A avant que les leurs propres:

> Τί πλειάδεσσι κάμοί.
> Τί δ᾽ ἀστράσι βοώτεω [3]

Anaximenes * escrivant à Pythagoras: De quel sens puis-je   C m'amuser au secret des estoiles, ayant la mort ou la servitude tousjours presente aux yeux (car lors les Roys de Perse preparoient la guerre contre son païs). Chacun doit dire ainsi: Estant battu d'ambition, d'avarice, de temerité, de superstition, et ayant au-dedans tels autres ennemis de la vie, iray-je songer au bransle du monde?

Apres qu'on luy aura dict ce qui sert à le faire plus sage   A et meilleur, on l'entretiendra que c'est que Logique, Physique, Geometrie, Rhetorique; et la science qu'il choisira, ayant des-jà le jugement formé, il en viendra bien tost à bout. Sa leçon se fera tantost par devis, tantost par livre; tantost son gouverneur luy fournira de l'auteur mesme, propre à cette

---

[1] "Dare to be wise, set yourself to the task: he who delays the moment to live rightly, is like the countryman who waits for the river to flow away: but it flows on, and will through every changing age" (Horace, *Ep.*, I, ii, 40).

[2] "What is the influence of Pisces, and the proud stars of Leo, and what of Capricorn, bathed in the Hesperian sea" (Propertius, IV, i, 89).

[3] "What are to me the Pleiades, what the Ploughman stars" (Anacreon, *Od.*, XVII, 10).

fin de son institution; tantost il luy en donnera la moelle et la
substance toute maschée.   Et si, de soy mesme, il n'est assez
familier des livres pour y trouver tant de beaux discours qui
y sont, pour l'effect de son dessein, on luy pourra joindre quelque homme de lettres, qui à chaque besoing fournisse les
munitions qu'il faudra, pour les distribuer et dispenser à son
nourrisson.   Et que cette leçon ne soit plus aisée et naturelle
que celle de Gaza *, qui y peut faire doute?   Ce sont là
preceptes espineux et mal plaisans, et des mots vains et
descharnez, où il n'y a point de prise, rien qui vous esveille
l'esprit.   En cette cy l'ame trouve où mordre et où se paistre.
Ce fruict est plus grand, sans comparaison, et si sera plustost
meury.

   C'est grand cas [1] que les choses en soyent là en nostre
siecle, que la philosophie, ce soit, jusques aux gens d'entendement, un nom vain et fantastique, qui se treuve de nul usage
et de nul pris ▲, et par opinion et par effect ▲.   Je croy que
ces ergotismes en sont cause, qui ont saisi ses avenues.   On a
grand tort de la peindre inaccessible aux enfans, et d'un
visage renfroigné, sourcilleux et terrible.   Qui me l'a mas-
quée de ce faux visage, pasle et hideux?   Il n'est rien plus
gay, plus gaillard, plus enjoué, et à peu que [2] je ne dise
follastre.   Elle ne presche que feste et bon temps.   Une
mine triste et transie montre que ce n'est pas là son giste.
Demetrius le Grammairien, rencontrant dans le temple de
Delphes une troupe de philosophes assis ensemble, il leur dit:
Ou je me trompe, ou à vous voir la contenance si paisible et
si gaye, vous n'estes pas en grand discours entre vous.   A quoy
l'un d'eux, Heracleon le Megarien, respondit: C'est à faire
à ceux qui cherchent si le futur du verbe βάλλω [3] a double λ,
ou qui cherchent la derivation des comparatifs χεῖρον et
βέλτιον [4], et des superlatifs χεῖριστον et βέλτιστον [5], qu'il faut
rider le front, s'entretenant de leur science.   Mais quant
aux discours de la philosophie, ils ont accoustumé d'esgayer
et resjouïr ceux qui les traictent, non les renfroigner et
contrister,*

CA

---

[1] It is a notable fact.   [2] *peu s'en faut que.*
[3] I throw.   [4] worse . . . better.   [5] worst . . . best.

Deprendas animi tormenta latentis in ægro   B
Corpore, deprendas et gaudia: sumit utrumque
Inde habitum facies [1].

L'ame qui loge la philosophie, doit par sa santé rendre sain   A
encores le corps.   Elle doit faire luire jusques au dehors
son repos et son aise; doit former à son moule le port
exterieur, et l'armer par consequent d'une gratieuse fierté,
d'un maintien actif et allegre, et d'une contenance contente
et debonnaire.   ▲ La plus expresse marque de la sagesse,   C
c'est une esjouïssance constante: son estat est comme des
choses au dessus de la Lune: toujours serein.   ▲ C'est   A
«Barroco» et «Baralipton» [2] qui rendent leurs supposts ainsi
crotez et enfumés, ce n'est pas elle: ils ne la connoissent que
par ouïr dire.   Comment? elle fait estat de serainer [3] les
tempestes de l'âme, et d'apprendre la faim et les fiebvres à
rire.   Non par quelques Epicycles * imaginaires, mais par
raisons naturelles et palpables.   ▲ Elle a pour son but la   C
vertu, qui n'est pas, comme dit l'eschole, plantée à la teste
d'un mont coupé, rabotteux et inaccessible.   Ceux qui l'ont
approchée, la tiennent, au rebours, logée dans une belle plaine
fertile et fleurissante, d'où elle void bien souz soy toutes
choses; mais si peut on y arriver, qui [4] en sçait l'addresse, par
des routtes ombrageuses, gazonnées et doux fleurantes,
plaisamment et d'une pante facile et polie, comme est celle
des voutes celestes.   Pour n'avoir hanté cette vertu supreme,
belle, triumfante, amoureuse, délicieuse pareillement et
courageuse, ennemie professe et irreconciliable d'aigreur, de
desplaisir, de crainte et de contrainte, ayant pour guide nature,
fortune et volupté pour compagnes; ils sont allez, selon leur
foiblesse, faindre cette sotte image, triste, querelleuse,
despite [5], menaceuse, mineuse [6], et la placer sur un rocher, à
l'escart, emmy [7] des ronces; fantosme à estonner les gens.

Mon gouverneur, qui cognoist devoir remplir la volonté
de son disciple autant ou plus d'affection que de reverence

---

[1] "You may detect, hidden in a sickly body, the torments of the soul, you may
also detect its joys: from thence the face assumes either expression" (Juvenal,
Sat., IX, 18).

[2] Memnotechnic names given to forms of the syllogism.   [3] calm.

[4] whoever.   [5] cross.   [6] sullen.   [7] *au milieu.*

envers la vertu, luy sçaura dire que les poëtes suivent les humeurs communes, et luy faire toucher au doigt que les Dieux ont mis plustost la sueur aux advenues des cabinetz de Venus que de Pallas. Et quand il commencera de se sentir, luy presentant Bradamant ou Angelique * pour maistresse à jouïr, et d'une beauté naïve, active, genereuse, non hommasse mais virile, au prix d'une beauté molle, affettée, delicate, artificielle; l'une travestie en garçon, coiffée d'un morrion luysant, l'autre vestue en garce, coiffée d'un attiffet emperlé: il jugera masle son amour mesme, s'il choisit tout diversement à cet effeminé pasteur de Phrygie.* Il luy fera cette nouvelle leçon, que le prix et hauteur de la vraye vertu est en la facilité, utilité et plaisir de son exercice, si esloigné de difficulté, que les enfans y peuvent comme les hommes, les simples comme les subtilz. Le reglement c'est son util [1], non pas la force. Socrates, son premier mignon [2], quitte à escient sa force [3], pour glisser en la naïveté et aisance de son progrez [4]. C'est la mere nourrice des plaisirs humains. En les rendant justes elle les rend seurs et purs. Les moderant, elle les tient en haleine et en goust. Retranchant ceux qu'elle refuse, elle nous aiguise envers ceux qu'elle nous laisse. Et nous laisse abondamment tous ceux que veut nature, et jusques à la satiété, maternellement, sinon jusques à la lasseté. Si d'adventure nous ne voulons dire que le regime qui arreste le beuveur avant l'yvresse, le mangeur avant la crudité [5], le paillard avant la pelade [6], soit ennemy de nos plaisirs. Si la fortune commune luy faut, elle luy eschappe ou elle s'en passe, et s'en forge une autre toute sienne, non plus flottante et roulante. Elle sçait estre riche et puissante et sçavante: et coucher dans des matelats musquez. Elle aime la vie, elle aime la beauté et la gloire et la santé. Mais son office propre et particulier c'est sçavoir user de ces biens là reglement, et les sçavoir perdre constamment [7]. Office bien plus noble qu'aspre. Sans lequel tout cours de vie est desnaturé, turbulent et difforme: et y peut on justement attacher ces escueils, ces

---

[1] *outil*.   [2] favourite.   [3] i.e. the strength of virtue.
[4] i.e. the progression of virtue.   [5] indigestion.
[6] before losing his hair.   [7] with courage.

haliers et ces monstres [1].   Si ce disciple se rencontre de si
diverse condition, qu'il aime mieux ouyr une fable que la
narration d'un beau voyage ou un sage propos quand il
l'entendra; qui [2], au son du tabourin qui arme la jeune
ardeur de ses compagnons, se destourne à un autre qui l'appelle au jeu des batteleurs; qui, par souhait, ne trouve plus
plaisant et plus doux revenir poudreux et victorieux d'un
combat, que de la paulme ou du bal avec le pris de cet
exercice: je n'y trouve autre remede, sinon que de bonne
heure son gouverneur l'estrangle, s'il est sans tesmoins, ou
qu'on le mette patissier dans quelque bonne ville, fust-il fils
d'un duc, suivant le precepte de Platon qu'il faut colloquer les
enfans non selon les facultez de leur pere, mais selon les
facultez de leur ame.

Puis que la philosophie est celle qui nous instruict à vivre,   A
et que l'enfance y a sa leçon, comme les autres aages, pourquoy ne la luy communique l'on?

> *Udum et molle lutum est; nunc nunc properandus, et acri*   B
> *Fingendus sine fine rota* [3].

On nous aprent à vivre quand la vie est passée.   Cent   A
escoliers ont pris la verolle avant que d'estre arrivez à leur
leçon d'Aristote de la temperance.   ▲ Cicero disoit que,   C
quand il vivroit la vie de deux hommes, il ne prendroit pas le
loisir d'estudier les poëtes lyriques.   Et je trouve ces ergo-
tistes plus tristement encores inutiles.   Nostre enfant est bien
plus pressé: il ne doit au pédagisme que les premiers quinze
ou seize ans de sa vie: le demeurant est deu à l'action.   Employons un temps si court aux instructions necessaires.   ▲ Ce   A
sont abus: ostez toutes ces subtilitez espineuses de la Dialectique, dequoy nostre vie ne se peut amender, prenez les simples
discours de la philosophie, sçachez les choisir et traitter à
point: ils sont plus aisez à concevoir qu'un conte de Boccace.
Un enfant en est capable, au partir de la nourrisse, beaucoup
mieux que d'aprendre à lire ou escrire.   La philosophie a

---

[1] Allusion to the caricature of Virtue amid rocks and briars on the previous
page.   [2] *tel qu'il.*
[3] "The clay is moist and soft: now, now is the time for haste and fashioning
it upon the rapid wheel that turns unendingly (Persius, *Sat.*, III, 23).

des discours pour la naissance des hommes comme pour la decrepitude.

Je suis de l'advis de Plutarque, qu'Aristote n'amusa pas tant son grand disciple à l'artifice de composer syllogismes, ou aux Principes de Geometrie, comme à l'instruire des bons preceptes touchant la vaillance, proüesse, la magnanimité et temperance, et l'asseurance de ne rien craindre; et, avec cette munition, il l'envoya encores enfant subjuguer l'Empire du monde à tout seulement 30 000 hommes de pied, 4 000 chevaux et quarante deux mille escuz. Les autres arts et sciences, dict-il, Alexandre les honoroit bien, et loüoit leur excellence et gentillesse; mais, pour plaisir qu'il y prit, il n'estoit pas facile à se laisser surprendre à l'affection de les vouloir exercer.

B
> *Petite hinc, juvenésque senesque,*
> *Finem animo certum, miserísque viatica canis* [1]

C C'est ce que dict Epicurus au commencement de sa lettre à Meniceus. Ny le plus jeune refuie [2] à philosopher, ny le plus vieil s'y lasse. Qui faict autrement, il semble dire ou qu'il n'est pas encores saison d'heureusement vivre, ou qu'il n'en est plus saison.

A Pour tout cecy, je ne veu pas qu'on emprisonne ce garçon. Je ne veux pas qu'on l'abandonne à l'humeur melancholique d'un furieux maistre d'escole. Je ne veux pas corrompre son esprit à le tenir à la gehene et au travail, à la mode des autres, quatorze ou quinze heures par jour, comme un
C portefaiz. ▲ Ny ne trouveroys bon, quand par quelque complexion solitaire et melancholique on le verroit adonné d'une application trop indiscrette à l'estude des livres, qu'on la luy nourrist. Cela les rend ineptes [3] à la conversation civile, et les destourne de meilleures occupations. Et combien ay-je veu de mon temps d'hommes abestis par temeraire [4] avidité de science? Carneades* s'en trouva si affollé, qu'il
A n'eut plus le loisir de se faire le poil et les ongles. ▲ Ny ne

---

[1] Seek hence, young men and old, a fixed purpose for the mind, and provision for doleful hoary age (Persius, *Sat.*, V, 64).
[2] *Que ni le plus jeune refuse . . .*   [3] inapt.   [4] reckless.

veux gaster ses meurs genereuses par l'incivilité et barbarie d'autruy.   La sagesse Françoise a esté anciennement en
proverbe, pour une sagesse qui prenoit de bon' heure, et
n'avoit guieres de tenue [1].   A la verité, nous voyons encores
qu'il n'est rien si gentil que les petits enfans en France; mais
ordinairement ils trompent l'esperance qu'on en a conceuë:
et, hommes faicts, on n'y voit aucune excellence.   J'ay ouy
tenir à gens d'entendement que ces colleges où on les envoie,
dequoy ils ont foison, les abrutissent ainsin.

Au nostre, un cabinet, un jardin, la table et le lit, la
solitude, la compaignie, le matin et le vespre, toutes heures
luy seront unes: toutes places luy seront estude: car la philosophie, qui, comme formatrice des jugements et des meurs,
sera sa principale leçon, a ce privilege de se mesler par tout.
Isocrates l'orateur, estant prié en un festin de parler de son
art, chacun trouve qu'il eut raison de respondre: Il n'est
pas maintenant temps de ce que je sçay faire; de ce dequoy
il est maintenant temps, je ne le sçay pas faire.   Car de
presenter des harangues ou des disputes de rhetorique à une
compaignie assemblée pour rire et faire bonne chere, ce seroit
un meslange de trop mauvais accord.   Et autant en pourroit
on dire de toutes les autres sciences.   Mais, quant à la
philosophie, en la partie où elle traicte de l'homme et de ses
devoirs et offices, ç'a esté le jugement commun de tous les
sages, que, pour la douceur de sa conversation, elle ne devoit
estre refusée ny aux festins ny aux jeux.   Et Platon l'ayant
invitée à son convive [2], nous voyons comme elle entretient
l'assistence d'une facon molle et accommodée au temps et au
lieu, quoy que ce soit de ses plus hauts discours et plus
salutaires:

> Æque pauperibus prodest, locupletibus æque;
> Et, neglecta, æque pueris senibúsque nocebit [3].

Ainsi, sans doubte, il chomera moins que les autres.   Mais,
comme les pas que nous employons à nous promener dans
une galerie, quoy qu'il y en ait trois fois autant, ne nous

---

[1] little lasting power.   [2] Banquet (i.e. allusion to the *Symposium*).
[3] "Equally it profits poor, equally rich: and, neglected, will harm equally boys
and old men" (Horace, *Ep.*, I, i, 25).

lassent pas comme ceux que nous mettons à quelque chemin desseigné [1], aussi nostre leçon, se passant comme par rencontre, sans obligation de temps et de lieu, et se meslant à toutes nos actions, se coulera sans se faire sentir.   Les jeux mesmes et les exercices seront une bonne partie de l'estude: la course, la luite, ▲ la musique, ▲ la danse, la chasse, le maniement des chevaux et des armes.   Je veux que la bienseance exterieure, et l'entre-gent, ▲ et la disposition de la personne, ▲ se façonne quant et quant l'ame.   Ce n'est pas une ame, ce n'est pas un corps qu'on dresse, c'est un homme, il n'en faut pas faire à deux [2].   Et, comme dict Platon, il ne faut pas les dresser l'un sans l'autre, mais les conduire égalements, comme une couple de chevaux attelez à mesme timon.   ▲ Et à l'ouir, semble il pas prester plus de temps et plus de sollicitude aux exercices du corps, et estimer que l'esprit s'en exerce quant et quant, et non au rebours.

Au demeurant, cette institution se doit conduire par une severe douceur, non comme il se faict.   Au lieu de convier les enfans aux lettres, on ne leur presente, à la verité, que horreur et cruauté.   Ostez moy la violence et la force: il n'est rien à mon advis qui abastardisse et estourdisse si fort une nature bien née.   Si vous avez envie qu'il craigne la honte et le chastiement, ne l'y endurcissez pas.   Endurcissez le à la sueur et au froid, au vent, au soleil et aux hazards qu'il luy faut mespriser; Ostez-luy toute mollesse et delicatesse au vestir et coucher, au manger et au boire; accoustumez le à tout.   Que ce ne soit pas un beau garçon et dameret, mais un garçon vert et vigoureux.   ▲ Enfant, homme, vieil, j'ay tousjours creu et jugé de mesme.   Mais, entre autres choses, cette police de la plus part de noz colleges m'a tousjours despleu.   On eust failly à l'adventure moins dommageablement, s'inclinant vers l'indulgence.   C'est une vraye geaule de jeunesse captive.   On la rend desbauchée, l'en punissant avant qu'elle le soit.   Arrivez-y sur le point de leur office: vous n'oyez que cris et d'enfans suppliciez, et de maistres enyvrez en leur cholere.   Quelle maniere pour esveiller l'appetit envers leur leçon, à ces tendres ames et

[1] on some set journey.   [2] separate them.

craintives, de les y guider d'une troigne effroyable, les mains armées de fouets? Inique et pernicieuse forme. Joint ce que Quintilien en a tres-bien remarqué, que cette imperieuse authorité tire des suittes perilleuses: et nommement[1] à nostre façon de chastiement. Combien leurs classes seroient plus decemment jonchées de fluers et de feuilles que de tronçons d'osier sanglants. J'y feroy pourtraire[2] la joye, l'allegresse, et Flora et les Graces, comme fit en son eschole le philosophe Speusippus.* Où est leur profit, que ce fust aussi leur esbat. On doit ensucrer les viandes salubres à l'enfant, et enfieller celles qui luy sont nuisibles.

C'est merveille combien Platon se montre soigneux en ses loix[3], de la gayeté et passetemps de la jeunesse de sa cité, et combien il s'arreste à leurs courses, jeux, chansons, saults et danses, desquelles il dit que l'antiquité a donné la conduitte et le patronnage aux dieux mesmes: Appollon, les Muses et Minerve. Il l'estend à mille preceptes pour ses gymnases: pour les sciences lettrées[4], il s'y amuse fort peu, et semble ne recommander particulièrement la poësie que pour la musique.

Toute estrangeté et particularité en nos meurs et conditions est evitable[5] comme ennemie de communication et de societé ▲ et comme monstrueuse. Qui ne s'estonneroit de la complexion de Demophon, maistre d'hostel d'Alexandre, qui suoit à l'ombre et trembloit au soleil? ▲ J'en ay veu fuir la senteur des pommes plus que les harquebusades, d'autres s'effrayer pour une souris, d'autres rendre la gorge à voir de la cresme, d'autres à voir brasser un lict de plume, comme Germanicus ne pouvoit souffrir ny la veue ny le chant des coqs. Il y peut avoir, à l'avanture, à cela quelque propriété occulte; mais on l'esteindroit, à mon advis, qui[6] s'y prendroit de bon' heure. L'institution a gaigné cela sur moy, il est vray que ce n'a point esté sans quelque soing, que, sauf la biere, mon appetit est accommodable indifferemment à toutes choses dequoy on se pait. Le corps encore souple, on le doit, à cette cause, plier à toutes façons et coustumes. Et pourveu

---

[1] notably.   [2] pictured.   [3] i.e. in the *Laws* (Book VII).
[4] literary studies.   [5] to be avoided.   [6] *quiconque.*

qu'on puisse tenir l'appetit et la volonté soubs boucle [1], qu'on rende hardiment un jeune homme commode à toutes nations et compaignies.   Voire au desreglement et aus exces, si

CA besoing est.   ▲ Son exercitation suive l'usage.   ▲ Qu'il puisse faire toutes choses, et n'ayme à faire que les bonnes. Les philosophes mesmes ne trouvent pas louable en Calisthenes d'avoir perdu la bonne grace du grand Alexandre, son maistre, pour n'avoir voulu boire d'autant à luy [2].   Il rira, il follastrera, il se desbauchera avec son prince.   Je veux qu'en la desbauche mesme il surpasse en vigueur et en fermeté ses compagnons; et qu'il ne laisse à faire le mal ny à faute de force

C ny de science, mais à faute de volonté.   ▲ «*Multum interest*
A *utrum peccare aliquis nolit aut nesciat* [3].»   ▲ Je pensois faire honneur à un seigneur aussi eslongné de ces débordemens qu'il en soit en France, de m'enquerir à luy, en bonne compaignie, combien de fois en sa vie il s'estoit enyvré pour la nécessité des affaires du Roy en Allemagne.   Il le print de cette façon, et me respondit que c'estoit trois fois, lesquelles il recita.   J'en sçay qui, à faute de cette faculté, se sont mis en grand peine ayans à pratiquer cette nation.   J'ay souvent remarqué avec grand'admiration la merveilleuse nature d'Alcibiades, de se transformer si aisément à façons si diverses, sans interest [4] de sa santé.   Surpassant tantost la somptuosité et pompe Persienne, tantost l'austerité et frugalité Lacedemoniene; autant reformé en Sparte comme voluptueux en Ionië,

> *Omnis Aristippum decuit color, et status, et res* [5].

Tel voudrois-je former mon disciple,

> *quem duplici panno patientia velat*
> *Mirabor, vitæ via si conversa decebit,*
> *Personámque feret non inconcinnus utrámque* [6].

---

[1] in check.   [2] pledge him cup and cup about.

[3] "There is a great difference whether one have no will or no wit to do amiss" (Seneca, *Ep.*, XC).   [4] prejudice.

[5] "Every condition and situation and circumstance befitted Aristippus" (Horace, *Ep.*, I, xvii, 23).

[6] "The man who patiently wraps himself in two bits of cloth I will admire, if his changed life befits him, and if he plays both parts without inelegance" (Horace, *Ep.*, *ib*, 25, 26, 29, rearranged).

Voicy mes leçons. ▲ Celuy-là y a mieux proffité, qui   C
les fait, que qui les sçait. Si vous le voyez, vous l'oyez; si
vous l'oyez, vous le voyez.

Jà à Dieu ne plaise, dit quelqu'un en Platon, que philosopher ce soit apprendre plusieurs choses et traicter les arts!
*«Hanc amplissimam omnium artium bene vivendi disciplinam
vita magis quam literis persequuti sunt* [1].*»*

Leon, prince des Phliasiens, s'enquerant à Heraclides
Ponticus de quelle science, de quelle art il faisoit profession:
Je ne sçay, dit-il, ny art ny science; mais je suis philosophe.

On reprochoit à Diogenes comment, estant ignorant, il se
mesloit de la philosophie. Je m'en mesle, dit-il, d'autant
mieux à propos.

Hegesias * le prioit de luy lire quelque livre: Vous estes
plaisant, luy respondit-il, vous choisissez les figues vrayes et
naturelles, non peintes: que ne choisissez vous aussi les
exercitations naturelles, vrayes et non escrites?

Il ne dira pas tant sa leçon, comme il la fera. Il la repetera
en ses actions. On verra s'il y a de la prudence en ses
entreprises, s'il a de la bonté et de la justice en ses desporte-
mens, s'il a du jugement et de la grace en son parler, de la
vigueur en ses maladies, de la modestie en ses jeux, de la
tempérance en ses voluptez, ▲ de l'indifference en son goust,   A
soit chair poisson, vin ou eau, ▲ de l'ordre en son œconomie: C

*«Qui disciplinam suam, non ostentationem scientiæ, sed legem
vitæ putet, quique obtemperet ipse sibi, et decretis pareat* [2].*»*

Le vray miroir de nos discours est le cours de nos vies.

Zeuxidamus respondit à un qui luy demanda pourquoy   A
les Lacedemoniens ne redigeoient par escrit les ordonnances
de la prouesse, et ne les donnoient à lire à leurs jeunes gens:
que c'estoit par ce qu'ils les vouloient accoustumer aux faits,
non pas aux parolles. Comparez, au bout de 15 ou 16 ans,
à cettuy cy un de ces latineurs de college, qui aura mis autant
de temps à n'aprendre simplement qu'à parler. Le monde

---

[1] "They have pursued in their life rather than in their writings this widest
discipline of all the arts, that of right living" (Cicero, *Tusc.*, IV, iii).

[2] "Who regards his knowledge, not as a display of learning, but as a rule of
life, and who obeys himself, and complies with his own principles" (Cicero,
Tusc., II, iv).

n'est que babil, et ne vis jamais homme qui ne die plustost plus que moins qu'il ne doit; toutesfois la moictié de nos re aage s'en va là.   On nous tient quatre ou cinq ans à entendre les mots et les coudre en clauses[1].   Encores autant à en proportionner un grand corps, estendu en quarte ou cinq parties.   Et autres cinq, pour le moins, à les sçavoir brefvement mesler et entrelasser de quelque subtile façon.   Laissons le à ceux qui en font profession expresse.

Allant un jour à Orleans, je trouvay, dans cette plaine au deça de Clery, deux regens qui venoyent à Bourdeaux, environ à cinquante pas l'un de l'autre.   Plus loing, derriere eux, je descouvris une trouppe et un maistre en teste, qui estoit feu Monsieur le Comte de La Rochefoucaut.*   Un de mes gens s'enquit au premier de ces regens, qui estoit ce gentil'homme qui venoit apres luy.   Luy, qui n'avoit pas veu ce trein qui le suyvoit, et qui pensoit qu'on luy parlast de son compagnon, respondit plaisamment.   Il n'est pas gentil'homme, c'est un grammairien, et je suis logicien. Or, nous qui cerchons icy, au rebours, de former non un grammairien ou logicien mais un gentil'homme, laissons les abuser de leur loisir: nous avons affaire ailleurs.   Mais que [2] nostre disciple soit bien pourveu de choses, les parolles ne suivront que trop: il les trainera, si elles ne veulent suivre. J'en oy qui s'excusent de ne se pouvoir exprimer, et font contenance d'avoir la teste pleine de plusieurs belles choses, mais, à faute d'eloquence, ne les pouvoir mettre en evidence: C'est une baye.   Sçavez vous, à mon advis, que c'est que cela?   Ce sont des ombrages qui leur viennent de quelques conceptions informes, qu'ils ne peuvent desmeler et esclarcir au dedans, ny par consequant produire au dehors: ils ne s'entendent pas encore eux mesmes.   Et voyez les un peu begayer sur le point de l'enfanter, vous jugez que leur travail n'est point à l'acouchement mais à la conception, et qu'ils ne font que lecher cette matiere imparfaicte.   De ma part, je

CA tiens, ▲ et Socrates l'ordonne, ▲ que, qui a en l'esprit une vive imagination [3] et claire, il la produira, soit en Bergamasque, soit par mines s'il est muet:

---

[1] sentences.   [2] provided that.   [3] idea.

Verbáque prævisam rem non invita sequentur [1].

Et comme disoit celuy-là, aussi poëtiquement en sa prose, «*cum res animum occupavere, verba ambiunt* [2].» ▲ Et cet autre: C
«*Ipsæ res verba rapiunt* [3].»   ▲ Il ne sçait pas ablatif, con-   A
junctif, substantif, ny la grammaire: ne faict pas son laquais [4]
ou une harangiere du petit pont, et si vous entretiendront tout
vostre soul, si vous en avez envie, et se desferreront aussi peu, à
l'adventure, aux regles de leur langage, que le meilleur maistre
és arts de France.   Il ne sçait pas la rhetorique, ny, pour
avant-jeu, capter la benivolence du candide lecteur, ny ne
luy chaut [5] de la sçavoir.   De vray, toute belle peincture
s'efface aisément par le lustre d'une verité simple et naifve.
Ces gentillesses ne servent que pour amuser le vulgaire,
incapable de prendre la viande plus massive et plus ferme:
comme Afer montre bien clairement chez Tacitus.   Les
Ambassadeurs de Samos estoyent venus à Cleomenes, Roy de
Sparte, preparez d'une belle et longue oraison [6], pour l'esmouvoir à la guerre contre le tyran Policrates.*   Apres qu'il les
eust bien laissez dire, il leur respondit: Quant à vostre commencement et exorde, il ne m'en souvient plus, ny, par consequent, du milieu; et quant à vostre conclusion, je n'en
veux rien faire.   Voylà une belle responce, ce me semble,
et des harangueurs bien cameus [7].

Et quoy cet autre?   Les Atheniens estoyent à choisir de   B
deux architectes, à conduire une grande fabrique [8].   Le
premier, plus affeté, se presenta avec un beau discours pre-
medité sur le subject de cette besongne, et tiroit le jugement du peuple à sa faveur.   Mais l'autre, en trois mots:
Seigneurs Atheniens, ce que cetuy a dict, je le feray.

Au fort de l'eloquence de Cicero, plusieurs en entroient   A
en admiration: mais Caton, n'en faisant que rire: Nous avons,

---

[1] "And words follow not unwillingly the subject once discerned" (Horace, *Ars Poet.*, 311).

[2] " Once matters have occupied the mind, words offer themselves " (Seneca Rhet. *Controv.*, III).

[3] " Things themselves catch upon words " (Cicero, *De Finibus*, III, v).

[4] Neither does his servant.   [5] nor does it matter.

[6] oration.   [7] *camus :* well snubbed.   [8] building.

disoit-il, un plaisant consul.   Aille devant ou apres, un' utile

C sentence, un beau traict est toujours de saison.   ▲ S'il n'est
pas bien à ce qui va devant, ny à ce qui vient apres, il est bien

A en soy.   ▲ Je ne suis pas de ceux qui pensent la bonne rithme
faire le bon poeme: laissez luy allonger une courte syllabe,
s'il veut; pour cela, non force[1]; si les inventions y rient, si
l'esprit et le jugement y ont bien faict leur office, voylà un
bon poete, diray-je, mais un mauvais versificateur,

B   *Emunctæ naris, durus componere versus* [2].

A Qu'on face, dict Horace, perdre à son ouvrage toutes ses
coustures et mesures,

B   *Tempora certa modosque, et quod prius ordine verbum est,*
    Posterius facias, præponens ultima primis,
    Invenias etiam disjecti membra poetæ [3],

A il ne se démentira point pour cela; les pieces mesmes en
seront belles.   C'est ce que respondit Menander,* comme
on le tensat, approchant le jour auquel il avoit promis une
comedie, dequoy il n'y avoit encore mis la main: Elle est
composée et preste, il ne reste qu'à y adjouster les vers.
Ayant les choses et la matiere disposée en l'ame, il mettoit en
peu de compte le demeurant.   Depuis que Ronsard et du
Bellay ont donné credit à nostre poésie Françoise, je ne vois
si petit apprentis qui n'enfle des mots, qui ne renge les

C cadences à peu prés comme eux.   ▲ «*Plus sonat quam valet*[4].»

A Pour le vulgaire, il ne fut jamais tant de poëtes.   Mais,
comme il leur a esté bien aisé de representer leurs rithmes [5],
ils demeurent bien aussi court à imiter les riches descriptions
de l'un et les delicates inventions de l'autre.

Voire mais, que fera-il si on le presse de la subtilité
sophistique de quelque syllogisme: le jambon fait boire, le

C boire desaltere, parquoy le jambon desaltere?   ▲ Qu'il s'en

---

[1] no matter.

[2] " Keen-nosed, tho' harsh in composing verse " (Horace, *Sat.*, I, iv, 8).

[3] " Take away rhythm and metre, and that word that was first in order, put
it later, placing the last before the first, you will still find the limbs of a dispersed
poet" (Horace, *Sat.*, I, iv, 58, 9: 62).

[4] "More sound than worth" (Seneca, *Ep.*, XL).   [5] *rimes.*

mocque. Il est plus subtil de s'en mocquer que d'y respondre.

Qu'il emprunte d'Aristippus * cette plaisante contrefinesse: Pourquoi le deslieray-je, puis que, tout lié, il m'empesche? Quelqu'un proposoit contre Cleanthes des finesses dialectiques, à qui Chrysippus dit: Joue-toi de ces battelages [1] avec les enfans, et ne destourne à cela les pensées serieuses d'un homme d'aage ▲. Si ces sottes arguties, ▲ «*contorta et aculeata sophismata* [2]», ▲ luy doivent persuader une mensonge, cela est dangereux; mais si elles demeurent sans effect et ne l'esmeuvent qu'à rire, je ne voy pas pourquoy il s'en doive donner garde. Il en est de si sots, qui se destournent de leur voye un quart de lieuë, pour courir apres un beau mot; «*aut qui non verba rebus aptant, sed res extrinsecus arcessunt, quibus verba conveniant [3].*» Et l'autre: «*Sunt qui alicujus verbi decore placentis vocentur ad id quod non proposuerant scribere [4].*» Je tors bien plus volontiers une bonne sentence pour la coudre sur moy, que je ne tors mon fil [5] pour l'aller querir. Au rebours c'est aux paroles à servir et à suyvre, et que le Gascon y arrive, si le François n'y peut aller. Je veux que les choses surmontent, et qu'elles remplissent de façon l'imagination de celuy qui escoute, qu'il n'aye aucune souvenance des mots. Le parler que j'ayme, c'est un parler simple et naif, tel sur le papier qu'à la bouche: Un parler succulent et nerveux, court et serré, ▲ non tant delicat et peigné comme vehement et brusque:

Hæc demum sapiet dictio, quæ feriet [6],

Plustost difficile qu'ennuieux. Esloingné d'affectation, desreglé, descousu et hardy: Chaque lopin y face son corps; Non pedantesque, non fratesque [7], non pleideresque [8], mais

---

[1] juggling tricks.

[2] "involved and subtle sophisms" (Cicero, *Acad.*, II, xxiv).

[3] "Or who do not fit words to their subject, but seek out irrelevant subjects for which their words may be suitable" (Quintilian, *De Inst. Orat.*, VIII, 3).

[4] "There are those who are drawn by the beauty of a pleasing word to write about what they had not intended to" (Seneca, *Ep.*, LIX).

[5] thread of my discourse.

[6] "Indeed that expression will be wise that strikes a blow" (Lucan's Epitaph).

[7] friar-like.   [8] lawyer-like.

C plustost soldatesque, comme Suetone appelle celuy de Julius
Cæsar [1]; ▲ et si ne sens pas bien pour quoy il l'en appelle.

B J'ay volontiers imité cette desbauche qui se voit en nostre
jeunesse, au port de leurs vestemens: un manteau en escharpe,
la cape sur une espaule, un bas mal tendu, qui represente une
fierté desdaigneuse de ces paremens estrangers, et nonchallante
de l'art.   Mais je la trouve encore mieus employée en la
C forme du parler.   ▲ Toute affectation, nommeement en la
gayeté et liberté françoise, est mesadvenante au cortisan.   Et,
en une monarchie, tout Gentil'homme doit estre dressé à
la façon d'un cortisan.   Parquoy nous faisons bien de gauchir
un peu sur le naïf et mesprisant.

A Je n'ayme point de tissure où les liaisons et les coutures
paroissent.   Tout ainsi qu'en un beau corps, il ne faut qu'on
C y puisse compter les os et les veines.   ▲ *«Quæ veritati operam
dat oratio, incomposita sit et simplex [2].»*

«Quis accurate loquitur, nisi qui vult putidè loqui ? [3]»

L'éloquence faict injure aux choses, qui nous destourne à
soy.

Comme aux acoustremens c'est pusillanimité de se vouloir
marquer par quelque façon particuliere et inusitée: de mesmes, au langage, la recherche des frases nouvelles et de mots
peu cogneuz vient d'une ambition puerile et pedantesque.
Peusse-je ne me servir que de ceux qui servent aux hales à
Paris!   Aristophanes le grammairien n'y entendoit rien, de
reprendre en Epicurus la simplicité de ses mots et la fin de
son art oratoire, qui estoit perspicuité de langage seulement.
L'imitation du parler, par sa facilité, suit incontinent tout
un peuple [4]; l'imitation du juger, de l'inventer ne va pas si
vite.   La plus part des lecteurs, pour avoir trouvé une
pareille robbe, pensent tresfaucement tenir un pareil corps.

---

[1] Up to the edition of 1588 M. adds: *"Qu'on luy reproche hardiment ce qu'on
reprochait à Seneque, que son langage estoit de chaux vive, mais que le sable en
estoit à dire".*

[2] "That speech that gives its service to truth should be plain and unadorned"
(Seneca, *Ep.*, XL).

[3] "Who speaks carefully except he who chooses to speak affectedly" (*id. ib.*,
LXXV).

[4] *Peuple* is the subject of the sentence.

La force et les nerfs ne s'empruntent point; les atours et le manteau s'emprunte.

La plus part de ceux qui me hantent, parlent de mesmes les Essais: mais je ne sçay s'ils pensent de mesmes.

Les Atheniens (dict Platon) ont pour leur part le soing   A
de l'abondance et elegance du parler; les Lacedemoniens, de la briefveté, et ceux de Crete, de la fecundité des conceptions plus que du langage: ceux-cy sont les meilleurs. Zenon * disoit qu'il avoit deux sortes de disciples: les uns, qu'il nommoit φιλολόγους, curieux d'apprendre les choses, qui estoyent ses mignons; les autres, λογοφίλους, qui n'avoyent soing que du langage.   Ce n'est pas à dire que ce ne soit une belle et bonne chose que le bien dire, mais non pas si bonne qu'on la faict; et suis despit [1] dequoy nostre vie s'embesongne toute à cela.   Je voudrois premièrement bien sçavoir ma langue, et celle de mes voisins, où j'ay plus ordinaire commerce.   C'est un bel et grand agencement sans doubte que le Grec et Latin, mais on l'achepte trop cher.   Je diray icy une façon d'en avoir meilleur marché que de coustume, qui a esté essayée en moymesmes.   S'en servira qui voudra.

Feu mon pere, ayant fait toutes les recherches qu'homme peut faire, parmy les gens sçavans et d'entendement, d'une forme d'institution exquise, fut advisé de cet inconvenient qui estoit en usage; et luy disoit-on que cette longueur que nous mettions à apprendre les langues, qui ne leur [2] coustoient rien, est la seule cause pourquoy nous ne pouvions arriver à la grandeur d'ame et de cognoissance des anciens Grecs et Romains.   Je ne croy pas que ce en soit la seule cause.   Tant y a que l'expedient que mon pere y trouva, ce fut que, en nourrice et avant le premier desnouement de ma langue, il me donna en charge à un Alleman, qui dépuis est mort fameux medecin en France, du tout ignorant de nostre langue, et tresbien versé en la Latine. Cettuy-cy, qu'il avoit faict venir expres, et qui estoit bien cherement gagé, m'avoit continuellement entre les bras.   Il en eust aussi avec luy deux autres moindres en sçavoir pour me suivre, et soulager le premier.   Ceux-cy ne m'entretenoient

---

[1] *dépité*.   [2] i.e. to the Greeks and Romans.

d'autre langue que Latine. Quant au reste de sa maison, c'estoit une reigle inviolable que ny luy mesme, ny ma mere, ny valet, ny chambriere, ne parloyent en ma compaignie qu'autant de mots de Latin que chacun avoit apris pour jargonner avec moy. C'est merveille du fruict que chacun y fit. Mon pere et ma mère y apprindrent assez de Latin pour l'entendre: et en acquirent à suffisance pour s'en servir à la nécessité. Comme firent aussi les autres domestiques qui estoient plus attachez à mon service. Somme, nous nous Latinizames tant qu'il en regorgea jusques à nos villages tout autour: où il y a encores, et ont pris pied par l'usage plusieurs appellations Latines d'artisans et d'utils. Quant à moy, j'avois plus de six ans avant que j'entendisse non plus de François ou de Perigordin que d'Arabesque. Et, sans art, sans livre, sans grammaire ou precepte, sans fouet et sans larmes, j'avois appris du Latin, tout aussi pur que mon maistre d'eschole le sçavoit: car je ne le pouvois avoir meslé ny alteré. Si, par essay, on me vouloit donner un theme, à la mode des colleges, on le donne aux autres en François; mais à moy il me le falloit donner en mauvais Latin, pour le tourner en bon. Et Nicolas Groucchi, qui a escrit «de comitiis Romanorum», Guillaume Guerente,* qui a commenté

B Aristote, George Bucanan, ce grand poëte Escossois, ▲ Marc
C Antoine Muret, ▲ que la France et l'Italie recognoist pour
A le meilleur orateur du temps, ▲ mes precepteurs domestiques, m'ont dict souvent que j'avois ce langage, en mon enfance, si prest et si à main, qu'ils craignoient à m'accoster. Bucanan, que je vis depuis à la suite de feu monsieur le Mareschal de Brissac, me dit qu'il estoit apres à escrire de l'institution des enfans, et qu'il prenoit l'exemplaire de la mienne: car il avoit lors en charge ce Comte de Brissac que nous avons veu depuis si valeureux et si brave.*

Quant au Grec, duquel je n'ay quasi du tout point d'intelligence, mon pere desseigna [1] me le faire apprendre par art, mais d'une voie nouvelle, par forme d'ébat et d'exercice. Nous pelotions nos declinaisons à la maniere de ceux qui, par certains jeux de tablier [2], apprennent l'Arithmétique et la

---

[1] intended.   [2] board games (such as chess and draughts).

Geometrie.   Car, entre autres choses, il avoit esté conseillé
de me faire gouster la science et le devoir par une volonté
non forcée et de mon propre desir, et d'eslever mon ame en
toute douceur et liberté, sans rigueur et contrainte.   Je dis
jusques à telle superstition que, par ce que aucuns tiennent
que cela trouble la cervelle tendre des enfans de les esveiller
le matin en sursaut, et de les arracher du sommeil (auquel ils
sont plongez beaucoup plus que nous ne sommes) tout à coup
et par violence, il me faisoit esveiller par le son de quelque
instrument: et ne fus jamais sans homme qui m'en servit [1].

Cet exemple suffira pour en juger le reste, et pour recommander aussi et la prudence et l'affection d'un si bon pere.
Auquel il ne se faut nullement prendre, s'il n'a recueilly
aucuns fruits respondans à une si exquise culture.   Deux
choses en furent cause.   Le champ sterile et incommode;
car, quoy que j'eusse la santé ferme et entiere, et quant et
quant un naturel doux et traitable, j'estois parmy cela si
poisant, mol et endormi, qu'on ne me pouvoit arracher de
l'oisiveté, non pas [2] pour me faire jouer.   Ce que je voyois,
je le voyois bien, et soubs cette complexion lourde, nourrissois
des imaginations hardies et des opinions au-dessus de mon
aage.   L'esprit, je l'avois lent, et qui n'alloit qu'autant qu'on
le menoit; l'apprehension tardive; l'invention lasche; et
apres tout un incroiable defaut de memoire.   De tout cela il
n'est pas merveille s'il ne sceut rien tirer qui vaille.   Secondement: comme ceux que presse un furieux desir de guerison
se laissent aller à toute sorte de conseil, le bon homme [3], ayant
extreme peur de faillir en chose qu'il avoit tant à cœur, se laissa
en fin emporter à l'opinion commune, qui suit tousjours ceux
qui vont devant, comme les grües: et se rengea à la coustume,
n'ayant plus autour de luy ceux qui luy avoient donné ces
premieres institutions, qu'il avoit aportées d'Italie; et
m'envoya, environ mes six ans, au college de Guienne, tres-
florissant pour lors, et le meilleur de France.   Et là, il n'est
possible de rien adjouster au soing qu'il eut, et à me choisir
des precepteurs de chambre suffisans, et à toutes les autres

---

[1] In 1580 instead of the last part of the sentence we read: *et avoit un joueur
d'espinette à cet effect.*   [2] not even.   [3] the old man.

circonstances de ma nourriture [1], en laquelle il reserva plusieurs façons particulieres contre l'usage des colleges. Mais tant y a, que c'estoit tousjours college.   Mon Latin s'abastardit incontinent: duquel depuis par desacoustumance j'ay perdu tout usage.   Et ne me servit cette mienne nouvelle institution, que de me faire enjamber d'arrivée aux premieres classes.   Car, à treize ans que je sortis du college, j'avoy achevé mon cours (qu'ils appellent), et à la verité sans aucun fruit que je peusse à present mettre en compte.

Le premier goust que j'eus aux livres, il me vint du plaisir des fables de la Metamorphose d'Ovide.   Car, environ l'aage de sept ou huict ans, je me desrobois de tout autre plaisir pour les lire: d'autant que cette langue estoit la mienne maternelle, et que c'estoit le plus aisé livre que je cogneusse, et le plus accommodé à la foiblesse de mon aage à cause de la matiere.

BA   Car des Lancelots du Lac, ▲ des Amadis, ▲ des Huons de Bordeaus,* et tel fatras de livres à quoy l'enfance s'amuse, je n'en connoissois pas seulement le nom, ny ne fais [2] encore le corps, tant exacte estoit ma discipline.   Je m'en rendois plus nonchalant à l'estude de mes autres leçons prescriptes.   Là, il me vint singulierement à propos d'avoir affaire à un homme d'entendement de precepteur, qui sçeut dextrement conniver à cette mienne desbauche, et autres pareilles.   Car, par là, j'enfilay tout d'un train Vergile en l'Æneide, et puis Terence, et puis Plaute, et des comedies Italienes, lurré [3] tousjours par la douceur du subject.   S'il eut esté si fol de rompre ce train, j'estime que je n'eusse raporté du college que la haine des livres, comme fait quasi toute nostre noblesse. Il s'y gouverna ingenieusement.   Faisant semblant de n'en voir rien, il aiguisoit ma faim, ne me laissant que à la desrobée gourmander [4] ces livres, et me tenant doucement en office [5] pour les autres estudes de la regle.   Car les principales parties que mon pere cherchoit à ceux à qui il donnoit charge de moy, c'estoit la debonnaireté et facilité de complexion. Aussi n'avoit la mienne autre vice que langueur et paresse. Le danger n'estoit pas que je fisse mal, mais que je ne fisse

---

[1] education.   [2] nor do I know.   [3] *leurre.*
[4] devour.   [5] keeping me to my duty.

rien.   Nul ne prognostiquoit que je deusse devenir mauvais, mais inutile.   On y prevoyoit de la faineantise, non pas de la malice.

Je sens qu'il en est advenu de mesmes.   Les plaintes qui   C
me cornent aux oreilles sont comme cela: Oisif; froid aux offices d'amitié et de parenté et aux offices publiques; trop particulier.   Les plus injurieux ne disent pas: Pourquoy a-il prins?   Pourquoy n'à-il payé?   Mais: Pourquoy ne quitte il? ne donne il?

Je recevroy à faveur qu'on ne desirast en moy que tels effects de supererogation.   Mais ils sont injustes d'exiger ce que je ne doy pas, plus rigoureusement beaucoup qu'ils n'exigent d'eux ce qu'ils doivent.   En m'y condemnant ils effacent la gratification de l'action et la gratitude qui m'en seroit deuë: là où le bien faire actif [1] devroit plus peser de ma main,[2] en consideration de ce que je n'en ay passif [3] nul qui soit.   Je puis d'autant plus librement disposer de ma fortune qu'elle est plus mienne.   Toutesfois, si j'estoy grand enlumineur [4] de mes actions, à l'adventure rembarrerois-je bien ces reproches.   Et à quelques-uns apprendrois, qu'ils ne sont pas si offensez que je ne face pas assez, que de quoy je puisse faire assez [5] plus que je ne fay.

Mon ame ne laissoit pourtant en mesme temps d'avoir à   A
part soy des remuemens fermes ▲ et des jugemens seurs et   C
ouverts autour des objets qu'elle connoissoit, ▲ et les digeroit   A
seule, sans aucune communication.   Et, entre autres choses, je croy à la verité qu'elle eust esté de tout incapable de se rendre à la force et violence.

Mettray-je en compte cette faculté de mon enfance: une   B
asseurance de visage, et souplesse de voix et de geste, à m'appliquer aux rolles que j'entreprenois?   Car, avant l'aage,

Alter ab undecimo tum me vix ceperat annus [6],

j'ai soustenu les premiers personnages és tragedies latines de Bucanan, de Guerente et de Muret, qui se representerent

---

[1] active well-doing.   [2] coming from my hands.
[3] i.e. I have received no well-doing . . .   [4] blazoner.   [5] much.
[6] "At that time I had scarcely reached my twelfth year" (Virgil, *Eclog.*, VIII, 39).

en nostre college de Guienne avec dignité. En cela Andreas Goveanus *, nostre principal, comme en toutes autres parties de sa charge, fut sans comparaison le plus grand principal de France: et m'en tenoit-on maistre ouvrier. C'est un exercice que je ne mesloüe poinct aux jeunes enfans de maison: et ay veu nos Princes s'y adonner depuis en personne, à l'exemple d'aucuns des anciens, honnestement et louablement.

C   Il estoit loisible mesme d'en faire mestier aux gens d'honneur en Grece: *«Aristoni tragico actori rem aperit: huic et genus et fortuna honesta erant; nec ars, quia nihil tale apud Græcos pudori est, ea deformabat.*[1]»

B   Car j'ay tousjours accusé d'impertinence ceux qui condemnent ces esbattemens: Et d'injustice ceux qui refusent l'entrée de nos bonnes villes aux comediens qui le valent: et envient au peuple ces plaisirs publiques. Les bonnes polices prennent soing d'assembler les citoyens et les r'allier, comme aux offices serieux de la devotion, aussi aux exercices et jeux; la societé et amitié s'en augmente. Et puis on ne leur sçauroit conceder des passetemps plus reglez que ceux qui se font en presence d'un chacun et à la veuë mesme du magistrat. Et trouverois raisonnable que le magistrat, et le prince, à ses despens, en gratifiast quelquefois la com-

C   mune[2], d'une affection et bonté comme paternelle; ▲ et qu'aux villes populeuses il y eust des lieux destinez et disposez pour ces spectacles: quelque divertissement de [3] pires actions et occultes.

A   Pour revenir à mon propos. Il n'y a tel que d'allécher l'appétit et l'affection, autrement on ne faict que des asnes chargez de livres. On leur donne à coups de foüet en garde leur pochette pleine de science: laquelle, pour bien faire, il ne faut pas seulement loger chez soy, il la faut espouser.

---

[1] "He disclosed his plan to Ariston, the tragic actor, whose family and fortune were distinguished: nor did his profession injure it, for among the Greeks it is nothing to be ashamed of" (Livy, XXIV, xxiv).

[2] the common people.   [3] diversion from.

NOTES

I, 7

P. 3. **Dom Philippe.** Philip, surnamed the Fair, married Juana, the mad daughter of Ferdinand and Isabella; he died in 1506.

P. 3. **Henry septiesme.** The following story is from the Memoirs of Martin and Guillaume du Bellay (first published in 1569). The Earl of Suffolk—he was not Duke—Edmund de la Pole, was executed on April 30, 1513, four years after the death of Henry VII. The story that the latter ordered his son by testament to put him to death is probably a mere piece of scandal. Note, however, that Montaigne *may* have had inside information on the subject as well, since the grandmother of his friend and neighbour, the Marquis de Trans (see below, p. 233), was a de la Pole.

P. 3. **Horne et Aiguemond.** Egmont and Horn were executed June 4, 1568.

I, 19

P. 5. **menuisiers et greffiers.** Allusion to Philip, son of Perseus (see Plutarch, *Life of Paulus Aemilius*).

P. 5. **pedantes à Corinthe.** Dionysius the Younger, tyrant of Syracuse.

P. 5. **Ludoric Sforce.** Ludovico Sforza was deprived of his duchy in 1500 and spent the remainder of his days—eight, not ten, years—in an underground dungeon at Loches, where his paintings and inscriptions may be seen to this day.

P. 6. **la plus belle Royne.** Mary Stuart, widow of François II, executed 1587.

P. 6. **Laberius.** A Roman knight whom Caesar compelled to appear on the stage, "although the profession of a mime was infamous."

P. 7. **un ancien.** Seneca. The whole passage: *Voilà pourquoy . . . du cœur* is a paraphrase of Seneca, *Ep.*, 26. From Seneca, too, comes the passage below on one of the Scipios (*Ep.*, 24), and above *montrer ce qu'il y a de bon* (*Ep.*, 26). This method of composition is characteristic of the earlier essays.

P. 7. **trancher le fil . . . à quelqu'un.** Montaigne refers to Étienne de la Boëtie (cf. I, 27).

I, 27

P. 10. **Froissard**; cf. *Chroniques*, III, 17, 63.

P. 10. **nos annales disent.** M. Villey has pointed out that the reference is to Nicole Gilles, whose immensely popular *Annales* were first published in 1492 and were continued after his death in 1503 by successive editors. Dezeiméris discovered Montaigne's own copy, an edition of 1562 in 2 vols. fo. Philip Augustus died on July 14, 1223.

P. 11. **Bouchet.** The *Annales d'Aquitaine* of Jean Bouchet (1476–c. 1558), a Poitiers attorney and friend of Rabelais, had a considerable vogue in the sixteenth century and went through numerous editions. Montaigne read them assiduously when he was writing his earliest essays.

P. 11. **Sainct Gervais et Protaise.** Martyred under Nero, the two saints are buried with Saint Ambrose in the crypt of S. Ambrogio at Milan, which was originally dedicated to them.

P. 11. **avoir assisté.** All these instances are from the *De Civ. Dei*, XXII, 8.

I, 28

P. 13. **paroy.** See *Essais*, III, 3, pp. 58, 59, and II, 17, below, p. 132, for Montaigne's description of his tower and his library. The tower stood (and still stands) apart from the main building, at the northwest corner of the court, beside the main gateway. It has three stories: on the ground floor a circular chapel; on the first floor his bedroom, and opening off it and over the gate itself a smaller room or closet where saddles appear to have been kept; on the top floor the library, circular like the rooms below it, and opening off it, above the closet, a room on whose walls the scrollwork which Montaigne describes may still be seen, although almost no traces of the *tableaux élabourés* remain. It is generally supposed that the library was also decorated in this fashion.

P. 13. **crotesque** is the older form of grotesque, from the Italian *à la grottesca*, i.e. in the manner of the decorations of Nero's Golden House; these were discovered in the time of Julius II and supplied Raphael and his pupils with motives for mural decoration such as those in the loggia of the Vatican and in the Villa Madama.

P. 14. **Jeunesse.** In 1580 and 1588: *N'ayant pas attaint le dishuitiesme an de son age.* Cf. p. 27, where Montaigne has altered *dixhuict* into *seize*. La Boëtie wrote the *Contr'un* as a schoolboy declamation, revising it when he was a law-student at Orleans in 1552 or 1553.

P. 14. **Edict de Janvier.** The edict of January 17, 1562, authorized the free assembly of Protestants with certain limitations, and for the first time in France gave legal sanction to Protestantism. La Boëtie's comments on the Edict have been published (R.H.L. 1917).

P. 14. **mettre en lumière:** "*La Menagerie (Economica) of Xenophon. Les Règles de Mariage de Plutarque. Lettre de Consolation* *de Plutarque à sa femme . . . Ensemble quelques vers Latins et Français de son invention. Item un discours sur la mort dudist Seigneur de la Boetie par M. de Montaigne 1571."*

P. 15. **nostre alliance.** In the sixteenth century *alliance* often implies something in the nature of an oath or solemn engagement between friends. Of any such between La Boëtie and his *intime frère et inviolable amy* we have no record. There is reason to think, however, that the romantically minded Marie de Gournay (see Introduction, p. xxviii) pledged her friendship with her *père d'alliance* by something of this nature. Montaigne writes (I, 14, p. 72):

"Quand je vins de ces fameux Estats de Blois, j'avois veu au-paravant une fille de Picardie, pour témoigner l'ardeur de ses promesses, et aussy sa constance, se donner, du poinçon qu'elle portoit en son poil [cheveux] quatre ou cinq bons coups dans le bras, qui luy faisoient craqueter la peau et la saignaient bien à bon escient."

P. 18. **Academie.** The place where Plato taught, later the site, recently excavated, of a philosophical school; hence applied to his disciples.

P. 20. **Quand Lelius,** etc. This is from Cicero's *De Amicitia.* C. Blossius (so the name should be written) of Cumae was a philosopher.

P. 23. **en mesme jour.** See Lucian's *Toxaris or Friendship,* c. 22.

P. 26. **quatre.** *Quatre ou cinq* is the reading of the editions published in Montaigne's lifetime.

I, 31

P. 29. **Vilegaignon.** Nicolas Durand, seigneur de Villegaignon (1510–71), a Hospitaller of St. John, was the able sailor who by a bold stroke carried off the young Mary Stuart to France in 1555. Professing Protestant sympathies, he won the support of Coligny for a project to found a French colony, open to Protestants, in Brazil. Landing on an island in the bay of Rio de Janeiro, he established his settlers in Fort Coligny (1557), but owing to disputes between the Catholics and the Protestants, in which Villegaignon showed himself thoroughly hostile to the latter, the settlement was a failure, and in the following year the leader left it to its fate and returned to France.

P. 30. **Sieur d'Arsac.** The village and château of Arsac, 12 to 15 miles from Bordeaux, belonged to Montaigne's second brother, Thomas, seigneur de Beauregart et d'Arsac, born in 1534. This property came into his hands through his marriage with the step-daughter of Etienne de la Boëtie. We see thus how Montaigne and his *intime frère et inviolable amy* were related by marriage.

P. 31. **Montjoies.** Strictly speaking these were natural or artificial mounds which marked the boundaries of fiefs or territories, and hence became the places of assembly for the vassals of a feudal overlord, where the standard was set up. Hence the battle-cries: Montjoie St. George, St. Denis, etc.

P. 32. **Là est toujours . . . de toutes choses.** The lesson of Montaigne's relativism was not lost on the free-thinkers of the following century. Here we see him taking what would be called to-day a "comparative" view of religion, as of political institutions and social customs. The comment of a friend and acquaintance of his, Antoine de Laval, represents the reaction of the orthodox contemporary: "Il se fût bien passé d'y mêler la religion car elle a d'autres appuis que les opinions et que la raison même, ayant l'autorité au lieu que la police n'a que l'example et l'expérience."

P. 33. **l'âge doré.** It was Montaigne who was one of the first to take this view of the Indians. The following verses of Claude Expilly, a contemporary admirer of the *Essais*, and who was partly inspired by them, sum up the attitude:

> "Que ces avides mots de Tien et Mien nous coûtent!
> Voyez ces Indiens innocents qui ne goûtent
> Que le lait de Nature, ils jouissent de tout,
> Car leurs possessions n'ont ni limite ni bout."

P. 33. **C'est une nation.** Shakespeare has borrowed nearly *verbatim* Florio's translation of this passage (*Tempest*, ii, 1).

> "No kind of traffic
> Would I admit: no name of magistrate;
> Letters should not be known: riches, poverty,
> And use of service, none; contract, succession,
> Bourn, bound of land, tilth, vineyard, none;
> No use of metal, corn, or wine or oil;
> No occupation; all men idle, all . . ."

So Gonzalo, describing what he would do had he "the plantation of the isle." This is the one passage where Shakespeare has, beyond question, borrowed from the *Essays*. As is well-known, a copy of Florio's translation with Shakespeare's signature still exists.

P. 37. **. . . plus de barbarie à manger un homme vivant.** Compare this passage with those others in *De la Cruauté* (below, p. 101 ff.) and II, 27, *Couardise est mère de cruauté*, also condemning the use of torture as an aggravation of the death-penalty. Montaigne's protest against torture as a method of extorting confessions from persons under trial (*la question*) may be found in II, 5. In both these respects he is greatly in advance of the ideas of his time.

P. 38. **Alexia.** Alesia (not Alexia) stood upon the plateau of Mount Auxois, the modern village of Alise Sainte-Reine being on its south-western slope. The colossal bronze statue of Vercingetorix by Millet (1865) is a conspicuous object from the railway between Paris and Dijon.

P. 40. **Salamine, de Platées,** etc. The battle of Plataea in

Boeotia, where the Greeks under Pausanias defeated the Persians, was fought on the very same day on which they were also defeated at sea at Mycale (479 B.C.). The battle of Salamis was in the previous year. The fourth event Montaigne refers to is the ill-fated Athenian expedition to Sicily during the Peloponnesian War.

P. 40. **Le capitaine Ischolas.** His story is told by Xenophon, *Hellenica* VI, 5, 26, and by Diodorus, XV, 64, 3.

P. 42. **Anacréontique.** Of the few fragments of Anacreon (560–478 B.C.) which remain and of the pseudo-Anacreon poems of Alexandrine poets, the dictionaries say: "elles célèbrent le plaisir, la bonne chère, et brillent surtout par l'enjouement, la grâce et la délicatesse." It is in this sense that Montaigne uses the adjective. In the sixteenth century the popularity of the pseudo-Anacreon, of whom a famous edition published by Henri Estienne appeared in 1554, was immense. They were imitated in Latin by Jean Second and in French by Ronsard and others. See Sainte Beuve's *Tableau de la Poésie Française au 16ᵐᵉ Siècle.* (Appendix, *Anacréon au 16ᵐᵉ Siècle.*) 2 vol. 1876, II, p. 288 ff.

P. 42. **Rouan.** Charles IX was at Rouen after the recapture of the city from the Protestants on October 26, 1562. Montaigne was in attendance on the court at the time.

P. 43. **point de haut de chausses.** The inimitable irony of this parting-shot seems to have been misunderstood by some critics (cf. also above, p. 41, "car, ou il faut qu'ils le soyent . . . leur forme et la nostre").

I, 47

P. 44. **Montcontour.** On October 3, 1569, the Protestants suffered a crushing defeat at Montcontour in Poitou, but the Catholics did not follow Tavannes's advice to pursue and annihilate the beaten army.

P. 44. **St. Quentin.** On August 20, 1556, the French under the Constable of Montmorency (*v.* below, p. 49) were defeated by the troops of Philip II commanded by Emmanuel Philibert, Duke of Savoy. It was said at the time that if the victors had marched straight on Paris the city must have fallen.

P. 45. **Oricum.** From Plutarch, *Pompeius*, c. lxv. Oricum, the modern Ericho, a port about 20 miles south of Valona (Albania).

P. 45. **Ravenne.** From the Du Bellay *Memoirs*, IV, 225. Gaston de Foix, Duc de Nemours, defeated the Spaniards at Ravenna in 1512, but the victory was dearly purchased by the death of this brilliant young commander of twenty-three.

P. 45. **Serisoles.** François d'Enghien was the brother of Antoine de Bourbon, the father of Henry IV, and Louis de Condé. The battle of Cerisoles (Ital. Ceresola) in Piedmont was fought between the French and Spaniards in 1544. It was a confused affair without important results.

P. 46. **malheur.** From Diodorus Siculus, XII, 79.

P. 47. **pousser.** From Plutarch, *Otho*, c. vi.

P. 47. **journée.** Montaigne has written Demogacles by mistake. The name should be Megacles. See Plutarch, *Pyrrhus*, cc. xvi–xvii.

P. 48. **Gylippus.** Agis II was king of Sparta during the Peloponnesian War. He was succeeded in 398 B.C. by his half-brother, Agesilaus II, who defeated the allied cities of Thebes, Corinth and Argos at Coronea, but was himself vanquished at Leuctra, and died in Egypt. The life of Agesilaus was written by Xenophon. Gylippus was the Spartan commander who defeated the Athenians at Syracuse.

P. 48. **pour autant . . . figée.** This is taken textually from Amyot's translation of Plutarch.

P. 48. **courez leur sus.** From Plutarch, *Advice to Married Couples*, 37.

P. 49. **party.** This account of Francis I's determination to meet Charles V's attack on Provence in 1536 by the cruel expedient of laying waste the whole country—a plan which was successfully carried out by the Constable of Montmorency—is taken from the Du Bellay *Memoirs*.

II, 8

P. 51. **Madame d'Estissac.** Louise de la Beraudière was mistress of Antoine de Bourbon, the father of Henry IV. She married later Louis de Madaillan, Baron d'Estissac, who died in 1565, leaving her a widow with two children (see below). Montaigne speaks of her here as a model of motherly devotion. In 1580 her children were almost grown up, and in that year she married a certain Robert de Combaut, who was one of the first knights of the order of the Holy Ghost, just founded by Henry III.

P. 52. **vos enfants.** These two children were: (1) Charles, who was killed in a duel at Paris in 1587. He and Montaigne's youngest brother, Bertrand de Mattecoulom (born 1560), and a certain de Casalis (probably the brother of the Casalis de Freysse who had just a year before married Montaigne's youngest sister), accompanied the Essayist on his German and Italian tour in 1580. (2) Claude, who by the untimely death of her brother inherited the Estissac possessions, which passed to the La Rochefoucauld family by her marriage, in 1587, to François, of that name, another friend of Montaigne's. Claude thus became the grandmother of the author of the *Maxims*.

P. 54. **nourris près de moi.** Montaigne implies that, as he himself was put out to nurse in a peasant's family, a fact to which he attributes his natural understanding and sympathy for peasants and all simple folk, so he has himself put his children (see p. 56) out to nurse in the same way.

P. 55. **bagues d'une dame.** According to Raemond, the lady was the Comtesse de Candale, wife of Fédéric de Foix, the most important landowner of the region round Bordeaux.

P. 56. **ils me meurent . . . nourrice.** Of Montaigne's five daughters, the first born in 1570 and the last in 1583, only Léonor (born Sept. 9, 1571) survived.

P. 59. **gentil'homme . . . vieil.** According to Raemond this gentleman was Jean de Lesignan, a Gascon notability who lived near Agen. His son, who was a Protestant, was on Henry of Navarre's side and commanded on his behalf the town of Agen. Montaigne was probably often at Agen: in 1563 when La Boëtie was stationed there as the head of a special court of justice; and again in 1576–77 when Henry, who had just escaped from court, made a long stay in the town. It was from Agen that Henry dated the letter to Montaigne making him a gentleman of his bedchamber (Nov. 1577).

P. 60. **Doyen de St. Hilaire.** Jean d'Estissac became *doyen* of St. Hilaire, one of the most celebrated churches of Poitiers, in 1542 and died in December 1576. He was a member of the same family as Madame d'Estissac's husband. Montaigne's visit was perhaps in 1574 (*v.* Introduction, p. xvii).

P. 61. **nous en appellent.** The 1595 edition adds: "j'ay reformé cette erreur en ma famille."

P. 61. **J'en ay veu quelqu'un.** According to Raemond, the amusing passage which follows concerns Germain Gaston de Foix, Marquis de Trans. He had been in England as French ambassador in 1559 (see above, p. 227). His lands made him Montaigne's principal neighbour on the north and the east. It was he who in 1571 brought to Montaigne the letter making him a knight of the order of St. Michael (*Essais*, II, 7), and we learn from what remains of Montaigne's correspondence as mayor of Bordeaux with Matignon, the governor of the province of Guyenne, that he was a frequent visitor at the castle of Le Fleix, the house described in this essay. De Trans, along with Monluc (see later), incurred the displeasure of the authorities in 1565 for having continued to make raids on the Protestants in spite of the edicts of peace concluded three years before, so that it is not surprising to hear him mentioned as one of the chief supporters of the League from 1585 onwards. This no doubt explains why, according to a passage elsewhere in the Essays (I, 14), he seems almost to look upon the death of his three sons in one day as a divine favour, as "an act of God." For all three sons were among those Catholics who joined the army of their "cousin," Henry of Navarre. The eldest of them, the Comte de Gurson, was an intimate friend of Montaigne (see later, p. 210 and note). He married the daughter of the Comtesse de Candale, mentioned earlier in this essay, and it was to her that Montaigne dedicated his essay "On the Education of Children" (*v.* Introduction, p. xx). Certain incidents at the marriage are also described in another essay (I, 21.)

P. 62. **scholastique**: to be disputed after the manner of the mediæval universities.

P. 64. **diversion.** See Introduction, p. xxvii note.

P. 64. **Monluc** or Montluc (Blaise de), 1501–77, was the chief memoir-writer and one of the most celebrated soldiers of the century. During the Italian Wars his great achievement was the defence of Siena against the Spaniards (1554–5). Though a lukewarm Catholic, he was noted for his pitiless severity towards the Protestants during the Wars of Religion. Montaigne, while councillor at Bordeaux, had plenty of opportunity for observing Montluc's interventions with the *Parlement*, since Montluc was on the worst possible terms with Lagebâton, First President of the court. Montaigne's brother-in-law, de Pressac, was an intimate friend of Montluc.

P. 65. **communication**. The edition of 1595 adds here: "O mon ami! En vaux-je mieux d'en avoir le goust, ou si j'en vaux moins? j'en vaux certes bien mieux. Son regret me console et m' honore. Est-ce pas un pieux et plaisant office de ma vie, d'en faire à tout jamais les obseques? Est-il jouyssance qui vaille cette privation." Except for the words "O mon ami," these lines occur in the MS. additions to the Bordeaux copy of the *Essays* following "avec quelle religion je la respecte," but they have been crossed out by a hand which may not be that of Montaigne. The reference is, of course, to La Boëtie.

P. 66. **Tel Seigneur**. According to Raemond, reference is here made to François de Montmorency, Governor of Paris and the Ile de France (1530–79), elder son of the Constable de Montmorency (1493–1567, v. p. 144 and p. 49, note on). This son was certainly treated meanly by his parents. Taken prisoner by Charles V in 1552, he was left three years in prison, unransomed by a father, whose declared maxim was: *ne rien céder*. He allowed himself to be dictated to also on the subject of his marriage. He had been secretly betrothed to a Mlle de Piennes, but his father wished him at all costs to enter the royal house by marrying an illegitimate daughter of Henry II. So François was bullied into suing at Rome for an annulment of his promise. The family property appears to have been divided in 1563, but the mother, Madeleine de Savoy (died 1586), who had a reputation for miserliness, may well have been left with all the money, the estates alone going to her sons.

P. 71. **Heliodorus** (third century A.D.). Author of one of the best of Greek romances, the *Aethiopica* or *Theagenes and Chariclea*. This Montaigne calls his *fille*.

P. 73. **enfans**. St. Augustine, before his conversion, had an illegitimate son, to whom he gave the name Adeodatus.

P. 73. **victoires**. The battles of Leuctra (see above, note on p. 48) and Mantinea.

II, 10

P. 74. **l'essay**. Cf. I, 50: "Le jugement est un util à tous subjects, et se mesle par tout. A cette cause, aux essais que j'en fay ici, j'y employe toute sorte d'occasion. Si c'est un subject que je n'entande point, à cela mesme je l'essaye."

P. 76. **mon dessein.** Cf. I, 39 (p. 317): "Il y a des sciences stériles et épineuses, et la plus part forgées pour la presse [foule]: il les faut laisser à ceux qui sont au service du monde. Je n'ayme, pour moy, que des livres ou plaisans et faciles, qui me chatouillent, ou ceux qui me consolent et conseillent à regler ma vie et ma mort."

P. 77. **Rabelays.** It is very curious that Montaigne should not have seen the deeper meaning, the *substantificque moelle* of Gargantua and Pantagruel, and that he should place him among the *livres simplement plaisans*. The Church certainly understood from the beginning that, from its point of view, Rabelais was a dangerous writer, and Montaigne may indeed have thought it inadvisable to discuss the implications of Rabelais' book. Its repeated condemnation by the ecclesiastical world was, however, not always taken very seriously even by practising Christians in the sixteenth and the seventeenth centuries, as the following amusing story told by the scholar Nicolas Bourbon shows: "J'ai eu longtemps un Rabelais: mais il n'était pas à moi, l'étant celui de Monsieur Guyet, qu'il avait laissé en mon étude. Il se confessait tous les ans qu'il avait un Rabelais qui n'était pas chez lui, et moi je me confessais d'en avoir un qui n'était pas à moi."

P. 77. **Second.** Jean Everaerts, called Jean Second (Secundus), 1511–1536. He was celebrated for his Latin poetry, especially his *Basia*.

P. 77. **Amadis.** The French translation of the Spanish romance, *Amadis de Gaula*, was begun in 1540 by Herberay des Essarts and continued after his death by others. Its popularity brought other Spanish romances into favour, and the vogue continued into the next century.

P. 77. **Axioche.** The *Axiochus* is now condemned as spurious.

P. 79. **Arioste.** Montaigne did not know Italian well enough to appreciate the extraordinary high level at which Ariosto's style is sustained.

P. 79. **Terence.** Terence has always been popular in France, but he is inferior to Plautus in creative power and comic vigour.

P. 79. **elevations espagnoles et Petrarchistes.** Montaigne appears to be thinking of Boscan, who introduced Italian metres into Spain, or still more perhaps of Boscan's greater disciples, Garcilaso de la Vega (1501–36) and Fernando de Herrera (1534–97), who both wrote Petrarchan and Neo-Platonist love poems.

P. 81. **mesme siècle.** Seneca was born 4 B.C. Plutarch about fifty years later.

P. 81. **deux Empereurs Romains.** Seneca was Nero's tutor, but Suidas' statement that Plutarch was tutor to Trajan is not now accepted.

P. 83. **Hoc age** was the order of the priest at a sacrifice to dispatch the victim, and thus it was regarded as a call to attention.

P. 83. **langage.** According to M. Villey, Montaigne read Plato in the Latin translation of Marsilio Ficino (1433–99), the leading spirit of the Florentine Academy.

P. 84. **presence.** This story is from the elder Seneca, *Suas.*, lib. VII.

P. 85. **Les Historiens.** Note the rôle which Montaigne gives to history in *De l'Institution des Enfants.* After speaking of travel as an aid to the knowledge of men, he continues: "En cette practique des hommes, j'entends y comprendre, et principalement, ceux qui ne vivent qu'en la mémoire des livres. Il practiquera, par le moyen des histoires, ces grandes âmes des meilleurs siècles" (I, 26, p. 201).

And of the use of even inaccurate historians, he says: "Advenu ou non advenu, à Paris ou à Rome, à Jean ou à Pierre, c'est toujours un tour de l'humaine capacité duquel je suis utilement advisé" (I, 21, p. 133).

P. 85. **Laertius.** Diogenes Laertius, who lived about the third century B.C., wrote the Lives of the Philosophers in ten books.

P. 86. **le bon Froissard** (1337–*c.* 1405) wrote the history of the wars between England and France, coming, however, to an abrupt conclusion at the year 1400.

P. 87. **Asinius Pollio** (76 B.C.–A.D. 4) was distinguished not only as a man of affairs and as a patron of Horace and Virgil, but also as an orator, a historian, and a poet. Only a few fragments of his writings have come down to us.

P. 88. **Bodin.** Montaigne refers to Bodin's *Methodus ad facilem historiarum cognitionem* (1566), which he read about 1578 and which has left traces in the first essay of Book I and on no less than eight essays of Book II (Villey, *Sources et Évolution des Essais*, I, 322–9). Montaigne also made use of Bodin's best-known work *Les six livres de la République* (1576) and of his *Démonomanie des Sorciers* (1580). Jean Bodin, the philosopher of the moderate party known as the *Politiques*, was born in 1529 or 1530 and died in 1596.

P. 88. **Pour subvenir . . . mémoire,** etc. See Introduction for the importance of Montaigne's annotations in tracing the evolution of his thought.

P. 88. **Guicciardin.** Francesco Guicciardini (1483–1540) wrote a history of Italy from the expedition of Charles VIII (1494) to the death of Clement VII (1534). Montaigne's verdict on this work is a sign of his critical insight.

P. 88. **. . . jamais un seul à la vertu, religion et constance.** Cf. I, 37, p. 297 (*Du Jeune Caton*), where Montaigne writes:

"Je voy la plus part des esprits de mon temps faire les ingenieux à obscurcir la gloire des belles et généreuses actions anciennes, leur donnant quelque interpretation vile, et leur controuvant des occasions et des causes vaines. Grande subtilité! Qu'on me donne l'action la plus excellente et pure, je m'en vois y fournir vraysemblablement cinquante vitieuses intentions."

P. 89. **Philippe de Comines** (*c.* 1445–1511) was in the service, first, of Charles the Rash, and then of Louis XI. His *Memoirs* of the reign of Louis XI and the expedition of Charles VIII were written from 1489 to 1498 and were printed, the first part in 1524, and the second in 1528.

P. 89. **deux seigneurs icy.** The *Memoirs* were begun by Guillaume Du Bellay, Seigneur de Langey (Books V–VII), and completed by his brother Martin (I–IV, VIII–X); they cover the years 1513–1547.

P. 89. **Jouinville.** The *Vie de St. Louis* of Jean de Joinville (*c.* 1228–1317), "perhaps the masterpiece of French mediæval history," is a work which would be particularly attractive to Montaigne, because of the author's absolute sincerity, his love of illuminating digression, and the fact that he not only makes the figure of St. Louis live, but gives us unconsciously his own portrait, the first self-portrait in French literature.

P. 89. **Eginhard** or rather Einhard, the author of the *Vita Karoli Magni Imperatoris*, was born near Frankfort about 775 and died at Seligenstadt in 840. He lived at the court of Charlemagne from 791 or 792, and became the private secretary and adviser of his son, Louis the Pious.

P. 89. **Estampes.** Phillipe de Chabot, admiral de Brion, one of the best soldiers of Francis I, was disgraced in 1540 at the instigation of the Constable de Montmorency. He was pardoned and reinstated, thanks to the Duchess d'Estampes, the King's powerful mistress. A year later the Constable was himself disgraced owing to the ill-success of his policy of alliance with Charles V.

II, 11

P. 92. **Metellus.** See Plutarch, *Marius*, c. xxviii. Q. Caecilius Metellus, called Numidicus for his successes against Jugurtha, was the leader of the aristocratic party and the enemy of Marius.

P. 94. **cette consideration est trop basse.** Cf. I, 37 (Du Jeune Caton), where Montaigne writes:

". . . Plutarque dict que, de son temps, aucuns attribuoient la cause de la mort du jeune Caton à la crainte qu'il avoit eu de Cæsar: dequoy il se picque avec raison; et peut on juger par là combien il se fut encore plus offencé de ceux qui l'ont attribuée à l'ambition. Sottes gens! Il eut bien faict une belle action, genereuse et juste, plus tost aveq ignominie, que pour la gloire. Ce personnage là fut veritablement un patron que nature choisit pour montrer jusques où l'humaine vertu et fermeté pouvoit atteindre."

P. 94. **La philosophie.** Cf. Cicero, *De finibus*, I, 31, Introduction (pp. xxv, xxvi). See also *Essais*, II, 1, p. 6: "A qui avoit prescript et estably certaines loix et certaine police en sa teste, nous verrions tout par tout en sa vie reluire une equalité de meurs, un ordre et une relation infallible des unes choses aux autres . . . comme il se voit du jeune Caton."

P. 95. **J'interprete tousjours.** Contrast this passage, added after 1588, with I, 19.

P. 95. **Aristippus.** Founder of the Cyrenaic school of philosophy, which made pleasure the greatest good (see later in this essay). He spent several years at the court of Dionysius, tyrant of Syracuse.

P. 97. **Voylà pourquoy, quand on juge** . . . Cf. II, 1, p. 9:
"Encore que je sois tousjours d'advis de dire du bien le bien, et d'interpreter plutost en bonne part les choses qui le peuvent estre, si est-ce que l'estrangeté de nostre condition porte souvent que nous soyons souvent par le vice mesmes poussez à bien faire, si le bien faire ne se jugeoit par la seule intention. Parquoy un fait courageux ne doit pas conclurre un homme vaillant: celui qui le feroit bien à point, il le feroit tousjours, et à toutes occasions."

P. 98. **Antisthenes.** Founder of the Cynic school of philosophy and master of Diogenes. He reduced philosophy to ethics alone (cf. p. 161, and note).

P. 99. **. . . le sage œuvrer . . . ensemble.** Cf. *Essais*, I, 37, p. 297: "Dieu sait, à qui veut les étendre quelle diversité d'images ne souffre notre interne volonté"; or again, III, 13, p. 396: "Non seulement je trouve mal-aisé d'attacher nos actions les unes aux autres, mais chacune à part soy je trouve mal-aisé de la designer proprement par quelque qualité principalle, tant elles sont doubles et bigarrées à divers lustres" (i.e. aspects).

The psychological insight with which Montaigne notes the complexity of nearly all states of emotion, and hence the complexity of our motives for adopting any course of action, is one of the things which makes him akin to many contemporary writers, such as, for example, Marcel Proust and André Gide. Like them, he realizes that some base motives are among the antecedents of the noblest action, so that it is very difficult for a man to know whether it is from good motives or bad that he or others have acted.

P. 100. **Stilpo** i.e. of Megara.

P. 101. **obliviscitur.** The editions published in Montaigne's lifetime add: "C'est icy un fagotage de pieces descousues. Je me suis détourné de ma voie pour dire ce mot de la chasse. Mais . . ."

P. 102. **. . . apprets . . .** The margin of the MS. copy has been cut and half a line is here missing. The 1595 edition gives a slightly different version of the passage (possibly elaborated by Mlle de Gournay). This passage ends: "et sembla estre delivré de la mort pour l'avoir changée."

P. 103. **Je me rencontray . . . charongne.** This reminiscence of his Italian tour was added by Montaigne in 1582.

II, 17

P. 108. **Il y a . . . de gloire.** The essay immediately preceding this is entitled *De la Gloire* (II, 16). Montaigne there treats of worldly reputation in various forms, the most important of all being the idea of posthumous glory, which the Renaissance extolled as one of the noblest motives of men's deeds. He begins the essay, which is thus, to some extent, the critique of one of the most characteristic traits of his age, with these words: "Il y a le nom et la chose: le nom, c'est une voix [word] qui remarque et signifie la chose; le nom, ce n'est pas une partie de la chose ni de la substance, c'est une pièce étrangère joincte à la chose, et hors d'elle." In the present essay it is not of glory in this sense, but of vain glory that Montaigne speaks.

P. 109. **Lucilius.** Gaius Lucilius (148–103 B.C.) was the friend of the younger Scipio; only a few fragments of his satires remain.

P. 110. **Constantius.** The son of Constantine the Great. This trait of his character is taken from Ammianus Marcellinus, XXI, 16, 7.

P. 112. **epicycle de Mercure.** An epicycle is a small circle having its centre on the circumference of a larger circle. In the Ptolemaic system of astronomy each of the seven known planets was supposed to revolve in an epicycle, the centre of which moved round the earth along a greater circle called a deferent.

P. 114. **les Lenëians.** Montaigne has taken the Lenaean festival at which the drama was performed for the title of the tragedy itself. The whole digression about Dionysius the Elder is from Diodorus Siculus, XV, 74.

P. 115. **comme dict Plutarque de quelqu'un.** Plato said his austere disciple Xenocrates (see below, p. 143) had need to sacrifice to the Graces (Plutarch, *Precepts of Marriage*, 28).

P. 118. **celuy d'Amafanius et de Rabirius.** Probably two Epicurean teachers (see Cicero, *Acad.*, I, 2, 5).

P. 119. **secte Peripatetique,** i.e. of Aristotle, who is said to have taught as he walked.

P. 119. **Le courtisan.** *Il Cortegiano* by Baldesare Castiglione was widely read in the sixteenth century. M. Villey shows that Montaigne used the French version of Jacques Colin (1537) and not the later one of Gabriel Chappuys.

P. 119. **conservateurs de sa republique,** i.e. the "guardians," the highest of the three castes in Plato's *Republic*.

P. 120. **Philopoemen.** From Plutarch, *Philopoemen*, c. I.

P. 126. **Olivier.** Chancellor of France from 1545 to 1551 and from 1559 to his death in 1561.

P. 126. **Et ne fut . . . lieu,** etc. These two paragraphs (down to . . . *bonitas*) are probably to be interpreted as an appeal to Henry of Navarre, with whom Montaigne was on familiar terms and whom he twice entertained at his château. This probability is overwhelmingly strong when we compare the burden of this passage with another in the Third Book (III, 4, pp. 67–8):

"C'est une douce passion que la vengeance . . . Pour en distraire dernièrement un jeune prince, je ne luy allois pas disant qu'il falloit prester la joue a celuy qui vous avoit frappé l'autre, pour le devoir de charité. . . . Je le laissay là et m'amusay à luy faire gouster la beauté d'une image contraire: l'honneur, la faveur, la bienveillance qu'il acquerroit par clemence et bonté; je le destournay à l'ambition."

P. 128. **faire profession . . . se vanter**, etc. The saying is attributed to Charles VIII. *"Qui ne sçait se feindre, ne sçait pas regner,"* was a favourite saying of Louis XI, his father.

P. 129. **Ceux qui**, etc. That is Machiavelli and his followers.

P. 129. **de mon enfance.** In 1537, when Montaigne was four.

P. 131. **l'usage du pays.** No doubt a reminiscence of Montaigne's travels in Germany. The *Journal* is full of comments on the drinking habits (and also the fare) of the Germans.

P. 132. **ma librerie.** See above, note on p. 13.

P. 132. **de leur pays.** A contemporary, the Dutch scholar, Dominicus Baudius (1561–1615), accuses Montaigne of wishing to brag of the number of his servants on the strength of this passage. Guez de Balzac (*Dissertations Critiques*, 17) repeats and amplifies the charge even more unfairly. To call servants by the names of their post was not unusual, nor to call them by the names of the provinces whence they came (for that is here the sense of *pays*). Molière, Regnard and other comedy writers are full of Basque, Lorrain, Picard names, applied to valets.

P. 132. **Messala Corvinus** (69 B.C.–A.D. 9), friend of Augustus and of Horace, fought at Actium and in Egypt and Syria.

P. 132. **George Trapezonce.** George of Trebizond, born in Crete 1396 and died at Rome in 1486, was one of the earliest Byzantine scholars to settle in Italy, where he had a large share in the revival of the knowledge of Greek.

P. 134. **nos monnaies.** This admission is less startling than may appear at first sight. The currencies of earlier kings—often much debased—were still in circulation and varied in value. One or two provinces still had their own issues. Navarre, in particular, had its own coinage until Richelieu's time.

P. 135. **René** (1409–80). King of Jerusalem and Sicily, Duke of Anjou, and Count of Provence, was the father of Margaret, wife of our own Henry VI. *Le bon roi René* also inherited the kingdom of Naples in 1434, but could never enter into possession of it.

P. 137. **Les discours de Macchiavel.** The critic of Machiavelli to whom Montaigne probably refers is Innocent Gentillet: *Discours sur les moyens de bien gouverner* (1576), commonly known as *L'Anti-Machiavel*, which he appears to have read about 1578.

P. 142. **La Boitie.** See above, pp. xii, xiii, 13–28.

P. 143. **Ulpien.** Galen (A.D. 130–*c.* 200), next to Hippocrates, the most famous of ancient physicians, was born at Pergamum. He attended Marcus Aurelius. Ulpian (d. 228) was one of the great codifiers of Roman law.

P. 144. **Guyse.** François de Guise, assassinated by Poltrot, a fanatical Huguenot, in 1563. Cf. *Essais*, I, 24.

P. 144. **Strozzi**. Piero Strozzi, a cousin and great favourite of Catherine de Medici; killed 1558.

P. 144. **Olivier**. See above, p. 126 and note.

P. 144. **L'Hospital**. Michel de l'Hospital, Chancellor 1560–70, died 1573. He was one of the leaders of the *Politiques*, the party of conciliation and compromise. His retirement from public life, which coincided very nearly with Montaigne's own retirement, marks the end of a phase in the Wars of Religion. Montaigne dedicated to him La Boëtie's Latin poems, which he published with his other writings in 1570.

P. 144. **Turnebus**. Jean Daurat was the master of Ronsard at the Collège de Coqueret: Theodore Beza, Calvin's chief lieutenant: George Buchanan, author of Latin tragedies and professor at the Collège de Guienne when Montaigne was there as a boy, later tutor to James I and VI: Montdoré, a Master of Requests and royal librarian: Adrien Turnèbe, royal professor of Greek (see *Essais*, I, 24) and, like Daurat, a distinguished editor of Aeschylus.

P. 144. **d'Albe**. The Duke of Alva died in 1582; the Constable de Montmorency (cf. p. 49 and 66, notes on) was killed in the battle of Saint Denis in 1567. He was seventy-four at the time.

P. 145. **la Noüe**. François de la Noue, nicknamed *Bras de Fer*, the distinguished Huguenot leader, and author of the *Discours politiques et militaires*, died from a wound in 1591.

P. 145. **le Jars**. Mlle de Gournay (1565–1645) first read the Essays about 1585. Her enthusiasm was such that her family, she tells us, thought she was off her head. She felt justified, however, when she came across a letter of the great scholar Justus Lipsius to the Flemish publisher Plantin, in which Montaigne was referred to as the Thales of France. She conceived a wish to know Montaigne personally, but was told on good authority that he was dead, only to learn unexpectedly while in Paris that her cherished author was also on a visit to that city. This was in 1588. They met, and Montaigne accepted with good humour the position of *père d'alliance* (see note, p. 229) and visited her family in Picardy (this is the *quartier* to which he refers). His genuine regard and affection are shown not only by this passage, but by the fact that he made her, along with Pierre de Brach, lawyer and poet of Bordeaux, his literary executor. She devoted her long life to Montaigne's fame, and published at least eleven editions of his *Essais*, beginning with that of 1595.

III, 2

P. 147. **Demades**. An Athenian orator who belonged to the party of Philip of Macedon and was the bitter enemy of Demosthenes. He claimed that though he might contradict himself, he had never said anything contrary to the public weal.

P. 151. **Bias.** One of the Seven Sages (*c.* 350 B.C.). Cf. Plutarch, *Banquet of the Seven Sages.*

P. 151. **Drusus.** M. Livius (not Julius) Drusus, a Roman champion of the Italians, assassinated 91 B.C. The story is from a treatise of Plutarch, to whom also the mistake in the name is due.

P. 151. **Agesilaus.** See above, note on p. 326.

P. 153. **Erasme.** See Introduction, p. xiv. His *Adagia* were published in 1500 and in a greatly enlarged form in 1508. His *Apophthegmata* were not published till 1531.

P. 154. **Le langage latin.** See Introduction, p. xii.

P. 158. **Phocion.** From Plutarch's *Apophthegmata.* Phocion was an Athenian general and statesman who opposed Demosthenes and counselled peace with Macedonia. When the Piraeus was seized, the Athenians accused him of treachery and he was put to death.

P. 160. **l'encheinure des causes Stoïques.** The Stoics were determinists. The libertarian or free-will position involves a limitation of the law of causality.

P. 160. **Celuy qui disoit.** Sophocles, according to Cicero (*De Senectute*).

P. 161. **Antisthenes.** Compare this passage, taken from Diogenes Laertius' *Life of Antisthenes*, with *Essais*, I, 19 (above, p. 5–7). Antisthenes was a disciple of Socrates who founded the sect of Cynic philosophers (see also p. 98).

P. 162. **Quelles Metamorphoses.** Cf. above, II, 8, p. 59 ff.

III, 6

P. 164. **nous asseurer . . . cause.** Cf. III, 11, p. 326: "La cognaissance des causes appartient seulement à celuy qui a la conduite des choses, non à nous qui n'en avons que la souffrance, et qui en avons l'usage parfaictement plein, selon nostre nature, sans en pénétrer l'origine et l'essence."

P. 165. **Il me servit autrefois** etc. Perhaps during the plague of 1585. See Introduction, p. xxiii.

P. 165. **Celle qu'Alcibiades . . . Socrates.** This is from Plato, *Symposium* 221 A. The incident referred to occurred after the defeat of the Athenians by the Thebans at Delium. Laches gives his name to one of Plato's dialogues. See p. 218 for another incident of the battle.

P. 167. **quand il est languissant.** On his return from Venice, Montaigne went by boat up the Brenta to Padua. His secretary writes:
"Il (Montaigne) a accoutumé craindre l'eau, mais ayant opinion que c'est le seul mouvement qui offense son estomac, voulant essayer si le mouvement de cette rivière qui est equable et uniforme, attendu que dix chevaux tirent ce bateau, l'offenseroit, il l'essaya, et trouva qu'il n'y avoit eu nul mal" (*Journal de Voyage*, ed. 1774, II, 11).

P. 168. **Isocrates.** In his *Letter to Nicodes*, the young King of

Salamis. Isocrates was one of the great Athenian orators of the age of Socrates, whose pupil he was in his youth.

P. 168. **cabdet.** Montaigne means in his father's lifetime or before he was of age, for he was the eldest of Pierre de Montaigne's children who survived infancy.

P. 169. **Theophrastus** etc. All this is from Cicero, *De off.*, II, 16. Theophrastus, the author of the famous book of *Characters*, was the friend and disciple of Aristotle and his successor as head of the Lyceum.

P. 169. **Gregoire.** Gregory XIII was the Pope under whose auspices the calendar was revised (died 1585).

P. 169. **Catherine.** Catherine de Medici died on January 5, 1589, leaving enormous debts. This passage, which was added in her lifetime, but after the publication of 1588, appears in the Bordeaux copy in the handwriting of Marie de Gournay, and shows how soon after the Third Book was fresh from the press its author began once more to add his elaborations to its text.

P. 173. **Philippus.** Philip II to his son, Alexander the Great. This story is taken from Cicero, *De off.*, II, 15.

P. 177. **Cusco** was the royal residence of the Incas. It means "navel" and was so called because it was at the centre of Peru.

P. 180. **En costoyant . . . leur ville.** All this long passage is from Gómara.

P. 181. **mes Cannibales.** See above, I, 31.

P. 181. **Celuy du Peru.** The Inca, Atahualpa, was executed by the *garrotte* on August 29, 1553. He was a usurper, whom the Spaniards had helped to put out of the way Huascar, the legitimate king. Both claimants to the throne being thus removed, the intensely centralized organization of the Inca empire, which was centred in the person of the King as the incarnation of the Sun, the tribal god of the Incas, was left without a head and easily fell into the hands of Cortes.

Montaigne's eloquent arraignment of the "vile and sordid adventurers" who invaded Peru and Mexico does honour to his humanity, and it is impossible for the historian to condone the treachery and callous rapacity of the invaders. Yet Montaigne, it could be maintained, has perhaps an imperfect idea of the civilization which the Spanish conquerors displaced. "In both cases," writes a modern authority, "they redeemed the populations affected by them from cruel and oppressive governments and bloody and senseless religions." "The nearest analogy in the Old World" to the social state evolved in Mexico "is the gross barbarism of Ashanti or Dahomey." (E. J. Payne in the *Cambridge Modern History*, Vol. I, c. 2.) This comparison ignores, however, both the high level of artistic culture in Mexico, a culture which was the heritage of the earlier Maya civilization, and also the carefully adjusted administrative and social machinery evolved in Peru, which through the agency of a dynastic quarrel was itself the cause of the downfall of the Inca empire, as indicated above. It would be equally true to call ancient Assyria or Babylonia barbaric states.

P. 181. **Roy de Mexico.** Guatemozin, nephew and successor of Montezuma.

P. 183. **prince mesnager et prudent,** i.e. Philip II of Spain.

III, 8

P. 194. **Euthydemus and Protagoras.** In the *Euthydemus,* one of Plato's most amusing dialogues, he gives us a caricature of the ridiculous logic-chopping of the two brothers, Euthydemus and Dionysodorus, two sophists of his day. Protagoras appears not only in the dialogue which bears his name but also in the *Theaetetus.*

P. 200. **Humani qualis.** Here we have the classical origin of the Chancellor Olivier's *bon mot* (see above, p. 126).

P. 200. **Appelles.** Apelles, the most famous of Greek painters, (*fl. c.* 335–305 B.C.), especially favoured by Alexander the Great. "Let the cobbler stick to his last," the saying ascribed to him, has an obvious connection with this story from Plutarch (*Fawner & Friend.* 58D.).

P. 202. **Je dis . . . sagesse mesme . . .** Cf. I, 47, p. 50.

P. 204. **A quoy touche . . . peuples,** etc. Anthropology has made us familiar with such types of kingship. In Sir James Frazer's *Golden Bough,* perhaps the *locus classicus* on the subject, we read that:

"On the whole, then, we seem to be justified in inferring that in many parts of the world the king is the lineal successor of the old magician or medicine-man. . . . As time goes on, the fallacy of magic becomes more and more apparent to the acuter minds and is slowly displaced by religion; in other words, the magician gives way to the priest, who renouncing the attempt to control directly the processes of nature for the good of man, seeks to attain the same end indirectly by appealing to the gods to do for him what he no longer fancies he can do for himself. Hence the king, starting as a magician, tends gradually to exchange the practice of magic for the priestly functions of prayer and sacrifice" (p. 91, Abridged Ed.).

P. 206. **Hegesias.** A Cyrenaic philosopher who flourished in the middle of the third century B.C.

P. 208. **deux Princes.** Montaigne perhaps refers to the Comte d'Enghien, who was killed in 1545 by a chest falling on the top of him, and to the Marquis de Beaupréau, one of the Bourbon-Montpensiers, who was killed hunting in 1560—or, more probably, to Henry II himself, killed at a tourney in 1559 by the Comte de Montgoméry.

P. 214. **Tacitus.** Montaigne says elsewhere "L'Histoire, c'est plus mon gibier." See the passage on history and on historians in II, 10, beginning "Les Historiens sont ma droitte bale" (above, pp. 85–90).

P. 210. **d'un gentil'homme . . . beaucoup.** M. Villey suggests that this may be one of the three brothers, sons of the Marquis de Trans (see above, p. 233). Perhaps Louis de Foix, comte de Gurson, with whom Montaigne seems to have been particularly intimate.

III, 13

P. 217. **Ulpian** . . . Chief source of Justinian's *Digest* of Roman Law. Bartholus and Baldus were both 14th century Italian legal commentators.

P. 219. **Cratès**, of Thebes, the cynical philosopher who was a disciple of Diogenes.

P. 221. **Memnon**, i.e. Menon in Plato's dialogue of that name.

P. 223. **les Cyrenaïques . . . des Theodoriens.** The Cyrenaic school of philosophers, of whom the most important was Aristippus, represented the equivalent in Antiquity of the Utilitarianism of Bentham and Mill, even more than the Hedonism of Epicurus. Theodorus is usually regarded as a later leader of the same school.

P. 223. **Nulle prison**, etc. On July 10, 1588, a few months after writing these lines, M. was imprisoned in the Bastille by the *Ligue* but released within a few hours.

P. 227. **au front de son temple.** The γνῶθι σεαντὸν of Apollo's temple at Delphi.

P. 228. **Aristarchus.** The celebrated grammarian of the Second Century B.C., whose name has become the synonym of a severe and exacting critic. He became tutor to the children of the Egyptian king, Ptolemy Philometor.

P. 236. **Vascosan . . . Plantin.** The celebrated printers of Paris and Antwerp respectively.

P. 236. **un gentilhomme.** Jean de Vivonne, Marquis de Pisani, the father of the Marquise de Rambouillet.

P. 237. **Senèque . . . Sextus . . . Attale.** See Seneca, *Ep.*, CVIII.

P. 238. **Philopaemon** (253–183 B.C.), of Megalopolis in Arcadia, the "last of the Greeks," who as leader of the Achaian League strove to defend Greece from the Romans, and their Greek allies. Taken prisoner by the Messenians he was forced to drink poison.

P. 243. **Farnel . . . Escale.** Farnel and the elder Scaliger were both famous doctors of the 16th century.

P. 250. **Mes reins . . . ont changé d'estat.** In 1588 Montaigne is more precise: for *forty* years (hence till 1573) he was free from nephritis, and for *fourteen* he has suffered from it.

P. 253. **Cicero le mal de sa vieillesse.** In his *De Senectute* quoted further on in this Essay.

P. 257. **les Atlantes.** See above, p. 29.

P. 260. **Pyrrhus**, king of Epirus (318–272 B.C.) who, with his elephants, gained the battle of Heraclea against the Romans. His twice-repeated conquest of Macedonia and his campaigns in Sicily against the Carthaginians made him one of the most famous warriors of antiquity. The peaceful counsels of his minister, Cineas, though unheeded, have become no less well-known.

P. 263. **Chilon . . . Periander.** Chilon of Sparta was one of the Seven Sages (*c.* 590 B.C.). Periander, tyrant of Corinth.

P. 267. **Varro** (116–28 B.C.), the "most learned of the Romans," deserted Pompey for Cæsar after Pharsalia. Only two of the 490 works attributed to him have survived.

P. 268. **la balance de Critolaüs.** Critolaus is reputed to have said that if all the goods of the mind were put into one scale, and all the goods of the body into the other, the former would outweigh the latter, even if earth and sea were added to them. (Cicero, *Tusc. Quaest.*, V, 17.) Critolaus was a Peripatetic philosopher of the second century B.C.

P. 268. **Philosophes Cyrenaïques.** Montaigne is thinking of the account given by Diogenes Laertius of Aristippus (see above).

P. 268. **Aristote.** See Nicomachean Ethics, II, 7.

P. 269. **Zeno** of Citium in Cyprus, the founder of the Stoical school of philosophers.

P. 270. **Vin théologal et Sorbonique.** Cf. Rabelais, *Pantagruel,* xxx: *chopinasmes theologalement.* H. Estienne, in his *Apologie pour Herodote,* cxxii, says *vin theologal* means *un vin bon par excellence, et fût-ce pour la bouche d'un roi,* i.e. what is good enough for a theologian is good enough for a king.

P. 270. **l'un et l'autre Caton.** That is (1) Cato the Censor, of *Delenda est Carthago* fame, (2) his great grandson Cato of Utica, the opponent of the Triumvirate, who killed himself rather than submit to Cæsar (see above, pp. 93, 94).

P 271. **comedies.** It was the younger Scipio and not the conqueror of Hannibal who was said to have had a share in the comedies of Terence.

P. 272. **boire a lut.** *A lut* is a corruption of *allus* (from Swiss-German *al us* = all out), an expression borrowed from the Swiss landsknechts serving in France. Cf. Rabelais, *Tiers Livre*, Prol., *trinquer caros et alluz.* From caros (*gar aus* also = all out) comes our "carouse."

P. 273. **Eudoxus** of Cnidus, a celebrated mathematician and astronomer of the fourth century B.C. For his view of temperate pleasure as the sovereign good, see Aristotle, *Nic. Eth.*, X, 2.

P. 276. **Epimenides.** The semi-mythical poet-philosopher of Crete, the Rip Van Winkle of antiquity.

P. 277. **Souverain . . . Peripatetique,** i.e. of the schools of philosophy who claimed to represent the teachings of Plato and Aristotle respectively.

P. 277. **dict un ancien.** The poet Simonides of Samos, the contemporary of Pindar (cf. Plato, *Laws*, VII).

P. 279. **divin.** It was said that the god Apollo, not Ariston, was the real father of Plato (see Diogenes Laertius).

P. 279. **Philotas,** the bosom friend of Alexander who, with his father, was baselessly accused of plotting against Alexander and put to death (see Quintus Curtius, VI, 9).

1, 26

P. 282. **Madame Diane de Foix, Comtesse de Gurson.** Diane (she was baptized Charlotte), born in 1562, was the daughter of Frédéric de Foix-Candale, Vicomte d'Astarac, and of Françoise de La Roche-foucauld (see p. 232, note on p. 55). After her father's death in 1571, she was brought up at Puy-Paulin, the town house of the Foix-Candales in Bordeaux, by her mother and uncle François, mentioned later in the essay. It was on 8th March 1579 that she married her cousin, Louis de Foix, eldest son of M.'s neighbour, le Marquis de Trans, who, in view of his great age, seems to have given Montaigne full powers of attorney in connection with the contracts of betrothal and of marriage. In the Essay *De La Force de l'Imagination* Montaigne has recounted some episodes of the wedding. Their eldest child (for whose benefit this essay was written) was indeed a boy, Frédéric, who died in infancy. Poor Diane herself died in 1587 only twenty-five years old, and Louis together with his two brothers, fighting for Henri of Navarre, were killed together less than two months later (cf. p. 233, note on p. 61 and p. 244 on p. 210).

P. 283. **Cleanthes.** Cleanthes, the Stoic philosopher (*c.* 300–*c.* 263 B.C.) succeeded Zeno as leader of the Stoa. Of all his writings only the *Hymn to Zeus* survives.

P. 283. **De la Force de l'Imagination.** That is Book I, Chapter XXI, where we find the reminiscence referred to above of the Comte de Gurson's wedding.

P. 284. **Chrysippus . . . Apollodorus.** Ch. (died 207 B.C.), disciple of Cleanthes, was, as is suggested, a voluminous writer. A. was also a Stoic of a generation later, pupil of Aristarchus.

P. 285. **Capilupus**—i.e. Lelio C.'s *Cento ex Virgilio de vita mona-corum* (1543).

P. 285. **Lipsius**—Justus Lipsius (1547–1606), the Flemish scholar, was one of the great figures of the contemporary world of learning. He revived Ancient Stoicism and was the promoter of an ultra-Senecan prose style, above all in his published *Epistles.* He wrote in admiration of the *Essays* and exchanged letters with Montaigne.

P. 286. **Cimon . . . Themistocles.** Of these two great Athenian figures of the Persian Wars Plutarch says that Cimon (the son of Miltiades, the victor of Marathon) was "at first a person of no reputa-tion, but censured as a disorderly and riotous young man." He gives, however, a picture of Themistocles which shows in the boy some of the gifts which were to make him a great statesman.

P. 287. **Monsieur de Candale.** François de Candale, bishop of Aire, 1504–1594, was interested in mathematics, alchemy and hermetic

philosophy.   In 1579 he had just published a French translation of the
Poimandres, attributed to Hermes Trismegistus.

P. 288. **Archesilas.** Arcesilaus, succeeded Crates in the chair of
the Academy at Athens about 241 B.C.

P. 289. **L'inquisition à Rome.** The unfortunate Aristotelian
was Girolamo Borro (1512–1592). The Inquisition's case was abandoned
in 1587.

P. 290. **Epicharmus,** born about 540 B.C., was a comic dramatist
who spent most of his life in Sicily. None of his plays survive.

P. 291. **Santa Rotunda.** The Pantheon at Rome, begun in
27 B.C., was entirely reconstructed in Hadrian's time. It is still used
as a Church.

P. 295. **Marcellus . . . qu'il mourut là.** Marcus Claudius M.,
one of the greatest Roman generals of the Second Punic War—who
took Syracuse after a two-year siege (cf. story of Archimedes' death).
He rashly allowed himself to be surprised on a reconnaissance by
Hannibal and killed in an ambush near Venusia (208 B.C.). The
Scipio referred to immediately above is clearly C. Scipio Africanus
Major (234 B.C.–183 B.C.) who defeated Hannibal decisively at
Zara.

P. 296. **Ephores.** The Spartan Council of Five in whom supreme
power was vested. For Alexandridas, read Anaxandridas, King of
Sparta, on whom the Ephores imposed a second marriage, from which
Cleomenes was born (see below).

P. 299. **Anaximenes** of Miletus, Greek philosopher of the second
half of the 6th century. He considered air to be the primary substance.

P. 300. **Gaza.** Theodore G. of Salonika took refuge in Italy after
the Turks took his native town in 1429. Translator of Aristotle and
author of a Greek grammar.

P. 300. **Demetrius . . . contrister.** The whole passage is a
quotation from Plutarch's dialogue *On the Cessation of the Oracles*.

P. 301. **Epicycles.** See Note on P. 112.

P. 302. **Bradamant ou Angelique.** The two heroines of the
Orlando poems of Boiardo and Ariosto. Bradamante, sister of Rinaldo
and niece of Charlemagne, is the "Virgin Knight," hence the *travestie
en garçon* . . . etc. Angelique, princess of Cathay, who after many
adventures marries the Moor, Medor, has suggested similarly the *l'autre
vestue en garce*.

P. 302. **Cet efféminé pasteur de Phrygie,** i.e. Paris, whose
birth was (according to the legend) preceded by the omen that he
would set fire to the palace of his father, Priam. Paris was therefore
exposed on Mount Ida but rescued by shepherds and brought up as
one of them. In pictures of the judgment of Paris he is often still
represented as a shepherd. His effeminacy consisted in preferring to the
promises of Hera (empire over Asia), and of Athena (wisdom and victory

in battle) the promise of Aphrodite which was the love of Helen of Troy.

P. 304. **Carneades** of Cyrene (born about 213 B.C.) the founder of the New Academy—more sceptical than the original Academy, founded by Plato. He is the philosopher who really introduced Greek thought to the Romans.

P. 307. **Speusippus,** Athenian philosopher, was the nephew of Plato whom he succeeded as president of the Academy.

P. 309. **Hegesias** of Magnesia, one of the biographers of Alexander the Great.

P. 310. **feu Monsieur Le Comte de La Rochefoucauld.** François III, was killed in the Massacre of Saint Bartholemew (1572).

P. 311. **Polycrates,** the tyrant of Samos who was the patron of Anacreon and who, enveigled on to the mainland by the Persians, was crucified by them. The story of his ring is familiar in Schiller's poem. For Cleomenes (520–491 B.C.) see above note on p. 296. He did intervene in the affairs of Athens, helping to get rid of Hippias, the son of Pisistratus, the last of the Athenian tyrants.

P. 312. **Menander** of Athens (342–291 B.C.) the founder of the "New Comedy" of which we can form an idea through the plays of his Roman adapter, Terence.

P. 313. **Aristippus . . . Cleanthes . . . Chrysippus.** On A. see p. 339. On Cleanthes and Chrysippus see p. 341.

P. 315. **Zeno** i.e. of Citium in Cyprus, founder of the Stoic philosophy, so called from the Porch where he eventually set up his school (3rd Century B.C.)

P. 316. **Groucchi . . . orateur du temps.** Of these "regents" of the College de Guienne the two notabilities are: George Buchanan (1506–1582), the Scottish humanist and reformer who wrote his four Latin tragedies during his Bordeaux period. He was later tutor to James Ist and VIth and had a distasteful share in the events leading to the execution by Elizabeth of his pupil's mother, Mary Queen of Scots. Marc-Antoine Muret (1526–1585) was more purely a scholar, best known today for his annotations on Ronsard's poems.

P. 316. **Comte Brissac . . . si brave.** Charles de Cossé, Comte de Brissac (1506–1564), was one of the ablest and bravest of the French commanders in Roussillon and Piedmont. His son, Timoleon, Buchanan's charge, *enfant d'honneur* of Charles IX and mainly brought up with him, was the principal figure of the gallant relief of Malta in 1565. He met his death at the siege of Mussidan, a paltry *bicoque* in Perigord when he was only 26 (1569).

P. 318. **Huons de Bordeaux.** *Lancelot* and *Huon* are prime examples of the mediæval *roman courtois* and *chanson de geste* (respectively) which, reprinted in prose adaptations from the end of the 15th century, enjoyed an immense popularity throughout the Renaissance. *Huon* is the original source of the figure of Auberon, King of Fairyland, familiar to us in the *Midsummer Night's Dream*. *Amadis de Gaule*, a Spanish romance, translated by Herbaray des Essarts and others (1540–48) enjoyed an even greater vogue (see above, p. 77). In spite of M.'s disdain he had a copy in his library, and another passage of the *Essays* suggests that he was not entirely unfamiliar with it.

P. 320. **Andreas Goveanus.** Gouvéa was a Portuguese scholar who became head of the College de Guienne in 1534. About a year after M. left the College G. was persuaded by the King of Portugal to return to Coimbra, taking with him Grouchi and Buchanan (see above). B. was, however, thrown into prison as suspected of heresy, and Gouvéa himself died shortly afterwards.

SELECT BIBLIOGRAPHY

I. Principal Editions

Essais de Messire Michel Seigneur de Montaigne . . . *Livre premier et second.* 2 vols. Bordeaux, S. Millanges, 1580. Reproduced by Barckhausen and Dezeiméris. 2 vols. Bordeaux, 1870.

Essais . . . *Cinquiesme Edition augmentée d'un troisiesme livre.* . . . Paris, Abel l'Angelier, 1588. Reproduced by Mothau and Jouaust. 7 vols. Paris, 1866.

Les Essais . . . *Edition nouvelle trouvée, apres le deceds de l'Autheur, reveuë et augmentée par luy d'un tiers plus qu'aux precedentes Impressions.* Paris, Abel l'Angelier, 1595. Edited by Pierre de Brach and Marie de Gournay. Constantly reproduced until the beginning of the present century.

Les Essais . . . publiés par MM. Fortunat Strowski, François Gebelin et Pierre Villey d'après l'exemplaire de Bordeaux . . . Bordeaux, 1906–20. ("Édition Municipale.")

Les Essais . . . d'après l'exemplaire de Bordeaux. Paris, Hachette, 1912 (photographic reproduction).

Les Essais . . . publiés par Pierre Villey. Paris, Alcan, 1922–3.

Oeuvres Complètes . . . publiées par le docteur Armaingaud. Paris, Conard, 1924–

Les Essais . . . publiés par Fortunat Strowski. Paris, 1929.

Les Essais . . . publiés par Pierre Villey. Paris, Alcan, 1930–1.

II. Translations

The Essays of Michael, Lord of Montaigne, translated by John Florio. London, 1603. Republished in numerous modern editions.

The Essays of Michael, Seigneur de Montaigne, translated into English by Charles Cotton. 3 vols. London, 1683. Ed. W. Hazlitt, 1842 ; ed. W. C. Hazlitt (after revision). 3 vols., 1877 and 4 vols., 1877. The revision is often less accurate than the original translation.

The Essays of Montaigne, translated by E. J. Trechmann. Oxford Univ. Press, 1927.

III. General Studies

P. Bonnefon:	*Montaigne, l'homme et l'œuvre*, 1893 (with numerous illustrations and facsimiles); reprinted in *Montaigne et ses amis.* 2 vols., 1898.
P. Stapfer:	*Montaigne* (les Grands Écrivains Français), 1895.

M. E. Lowndes: *Michel de Montaigne*, 1898.

G. Guizot: *Montaigne*, 1899.

E. Champion: *Introduction aux Essais de Montaigne*, 1900.

E. Ruel: *Du sentiment artistique dans la morale de Montaigne*, 1901.

Grace Norton: *Studies in Montaigne*, 1904.

A. Tilley: *The Literature of the French Renaissance*, 1904, vol. ii, c. xxi.

Studies in the French Renaissance, 1922, cc. ix and x.

E. Dowden: *Montaigne*, 1905.

F. Strowski: *Montaigne*, 1906; 1931.

P. Villey: *Les Sources et l'Évolution des Essais de Montaigne*, 1908; 1933.

Les Essais de Montaigne (Grands Événements Littéraires), 1932.

Montaigne (Maîtres des Littératures), 1933, illustrated.

Elie Faure: *Montaigne et ses trois premiers nés*, 1926.

J. M. Robertson: Introduction to Trechmann's translation, 1927 (see above).

Ramon Fernandez: *De la Personnalité*, 1929 (though not devoted to Montaigne alone, contains a valuable appreciation).

G. Lanson: *Les Essais de Montaigne*, 1930.

F. Strowski: *Montaigne, sa vie publique et privée*, Paris 1939.

P. Barrière: *Montaigne, gentilhomme français*, Bordeaux 1940.

R. Naves: *L'Aventure de Promethée*, Vol. I, Paris 1943.

H. Friedrich: *Montaigne*, Berne 1949.

IV. Special Studies

Religion

J. Coppin: *Montaigne traducteur de Raymond Sebond*, 1925.

H. Janssen: *Montaigne fidéiste*, 1930.

M. Dréano: *La pensée religieuse de Montaigne*, Paris 1936.

M. Raymond: *L'attitude religieuse de Montaigne* (in Génies de France, Neuchâtel 1942).

Political Ideas

A. Armaingaud: *Montaigne pamphlétaire, l'énigme du Contre-un*, 1910.

Language and Style

E. Voizard: *Étude sur la langue de Montaigne*, 1885.

J. Coppin: *Études sur la grammaire et le vocabulaire de Montaigne*, 1925.

W. SCHNABEL: *Montaigne's Stilkunst, eine Untersuchung vornehmlich auf Grund seiner Metaphern,* 1930.

P. VILLEY: *Lexique de la Langue des Essais,* 1933.

Influence of the Essays

J. TEXTE: *La descendance de Montaigne: Sir Thomas Browne.* (in *Études de Littérature Européenne,* 1898).

GRACE NORTON: *The Influence of Montaigne,* 1908.

P. VILLEY: *Montaigne et François Bacon (Revue de la Renaissance,* 1911).

L'Influence de Montaigne sur les idées pédagogiques de Locke et de Rousseau, 1912.

L'Influence de Montaigne sur Charles Blount et les déistes anglais (Rev. du 16me Siècle, 1913).

Montaigne en Angleterre (Rev. des deux Mondes, 1914).

Montaigne et Shakespeare (A book of Homage to Shakespeare, 1916).

Montaigne et les poètes dramatiques du temps de Shakespeare (Rev. d'Hist.litt., 1917).

V. BOUILLIER: *La fortune de Montaigne en Allemagne,* 1921.

La fortune de Montaigne en Italie et en Espagne, 1922.

A. M. BOASE: *The Fortunes of Montaigne,* or *A History of the Essays in France,* 1580–1669; 1935.

M. DRÉANO: *La Renommée de Montaigne en France au XVIIIe Siècle.* Angers 1952.

GLOSSARY

This short glossary contains only words not usually found in dictionaries of Modern French, to which are added those whose meaning has since changed, e.g. *déportement* = "conduct" (in general), not "irregular conduct"; *hautain* = "high, lofty," not "haughty, overbearing."

Only a few spellings are included; thus *commant* for *comment*, *estrangier* for *étranger* will not be found. Readers unfamiliar with sixteenth-century French should remember that the writers and printers of this period, heedless of the phonetic development which words had undergone, introduced freely in their orthography letters which had disappeared or been modified, in order to make the French word more like the Latin word from which it is derived (e.g. *debvoir* = *devoir* (*bebere*) or from which they thought it was derived (e.g. *sçavoir*, which they connected with *scire*, but which derives from *sapere*).

Note that "*n mouillée*," the sound represented in modern French spelling by the letters *gn*, is often rendered *ngn*, *ign*: thus *vergongne*, *montaigne*.

Note further that present participles agree with the nouns they refer to and that the personal pronouns are often omitted (thus *tiens* for *je tiens*), as in the older language. This is especially so after another clause.

a ce que: in order that.

aage: *âge*.

accident: event.

accommodé: well provided for; well furnished.

acquest: profit; gain; acquisition.

advis: *avis*.

affection: desire; feeling of any sort.

ains: but, rather.

ainsin: *ainsi* (*n* added for euphony before a mute *h* or vowel.

alaine: *haleine*.

amont: up.

amuser, s'amuser: occupy (oneself); occupy uselessly; *hence* deceive.

appetit: desire; inclination.

assiette: state, posture; *en cette assiette*: in this guise.

aterré: *terrassé*.

atout (or *à tout*): *avec*.

aucun: some; *aucunes fois*: sometimes.

aucunement: somewhat; in the least.

avanture (*à l'*): perhaps.

cependant: meanwhile.

cercher: *chercher*.

cher: *chair*.

cil: *celui*.

commodité: convenience, advantage.

complexion: disposition.

compte, compter | interchange-
conte, conter | able.

connoy: *connais* (*je*).

contention: effort, tension, striving.

contreroller: examine; record.

conversation: social intercourse.

courage: courage; feelings; mind.

court: sometimes, *cour* (*j'ay ma court et mes loix* . . . III, 2, p. 150).

couture: bond; tie.

creance: *croyance*.

creon: *crayon*.

creut: *crut* (*croire*).

curieux: **curieusement**: careful(ly) attentive(ly).

deçà (*de*): here, of this side (often the Ocean or the Charente, cf. p. 42, 117).

demourant: *demeurant*.

deportement: conduct.

descheu(*s*): from *déchoir*.

die, dient: *dise, disent*.

dire, avoir à, être à, trouver à: to be lacking; to miss.

devant que: *avant que*.

discours: reasoning; judgment; idea; conversation.

doctrine: learning.

doit: *doigt*.

doute, sans: *sans aucun doute*.

droict, à: rightly; in earnest.

duict, duitz, duites: trained; accustomed (*duire*).

eage: *âge*.

eaue: *eau*.

effect: result; event; act; reality; **pour cet effect**: to this end, therefore; **par (en) effect**: in fact, reality.

emmi: in the midst of (*en mi*).

empescher: embarrass.

empouigner: *empoigner*.

endroict, en cet: in this respect.

entrelasseure: entanglement (*entrelacement*).

és, éz: *en les*.

escient, à (*bon*): in earnest; intentionally.

esguillon, esguiser: *aiguillons, aiguiser*.

esmeu(*s*): *ému*.

essayer: experience; test.

estage: degree, order, value; **du plus haute stage**: of the highest degree.

face: *fasse* (*faire*).

faillir: to fail; to miss the mark; to be mistaken.

fait, en son: in his case.

fantaisie: imagination; **fantaisies**: ideas.

faut, faux: from *faillir*.

geéne, geine, geiner: torture.

getons: *jetons*.

hautain: lofty.

imbecile, imbecillité: feeble; feebleness.

impatience, impatient: intolerance, intolerant.

impertinence, irrelevance; stupidity.

impertinent, impertintemment: irrelevant(ly), stupid(ly).

inamandable: incurable.

indecemment: inopportunely; unfittingly.

indiscret: lacking in moderation.

indiscretion: lack of moderation.

injure: injustice; injury.

institution: education, instruction.

jouir: used as transitive v. (. . . *ce que vous jouissez*).

lairroy, lairrois: *laisserai*(*s*).

loppin: morsel.

lors: often = *alors*: *lorsque* often written *lors* . . . *que*.

luicte, luite, luicter: *lutte, lutter*.

lustre: aspect.

mediocre: middling.

meine: *mène*.

mesconte: mistake, fault.

mesme, mesmes, mesmement: especial; especially.

naït, naïfve: original; natural.

naïveté: character; innate character.

nais: *nés*.

ne . . . ne: *nt . . . ni*.

nourrir: bring up.

offense, offenser: hurt; injury; injure.

office: duty; function; service.

oi(s) (*je*): from *ouir*.

onc, oncques: ever; with *ne*: never.

ores: now; *ores . . . ores*: now . . . now.

ouir: hear.

oyant, oyez: from *ouir*.

particulier (subst. or adj.): individual (belonging to).

partie: quality.

pertinence: appositeness.

pertinent: apt; adaptable.

peusse, peut: *pusse, put*.

pieça: long ago.

pièce: part, element.

pleu: *plu*.

plus: often for *le plus*.

poisamment: *pesamment*.

poisant: *pesant*.

poise, poisons: *pèse, pesons*.

poix: *poids*.

police: government.

porter: *supporter; comporter*.

pouincte: *pointe*.

pourtant: for that reason; in as much as.

presse: crowd.

prins: past. part. and 1st p. sing. pret. *prendre*.

pris, au pris de: in comparison with

privarent: *privèrent (ils)*.

prudence: wisdom.

quand et quand: at the same time that.

quand(t) et: with.

quant(e): how numerous; *quant de fois* = *que de fois*.

quant et quant: see above.

ravasserie: day-dreams.

receussent: *reçussent (ils)*.

reume: *rhume*.

reigles: *règles*.

remercable: *remarquable*.

rencontre, par: by chance.

reng: *rang*.

reprins(es): from *reprendre*, cf. *prendre*.

respect: care; regard.

roide, roideur: *raide; raideur*.

sœu: *su*.

sœut: *sut*.

sepmaine: *semaine*.

seur: *sûr*.

seurté: *sûreté*.

si: often represents not Latin *si* (if), but Latin *sic*, and is then used (1) to denote a consequence (e.g. *Qui sera en cherche de science, si la pesche où elle se loge*); (2) in the sense of "truly"; (3) in a restrictive sense ("yet," "nevertheless"). In the latter sense *et si* is especially frequent.

si est ce que: yet.

signamment: especially; namely.
soing: *souci*.
suffisance, suffisant: ability, intelligence; able, intelligent.
suffisamment: see above.

tretout, tretous: all.
treuve: *trouve*.
troigne: *trogne*.
tout, à: with; *à tout des arcs*: with bows.

vacation: occupation.
vein(e): *vain(e)*.
veu: *vu*.
veue: *vue*.
visage: aspect; point of view
void: *voit*.
vois: *voix*.
voir(e), voir(e) et, voir(e) mais: truly; especially; even.
voirement: truly; especially.
vy (*je*): I live.